COLLECTION
FOLIO HISTOIRE

Patrick Weil

La France
et ses étrangers

L'aventure d'une politique
de l'immigration
de 1938 à nos jours

Nouvelle édition refondue

Gallimard

Patrick Weil est né en 1956. Chef de cabinet du secrétaire d'État aux Immigrés en 1981-1982, diplômé de l'E.S.S.E.C., docteur en Science politique, il est directeur de recherche au C.N.R.S. (Centre d'Histoire sociale du XXᵉ siècle, université de Paris I-Panthéon-Sorbonne). *La France et ses étrangers* a obtenu le prix de recherche de l'Assemblée nationale en 1992 et a fait l'objet d'une adaptation documentaire pour la télévision (*De père en fils : la France et ses étrangers*, un film de Jean-Claude Giudicelli, Patrick Weil et Alain Wieder, C.A.P.A. et France 2, 1994). Patrick Weil a publié récemment *Qu'est-ce qu'un Français ? Histoire de la nationalité française depuis la Révolution*, Grasset, 2002 (prix François Furet, 2002).

*À la mémoire de Georgette
et Ernie Zamatolski*

LISTE DES SIGLES

A.D.E.F.	Association pour le Développement des Foyers du bâtiment et des métaux
A.D.R.I.	Agence pour le Développement des Relations Interculturelles
A.F.P.A.	Association pour la Formation Professionnelle des Adultes
A.F.T.A.M.	Association de Formation des Travailleurs Africains et Malgaches
A.N.P.E.	Agence Nationale Pour l'Emploi
A.P.L.	Aide Personnalisée au Logement
A.T.L.	Aide Transitoire au Logement
A.S.S.E.D.I.C	Association pour l'Emploi dans l'Industrie et le Commerce
C.A.P.E.S.	Certificat d'Aptitude aux Professions de l'Enseignement Secondaire
C.D.S.	Centre des Démocrates Sociaux
C.E.E.	Communauté Économique Européenne
C.F.D.T.	Confédération Française Démocratique du Travail
C.F.T.	Confédération Française des Travailleurs
C.F.T.C.	Confédération Française des Travailleurs Chrétiens
C.G.I.L.	Confederazione Generale Italiana del Lavoro
C.G.T.	Confédération Générale du Travail
C.I.L.	Comités Interprofessionnels du Logement
C.I.M.A.D.E.	Comité Inter-Mouvement Auprès Des Évacués
Cl.I.	Classes d'Initiation
C.N.D.S.Q.	Commission Nationale de Développement Social des Quartiers

C.N.F.	Code de la Nationalité française
C.N.I.L.	Commission Nationale Informatique et Libertés
C.N.L.I.	Commission Nationale pour le Logement des Immigrés
C.N.P.F.	Confédération Nationale du Patronat Français
D.C.A.A.C.	Direction des Conventions Administratives et des Affaires Consulaires (Ministère des Affaires étrangères)
D.D.A.S.S.	Direction Départementale de l'Action Sanitaire et Sociale
D.D.T.	Direction Départementale du Travail
D.D.T.E.	Direction Départementale du Travail et de l'Emploi
D.G.I.	Direction Générale des Impôts
D.P.M.	Direction de la Population et des Migrations
D.S.T.	Direction de la Surveillance du Territoire
E.E.E.	Espace économique européen
F.A.S.	Fonds d'Action Sociale pour les Travailleurs immigrés et leurs familles et, depuis 2001, Fonds d'action et de soutien pour l'intégration et la lutte contre les discriminations.
F.A.S.T.I.	Fédération des Associations de Soutien aux Travailleurs Immigrés
F.E.N.	Fédération de l'Éducation Nationale
F.L.N.	Front de Libération Nationale (algérien)
F.O.	Force ouvrière (Confédération générale du travail)
G.T.E.	Groupement de Travailleurs Étrangers
H.C.R.	Haut Commissariat des Nations unies pour les Réfugiés
I.G.A.	Inspection Générale de l'Administration
I.G.A.S.	Inspection Générale des Affaires Sociales
I.N.E.D.	Institut National d'Études Démographiques
I.N.S.E.E.	Institut National de la Statistique et des Études Économiques
M.R.A.P.	Mouvement contre le Racisme, l'Antisémitisme et pour la Paix
O.C.D.E.	Organisation de Coopération et de développement Économique
O.F.P.R.A.	Office Français pour la Protection des Réfugiés et des Apatrides

O.I.R.	Organisation Internationale pour les Réfugiés
O.I.T.	Organisation Internationale du Travail
O.M.I.	Office des Migrations Internationales (anciennement O.N.I.)
O.N.I.	Office National d'Immigration
O.P.H.L.M.	Office Public des H.L.M.
P.A.E.	Projet d'Action Éducative
P.A.F.	Police de l'Air et des Frontières
P.C.F.	Parti Communiste Français
P.S.	Parti Socialiste
P.S.U.	Parti Socialiste Unifié
R.F.A.	République Fédérale Allemande
R.P.R.	Rassemblement pour la République
S.D.N.	Société des Nations
S.E.I.	Secrétariat d'État aux Immigrés
S.F.I.O.	Section Française de l'Internationale Ouvrière
S.G.E.N.	Syndicat Général de l'Éducation Nationale
S.G.I.	Société Générale d'Immigration
SO.NA.CO.TRA.	Société Nationale de Construction de Logements pour les Travailleurs (anciennement SO.NA.CO.TR.AL.)
SO.NA.CO.TR.AL.	Société Nationale de Construction de Logements pour les Travailleurs Algériens
S.T.O.	Service du Travail Obligatoire
S.S.A.E.	Service Social d'Aide aux Immigrés
U.D.C.F.D.T.	Union Départementale C.F.D.T.
U.E.	Union européenne
U.G.T.A.	Union Générale des Travailleurs Algériens
U.M.T.	Union Marocaine du Travail
U.N.E.D.I.C.	Union Nationale pour l'Emploi dans l'Industrie et le Commerce
U.N.R.W.A.	United Nations Relief and Works Agency for Palestinian Refugees in the Near East
Z.E.P.	Zone d'Éducation Prioritaire

INTRODUCTION

Grave péril pour la nation ou, au contraire, chance pour la France ? L'immigration continue d'agiter l'Hexagone, du haut en bas de sa hiérarchie sociale, de la gauche à la droite de son échiquier politique. Il y a quinze ans de cela, chacun avait son avis, fondé bien sûr, sur une matière dont on répétait — à tort — qu'elle ne relève pas de la connaissance mais de l'opinion. Comment départager alors les positions contraires, souvent violemment défendues ?

Une seule certitude réunissait les adversaires : la France a une immigration, mais pas de politique pour la gérer. Des textes épars, des pratiques gouvernementales de circonstance, des administrations incompétentes. Rien qui puisse ressembler à une stratégie cohérente et continue.

Les uns s'en plaignaient : Ah ! si l'on avait cette fameuse politique tirée au cordeau, avec des quotas comme les Américains, nous n'en serions pas là, à laisser entrer n'importe qui, n'importe quand, n'importe comment ! Les autres, au contraire, s'en félicitaient : la France n'a pas besoin de politique d'immigration ; les institutions de la République, l'école, l'armée, la Sécurité sociale... suffisent largement à absorber les arrivants et à les transformer en Français.

Pourtant, au risque de décevoir à la fois les contempteurs de l'anarchie française et les défenseurs du miracle républicain, il faut reconnaître que, même si elle n'a pas toujours été apparente, la France a bel et bien une politique de l'immigration, produite par son histoire, qui la singularise souvent parmi ses principaux partenaires occidentaux, et qui est aujourd'hui consensuelle.

Elle a une politique, ce qui signifie qu'elle s'est dotée de règles précises s'agissant de l'entrée, du séjour, éventuellement du retour des immigrés. Cette politique s'est progressivement constituée à partir de la fin des années 30, d'abord, autour de choix décisifs, finalement arrêtés à la Libération : Faut-il distinguer en droit les réfugiés politiques des immigrés économiques ? Faut-il sélectionner les immigrés sur des critères ethniques, ou au contraire refuser, au nom du principe d'égalité, toute discrimination nationale à l'entrée ? Faut-il maintenir les immigrés dans une précarité juridique qui confère nécessairement à leur présence un caractère provisoire, ou au contraire les stabiliser pour les intégrer, et les intégrer pour les stabiliser ?

Ces débats, qu'on voit s'incarner aujourd'hui sous des formes parfois virulentes, ont d'abord été tranchés, en vertu d'une éthique républicaine, par le gouvernement issu de la Résistance. Mais, des principes aux réalités, il y a les erreurs, les glissements et les obstructions d'une pratique qui se cherche pendant quarante ans. Les uns, à partir du milieu des années 70, voudront organiser des retours forcés massifs ; les autres, à compter du début des années 80, libéraliser au contraire les conditions de l'immigration, avant qu'ensemble, ils ne reviennent, par étapes, à une règle du jeu commune, rarement avouée mais plus guère remise en cause.

Ce sont ces années clefs — entre 1974 et 1999 — que ce livre évoque, qui composent une histoire et accouchent d'une politique.

En les ignorant, on s'interdit de comprendre ce qui a été et demeurera peut-être encore pour de nombreuses années l'un des enjeux principaux de nos débats de société.

Pour aller au-delà de l'apparent chaos des politiques d'immigration, et en radiographier la colonne vertébrale, il faut d'abord en retracer l'histoire mouvementée et en éclairer les périodes charnières : c'est l'objet de la première partie du livre. L'Histoire permet de suivre la généalogie des principes. Mais il faut aussi examiner leur application concrète et les obstacles qu'ils rencontrent. On mesure alors l'extrême complexité d'une règle du jeu peu clairement définie et toujours contestée : c'est l'objet de la seconde partie.

L'existence d'une « politique » signifie que des orientations officielles ou pragmatiques organisent l'action publique[1]. Elles doivent être autonomes par rapport au combat politique proprement dit, aux cycles électoraux, aux changements de majorité et donc de gouvernement, ou encore aux mouvements de l'opinion[2].

L'autonomie d'une politique publique se traduit généralement par la constitution, au cœur de l'État, d'un secteur[3] avec ses propres caractéristiques, ses spécialistes et son autonomie relative : par exemple, du secteur de l'agriculture, de la justice, de la défense ou des affaires sociales.

Ces conditions sont-elles satisfaites pour l'immigration ?

Tout d'abord, l'immigration a cela de particulier qu'elle focalise facilement le débat politique dont elle devient un enjeu[4], qu'elle symbolise le danger pour l'ordre, l'unité, voire l'existence de la communauté nationale française ; ou, au contraire, qu'elle représente les valeurs fondatrices de la communauté politique tout en lui donnant son universalité : les « droits de l'homme », la « liberté », l'« égalité » ou la « fraternité ». Voilà qui parasite la définition claire et simple d'une politique.

Ensuite, les décideurs[5] qui ont en charge la politique d'immigration sont, de façon très inhabituelle, nombreux et dispersés. Sur les autres problèmes engageant la responsabilité de l'État, interviennent d'habitude un ministère spécialisé, parfois une ou deux autres administrations, toujours enfin le ministère du Budget. Pour l'immigration, il n'existe pas, en permanence, de ministère spécialisé. Mais si l'on dresse une liste non exhaustive des problèmes traités — contrôle des flux d'arrivée, réglementation et conditions du séjour et du travail, accueil, droits civils, politiques et sociaux, problèmes scolaires, protection sociale, logement, formation professionnelle, culture, religion, relations intercommunautaires, flux financiers, retour, acquisition ou attribution de la nationalité, on s'aperçoit qu'il n'existe pas d'administration qui n'ait peu ou prou affaire avec les problèmes de l'immigration[*]. De plus, l'immigré reste un ressortissant de son État d'origine qui dispose à son égard d'un droit d'intervention. Il est donc difficile d'identifier un secteur autonome d'action publique.

Enfin, les destinataires d'une politique de l'immigration se comptent par millions et présentent une très grande diversité de statut.

Sont concernés en premier lieu les étrangers que l'État français définit comme immigrés — or chaque État invente sa propre définition[6] — et qui demeurent sur son sol. Mais, au-delà de ces trois ou quatre millions de résidents étrangers, sont également intéressés tous ceux qui, vivant à l'étranger, peuvent être attirés par un séjour durable en France. Ces personnes — dont on peut raisonnablement penser qu'elles sont plusieurs millions — sont soumises aux règles relatives à l'entrée sur le territoire, au séjour ou au travail que l'État institue à leur intention, hier pour

---

[*] Cf. la liste des administrations concernées, annexe II.

favoriser leur entrée, aujourd'hui au contraire pour la limiter. Ils vivent certes à l'extérieur des frontières françaises, mais les décisions que l'État français prend dans le domaine de l'immigration les concernent.

Nous sommes donc partis à la recherche des principes de la politique française de l'immigration et de son autonomie sectorielle qui, en apparence, n'existent pas. Les principes, nous les avons recherchés dans l'action de l'État au niveau gouvernemental, c'est-à-dire au point d'interaction[7] de la politique internationale, du combat politique, des valeurs de la communauté politique et de logiques sectorielles... L'action n'est pas une donnée facile à reconstituer et il nous a fallu pour cela, par-delà les discours et les textes officiels, par-delà le désordre ou l'ordre apparents, accéder à des archives privées et publiques inédites, procéder à des entretiens avec quelque cent vingt acteurs de cette politique[*].

La construction des principes apparaît comme une véritable aventure à acteurs et péripéties multiples. Elle met en scène à des moments clefs le général de Gaulle, Valéry Giscard d'Estaing ou François Mitterrand ; mais aussi des acteurs moins connus : Georges Mauco, Alexandre Parodi, André Postel-Vinay, Lionel Stoléru ; des institutions : le Conseil d'État, par exemple ; des États : l'Algérie, entre autres ; des syndicats, des associations de défense des étrangers...

---

[*] Cf. la note méthodologique, annexe I.

L'autonomie, nous l'avons recherchée sur le terrain en examinant les pratiques concrètes, leur relation avec les grands principes dégagés et l'influence des grands secteurs de l'État dont elles semblent tellement dépendre.

Nous tirons de ces investigations une première conclusion : l'année 1938 constitue le premier tournant, le moment où, au sommet de l'État, une politique tente de se définir et de se coordonner. Auparavant, il n'y avait guère en France qu'une action désordonnée qui peut se résumer en quelques lignes pour mieux comprendre ce qui sera mis en place par la suite.

Depuis le XIIIᵉ siècle, la France est un pays d'immigration[8]. La faible croissance d'une population qui jusqu'à la fin du XVIIIᵉ siècle augmente peu — elle est environ de vingt à vingt-cinq millions d'habitants[9] —, le besoin en population ou main-d'œuvre compétente dans des activités industrielles et commerciales nouvelles contribuent à une immigration régulière, parfois limitée à des régions — la Corse — ou des localités — Calais, Sarrelouis, Longwy — ou dans des métiers où ils font défaut ; une immigration de marchands ou spécialistes, d'origine italienne, portugaise, néerlandaise, grecque ou arménienne. Le Royaume accueille aussi des réfugiés, surtout quand ils sont catholiques, venus d'Angleterre ou d'Irlande[10]. Enfin, il recrute des mercenaires étrangers suisses, italiens, allemands. La juridiction applicable aux étrangers contient alors

essentiellement des discriminations en ce qui
concerne les droits civils — le droit d'aubaine en
est le symbole[11]. Les évolutions qui se produisent
tout au long de cette période résultent principalement des évolutions de la définition du Français ou des dispenses du droit d'aubaine[12]. Après
la Révolution et jusqu'à la fin du XIXe siècle,
l'étranger rencontre peu de désavantages maté-
riels : certes, une loi de 1850 lui interdit d'ouvrir
une école, un décret de 1852 de diriger un journal. Mais l'égalité en matière de droits civils et,
pour les hommes, l'exemption du service militaire semblent compenser largement ces inconvénients. En fait, jusqu'à la fin du XIXe siècle, en
dehors des droits politiques — droits d'élire et
d'être élu — qui sont d'ailleurs accordés aux Français, à partir de la Révolution française, de façon
intermittente seulement, et de l'accès à certains
emplois publics, les étrangers ne se voient appliquer comme règle spécifique que celle de l'expulsion caractéristique encore de leur condition[13].

En fait, jusqu'au milieu du XIXe siècle, on ne
saurait parler de problème de l'immigration[14]. Ce
n'est que dans la seconde moitié du siècle qu'il
apparaît. Il découle d'une contradiction qui va
s'accentuant : entre un phénomène migratoire
qui devient massif mais nécessaire — pour l'intérêt de l'économie, et plus exactement des grandes entreprises, la puissance de la nation face à
l'Allemagne et peut-être aussi son équilibre
sociopolitique — et un processus de construction
sociale de la nation « France » qui, pour trans-

cender particularismes locaux et différences de classes, insuffle à l'école langue et patrie communes, crée la carte d'identité, assure progressivement et très timidement de nouveaux droits sociaux réservés aux nationaux et produit la distinction du national et de l'étranger[15]. Progressivement, l'intervention de l'État dans le domaine de l'immigration devient donc légitime.

On assiste en effet, de la fin du XIXᵉ siècle jusqu'à la fin des années 30, à un déficit démographique qui a des conséquences sur le marché de la main-d'œuvre et sur les besoins de recrutement de l'armée. Pour pallier la pénurie de main-d'œuvre, on fait venir de plus en plus de travailleurs étrangers. À la fin du XIXᵉ siècle, la Belgique, le Luxembourg, les Pays-Bas, la Grande-Bretagne, la Suisse et l'Allemagne fournissent une immigration de voisinage, employée principalement dans les industries de transformation[16]. Une autre vague migratoire survient dans les années qui précèdent la Grande Guerre[17]. Puis, à partir de juin 1919, le phénomène migratoire prend une telle ampleur — les chiffres officiels font apparaître, entre 1920 et 1930, un excédent de 1 150 000 entrées de travailleurs étrangers sur les sorties — que la France, en 1930, est le pays qui compte le plus fort taux d'étrangers : 515 pour 100 000 habitants contre 492 aux États-Unis[18].

Depuis le début du siècle, l'arrivée de ces immigrés s'organise sous l'égide de conventions internationales signées par la France avec l'Italie en 1904 et 1906, la Belgique en 1906, puis avec la

Pologne et encore l'Italie en 1919, enfin avec la Tchécoslovaquie en 1920. Ces conventions institutionnalisent une relation entre l'État d'accueil, les États d'origine et les entreprises françaises, qui correspond à une forte convergence d'intérêts.

Convergence d'abord entre la France et son patronat quant au partage des rôles. Ainsi l'État gère-t-il les relations diplomatiques et l'élaboration des contrats types, mais c'est un organisme privé spécialisé, la Société générale d'immigration (S.G.I.) créée en 1924[19], qui prend en charge l'organisation matérielle du recrutement, par exemple en Pologne ou en Italie ; la sélection médicale et professionnelle ; le transport et la répartition des travailleurs en fonction de la demande des entreprises[20]. La convergence porte également sur le choix des pays de recrutement : on privilégie une main-d'œuvre européenne contre la main-d'œuvre coloniale que l'État avait enrôlée pendant la guerre, pour des travaux militaires, agricoles ou industriels en remplacement des métropolitains appelés au front, mais qui n'avait pas donné « satisfaction[21] ».

Convergence encore entre la France et les États d'origine qui ont besoin de l'immigration. Les seconds ont cependant des exigences : ils cherchent à contrôler cette immigration, à lui imposer le maintien d'une relation d'allégeance, tout en bénéficiant de ses transferts financiers. C'est pour ce dernier motif qu'ils revendiquent et inscrivent dans les conventions internationales une stricte égalité des salaires entre Français et étrangers ;

ils satisfont en même temps les organisations syndicales de travailleurs français qui exigent cette égalité pour éviter la concurrence déloyale d'une main-d'œuvre étrangère sous-payée.

D'ailleurs, parmi les premiers droits sociaux accordés par l'État providence, ceux qui touchent aux ressources financières du travailleur ou au coût de son travail pour l'entreprise restent accordés sans discrimination : ainsi la loi de 1898 sur les accidents du travail — l'indemnisation est cependant limitée aux familles des immigrés résidant en France — et la législation limitant la durée du travail des enfants et des femmes, établie et modifiée en 1841, 1892 et 1900, s'appliquent au travailleur étranger.

En revanche, les lois qui concernent la représentation des salariés dans l'entreprise et leur protection sociale hors travail font une différence entre Français et immigrés. Les étrangers ne disposent pas du droit d'être élus dirigeants syndicaux ou représentants des salariés, en vertu des lois de 1884 sur les syndicats, de 1890 sur les délégués à la sécurité minière, de 1892 sur les procédures de conciliation et d'arbitrage, et de 1907 sur les conseils de prud'hommes. En outre, leur droit à l'assistance et à la retraite subit des restrictions[22].

À cela s'ajoute la volonté de maîtriser les déplacements des immigrés au service des intérêts des entreprises françaises, qui sont parfois contradictoires : selon les types d'emploi et les secteurs d'activité, elles recherchent une main-d'œuvre

d'appoint souple et apte à changer souvent
d'employeur ou, au contraire, une main-d'œuvre
stable, rompue aux tâches les plus pénibles et les
plus mal rémunérées. L'État voudra alors suivre
les déplacements des immigrés : en janvier 1887,
les étrangers nouvellement installés doivent être
recensés ; en 1888, les étrangers résidant en
France ont été invités à se déclarer à la mairie de
leur domicile. En 1893, le recensement spécifique
de tous les travailleurs étrangers est imposé ; ils
doivent s'inscrire sur un registre d'immatricula-
tion à la mairie. Plus tard, l'État voudra interdire
ces déplacements : la loi du 11 août 1926 interdira
l'emploi des étrangers en dehors des professions
pour lesquelles ils avaient obtenu une autorisation, de même que l'embauche du salarié par
un autre employeur avant l'expiration de son
contrat de travail[23].

Ainsi, les techniques d'organisation et de
contrôle de l'immigration s'affinent. Mais elles ne
fonctionnent pas. L'immigration nord-africaine,
indésirée, se développe. Légalement d'abord,
comme au début des années 20 : les musulmans
d'Algérie n'ont plus besoin depuis 1919 de permis de voyage pour se rendre en métropole,
tandis que se produit la première vague d'immigration marocaine vraiment significative, environ 10 000 travailleurs. Illégalement ensuite :
interdite en 1924, à l'occasion d'une poussée du
chômage en métropole, elle ne s'en poursuit
pourtant pas moins[24]

Ensuite, la S.G.I. ne peut quant à elle assurer véritablement le monopole des entrées de travailleurs : parallèlement à la voie légale, de nombreux travailleurs étrangers arrivent en France par leurs propres moyens et sont embauchés directement par des employeurs satisfaits de ne pas avoir à payer une redevance d'introduction. L'Administration avalise cet état de fait en « régularisant », c'est-à-dire en accordant des titres de séjour et de travail. Entre 1924 et 1930, la S.G.I. introduit 406 950 étrangers, soit 35 p. 100 seulement de la totalité des titres délivrés. En 1928, il y a 21 620 régularisations, 43 928 en 1929 et plus de 60 000 en 1930.

Enfin, l'immigration continue durant la crise économique des années 1930, alors que le chômage augmente et que le Parlement, poussé par l'opinion publique, décide des mesures restrictives. Certes, la loi du 10 août 1932 permet au gouvernement de prendre, à la demande des organisations syndicales et patronales, des décrets pour fixer la proportion maximale de travailleurs étrangers — des quotas — dans les entreprises privées, industrielles ou commerciales. Plus tard, à l'instigation des organisations professionnelles, des mesures protectionnistes spécifiques sont prises pour les professions libérales. En avril 1933, la loi Armbruster limite l'exercice de la médecine aux seuls Français, ou aux ressortissants des pays placés sous le protectorat de la France, à condition que leur doctorat de médecine ait été acquis en France. Les avocats se

protègent autrement : redoutant l'arrivée de juristes réfugiés allemands, ils font voter dès le
mois de juin 1934 une loi interdisant aux Français naturalisés l'exercice de professions publiques instituées par l'État, ou l'inscription au
barreau[25].

Mais les entreprises, elles, animées par d'autres
intérêts, poussent le gouvernement à agir avec
modération, voire dans une autre direction. L'agriculture n'est pas concernée par la loi de 1932 ;
quant à l'industrie, jusqu'en 1934, l'Administration applique mollement la réglementation
sur les quotas. Les décrets sont peu nombreux :
72 en deux ans, tous signés à l'initiative des syndicats. Ce n'est qu'en novembre 1934 que le
gouvernement Flandin accélère le rythme de
publication des décrets : on en compte 553, signés
en quelques semaines[26]. La même année, décision est prise de ne plus accorder de carte de travail à de nouveaux migrants, ce qui équivaut à
arrêter l'immigration officielle des travailleurs
salariés. La pression soutenue des organisations
professionnelles d'artisans ou de commerçants
aboutit plus lentement. Le décret du 8 août 1935
aligne les artisans sur le régime de la loi de 1932 [27].
Pourtant, jusqu'au décret du 2 mai 1938, qui accélère la délivrance de la carte d'artisan, aucune
mesure concrète ne met en œuvre le décret précédent. Il faudra ensuite attendre les décrets du
12 novembre 1938 et du 2 février 1939 pour voir
les commerçants étrangers contraints, eux aussi,
de posséder une carte professionnelle spécifique.

Et puis il ne faut pas oublier une immigration dont les particularités s'accentuent, celle des réfugiés politiques. La gauche se montre toujours soucieuse de l'accueil spécifique des réfugiés — pour Édouard Herriot, le droit d'asile constitue « un des éléments essentiels de la doctrine républicaine[28] » — mais les majorités conservatrices ne remettront jamais en cause, elles non plus, le principe même de cet accueil. Après la Première Guerre mondiale se succèdent les vagues de réfugiés de différentes origines, et ces mouvements de populations témoignent des événements politiques qui bouleversent l'Europe. Ce sont d'abord des Russes, chassés au cours des différentes étapes de la révolution bolchevique, puis des Arméniens, des Géorgiens et des juifs de l'Europe de l'Est. À partir de 1924, les antifascistes italiens se réfugient à Paris, faisant apparaître dans l'immigration italienne une différenciation originale au sein de la même communauté nationale, entre immigration économique et immigration politique[29]. Enfin, des Hongrois, des Roumains, des Yougoslaves et des Allemands, des Suisses et des Autrichiens élisent bientôt la France terre d'asile.

Sur le terrain, l'Administration, plus sensible à la xénophobie ambiante, semble suivre une logique autonome de celle des pouvoirs publics nationaux et faire du zèle répressif : le décret du 6 février 1935 permet le non-renouvellement des cartes d'identité des étrangers n'ayant pas un séjour de plus de dix ans dès lors qu'ils exercent

leur activité dans un secteur économique où sévit
le chômage[30]. S'il est bien prévu de différencier,
parmi les 1 260 000 salariés étrangers présents
alors en France, les étrangers entrés régulièrement
des autres, dans la pratique il est souvent procédé
au retour forcé d'étrangers licenciés. L'année 1935
se caractérise par un nombre de départs contrô-
lés très important. L'organisation de rapatriements gratuits touche 20 500 étrangers au cours
de l'année 1935. Les ressortissants polonais sont
les plus concernés par ces retours, souvent forcés,
qui se déroulent selon Janine Ponty dans l'« indifférence totale[31] ». Certes, le premier gouvernement du Front populaire met un terme aux
refoulements et aux expulsions arbitraires ; et si
la politique de retour des chômeurs n'est pas supprimée, l'assentiment formel des intéressés est
rendu obligatoire. Mais l'Administration semble
souvent n'en avoir cure : elle refoule ou expulse
sans distinction demandeurs d'asile et chômeurs,
ou refuse le renouvellement de titres à des étrangers pourvus d'un emploi.

Pourtant, dans les principes, le droit d'asile est
maintenu et souvent renforcé, malgré l'exacerba-
tion des passions que suscite l'arrivée de réfugiés
politiques.

Enfin, malgré la xénophobie et l'arrêt des flux,
l'entrée dans la nationalité française de l'immigration étrangère est de plus en plus facilitée,
au fil des réformes adoptées par le Parlement. En
1889, la nationalité française est imposée à l'enfant né en France d'un parent lui-même né en

France. La loi adoptée en 1927 favorise les naturalisations qui doublent, passant d'une moyenne
de 10 000 en 1925-1926 à 22 500 en 1928 et 1929,
le nombre net des acquisitions de la nationalité
française — diminuées des pertes — s'établissant, tout au long de cette période, autour de
65 000 par an[32].

Les actions des pouvoirs publics apparaissent
de plus en plus incohérentes, inefficaces, voire
illégitimes. Alors, devant les contradictions administratives et politiques, émerge chez quelques
experts, ou grâce à la fondation du Centre de
liaison des comités pour le statut des immigrés
en décembre 1935, l'idée de construire une politique d'immigration rationnelle et coordonnée[33]

En fait, trois sortes de questions se posent :

Premièrement, que faire par rapport aux flux
des entrées : les recherche-t-on ? Ou veut-on au
contraire les stopper, et selon quelles méthodes ?
Deuxièmement, quels droits, quelles ressources
accorde-t-on aux immigrés autorisés à séjourner
en France, ceux-là même que, tout au long de ces
chapitres, nous dénommerons étrangers-résidents
ou immigrés-résidents ? Enfin quelle politique de
retour doit-on pratiquer ?

À ces interrogations répondent plusieurs logiques qui sont déjà apparues, implicitement ou
explicitement, dans les débats et dans l'action proprement dite :

— une logique de valeurs, de principes politiques, qui distingue asile politique et immigration
de travail ou de peuplement et garantit le droit
de rester à l'étranger résident ;

— une logique de démographie politique, qui part du principe que la France a besoin de population pour rester ou redevenir une grande puissance ; on cherche donc à faire venir des familles jeunes, en âge de procréer : leurs enfants, à défaut de naître en France, pourront dans tous les cas être élevés dans la société française. Subsidiairement, certains démographes ont le souci de différencier, parmi les différentes origines « ethniques[34] », culturelles ou nationales, les plus « assimilables » ;

— une logique économique enfin, qui recherche au service des entreprises plutôt des jeunes mâles, célibataires et bien portants ; accessoirement, elle peut chercher à adapter leur admission en France aux besoins contradictoires des différents secteurs économiques.

Ces trois logiques ont au moins un point commun : elles acceptent ou favorisent l'accueil d'étrangers en France. Et ceux qui les défendent ont aussi un point d'accord : ils conviennent qu'il faut une stratégie qui puisse coordonner l'action tant en matière de flux que de droits sociaux.

Elles vont néanmoins s'affronter pendant sept ans, de 1938 à 1945 — lorsque est posé au sommet de l'État le problème de la construction d'une politique coordonnée. Ce n'est en effet qu'après la Seconde Guerre mondiale que l'on choisira nettement une option. Puis la règle républicaine traversera tranquillement les trente glorieuses, avant de connaître, de 1974 à 1984, de fortes secousses.

I

L'édification des principes

I

L'accouchement douloureux du modèle républicain

(1938-1974)

LE CONFLIT DES VALEURS

(1938-1944)

Dans les années 20, les immigrés ne sont pas des privilégiés. Soumis à un contrôle social contraignant, ils ne reçoivent souvent qu'un modeste salaire.

Dans les années 30, s'est ajoutée la crainte de devoir repartir de force, en cas de chômage ou de non-renouvellement de titre.

L'opinion publique se mobilise autour de la présence des réfugiés politiques — leur arrivée est combattue à droite et à l'extrême droite — alors que les menaces d'expulsion pour activité politique sont dénoncées par la Ligue des droits de l'homme.

L'EXPÉRIENCE PHILIPPE SERRE

L'année 1937 est marquée par une quinzaine d'attentats politiques où sont mis en cause des étrangers, tandis que les comités pour le statut des immigrés poursuivent leur combat[1].

C'est dans ce contexte que, au début de 1938, Philippe Serre, député de Meurthe-et-Moselle, sous-secrétaire d'État au Travail dans le troisième gouvernement Chautemps (25 juin 1937-18 janvier 1938), est nommé sous-secrétaire d'État, chargé des services de l'immigration et des étrangers auprès de la présidence du Conseil. Il reste à ce poste dans le quatrième gouvernement du même Chautemps (18 janvier-13 mars 1938). Il redevient sous-secrétaire d'État au Travail dans le deuxième gouvernement Blum (13 mars-10 avril 1938).

Dans le cabinet qu'il a constitué, apparaît Georges Mauco. Auteur d'une thèse pionnière, publiée en 1932, sur les étrangers en France, leur rôle dans l'activité économique, il est le premier « expert » des problèmes de l'immigration. Quelques mois avant d'accéder à des fonctions gouvernementales, dans une conférence donnée en 1937 dans le cadre de la Société des Nations (S.D.N.), il avait proposé une orientation pour la politique de l'immigration[2].

Sa démarche est fondée sur la sélection « ethnique ». Dans une perspective purement économique ou utilitariste, il peut paraître logique de faire venir de la main-d'œuvre étrangère en cas de besoin des entreprises et de la faire repartir en période de crise économique. Pour le démographe français, cette logique est absurde : il considère que l'immigration de familles jeunes est nécessaire pour fournir à long terme à la France l'apport de population dont elle a besoin. Mais il constate que certains immigrés ont du mal à « s'assimiler », que leur présence heurte l'opinion publique française et il en donne les causes. Il cite, en premier lieu, l'action des pays d'émigration qui découragent l'immigration familiale, et qui développent, pour mieux l'encadrer, missions religieuses ou écoles privées. De plus, ces mêmes États d'origine, qui souhaitent maintenir leur influence, s'allient aux patrons qui veulent « soustraire (les étrangers) du contact des salariés français et les rendre moins accessibles aux revendications sociales : ils poussent leurs ressortissants qui en ont la tendance naturelle à se grouper en terre d'exil et à se reconstituer un cadre et une vie collective ». Tout cela fait obstacle au rôle joué dans le processus d'assimilation par des institutions comme l'école et l'Église, ou par le système d'accès à la nationalité ; Mauco insiste également sur le rôle que pourrait jouer le patronat en favorisant l'égalité des salaires, la formation professionnelle et surtout l'accès au logement.

Sont jointes à ces constatations générales, applicables à tout étranger, des considérations sur la hiérarchie des ethnies : Mauco pense que l'immigré, selon les analogies que sa langue natale présente ou non avec la langue française, se trouve plus ou moins isolé, plus ou moins lié à l'influence de la vie et de la culture du pays d'accueil. Surtout, il lui paraît que, « parmi la diversité des races étrangères en France, il est des éléments [...] (asiatiques, africains, levantins même) dont l'assimilation n'est pas possible et, au surplus, très souvent physiquement et moralement indésirable. L'échec de nombreux mariages mixtes en est une vérification. Ces immigrés portent en eux, dans leurs coutumes, dans leur tournure d'esprit, des goûts, des passions et le poids d'habitudes séculaires qui contredisent l'orientation profonde de notre civilisation ».

Cette hiérarchie des ethnies lui semble également établie par les chefs d'entreprises : l'auteur le constate à l'aide d'un « mini-sondage » effectué dans une entreprise d'automobiles, qui emploie 17 000 travailleurs, dont 5 075 étrangers, auprès d'une dizaine de chefs de service. Ceux-ci, appelés à noter de 1 à 10 l'aspect physique, la régularité au travail, la production, la discipline ou la compréhension de la langue française, notent, par exemple, les Arabes au plus bas de l'échelle avec 2,9, puis les Grecs — 5,2 —, les Arméniens, les Polonais, les Espagnols 6,3, 6,4 et 6,5, enfin les Italiens, les Suisses et les Belges qui viennent en tête avec 7,3, 8,5 et 91[*]. Constatations démographiques et économiques se rejoignent donc pour favoriser une sélection ethnique des immigrés.

* Cf. annexe III.

Comme Mauco constate que l'accueil des étrangers est plus difficile dans les classes moyennes
et supérieures et que c'est précisément dans les
professions libérales, le commerce et les emplois
qualifiés que se pressent en surnombre les Français alors qu'il y a pénurie dans les activités ma-
nuelles ; il prône une politique de sélectivité non
seulement ethnique, mais aussi professionnelle et
sanitaire, et une intervention de l'État.

L'analyse de Mauco, qui se veut scientifique
alors qu'elle ne fait que paraphraser et synthéti-
ser des opinions recueillies, est fondée théoriquement, si l'on se réfère aux travaux de Pierre-
André Taguieff, sur un double préjugé racial[3] :
d'une part, il considère une partie des étrangers
comme inassimilable ; d'autre part, s'il pense possible l'assimilation des ethnies les plus proches,
c'est qu'il croit en la supériorité attractive de
l'ethnie française[4]. Mais le discours de Mauco est
dans les débats de l'époque un mixte syncrétique
encore difficilement classable : l'« inassimilabi-
lité » est préjugée par une droite nationaliste et
xénophobe qui perçoit le mélange de l'immigré
dans la société française comme producteur de
désordre[5] ; l'assimilation par la culture et l'éducation est à l'époque la réponse progressiste à ce
discours[6]. Dans la conclusion de son texte de
1937, Mauco est optimiste : il croit à la réussite
de l'assimilation de la majeure partie de la population étrangère alors en France.

C'est en partie dans les directions qu'il prône
que Philippe Serre, le nouveau sous-secrétaire

d'État, va agir. D'abord pour satisfaire les besoins de l'économie, il maintient l'objectif de l'immigration. Mais il cherche à séparer « le bon grain de l'ivraie[7] » et l'immigration utile de celle qui lui semble néfaste. La première donne à la France les travailleurs agricoles ou industriels qui lui font défaut dans certaines régions ou dans un certain nombre de professions. La seconde se dirige vers les métiers encombrés (artisanat, commerce, professions libérales).

Afin d'organiser et de surveiller l'immigration « utile », Serre élabore un premier projet de texte qui se propose de confier à une structure contrôlée par l'État les missions de recrutement et d'introduction exercées jusqu'alors par la S.G.I. Pour éviter la concurrence de l'immigration « néfaste » dans les professions encombrées, un deuxième projet vise à faciliter l'implantation des ressortissants juifs étrangers dans les campagnes. C'est en effet de cette communauté que provient, au dire de Georges Mauco, la concurrence conflictuelle dans les professions commerciales ou libérales, qui provoque de vives réactions des professionnels concernés et de nombreux juifs français[8].

Un troisième projet vise à constituer un statut juridique de l'étranger. Il établit une distinction fondamentale entre immigrés temporaires et résidents selon qu'« ils déclarent venir en France pour une durée limitée sans intention de s'y fixer (étudiants, touristes et travailleurs saisonniers), ou qu'ils ont vocation à l'assimilation. Dans le premier cas, les formalités d'accès au séjour et au marché du travail sont simplifiées. Dans le second cas, des contrôles sévères, tenant compte des critères professionnels, moraux, sanitaires, seraient institués ». L'immigré, économiquement utile et démographiquement sélectionné, pourra alors bénéficier de droits économiques et administratifs qui « s'étendront avec la durée de son séjour régulier jusqu'au jour où la naturalisation consacrera son assimilation ».

Un dernier projet prévoit la mise en place de trois structures de coordination interministérielle : l'une, pour concevoir et coordonner l'activité des différents ministères ; l'autre, chargée exclusivement des réfugiés politiques qui bénéficient d'une protection particulière ; la dernière, qui aurait la responsabilité des contrôles aux frontières. Enfin, on confierait à une commission le soin d'examiner les recours éventuels contre les décisions de refus de naturalisation et d'unifier la jurisprudence en la matière.

Ces projets sont alors combattus par les ministères des Affaires étrangères, de l'Intérieur ou du Travail, et la chute rapide du second gouvernement Blum empêche qu'ils voient le jour.

Philippe Serre s'est donc heurté à la concurrence interministérielle. Il aura également souffert des inconvénients du système politique de la IIIe République : instabilité ministérielle, prédominance du législatif sur le pouvoir exécutif, fragilité de ce dernier.

LE DÉSORDRE AVANT LA DÉFAITE

Avec l'arrivée du nouveau gouvernement, le désordre reprend. Au cours des années 1938-1939, l'action publique s'organise différemment selon les catégories d'étrangers, de façon plus complexe qu'on ne veut bien l'écrire. La xénophobie atteint un très haut degré, mais les autorités publiques ne portent pas atteinte, du moins formellement, à l'obligation républicaine du droit d'asile pourtant fortement contesté. Au contraire, le décret-loi du 2 mai 1938 assure pour la première fois une protection particulière au réfugié. L'interdiction d'entrée sur le territoire, décidée depuis 1924 à l'égard des nouveaux travailleurs migrants, n'est pas censée le concerner[9] ; pourtant l'application des textes par les services administratifs rend souvent sa situation extrêmement précaire.

Le principal test de l'écart entre théorie et pratique est cependant l'accueil des réfugiés espagnols. Après la prise de Barcelone, en janvier 1939, et malgré l'annonce de la fermeture des frontières aux réfugiés républicains de la guerre civile finissante, plusieurs centaines de milliers d'entre eux affluent et sont bientôt autorisés à entrer sur le territoire ; les voilà hébergés dans des camps, dans des conditions inhumaines, d'ailleurs dénoncées par de très nombreux observateurs[10]. Dans les deux années qui suivent la fin des hostilités, une grande partie des réfugiés rentre en Espagne. Les autorités françaises et britanniques obtien-

nent du général Franco l'assurance que les réfugiés
qui retournent dans leur pays seront amnistiés,
sauf ceux qui encourent des peines judiciaires[11].
Les autorités françaises ont un moment la tenta-
tion de procéder à des rapatriements forcés[12] ; il
semble même que, en avril 1939, les préfets reçoivent des instructions en ce sens. Mais les protestations de la gauche et d'une large part de
l'opinion publique, la résistance des républicains
espagnols eux-mêmes et le manque de coopération des autorités franquistes font échouer ce
projet. Puis le rythme des retours s'accélère et
150 000 à 200 000 réfugiés espagnols (soit 40 à
50 p. 100 de ceux qui sont entrés sur le territoire
national) s'en retournent en 1939 et 1940. Les
autres — parmi lesquels les plus militants, qui
craignent pour leur vie — s'installent dans les
camps, dans des conditions toujours déplorables,
mais qui s'amélioreront progressivement. Il n'en
reste pas moins qu'à un moment décisif — et
cela n'excuse ni les conditions d'accueil ni les
tentatives de retours forcés — le principe du
droit d'asile a trouvé une réalisation pratique ; la
conformité entre les valeurs de la République et
l'action menée a finalement pu résister aux soubresauts de la vie politique et à la montée de la
xénophobie. Dans un contexte particulièrement
difficile, la France, comme l'écrit Ralph Schor,
« accomplit son devoir d'humanité », même si ce
fut « souvent à contrecœur[13] ».

Jusqu'à la guerre, les autres étrangers de France
vont se voir à nouveau soumis aux retournements

de la conjoncture économique et politique. Pourtant les régimes du droit au séjour et de l'accès au travail de l'étranger régulier semblent se libéraliser. En mai 1938, à la demande des entreprises, le système de quotas mis en place en 1932 est assoupli ; un simple arrêté pour tel secteur ou l'accord de l'inspecteur du travail lorsqu'il s'agit d'une entreprise suffit désormais à l'obtention d'une dérogation ; l'embauche des salariés agricoles est également facilitée[14]. Le constat de la difficulté à mettre en œuvre une politique de retours forcés, peut-être également le souci de stabiliser l'immigration la plus durablement installée, conduisent les pouvoirs publics à annoncer la délivrance de cartes d'identité, valables de plus en plus longtemps, selon la durée du séjour en France ; mais cette réforme n'est pas appliquée.

En contrepartie, le contrôle politique et policier du séjour de l'étranger installé est de plus en plus sévère : à chaque changement de domicile ou de résidence, le voilà tenu d'en avertir les autorités. Le ministère de l'Intérieur peut l'astreindre à résider dans tel ou tel lieu, voire l'expulser sans motif autre que le désir des autorités (décret du 2 mai 1938)[15]. La répression ne fait pas de différence entre les irréguliers et certains étrangers établis depuis de longues années, lorsque, par exemple, les pièces nécessaires pour prouver leur identité leur sont retirées par les États d'origine. Par décret du 12 novembre 1938, le mariage de l'étranger est soumis à autorisation administrative ; il ne peut désormais contracter mariage en

France que s'il est titulaire d'un permis de séjour de plus d'un an. En ce qui concerne la nationalité, d'autres mesures reviennent sur la législation libérale adoptée en 1927. La sanction exceptionnelle de déchéance de la nationalité française pouvait déjà s'appliquer aux naturalisés qui s'étaient montrés déloyaux avec la France ; elle pourrait dorénavant concerner aussi ceux qui commettraient des délits ou des crimes ayant provoqué une peine d'au moins un an d'emprisonnement ; aux limitations de droits qui touchaient déjà le naturalisé — non-éligibilité ou impossibilité d'accès à certaines fonctions publiques durant cinq années — est ajoutée l'interdiction de voter pendant le même délai[16]. Enfin l'étranger indésirable peut être interné dans des « centres spéciaux » où il fera l'objet d'une « surveillance permanente ».

Le climat change dès le déclenchement des hostilités. La main-d'œuvre nationale se révèle vite insuffisante par rapport aux besoins, malgré l'augmentation de la durée du travail[17]. Pour servir l'armée et travailler dans les usines, les étrangers deviennent alors désirables[18].

Les mesures de contingentement prises en 1932 sont suspendues[19]. Le gouvernement veille au maintien sur le territoire national des étrangers encore présents, maintien facilité par le fait que la vie reste normale pendant les premiers mois de la guerre.

Ensuite, un décret-loi du 12 avril 1939, pris après l'arrivée des réfugiés espagnols et en partie

à leur intention, décide : « Les étrangers bénéficiaires du droit d'asile seront désormais soumis
aux obligations imposées aux Français par les
lois sur le recrutement et sur l'organisation de la
nation en temps de guerre[20]. » Au début des hostilités, les réfugiés espagnols vont donc servir dans
les compagnies de travailleurs ou dans l'armée
française.

Les miliciens espagnols internés, évalués au
total à 80 000, sont envoyés dans l'industrie
(20 000), mis à la disposition des autorités militaires (20 000) ou encore affectés à l'agriculture
(39 000) ; ils signent parfois avec les agriculteurs
des contrats de travail qui leur assurent de fait
une liberté de circulation sur le territoire national.

D'autres réfugiés espagnols sont accueillis dans
l'armée française. Selon Jean-Louis Crémieux-
Brilhac, l'on décourage d'abord de l'engagement
militaire Polonais et Italiens. On souhaite que les
Polonais restent dans leurs mines de charbon ou
d'acier pour y assurer la production, et l'on ne
veut pas d'ennui avec Mussolini[21]. Finalement,
plus de 100 000 étrangers de toutes nationalités
sont incorporés dans l'armée française ou constituent à ses côtés des corps de combattants étrangers. Pour les faire participer aux efforts de guerre,
le gouvernement a aussi choisi d'accélérer le processus de naturalisation : 73 000 étrangers, particulièrement des Italiens, sont ainsi naturalisés,
ou réintégrés dans la nationalité française, en
1939, et 43 000 autres au cours du seul premier
semestre de l'année 1940.

Le gouvernement part enfin à la recherche de nouvelles sources de main-d'œuvre. L'occupation de la Pologne et les difficultés de communication avec les pays d'Europe centrale contribuent certes à freiner les retours éventuels, mais ils empêchent en premier lieu les pouvoirs publics de recourir à leur marché traditionnel. Le gouvernement négocie et signe alors avec le Portugal et la Grèce des traités, dont l'application est interrompue par le déclenchement des opérations militaires de juin 1940[22]. Dorénavant, comme pendant la Première Guerre mondiale, on fait appel à la main-d'œuvre coloniale : un contingent de 20 000 Indochinois est affecté en totalité aux usines de la Défense nationale[23] ; le recrutement de 100 000 travailleurs nord-africains est programmé ; mais l'armistice interrompt le mouvement après l'arrivée de 20 000 d'entre eux.

VICHY : LA VICTOIRE DU PRINCIPE ETHNIQUE

La défaite et l'occupation allemande vont favoriser une rupture avec la façon traditionnelle de traiter les étrangers et de définir les catégories juridiques.

Après la défaite et l'armistice, les frontières jusque-là établies entre Français, réfugiés politiques et travailleurs étrangers se déplacent.

900 000 Français ayant acquis la nationalité française depuis 1927 sont soumis à une procédure de révision de leur statut. Plus de 15 000 d'entre eux redeviennent étrangers, et pour les juifs qui sont la cible[24] et constituent la majorité, cela revient à favoriser leur déportation et leur extermination en Allemagne[25].

Les réfugiés politiques d'avant-guerre perdent leur protection particulière et deviennent, à cause de leurs idées, de leur religion ou de leur nationalité, des persécutés potentiels et trop souvent réels. Certains travailleurs étrangers vont au contraire bénéficier d'une protection particulière, supérieure même à celle des Français ; ce sera le cas des Allemands, bien sûr, mais surtout des Italiens, encore très nombreux sur le territoire national. L'occupation nazie et la collaboration de l'État français vont trancher à leur façon le débat qui occupait les spécialistes d'avant-guerre : la hiérarchie des ethnies l'emporte sur la hiérarchie des valeurs et dissout les catégories de l'État de droit.

Cette inversion des principes se conjugue avec la continuité dans la gestion des problèmes de la main-d'œuvre étrangère : si ce n'est l'interférence des intérêts économiques allemands, tantôt convergents, tantôt divergents par rapport aux préoccupations des pouvoirs publics français, les problèmes de chômage ou de recrutement de la main-d'œuvre étrangère semblent gérés comme si la guerre n'avait pas lieu. Selon que les immigrés se trouvent en zone libre ou en zone occupée, selon que l'Occupation est le fait des Allemands ou des Italiens, leur situation sera alors différente.

Zone occupée

Dès le début de l'Occupation, les Allemands manifestent le souci de se procurer de la main-d'œuvre étrangère pour satisfaire leurs besoins en France et fournir, en Allemagne, des forces nécessaires à leur économie, peut-être aussi des soldats pour la Wehrmacht. Ce souci se traduit dès août 1940[26] ; les Allemands font recenser par l'Administration française les chômeurs étrangers, particulièrement nombreux après l'armistice. L'objectif est d'envoyer en Allemagne des Slovaques, des Polonais, des Ukrainiens ou des Yougoslaves, afin de les y faire travailler, notamment dans les secteurs du bâtiment et de la métallurgie. Dès août 1940, les réfugiés russes blancs sont également recensés. Ils le seront à nouveau en avril 1941, sans grands résultats car, selon les rapports des administrations françaises, ces Russes blancs ne sont pas au chômage, soit parce qu'ils ne sont plus en âge de travailler, soit parce qu'ils ont un emploi stable.

Dès l'été 1940, les autorités allemandes se préoccupent également du statut des travailleurs étrangers qu'ils emploient à leur service en France. L'occupant a en effet besoin de main-d'œuvre sur place. Il veut donc pouvoir embaucher aisément du personnel étranger, par exemple italien. C'est pourquoi il exige, en mai 1941, et obtient en juillet

1941, que les Français accordent aux étrangers employés par les Allemands une carte d'identité de travailleur qui seule leur permettrait d'exercer un autre emploi une fois leur contrat expiré[27].

Pour lutter contre le fort chômage du début de l'Occupation, l'Administration française, outre les mesures prises pour écarter du marché du travail les ouvriers d'origine rurale ou les femmes — tel sera précisément l'objectif de la loi du 11 octobre 1940 —, rétablit en août 1940 la loi de 1932 sur les quotas de travailleurs étrangers dans les entreprises, loi suspendue en janvier 1939. On espère ainsi que le licenciement de travailleurs étrangers, recrutés pendant la mobilisation des Français, permettra un rétablissement de la situation de l'emploi. Les occupants réagissent alors en venant en aide aux ressortissants des États alliés de l'Allemagne : dès août 1940, ils cherchent à favoriser l'embauche d'Italiens, d'Allemands et d'ex-Autrichiens par les employeurs français — dans le Doubs, par exemple, les Allemands imposent l'embauche prioritaire des Italiens. Plus tard, ils exigent que le seuil maximal d'emploi des étrangers fixé par la loi de 1932 devienne un seuil minimal. Ayant noté que la restauration des quotas avait abouti, dans la plupart des cas, à l'embauche exclusive de salariés français, les autorités allemandes obtiennent que les entreprises françaises recrutent la même proportion d'étrangers que celle qui était employée avant la guerre — selon elles, de 5 à 8 p. 100 —, en particulier des

Italiens, des Russes, des Slovaques et des Hongrois.

Plus tard, lorsque la situation de l'emploi sera rétablie en zone occupée[28], les autorités françaises se préoccuperont des besoins des producteurs français en main-d'œuvre saisonnière ou permanente, comme en période normale. Ainsi se pose en 1941 le problème des saisonniers, nécessaires à la récolte de betteraves ; les autorités allemandes en France, « collaborant » avec l'Administration française, exigent de leurs collègues occupants en Belgique que soit fourni le contingent de saisonniers[29] nécessaire aux producteurs français. Le responsable français de la gestion des saisonniers au ministère du Travail se félicite dans cette affaire de la coopération de son correspondant allemand, qui s'est comporté comme un « Français » face aux autorités d'occupation en Belgique.

Zone libre

En zone libre, le chômage diminue très rapidement. Selon Jacques Desmarest, dès la fin de 1940, le nombre de chômeurs ne dépasse pas 30 000 et, en juillet 1941, il tombe à moins de 15 000. Mais que deviennent les étrangers ? Là encore, il convient de distinguer le traitement appliqué aux ressortissants allemands, autrichiens ou italiens. En janvier 1942, sous l'impulsion des Allemands, le renouvellement des titres de commerçants italiens et allemands est accéléré. À la fin de 1942, le ministère de l'Intérieur de

Vichy favorise l'acquisition des biens des juifs italiens par des Italiens « aryanisés ». Mais il faut noter la réticence de Vichy à accorder aux Italiens un statut privilégié : tout au long de la guerre, l'État français cherche à préserver un semblant de souveraineté. Il considère que l'Italie revendique indûment un statut de vainqueur et cherche à freiner ses revendications. La convention d'armistice conclue avec l'Italie en février 1941 prévoit par exemple le rapatriement des Italiens internés dans des camps en raison de leur fidélité au régime fasciste : Vichy laisse la majeure partie d'entre eux s'installer librement en zone sud[30]. Les Italiens obtiennent néanmoins le contrôle — mais il restera très théorique — de la circulation aux frontières franco-suisses et franco-italiennes et un droit d'information sur les éventuelles expulsions des Italiens résidant en zone libre.

Les autres étrangers sont soumis à un régime spécialement restrictif. En premier lieu, la loi du 27 septembre 1940 stipule que les étrangers de sexe masculin, âgés de dix-huit à cinquante-cinq ans, en surnombre dans l'économie nationale, peuvent être rassemblés dans des groupements au sein desquels ils sont censés ne recevoir aucun salaire[31]. Ces « groupements de travailleurs » (G.T.E.) sont gérés à partir d'octobre 1940 par le commissariat à la lutte contre le chômage. Y sont principalement affectés des réfugiés politiques, espagnols ou juifs étrangers, des soldats démobilisés des armées belge, polonaise, tchécoslovaque. De réfugiés, ils deviennent travailleurs.

Ces G.T.E. font l'objet d'une surveillance particulière de la part du régime de Vichy qui craint de les voir abriter de nombreux communistes. Malgré les contrôles et la répression, leur situation n'est cependant pas toujours aussi désastreuse qu'on pourrait le supposer. Une partie d'entre eux, jugée dangereuse, est envoyée en Afrique du Nord. Mais, surtout, l'équipe du commissariat au chômage, souvent engagée dans la Résistance, s'efforce d'améliorer leurs conditions de vie, en prélevant le maximum d'étrangers dans les camps existants pour les transformer en travailleurs « diffus » ; ils sont dispersés individuellement, affectés à des emplois dans l'industrie ou dans l'agriculture, et peuvent ainsi mener une existence presque normale. Au cours de l'année 1941, deux tiers d'entre eux ont été dispersés. Très vite, une indemnité individuelle leur a été accordée et, en juin 1941, Henri Maux, le commissaire adjoint au chômage qui est le véritable patron du service, obtient pour eux le salaire de droit commun[32]. En 1942, l'assimilation complète aux droits sociaux des nationaux est réalisée. En outre, sous la direction de Gilbert Lesage, est créé le service social pour les étrangers qui joue, dans chaque département, un rôle important d'assistance aux familles et favorise par exemple leur regroupement.

C'est une partie de ces immigrés, les non-dispersés, qui va bientôt travailler au service des autorités d'Occupation lorsque ces dernières éprouvent, à partir de 1942, des besoins croissants de main-d'œuvre.

Les Allemands ont en premier lieu songé à faire revenir de la main-d'œuvre coloniale, dont une partie a été ballottée depuis l'ouverture des hostilités selon les besoins français ou allemands. Juste après l'armistice, on a décidé le rapatriement des 20 000 travailleurs indochinois, réquisitionnés au début du conflit, mais seuls 5 000 d'entre eux le sont effectivement ; les 15 000 restés sur le territoire de l'Hexagone sont donc employés, à partir de l'année 1941, comme travailleurs, pour la plupart dans l'agriculture. Sur les 20 000 recrutés nord-africains dans les premiers mois de la guerre, 10 000 à 15 000 ont été renvoyés. Dès le milieu de l'année 1941, après l'attaque de l'U.R.S.S., des négociations s'engagent entre Allemands et Français afin d'obtenir le recrutement de nouveaux contingents de main-d'œuvre non métropolitaine, destinés aux entreprises des mines, du bâtiment et des travaux publics. Elles échouent au Maroc, mais aboutissent en Algérie. Seuls 7 500 travailleurs, sur les 13 000 prévus par l'accord, sont acheminés vers la France avant que le trafic ne soit interrompu par le débarquement allié de novembre 1942.

Conséquence de ces difficultés, les Allemands cherchent dès 1941 à recruter des étrangers au sein des compagnies de travailleurs. Il s'agit en particulier de les affecter aux travaux de l'ingénieur allemand Todt, qui édifie les fortifications de la côte atlantique. 11 000 travailleurs étrangers, qui n'ont pu être dispersés, avec quelques volontaires, sont utilisés à cet effet en 1941. En 1942, la pression allemande devient plus forte, et 37 000 travailleurs étrangers supplémentaires se voient affectés à l'entreprise Todt.

Une telle politique nécessite évidemment une collaboration au sommet entre Vichy et les Allemands. Elle entraîne de ce fait la démission du commissaire au chômage, responsable pour la zone nord[33]. M. Maux, commissaire adjoint chargé de la zone libre, démissionne à son tour le 1er mars 1943 et le commissariat au chômage est supprimé ensuite car il se révèle en théorie inutile à la suite de la création du service du travail obligatoire, le 16 février 1943[34].

Les besoins allemands en main-d'œuvre ne cessent d'augmenter, et la collaboration est encore renforcée en 1943, quand les occupants demandent aux autorités françaises la copie de tous les fichiers d'étrangers résidant en France, fournissant même la grande quantité de papier permettant la reproduction des fiches. Par circulaire du 12 juillet 1943, Vichy met ces fichiers à la disposition de l'occupant. Dès mars 1943, d'ailleurs, certaines préfectures devancent l'appel et donnent aux Allemands les fiches en question ; mais d'autres freinent au maximum la communication des documents demandés.

Dans ce contexte, quelques jours après la destitution du Duce, une note, adressée le 8 août 1943 par Hubert Lagardelle, ministre du Travail, au chef du gouvernement de Vichy, mérite d'être citée et commentée. Sollicité par les autorités transalpines pour que les Italiens de France ne puissent, à l'instar des Français ou des autres étrangers, être réquisitionnés pour l'Allemagne, il se déclare hostile non seulement à l'application de la mesure aux Italiens, mais également aux autres nationalités. Après avoir indiqué que l'idée de soumettre les étrangers à cette législation était contraire aux conventions internationales passées avant guerre avec les États d'origine, il précise :

> « Il importe, à mon sens, d'attacher le plus grand prix aux considérations d'avenir. [...] Je crois devoir rappeler qu'au rang des questions importantes actuellement à l'étude pour l'après-guerre se place celle de la main-d'œuvre. Des études sont actuellement poursuivies par les différents départements ministériels intéressés afin de déterminer, dans toute la mesure du possible, l'importance des besoins en travailleurs étrangers qui ne manqueront pas de se révéler dès le lendemain de la guerre et de fixer les règles d'une politique d'immigration conforme aux intérêts moraux et matériels du pays. [...] Il importe, semble-t-il, de créer, dès maintenant, un climat favorable aux négociations qui auront lieu avec les différents États susceptibles de nous fournir de la main-d'œuvre. Toute mesure de contrainte prise envers les étrangers risque d'avoir des répercussions fâcheuses, à cet égard. J'estime donc que seuls devraient être soumis comme les Français à la réquisition prévue par la loi du 15 juillet 1943 les étrangers sans nationalité et les étrangers bénéficiaires du droit d'asile ainsi qu'il avait été admis au cours des années 1939-1940 (article 2 du décret du 12 avril 1939)[35]. »

Lagardelle semble soucieux de ménager l'après-guerre, mais il ne sera pas suivi : les Italiens

seront officiellement soumis à l'obligation du
S.T.O. en novembre 1943, quelques semaines
après la capitulation de Badoglio, le 8 septembre.
Le 9 février 1944, une circulaire du ministère du
Travail enjoint les préfets de mettre à la disposition des autorités allemandes le plus grand nombre possible d'étrangers.

Le texte de Lagardelle est néanmoins particulièrement révélateur d'une logique, à l'œuvre
depuis 1940. Il cherche, dans la mesure du possible, à manifester la souveraineté de la France
de Vichy sans déplaire aux Allemands. Mais on
pourrait chercher longtemps la fidélité aux valeurs républicaines : la seule catégorie d'étrangers
qu'il accepte d'envoyer en Allemagne, ce sont les
réfugiés politiques.

Les réfugiés politiques

La rupture avec la tradition républicaine d'asile,
opérée dès juillet 1940, a déjà été légitimée intel-
lectuellement de façon éclatante par Georges
Mauco, dans un article publié en mars 1942 dans
L'Ethnie française, journal dirigé par Georges
Montandon. Ce dernier n'est pas n'importe qui :
professeur titulaire de la chaire d'ethnologie de
l'École d'anthropologie depuis 1933, il est, dans
la tradition de Vacher de Lapouge, l'un des animateurs de l'école raciste française. Ami de l'an-
thropologue allemand Hans Günther, directeur
de l'Institut d'études des questions juives et eth-
noraciales, il s'est spécialisé dans la reconnaissance des types juifs et est « l'expert » qui opère

avec l'aval des nazis dans le camp de Drancy ; il
sera exécuté par la Résistance en 1944[36].

Mauco reprend dans cet article une partie du
témoignage qu'il livre le 3 septembre 1941 à la
demande de la Cour suprême de justice siégeant
à Riom[37]. Pour lui, les réfugiés politiques sont les
immigrés les plus indésirables pour deux raisons
essentielles : parce que cette immigration n'est
pas libre mais imposée ; et parce qu'elle est la
plus éloignée, ethniquement et surtout sur le plan
du caractère, de la nation française, elle se situe
au plus bas de la hiérarchie des ethnies qu'il ins-
tituait dans ses travaux d'avant-guerre en fonction
de la capacité d'assimilation.

La première raison est cause de bien des maux .
« La France a souffert dans les années 30 d'un
afflux de réfugiés politiques, spécialement depuis
1932. [...] L'immigration, imposée par une étrange
anomalie, était laissée sans contrôle. En 1936, un
comité composé des délégués de la Ligue des
droits de l'homme, des associations israélites, des
comités de réfugiés étrangers et des partis socialiste et communiste, fut institué au ministère de
l'Intérieur, pour accorder le droit d'asile à tous
les apatrides et à tous les réfugiés, sans préoccupations sanitaire, ethnique ou économique. »
Georges Mauco jette aussi un coup d'œil rétrospectif sur son expérience gouvernementale : « La
notion de qualité en matière d'immigration était
déjà apparue comme une nécessité aux autorités
françaises, mais les tendances politiques égalitaires des gouvernements leur interdirent d'agir

en conséquence et d'assurer la protection ethnique du pays. » Le pays a reçu des « éléments humains de plus en plus différents du type français et par là de moins en moins assimilables. Les derniers apports (éléments coloniaux : Africains et Asiatiques, Juifs de toutes nationalités, Balkaniques et Levantins, Russes, Assyriens) apparaissent même non désirables tant du point de vue humain que du point de vue économique ». De surcroît, par immigration imposée, il faut aussi entendre imposée au réfugié venu en France, plus ou moins contraint, et souvent parce qu'il ne disposait pas de la possibilité d'aller ailleurs, tous les autres pays du monde s'étant fermés à lui. « Ces immigrés restaient d'autant plus attachés à leurs coutumes et à leurs pays qu'ils en avaient été arrachés par la force. »

La seconde raison censée rendre indésirable l'immigration de réfugiés tient au fait que ces derniers sont les plus éloignés de l'ethnie française. De ce point de vue, trois groupes sont mis en avant : dans l'ordre, les Russes, les Arméniens et les Juifs. Au sein de la catégorie des « réfugiés politiques » Mauco paraît oublier les réfugiés espagnols. L'auteur règle le problème par un tour de passe-passe qui manifeste les motivations politiques de cette hiérarchie ethnique : « Les réfugiés espagnols peuvent aujourd'hui être considérés comme relevant de l'immigration libre [*sic*]. Ils appartiennent à un pays proche de la France par la civilisation et la langue [*sic*, si l'on se réfère à son classement de 1937, les Espagnols arri-

vaient derrière les Russes]. Ils s'assimilent aisément, surtout les Catalans et les Basques, sans
altérer l'unité humaine de la France. Un grand
nombre sont retournés en Espagne. D'autres ont
été accueillis en Amérique. Enfin, économiquement, ceux qui sont restés en France ont été
rapidement intégrés par les autorités dans les activités productives et dans les régions agricoles
sous-peuplées. [...] Contrairement aux autres
réfugiés, ils n'ont pas eu la liberté de se disperser
dans le pays ou de s'y installer sans contrôle. »
Bref, pour Mauco, ils sont les seuls réfugiés
acceptables. Alors que les Russes, les Arméniens
et les Juifs (ennemis — mais est-ce le hasard ? —
des nazis) n'ont en commun que des handicaps :
« Les différences de langue, de mœurs, de climat
étaient un gros obstacle à l'adaptation. » Mais
« les réfugiés russes étaient des hommes libres,
parfois des chefs, qui n'avaient subi qu'un traumatisme : celui de la révolution. Si les Russes
sont loin du peuple français à bien des égards, ils
ont en général un niveau culturel qui permet des
contacts. Avec les Arméniens, ce contact même
est difficile ». Il y a « une différence ethnique plus
marquée, entraînant une sensibilité et un comportement plus différenciés ». Georges Mauco reconnaît qu'Arméniens et Juifs ont vécu des
persécutions, mais c'est pour en déduire scienti-
fiquement, grâce à la psychanalyse[38], que l'« altération du caractère » qui en résulte les rend
inassimilables (les Juifs plus encore que les Arméniens) :

« Les Arméniens vivent depuis des générations dans une situation inférierisée et chroniquement terrorisée. Par là s'est façonnée, sauf exceptions individuelles, une âme adaptée à la contrainte, où le caractère le cède à l'obséquiosité sournoise [...] Une semblable altération du caractère se retrouve chez le Juif. Elle est grave, car elle est le produit non seulement de l'éducation et du milieu sur l'individu, mais en partie de l'hérédité. La psychologie moderne — et spécialement la psychanalyse — a montré que ces traits, transmis avec l'influence des parents dès les premières années de l'enfant, modifiaient l'inconscient même du sujet et ne pouvaient être résorbés qu'après plusieurs générations soumises à des conditions satisfaisantes et échappant complètement à l'influence du milieu héréditaire [*sic*].

« Toutes les particularités défavorables de l'immigration imposée apparaissent pour les réfugiés juifs. Santé physique et psychique, moralité et caractère sont également diminués. [...] Là encore, on a des âmes façonnées par les longues humiliations d'un état servile, où la haine refoulée se masque sous l'obséquiosité. [...]

« La névrose juive, avec son surmenage d'activité nerveuse, son hérédité alourdie par les événements actuels, apparaissait chez tous les réfugiés. Fait plus grave, elle se réveillait par contact, chez les Juifs francisés, et leur faisait perdre en partie les qualités qu'ils avaient pu acquérir. [...]

« Au moins ces réfugiés apportent-ils une valeur intellectuelle à défaut d'une valeur morale et physique ? Il ne le semble pas, malgré les apparences. Sans doute nombre de réfugiés juifs d'Europe centrale ont-ils un niveau intellectuel, une culture supérieure à celle de bien des étrangers et même de certains Français. [...] Mais à l'examen, il y a là subtilité et ingéniosité de l'esprit, habileté et assimilation rapide, utilisation du savoir et de l'expérience acquis par d'autres. En fait, leur originalité et leur invention sont faibles. L'esprit chez eux est un moyen de défense, une arme pour lutter contre la force des maîtres.

C'est du savoir-faire tel qu'il peut se développer chez l'esclave intelligent, mais sans l'armature du caractère, ni la puissance de la création. Il est vraisemblable que les longues persécutions du passé ont dû développer ce souple mimétisme, permettant une rapide adaptation et cette ingéniosité à tirer profit d'autrui — du non-Juif détesté. C'est ainsi que nombre d'étudiants juifs obtenaient aisément des places d'assistants dans les laboratoires, hôpitaux, instituts, facultés, en flattant les maîtres qui se trouvaient heureux d'avoir des collaborateurs aussi attachés. Les jeunes Français supplantés qualifiaient du mot cru et viril de "lécheur" ceux qui manifestaient ces attitudes serviles. »

Mauco conclut son analyse des Juifs sur une envolée :

« Aussi, particulièrement doués par leur habileté et leur souple ingéniosité, les Juifs étrangers parvenaient-ils aisément dans une France libérale, où la puissance de l'argent et de l'intellectualisme l'emportait sur le caractère et la force virile ! La même aptitude à la compilation du savoir ou de l'argent leur permettait d'affluer dans les sphères dirigeantes de la nation. Alors que la multitude des rudes ouvriers étrangers entraient dans la collectivité française par la base, y prenant ainsi les réflexes des hommes et des travaux qui font la nation, les Juifs, au contraire, sans transition, se portaient vers les centres nerveux du pays et agissaient directement sur les activités de direction. Certains parvenaient même à des fonctions d'autorité sans avoir aucune des qualités du chef ni la connaissance des hommes. Ils dévirilisaient ainsi l'autorité dont ils étaient investis et la dégradaient dans l'esprit des Français. »

Alexandre Parodi est le symbole de l'attitude inverse. En juin 1940, directeur général du Travail et de la Main-d'œuvre au ministère du Travail, il

a tenté pour sa part de rester fidèle à la tradition
républicaine. En septembre 1940, il résiste en vain
à l'intrusion des autorités allemandes dans les
problèmes de main-d'œuvre étrangère*. Il refuse
par exemple de communiquer et de faire traduire
les circulaires d'ordre intérieur, craignant que
cette demande, « contraire à la convention d'armistice », ne cache « la volonté des Allemands »,
qui, sous le prétexte d'« être informés des chômeurs étrangers, cherchent à procéder à des
départs forcés vers l'Allemagne, notamment de
ressortissants étrangers réfugiés politiques ». Il
tente de s'opposer à la livraison de réfugiés espagnols aux services de Franco, à l'envoi de chômeurs étrangers vers l'Allemagne ou refuse le
régime de faveur accordé dans le Nord aux Italiens.
Il est démis de ses fonctions en octobre 1940 et
devient l'un des chefs de la Résistance.

Ponctuellement, en effet, dès juin 1940, les
autorités allemandes procèdent à des retours forcés, notamment de réfugiés espagnols, vers le sol
natal. C'est le cas, dans les Deux-Sèvres, d'où 724
Espagnols sont dirigés, sur les ordres de la Feld-
kommandantur, vers Hendaye. Le traitement de
la grande masse des réfugiés espagnols fait l'objet d'un marchandage triangulaire Vichy-Madrid-
Berlin[39]. Mais Vichy n'autorise pas la livraison de
l'ensemble des réfugiés espagnols. L'État français
cherche plutôt à favoriser ses propres intérêts et
ceux des Allemands en internant en masse les

---

* Cf. annexe IV.

réfugiés les moins « politisés » dans les compagnies de travailleurs ; c'est en partie ce qui explique que 100 000 d'entre eux sont empêchés de
rejoindre le Mexique qui, en application de l'accord franco-mexicain du 23 août 1940, s'est déclaré prêt à les accueillir. Ils sont rejoints dans
ces compagnies par des Juifs étrangers et des
Français d'origine étrangère « dénaturalisés » pour
servir, le cas échéant, les besoins de l'économie
française. Ils peuvent aussi, quand le besoin s'en
fait sentir, servir de main-d'œuvre dans les camps
de concentration et pour le travail forcé dans les
usines allemandes ou dans les chantiers Todt.

D'autres ouvrages ont traité de façon plus
exhaustive du sort réservé aux Juifs. Rappelons
pour mémoire que le délit d'injure et de diffama-
tion raciale, décret-loi institué par Marchandeau
le 21 avril 1939, est abrogé le 27 août 1940[40]. Le
3 octobre 1940, Vichy adopte un premier statut
des Juifs, applicable à la zone libre, qui donne
une définition du Juif plus large que celle établie
par les Allemands dans l'ordonnance du 27 septembre 1940 applicable à la zone occupée. Vichy
invoque l'existence d'une « race juive ». Une loi
du 4 octobre 1940 permet l'internement dans des
camps, par décision du préfet, des étrangers de
« race juive ».

Ceux qui se trouvent dans les compagnies de
travailleurs dépendant du commissariat au chômage sont souvent sauvés, grâce à des actions hé-
roïques des dirigeants du commissariat. Gilbert
Lesage, responsable du service social pour les

étrangers, sauve dans la nuit du 20 août 1942, avec l'aide de l'abbé Glasberg, 84 enfants du camp de criblage de Vénissieux où l'on a raflé des Juifs étrangers, et les répartit au cours de la nuit dans des familles lyonnaises[41].

La politique suivie entre 1940 et 1945 aura bel et bien marqué une profonde rupture : une logique de hiérarchie ethnique s'est imposée, touchant même l'immigration politique qui bénéficiait jusqu'en 1940 du principe du droit d'asile. La tradition républicaine, battue en brèche dans ses présupposés éthiques et politiques, est rétablie à la Libération, non sans difficulté. La définition d'une nouvelle politique de l'immigration est en effet l'occasion, pour Georges Mauco et Alexandre Parodi, d'un nouveau face-à-face.

L'ÉMERGENCE D'UNE RÈGLE DU JEU
(1945)

Quelques semaines après l'installation — le 9 septembre 1944 — à Paris du gouvernement provisoire de la République française présidé par le général de Gaulle, alors que la libération du territoire est encore en cours, le 18 octobre 1944, le ministre de l'Intérieur, le socialiste Adrien Tixier[42], sermonne vigoureusement ses services qui ont arrêté des étrangers résistants : « J'estime particulièrement inadmissible l'exécution par la

préfecture de police, après la Libération, d'un
arrêté d'expulsion de Vichy, signé le 1er juillet
1943 par M. René Bousquet. » Il demande qu'on
lui propose de nouvelles mesures concernant la
situation des étrangers[43]. Sous cette impulsion, la
Direction générale de la sûreté nationale propose
la régularisation des étrangers en situation irrégulière, la suppression d'une « réglementation
pointilleuse et rigide » qui réduit « leur possibilité d'assimilation »[44].

La circulaire du 21 décembre 1944 adressée
par Tixier aux préfets rétablit d'abord les droits
des réfugiés étrangers d'avant-guerre même s'ils
étaient de nationalité « ennemie » ; elle garantit
le statut de ceux qui ont participé aux combats
de la Résistance tout en donnant l'ordre de contrôler sévèrement ceux qui avaient collaboré avec
l'ennemi. Mais il ajoute : « une réglementation
basée uniquement sur la nationalité des étrangers
ne pourrait atteindre ce but ». Vis-à-vis des ressortissants des nations ennemies (principalement
l'Allemagne et l'Italie), le ministre ordonne donc
qu'eu égard « aux persécutions subies par un très
grand nombre d'entre eux, pour des raisons politiques ou raciales, et compte tenu également de
leur attitude à l'égard de la France et de la Résistance, une mesure (d'internement) constituerait,
dans bien des cas, une brimade injuste et inutile ».
Seuls, donc, seront internés les ressortissants
ennemis réellement susceptibles, en raison de leur
attitude passée ou à venir, de compromettre la
sécurité publique. Les autres, à l'exception de

ceux qui se sont engagés dans la Résistance, sont assignés à résidence et doivent faire l'objet d'un contrôle hebdomadaire[45].

Dans la conjoncture de la victoire, la protection du demandeur d'asile et du réfugié politique reprend vite ses droits au rang des enjeux et des débats. Dès février 1945, au ministère de l'Intérieur, la création d'un organisme spécialisé chargé de vérifier et de certifier la qualité de réfugié est discutée[46]. Ce ministère propose, en outre, d'attribuer au réfugié un « statut bienveillant », en quelque sorte « un droit de cité en France », qui faciliterait son assimilation. Ce n'est que plus tard, de 1946 à 1951, que l'Organisation internationale pour les réfugiés (O.I.R.), dont la France est membre, organise l'aide aux réfugiés des régimes communistes, qu'est constitué au sein des Nations unies un Haut-Commissariat aux réfugiés (H.C.R.) et qu'enfin une convention internationale sur le statut des réfugiés, la Convention de Genève du 28 juillet 1951, est élaborée et signée par les États membres des Nations unies. Entre-temps, au cours de l'année 1945, Georges Mauco a cherché, pour freiner l'entrée des réfugiés, à rendre la situation juridique de celle-ci plus précaire que celle des autres étrangers[47]. C'est au contraire un statut plus protecteur que garantit la Convention de Genève. Elle sera complétée par le protocole de New York du 31 janvier 1967 qui élargit au-delà du continent européen la protection du réfugié politique. Par la loi du

25 juillet 1952, la France, signataire de cette
convention, crée, dans la lignée des propositions
de 1945, l'Office français de protection des réfugiés et apatrides (O.F.P.R.A.) qui assure aux
réfugiés une protection spécifique ; l'État confie
une partie de ses compétences à cette institution,
bientôt chargée d'attribuer le statut de réfugié.
En cas de contestation, un recours pourra être
porté devant une commission, présidée par un
conseiller d'État et composée d'un membre du
Conseil d'État, d'un représentant du H.C.R et
d'un fonctionnaire français, qui se détermine en
toute indépendance. La garantie du droit d'asile
pour les demandes individuelles est donc renforcée.

LE GRAND DÉBAT DE LA LIBÉRATION

Après la fin des hostilités, la venue des nouveaux travailleurs étrangers est perçue comme
un objectif de première importance : la guerre a
entraîné une diminution de la population française et, le 1er janvier 1945, l'on dénombre
1 420 000 étrangers sur le territoire national au
lieu des trois millions d'avant-guerre. Les départs
d'étrangers ont affecté la partie jeune de la population.

De plus, le général de Gaulle, sensible à l'« impératif migratoire », en fait une de ses priorités.
Dans un discours-programme prononcé devant

l'Assemblée consultative le 3 mars 1945, il indique que le « manque d'hommes » et la faiblesse de la natalité française sont la « cause profonde de nos malheurs » et « l'obstacle principal qui s'oppose à notre redressement ». Il précise ensuite : « Afin d'appeler à la vie les douze millions de beaux bébés qu'il faut à la France en dix ans, de réduire nos taux absurdes de mortalité et de morbidité infantile et juvénile, d'introduire au cours des prochaines années, avec méthode et intelligence, de bons éléments d'immigration dans la collectivité française, un grand plan est tracé [...] pour qu'à tout prix soit obtenu le résultat vital et sacré[48]. » Puisque Charles de Gaulle dispose à la Libération de pouvoirs importants, la conjoncture semble favorable au choix d'une orientation cohérente. La préparation du cadre juridique de la nouvelle politique est confiée par le général de Gaulle aux soins d'un Haut Comité de la population et de la famille, récemment créé auprès du gouvernement provisoire et dont le secrétaire général n'est autre que Georges Mauco[49]. Il restera à ce poste jusqu'en 1970[50].

Si un débat oppose économistes et démographes[51], en fin de compte, le choix définitif du gouvernement se fera entre un projet proche du modèle américain d'avant-guerre de sélection ethnique par quotas, défendu notamment par G. Mauco, et la création d'un modèle spécifiquement national, fidèle aux valeurs républicaines d'égalité, défendu notamment par les ministres

responsables du dossier, Alexandre Parodi et
Adrien Tixier.

Démographes et économistes débattent donc en
public. La réflexion des démographes, groupés
au sein de l'I.N.E.D. autour d'Alfred Sauvy et de
Pierre Vincent, se fonde sur différentes projec-
tions pour établir un « idéal démographique[52] ».
L'évaluation des besoins de population étrangère
diffère sensiblement, selon que l'on s'attache aux
« capacités d'absorption de main-d'œuvre » en
situation idéale de plein emploi, ou à la capacité
d'absorption démographique du territoire français : avec la première méthode, on aboutit au
chiffre de 1 450 000 adultes ; avec la seconde,
qu'on prenne pour modèle la Grande-Bretagne ou
les Pays-Bas, on aboutit au chiffre de 5 490 000
personnes, dont 4 350 000 adultes, ou 14 390 000
personnes, dont 9 760 000 adultes.

De leur côté, les économistes, regroupés au
commissariat au Plan autour de Jean Monnet, ont
pour objectif, non un optimum de population,
mais l'augmentation de la production. Leurs
calculs aboutissent à un chiffre d'immigration
souhaitable de 1 500 000, étalée sur cinq ans, qui
coïncide avec la première évaluation démographique.

Outre ce premier point d'accord, démographes
et économistes se retrouvent également sur la
durée de l'installation. Traditionnellement, les
économistes souhaitent une bonne adaptation
de la main-d'œuvre étrangère aux variations du
marché du travail. Pour plus de souplesse, ils la

préfèrent temporaire et composée de célibataires. Mais, dans le contexte de l'immédiat « après-guerre », ils optent à l'instar des démographes pour une installation durable. Les économistes, cependant, ne traitent pas des caractéristiques ethniques ou des modes de recrutement de ces étrangers. Alfred Sauvy et Robert Debré prônent une sélection ethnique. Georges Mauco, lui, y tient par-dessus tout.

Il a élaboré et fait approuver par le Haut Comité de la population un projet de directive générale, destiné aux ministres des Affaires étrangères, de l'Intérieur, du Travail, de l'Agriculture, de la Reconstruction et de la Santé publique, augmenté d'une Instruction complémentaire pour le ministère de la Justice et son service des naturalisations[53]. Ce projet prévoit que la politique de l'immigration doit subordonner l'entrée des individus aux intérêts généraux de la nation sur les plans ethnique, sanitaire, démographique et géographique.

La sélection devra tenir compte de critères d'abord ethniques : « Il conviendra de limiter les entrées des Méditerranéens et des Orientaux dont l'afflux a profondément modifié la structure humaine de la France depuis un demi-siècle. » Un ordre de « désirabilité » nationale ou ethnique est donc déterminé, en fonction duquel sera fixée une proportion idéale de chaque recrutement selon son origine.

Les premiers dans l'ordre de « désirabilité » sont les « Nordiques » qui comprennent Belges,

Luxembourgeois, Néerlandais, Suisses, Danois, Scandinaves, Finlandais, Irlandais, Anglais, Allemands et Canadiens. La proportion de Nordiques souhaitée au sein de l'immigration totale est de 50 p. 100. C'est surtout la main-d'œuvre allemande « encadrée » qui semble être recherchée.

Les deuxièmes d'après cette échelle de valeurs sont les « Méditerranéens », dès lors qu'ils viennent du nord de chacun des États concernés : Espagnols des Asturies, de Léon, d'Aragon, de Galice, Basques, Navarrais, Catalans ; Italiens de Lombardie, Piémont, Vénétie, Ligurie, Émilie, Toscane ; Portugais de Beira ; la proportion souhaitée pourrait s'élever à 30 p. 100. Les troisièmes, les « slaves » : Polonais, Tchécoslovaques, Yougoslaves, pourraient représenter 20 p. 100 des introductions. Enfin, bons derniers : « Tous les étrangers d'autres origines [dont] l'introduction en France devra être strictement limitée aux seuls cas individuels présentant un intérêt exceptionnel. »

Pour des raisons démographiques, l'arrivée de familles et d'éléments jeunes est souhaitée et, en conséquence, les hommes et les femmes sans enfants, ayant plus de quarante-cinq et cinquante ans, sont considérés comme indésirables.

Outre un contrôle sanitaire des arrivants, ce premier texte prévoit l'organisation d'une sélection par professions. Est recherché celui qui travaille dans l'agriculture, les mines ou le bâtiment. Le texte préconise aussi la protection des professions libérales ou du commerce. Afin d'éviter l'installation des étrangers dans les grandes villes, il est prévu un contrôle départemental des autorisations de séjour et de travail. Les mêmes critères sélectifs sont repris dans l'instruction complémentaire du ministère de la Justice, pour suggérer un traitement différentiel des dossiers de naturalisation en instance, dont le nombre est alors particulièrement élevé.

Le Haut Comité se réunit à deux reprises, les 30 avril et 18 mai 1945, sous la présidence du général de Gaulle[54]. Après avoir approuvé le « projet d'instruction aux services » de Mauco, il discute des grandes orientations de la politique d'immigration. À l'issue des débats, le Haut Comité confie à Georges Mauco le soin de rédiger un projet de statut pour les étrangers s'apparentant, en ce qui concerne leur sélection, aux critères retenus aux États-Unis, et dans la ligne même de ses idées. Mais il charge aussi, comme s'il avait des vues divergentes, Alfred Sauvy, secrétaire général à la Famille et à la Population, d'élaborer son propre projet, à charge pour le Haut Comité de fusionner les deux textes.

Chacun met d'abord au point son propre travail. Le texte de Georges Mauco complète sa directive. Pour appliquer le projet d'instruction, il faut un fort contrôle de l'État : contrôle sanitaire, physique et mental de l'étranger souhaitant travailler ; contrôle de l'entrée et du séjour, le séjour illégal étant puni d'une forte amende ; contrôle du logement, la location ou le prêt à un étranger devant faire l'objet d'une déclaration aux auto-

rités de police ; contrôle des conditions de travail, puisqu'il serait interdit de débaucher un
travailleur avant l'expiration du contrat pour
lequel il aurait été introduit ; enfin, obligation
serait faite de noter sur un registre spécial les
nouveaux employés dans les vingt-quatre heures
suivant leur embauche. Les réfugiés et les « expulsés non expulsables » seraient placés dans des
camps prévus à cet effet. La validité des titres de
séjour serait d'abord d'un an pour le nouvel arrivant, et serait progressivement portée à trois puis
à dix ans, au fur et à mesure que son séjour en
France se prolongerait. Cette stabilisation débou-
cherait ensuite sur une naturalisation.

Mais ce traitement progressif ne s'appliquerait
peu à peu qu'à des étrangers très strictement
sélectionnés, les « assimilables ».

Le Haut Comité adopte toutes les dispositions
proposées par Mauco pour assurer le contrôle des
étrangers. En revanche, il s'inspire plutôt du
projet d'Alfred Sauvy pour le régime des titres de
séjour.

Alfred Sauvy suggère de favoriser l'installation
durable de certains étrangers et de leur famille,
sélectionnés selon leur origine, en garantissant
leur droit de résidence et de travail. Il propose,
par ailleurs, la création d'un Office national
d'immigration (O.N.I.), chargé tout à la fois de
suivre l'immigrant depuis son recrutement jusqu'à
son assimilation ou son rapatriement, et d'instruire les demandes de naturalisation qui ne
pourraient être accordées qu'après dix ans de

séjour en France. Il propose en outre que son ministère puisse déterminer le nombre d'immigrants à admettre sur le territoire par nationalité et par catégorie professionnelle. Il propose la création d'un statut de résident privilégié, d'« étranger franc ». La validité du séjour serait permanente, mais l'exercice d'une profession limité[55].

Le Haut Comité retient toutes ces propositions. La carte d'étranger franc ou de pérégrin, délivrable à discrétion après trois ans de séjour, serait d'une validité permanente, ouvrant le bénéfice de l'ensemble de la législation sociale française. L'expulsion resterait toujours possible ; cependant, lorsque l'étranger serait résident et n'aurait pas subi de condamnation, elle serait soumise à une condition d'audition devant une commission.

Ce projet du Haut Comité est transmis aux principaux ministres responsables de la politique d'immigration. Il subit alors des modifications importantes, sous l'impulsion apparemment décisive de deux d'entre eux, le ministre du Travail, le gaulliste Alexandre Parodi, et celui de l'Intérieur, le socialiste Adrien Tixier.

LA VICTOIRE DES VALEURS RÉPUBLICAINES

Des modifications de pure forme revêtent d'abord une dimension symbolique. Le texte

s'ouvre par la définition des différentes catégories d'étrangers autorisés à séjourner en France,
au lieu de commencer par la législation sur le
contrôle de l'entrée, du séjour ou de l'expulsion.

Des modifications de fond, apportées par les
deux ministres, marquent le souci de respecter
les valeurs fondamentales affichées par le nouveau
pouvoir à la Libération ; elles tiennent compte
également de considérations d'ordre pratique.

Ainsi le ministre du Travail insiste-t-il sur les
contradictions juridiques du projet initial[56].
L'étranger résident privilégié bénéficierait d'une
carte de séjour de dix ans renouvelable de plein
droit, mais en matière de travail sa liberté serait
restreinte, les professions autorisées restant dé-
terminées de façon discrétionnaire par le ministère du Travail. M. Parodi souligne la régression
que constituerait ce texte par rapport à un décret
du 14 mai 1938, certes peu appliqué, mais dont
l'existence pouvait être facilement portée à la
connaissance du public. Le ministre du Travail
fait également part de son opposition politique
très ferme à la création de camps de travail, parce
que ces derniers « reflètent quelque chose »[57]. Il
souhaite globalement la diminution du contrôle
de l'État sur le séjour de l'étranger.

Alexandre Parodi est soutenu par le ministère
de l'Intérieur, qui propose également d'apporter
au texte initial des modifications importantes[58].
À son initiative, la nouvelle ordonnance — appliquée sur ce point jusqu'en juillet 1984 — distingue carte de travail et carte de séjour. Plus tard,

les organisations de défense des étrangers com-
battront cette distinction, arguant du fait qu'elle
donne au ministère de l'Intérieur un pouvoir souvent restrictif. C'est en fait pour la raison inverse
que Pierre Tissier, directeur du cabinet d'Adrien
Tixier, ministre de l'Intérieur, la fait adopter. Il
souhaite certes préserver l'autonomie d'appréciation de ses services et estime que le titre unique,
qui existait avant-guerre, présente de nombreux
inconvénients pratiques et en premier lieu celui
de provoquer des retards dans la délivrance des
titres de séjour des travailleurs, « en raison de la
nécessité d'attendre le visa favorable de la Main-
d'œuvre ». Mais il considère surtout que les critères d'action des ministères de l'Intérieur et du
Travail ne sont pas les mêmes : le premier ne
doit utiliser pour délivrer ou refuser un titre que
« les seuls critères de l'ordre public », et non ceux
de la « situation de l'emploi », trop restrictifs et
souvent employés en période de chômage par le
ministère du Travail. « On voit ainsi fréquemment des étrangers qui séjournent en France
depuis de longues années et qui appartiennent
incontestablement à la catégorie des résidents telle
qu'elle est définie dans le présent texte, munis de
titres de séjour de durée précaire, parfois inférieure à un an, pour le seul motif que le chômage
sévit dans leur profession et que le service de
Main-d'œuvre ne leur délivre, en conséquence,
que des visas de très courte durée. » C'est donc
avec le souci de garantir le séjour des étrangers

résidents que le ministère de l'Intérieur prône, et obtient, la séparation des titres.

Afin de pouvoir « se consacrer exclusivement aux tâches de surveillance et de police qui lui incombent », il combat le contrôle trop tatillon des étrangers, par exemple l'éventuelle obligation de la déclaration de domicile, réclamée par Mauco. « L'obligation de déclarer le changement de domicile a été supprimée pour les Français. Il ne paraît pas souhaitable de la maintenir pour les étrangers. Cette règle, en effet, présente du point de vue de la police plus d'inconvénients que d'avantages, en ce sens qu'elle est une source de difficultés constantes qui énervent la répression. Elle donne, en outre, à l'étranger le sentiment qu'il est perpétuellement pourchassé[59]. » Pour Pierre Tissier, l'obligation faite aux étrangers de renouveler périodiquement leur titre de séjour supplée, dans une large mesure, à celle de la déclaration du changement de domicile. Sur ce point également, la position du ministre sera suivie par le gouvernement.

Le texte tel qu'il est soumis au Conseil d'État prévoit donc le recrutement de nouveaux immigrés sous contrôle de l'O.N.I. et en fonction de leur origine nationale ; une fois admis ils bénéficient d'une relative liberté civile et sociale, mais pas de la liberté du choix de la profession.

C'est alors que va intervenir de façon décisive la commission permanente du Conseil d'État présidée par René Cassin[60]. Elle réorganise formellement le texte mais surtout supprime toute référence aux pouvoirs ministériels de contrôler l'origine ethnique ou l'affectation géographique des étrangers[61]. Elle ne fait plus référence au statut du réfugié ou du demandeur d'asile. Après cette dernière mise au point, le texte est rapidement signé par le général de Gaulle.

LES ORDONNANCES DE 1945

Les deux ordonnances prises par le gouvernement provisoire de la République française les 19 octobre et 2 novembre 1945 déterminent à la fois les conditions d'accès à la nationalité et les conditions de l'entrée et du séjour des étrangers en France. Si, plus tard, l'indépendance des colonies africaines de la France, surtout de l'Algérie, puis le développement des Communautés européennes provoqueront l'élaboration de conventions internationales particulières, ces ordonnances n'en constituent pas moins, aujourd'hui encore, le cadre de la politique française de l'immigration.

Pour la première fois, est promulgué un texte de coordination de l'action de l'État dans le domaine de l'immigration. On peut d'ailleurs déduire de ce texte la définition de l'immigré tel que l'État français l'institue juridiquement. Est alors et est encore considéré comme immigré, conformément à l'article 6 de l'ordonnance du 2 novembre 1945, la personne née étrangère à l'étranger qui s'installe sur le territoire national

au-delà d'une durée de trois mois, de façon continue et pour une période indéterminée. Se trouvent donc exclus de la catégorie immigrée les
étrangers séjournant moins de trois mois de
façon continue, par exemple les touristes, plus de
trois mois de façon discontinue, par exemple les
travailleurs frontaliers, ou pour une durée déterminée comme les diplomates ou les étudiants.

L'ordonnance du 2 novembre 1945 affiche la
France comme pays désireux d'accueillir des
immigrés. Elle prend le contre-pied de l'orientation vichyssoise : protection spéciale pour le demandeur d'asile, et — contrairement aux options
premières du général de Gaulle — absence de
hiérarchie ethnique ou culturelle en ce qui
concerne l'immigration démo-économique. Les
entrées sont cependant contrôlées par l'O.N.I. et
donc par le ministère du Travail[62] et l'attribution
des titres de trois et dix ans est soumise à de nombreuses considérations. Mais, dans la foulée de
sa promulgation[63], c'est — comme Alexis Spire le
démontre — une interprétation libérale qui pré-
vaut pour son application, sous la pression d'associations de défense des droits des immigrés et
dans la crainte que l'Assemblée constituante toute
récemment élue ne décide de légiférer elle-même
sur l'immigration. Dès 1945 un nombre très
important de cartes de résidents privilégiés est
attribué : la règle générale et impersonnelle de la
progressivité des titres de séjour d'un, puis de
trois, enfin de dix ans au fur et à mesure que le

séjour de l'étranger se prolonge, s'applique avec souplesse[64].

En 1974, lorsque l'immigration sera stoppée, la France comptera 3,5 millions d'étrangers dont 750 000 Portugais et presque autant d'Algériens, 500 000 Espagnols, 460 000 Italiens et 260 000 Marocains. Ces chiffres pourraient laisser penser que le principe égalitaire a déterminé une répartition équitable entre nationalités concurrentes. Ce n'est pourtant pas ce qui s'est produit.

L'ÉPREUVE DE LA DÉCOLONISATION

En réalité, les partisans d'une action volontariste de l'État — ils sont nombreux au sein de l'Administration — vont s'efforcer d'encourager la venue d'étrangers de pays voisins de la France. Car si l'ordonnance empêche bien l'État de droit de refuser la délivrance de cartes de séjour et de travail en fonction de l'origine du demandeur, elle n'en permet pas moins à l'État acteur d'installer des bureaux de l'Office national d'immigration (O.N.I.) à Milan plutôt qu'à Istanbul et donc de favoriser la venue de travailleurs de certaines nationalités plutôt que d'autres[65]. Le monopole attribué à l'O.N.I. pour l'introduction de la main-d'œuvre étrangère doit favoriser cet objectif. Mais, sous le double effet d'une concurrence dans l'offre internationale d'émigration et des conséquences imprévues de la gestion du problème algérien, sa réalisation va être mise à mal.

L'ÉCHEC DE LA PLANIFICATION
DES ENTRÉES

Dès avril 1945, les responsables gouvernementaux échouent à faire venir des Polonais de l'armée d'Anders, puis une immigration des Pays-Bas alors ravagés par de fortes inondations. Ensuite, le transfert en France d'une partie des prisonniers, ou même le recrutement de ressortissants allemands, qui figurent en tête de liste dans l'ordre de « désirabilité » de Mauco, se heurte à l'hostilité de l'opinion publique.

Puis l'O.N.I. se met en place. Mais l'introduction de travailleurs est obérée par les conflits de compétence et d'objectifs entre les différents ministères. Au plan interministériel on a décidé de faire venir des immigrés, mais seul le ministère du Travail délivre les cartes de travail — il en existe quatre types — en fonction de la situation conjoncturelle de l'emploi qui n'est pas très bonne : pratiquement, donc, la délivrance de cartes, et par conséquent l'immigration, est freinée.

On incite à des immigrations de familles d'Italiens : contre le versement d'une redevance forfaitaire, l'O.N.I. prend à sa charge l'essentiel des frais de voyage. Surgit alors un problème : il y a pénurie de logements, et l'on fait justement appel à la main-d'œuvre étrangère pour les reconstruire. On pourrait alors se rabattre sur les célibataires, mais le ministère des Finances, peu sensible aux impératifs de la politique d'immigration, décrète des restrictions sur les sorties de devises. Ces atermoiements contribuent à diminuer l'attraction de l'offre française.

Certains Polonais repartent; les Italiens du Nord se sentent davantage attirés par la Suisse et par certains pays de l'Est, dont l'offre est de meilleure qualité. Aussi, l'immigration, moins massive que souhaitée, va d'abord provenir principalement d'Italie du Sud — 67 p. 100 de l'immigration de nationalité étrangère est, de 1945 à 1949, italienne —, et donc d'une région mal cotée si l'on se réfère au projet d'instruction de 1945[66].

Très vite, cependant, la voilà concurrencée par une immigration que redoutait Mauco, l'immigration algérienne. En avril 1945, les responsables de la politique d'immigration avaient repoussé une offre de transfert de 100 000 travailleurs musulmans faite par le gouverneur d'Algérie. Georges Mauco avait souligné « les résultats déplorables de l'expérience du passé », et l'unanimité de l'opinion sur la gravité des risques encourus : « risques sanitaire, social et moral » que cette arrivée était censée représenter. Pour sa part, Alfred Sauvy, moins obsédé que son collègue par la sélection ethnique, avait fait remarquer qu'une migration d'Algérie en France pourrait être un jour considérée comme une migration intérieure, à laquelle il serait difficile de s'opposer[67]. Remarque prémonitoire : le 20 septembre 1947, l'attribution de la citoyenneté aux musulmans d'Algérie légalise leur liberté de circulation en métropole, déjà effective depuis 1946.

À partir de cette date, l'affaire coloniale domine la politique d'immigration qui se réorganise autour du problème algérien. Juridiquement, l'immigré est toujours italien, espagnol, polonais ou portugais. Politiquement puis socialement, il devient l'Algérien. C'est donc en fonction des migrations venues d'Algérie que la politique française d'immigration se réoriente.

Entre 1949 et 1955, la lourdeur et l'inefficacité du système d'introduction freinent l'arrivée des travailleurs des autres nationalités — particulièrement des Italiens — au bénéfice des Algériens qui circulent librement. Les flux d'entrée des travailleurs d'autres nationalités — 160 000 individus — diminuent aussi du fait de la baisse de l'activité économique. L'immigration algérienne, elle, ne se réduit pas : le solde des entrées sur les sorties comptabilise à lui seul 180 000 travailleurs permanents pour cette période. Encore faut-il tenir compte du fait que beaucoup de travailleurs algériens viennent travailler quelques mois et repartent[68].

En 1956, année de reprise de la croissance, les autorités françaises prennent enfin acte de cette situation et par une simple circulaire[69] officialisent la procédure de régularisation qui permet aux entreprises d'embaucher sur place des travailleurs arrivés par leurs propres moyens. On favorise l'arrivée spontanée d'autres nationalités en leur donnant le même droit qu'aux Algériens. On pense ainsi freiner la migration algérienne au bénéfice d'autres nationalités jugées d'autant plus désirables que la guerre d'Algérie est entrée dans une phase plus active. Et il est vrai que, sous l'effet de cette mesure, l'immigration extranationale de travailleurs permanents est de 430 000 entre 1956 et 1962, alors que, dans le même temps, l'augmentation de la main-d'œuvre algérienne installée en métropole n'a pas dépassé 120 000 individus pour atteindre, en 1962, 330 000 au total.

L'indépendance de l'Algérie, en 1962, accentue les contradictions de la politique d'immigration. Les accords d'Évian prévoient en effet, à la suite de garanties demandées avec insistance par les négociateurs français, la libre circulation entre la France et l'Algérie pour les ressortissants des deux pays[70]. Celle-ci doit permettre aux Européens et aux Algériens ayant soutenu l'action de la France de quitter en cas d'urgence l'Algérie vers la France métropolitaine. Très vite, cette facilité bénéficie surtout aux Algériens indépendants, confrontés dans leur pays, dès la fin de 1962, à une situation économique difficile.

D'autant que l'offre d'immigration en direction des ressortissants d'Europe du Sud ne se révèle pas suffisamment compétitive : l'immigration italienne, déclinante, se dirige vers la Suisse, plus attractive. L'immigration espagnole représente bien en 1961 plus de la moitié des entrées d'étrangers en France, mais elle reste limitée, car l'Allemagne est son premier marché[71].

En revanche, nombreux sont les Algériens qui, à partir de 1962, traversent la Méditerranée pour venir en France. Dès lors, les responsables français de la politique d'immigration, du Quai d'Orsay, du ministère de l'Intérieur ou de Matignon n'auront de cesse de remettre en cause les accords d'Évian, ou, du moins, puisque les accords eux-mêmes ne peuvent être dénoncés pour des raisons de politique intérieure et internationale, de chercher à limiter la liberté de circulation et d'installation des Algériens et de favoriser une immigration en provenance d'autres pays.

L'afflux de ressortissants algériens au cours du dernier trimestre de l'année 1962 paraît tel — à la fin octobre, par exemple, le solde des arrivées sur les départs s'élève à 70 000 par semaine — que les autorités françaises mettent en place un contrôle sanitaire à la frontière pour, disent-elles, éviter l'entrée de handicapés ou de malades. Mais, devant les protestations de la presse et de l'Algérie elle-même, des négociations s'ouvrent à la fin de l'année. Les Français souhaitent un contrôle non seulement quantitatif, mais aussi sanitaire et professionnel des migrations ; ils proposent donc le contingentement de la main-d'œuvre algérienne, qui devrait être sélectionnée par une mission de l'Office national d'immigration installée en Algérie[72]. Les Algériens ne proposent qu'un contrôle quantitatif, l'établissement d'une « cote d'alerte », chiffre fixé à l'avance par les deux pays, au-delà duquel l'entrée de travailleurs algériens serait stoppée.

Les accords Nekkache-Grandval du 10 avril 1964 prévoient finalement qu'un contingent sera fixé unilatéralement chaque trimestre par la France et sélectionné par l'Office national de la main-d'œuvre algérienne, au sein duquel les médecins français exerceront une fonction de contrôle médical.

Mais ces accords sont dénoncés à la fin de 1965, à l'arrivée à la tête de l'État algérien du colonel Houari Boumediene. Les contestations algériennes portent pêle-mêle sur plusieurs points : l'attitude des autorités de police française au moment du contrôle aux frontières, le fait que la France n'ait accepté que des contingents très faibles, le jeu des autorités et des entreprises françaises qui régularisent et embauchent de préférence Espagnols et surtout Portugais afin de faire diminuer le contingent trimestriel d'Algériens.

Les Algériens demandent que soit fixé un important contingent de travailleurs et que soient supprimés le contrôle aux frontières et les refoulements injustifiés. En contrepartie, les Algériens s'engagent à contrôler la sortie de leurs touristes. Du côté français, la principale revendication porte sur la mise en place d'un système de contrôle du séjour des 500 000 Algériens déjà installés en

France, le principe d'un contingent annuel de travailleurs algériens étant maintenu.

Mais les autorités algériennes font durer la négociation. De ce fait, au cours de l'année 1967, seuls les accords d'Évian s'appliquent et ils permettent l'installation de 124 000 ressortissants algériens. Puis 10 000 entre le 1er janvier et le 10 mai 1968 ; afin de faire pression sur les négociateurs de la partie adverse, les Français fixent alors à 8 000, le 15 mai 1968, en pleine crise intérieure, le nombre d'Algériens autorisés à venir s'installer pour le reste de l'année. Un accord est enfin conclu en octobre 1968 et annexé aux accords d'Évian ; au bénéfice relatif des deux États et au détriment des travailleurs algériens qui y perdent leur droit à la libre circulation et y « gagnent » un contrôle de leur séjour en France[73].

Au bénéfice de l'Algérie, l'accord rétablit la libre circulation des touristes. Mais l'Algérie gagne avant toute chose le contrôle des sorties de sa main-d'œuvre : quand bien même le contingent annuel de travailleurs est arrêté en commun — l'accord le fixe à 35 000 par an pour une durée de deux ans —, il est sélectionné par le seul Office national de la main-d'œuvre algérienne et non plus par les Français. Les Algériens autorisés à venir en France pourront y rester pendant neuf mois afin d'y chercher du travail.

En contrepartie, la France obtient le contrôle du séjour des Algériens sur son territoire. Un titre de résident, valable cinq ans pour les ressortissants arrivés en France depuis moins de trois ans, dix ans pour ceux qui sont arrivés en France depuis longtemps, fixe le statut du résident algérien qui, comparé au droit commun, apparaît plus favorable. D'autant qu'il est géré non par le ministère du Travail, mais par un ministère symboliquement plus important, celui de l'Intérieur, qui reste de ce fait l'interlocuteur exclusif et privilégié des autorités algériennes.

Après la signature des accords, la pression des autorités françaises pour freiner l'immigration algérienne ne se relâche pourtant pas. Au reste, les pouvoirs publics et les entrepreneurs s'accordent sur ce point. En 1971, le contingent est renégocié non sans difficulté : les services chargés de la politique d'immigration veulent remettre en cause l'accord de 1968 et intégrer les ressortissants algériens dans le droit commun. Ce n'est qu'en dernière instance, contre l'avis persistant de certains ministères, et sur décision personnelle de Georges Pompidou, auprès de qui Houari Boumediene est intervenu personnellement, qu'un nouvel accord est conclu portant pendant deux ans sur un contingent de 25 000 migrants par an.

Pour freiner l'immigration algérienne, la France, parallèlement, favorise l'immigration d'autres nationalités, en priorité non maghrébines.

Des accords de main-d'œuvre sont signés avec la Yougoslavie (le 25 janvier 1965) et la Turquie (le 18 avril 1965), mais les pouvoirs publics ouvrent d'abord la porte de la régularisation aux Portugais. La situation du marché du travail lusitanien est mauvaise ; de nombreux jeunes Portugais refusent en outre d'effectuer leur service national dans l'armée portugaise engagée dans des conflits coloniaux et fuient leur pays. Ils arrivent souvent à la frontière française sans passeport. Des consignes sont adressées aux services des douanes et de la police de l'air et des frontières afin de leur laisser libre passage, pendant que le gouvernement portugais reçoit l'assurance verbale du contrôle strict de nos frontières[74]. Quelques centaines de milliers de futurs travailleurs vont ainsi franchir une frontière qui restera ouverte aux seuls Portugais jusqu'en 1974, alors même que les premières mesures restrictives auront déjà touché les travailleurs d'autres nationalités.

La France joue aussi des concurrences intra-maghrébines. Elle favorise, pour minorer l'immigration algérienne, les flux en provenance du Maroc et de Tunisie, avec lesquels des accords de main-d'œuvre sont signés dès 1963. L'application de l'accord avec le Maroc ne va pas sans difficulté. Au départ, les autorités marocaines refusent de voir partir leur main-d'œuvre qualifiée et freinent les délivrances de passeport. L'arme du passeport continuera d'être utilisée, même si, plus tard, les entreprises françaises iront « se servir » directement dans les villages plutôt que dans les banlieues des grandes villes que les autorités marocaines voudraient alléger de leur chômage[75].

L'APRÈS-1968 :
UN NOUVEL ENJEU SOCIAL

Depuis 1945, se développe donc une immigration de plus en plus nombreuse, en majeure partie inorganisée, de faible niveau de qualification, affectée dans les usines aux tâches les moins qualifiées. Malgré l'ordonnance de 1945, cette immigration perçoit surtout que son séjour n'est pas garanti. Ainsi délivre-t-on des cartes temporaires à tous les nouveaux migrants alors que le législateur les avait réservées au travailleur temporaire[76]. La « politique des guichets » maintient donc l'étranger dans une relative insécurité. En outre, l'immigration se caractérise déjà par un fort accompagnement familial. Or ces familles ne trouvent pas à se loger. Depuis la guerre, le patronat n'assure plus, à quelques exceptions près, le logement de ses salariés étrangers. Quant à l'action publique pour le logement des immigrés, elle est presque inexistante. Les pouvoirs publics n'ont mis en chantier — construits et gérés par l'intermédiaire de la SO.NA.CO.TRA, société spécialisée dans le logement des travailleurs musulmans d'Algérie — que des foyers pour salariés célibataires algériens : l'objectif était que ces Algériens ne procèdent pas à des regroupements familiaux. Mais ces interventions restent marginales au regard des besoins qui sont immenses. Dans un premier temps, les immigrés s'installent

principalement dans l'ancien parc immobilier
des centres-villes, le plus souvent dans des logements insalubres dont certains peuvent être acquis à bon marché et « squattérisés ». Puis les
opérations de rénovation des centres-villes rejet-
tent les occupants de ces habitations vers des
zones périphériques, souvent d'anciennes zones
agricoles non encore urbanisées, où ils se regroupent souvent par nationalités : le bidonville de
Nanterre est peuplé de travailleurs maghrébins, ceux de Saint-Denis et de Champigny de
Portugais[77]. Ils deviennent alors des mini-villes à
la périphérie des grandes agglomérations, points
de rencontre, d'accueil et de logement des nouveaux immigrants. Le même phénomène se développe à Marseille, Bordeaux ou Nice.

Depuis longtemps, les spécialistes attirent l'attention sur le caractère prioritaire de l'action
sociale en faveur des immigrés, mais leur tocsin
n'est pas entendu. On signale des cas de détresse,
on dénonce le scandale de cet accueil réservé à
des hommes qui contribuent à la richesse du
pays, on recherche des mesures d'amélioration
ponctuelle. Mais la mobilisation des acteurs
sociaux reste faible, malgré les reportages qui
paraissent dans la presse[78].

Certes, en 1964, les premiers instruments d'une
politique de résorption des bidonvilles sont mis
en place : l'État se dote de quelques moyens juridiques et financiers propres à reloger ces travailleurs et éventuellement leurs familles dans
des foyers pour célibataires ou des cités de tran-

sit pour les familles ; mais l'application tarde. De même, la délégation à l'action sociale, dépendant des services du Premier ministre, dispose-t-elle du Fonds d'action sociale pour les travailleurs migrants (F.A.S.), institué à l'origine, conformément aux engagements du plan de Constantine adopté en 1959, pour tenter d'améliorer la protection sociale des musulmans venus travailler en France et qui poursuit son action en direction de tous les travailleurs immigrés selon ses principes d'origine. Il cherche à créer des capacités de logement, mais si, à l'époque, trouver des terrains pour la construction de foyers n'est pas difficile, les moyens de financement demeurent très insuffisants pour répondre à la demande.

La présence des immigrés reste considérée comme une nécessité à la fois économique et sociale : « L'immigration est un moyen de créer une certaine détente sur le marché du travail et de résister à la pression sociale », déclare Georges Pompidou en 1963. Sans doute la logique implicitement ethnico-culturelle des pouvoirs publics freine-t-elle toute action visant à améliorer les conditions de logement de l'immigration maghrébine, qu'on ne souhaite pas voir s'installer durablement. Plus tard, en 1967, Pompidou s'oppose à la création d'une taxe pour le logement des immigrés en arguant du caractère « nomade » de cette population[79].

Les intérêts économiques de l'État d'accueil et des entreprises françaises convergent évidemment pour maintenir un courant migratoire, pour se

dispenser d'organiser une amélioration, probablement fort coûteuse, des conditions de vie des
immigrés installés. Cela correspond aussi à l'intérêt de l'État de départ : les flux d'immigration
réduisent la tension sur son marché de l'emploi
et augmentent ses ressources en devises. De ce
point de vue, le faible coût social d'« entretien »
se révèle un élément déterminant des calculs
convergents de l'État d'accueil, de l'État d'origine
et des entreprises. En témoigne une conversation
entre Houari Boumediene et l'ambassadeur de
France à Alger, quelques mois après l'arrêt de
l'émigration algérienne, en janvier 1974. Le président algérien fait part à son hôte de son attachement à voir des mesures prises rapidement pour
la dignité et la sécurité des ressortissants de son
pays. Et il ajoute[80] :

> « Je ne pense pas à ces mesures qui sont souvent
> évoquées qui concernent l'amélioration de la forma-
> tion professionnelle ou de leurs conditions de loge-
> ment. Il est de bonne guerre de demander tout cela.
> Mais, après tout, si les Algériens vivent en France
> dans des bidonvilles, beaucoup vivent en Algérie dans
> des conditions de vie pires encore. D'ailleurs, quand
> on quitte son pays pour gagner sa vie, cela sert à faire
> le plus d'économies possible et du même coup on
> accepte de vivre pauvrement ou même misérable-
> ment. Mon souci, je le répète, est celui de la dignité
> et de la sécurité des personnes. »

Cet arrangement implicite, au détriment des
conditions de vie concrètes de l'immigré, est légi-
timé dans le discours commun que les trois gran-

des catégories d'acteurs tiennent sur le caractère provisoire du séjour de ce même immigré.

L'après-mai fait un peu évoluer la situation. D'abord parce que, à compter de cette date, grâce aux organisations d'extrême gauche d'abord, aux syndicats ensuite, les conditions de vie et de travail de la main-d'œuvre étrangère deviennent un enjeu politique[81].

En outre, dans les années qui suivent, des mouvements revendicatifs où les immigrés jouent un rôle important vont se développer. L'analyse des grèves qui se sont produites au cours de cette période[82] met en lumière la diversité des problèmes qui sont à l'origine des conflits, et celle des formes d'action. Les résultats de ces luttes sont variables. De fait, le degré de mobilisation n'est pas le même chez tous les immigrés : beaucoup d'entre eux craignent l'expulsion ; d'autres, parce qu'ils ont accédé à des classifications plus élevées, se désolidarisent des mouvements. L'attitude des non-grévistes français joue alors un rôle déterminant. Certains sont hostiles (Dynamic, Aciérie de Furan) ou indifférents (Renault-Flins) ; d'autres, surmontant le racisme ambiant, se montrent solidaires (Blindex, atelier de presses chez Renault-Flins). Dans tous ces conflits, l'attitude de la direction, en général très dure, est marquée par le refus de négocier, le recours aux forces de l'ordre, l'utilisation du racisme (Renault-Flins). Les grèves ont mis fin aux situations les plus scandaleuses (logement, non-respect des règlements...), mais n'ont pas remis en question, par exemple, la hiérarchie des ouvriers spécialisés (O.S.) et ouvriers professionnels (O.P.). Ces conflits ne retiennent guère l'attention du grand public, à l'exception de la grande grève des éboueurs de Paris au cours de l'hiver 1972-1973[83]

La prise de conscience par une partie de la société de la situation sociale réservée aux travailleurs immigrés s'était déjà développée à la suite de l'incendie d'un taudis, à Aubervilliers, dans la nuit du 1er janvier 1970, où cinq travailleurs maliens ont trouvé la mort. Ce drame fait découvrir à une société en pleine expansion une réalité sociale insoupçonnée, contradictoire avec l'image qu'elle a d'elle-même. Le C.N.P.F. est interpellé par *Rouge*, *L'Express*, *Combat*[84] qui dénonce « Ponce Pilate se lavant les mains ». Le siège de l'organisation patronale est occupé dans la matinée du 10 janvier 1970 par deux cents à trois cents étudiants, écrivains et artistes.

Cet incendie apparaît comme un révélateur si puissant que le gouvernement décide de prendre en compte l'ensemble des problèmes de la politique d'immigration. Le G.I.P. (Groupe d'intervention public pour la résorption de l'habitat insalubre) est mis en place dans l'année ; il est doté de nouveaux moyens juridiques et financiers, destinés à faire disparaître la plupart des bidonvilles en trois ou quatre ans. Cette action tombe à point nommé : les bidonvilles se trouvent sur des terrains devenus constructibles, sur lesquels les promoteurs immobiliers souhaitent investir. Une loi est également votée, permettant de lutter contre « les marchands de sommeil ».

Jusqu'en 1972, le conseiller social du Premier ministre, Jacques Delors[85], travaille à la mise en place d'un plan d'action complet, mis au point au cours de nombreuses réunions qui se tiennent à l'hôtel Matignon. Mais aucune des mesures adoptées ne concerne le problème le plus urgent, celui du logement. Sur ce chapitre, tous les projets de réforme ont rencontré l'opposition du C.N.P.F. et du ministère du Logement. Seuls aboutissent, dans le domaine des droits, la loi du 27 juin 1972, qui autorise l'élection et l'éligibilité des étrangers en tant que membres des comités d'entreprises et délégués du personnel ; la loi du 1er juillet 1972 fait du racisme un délit et le rend ainsi judiciairement condamnable ; la loi du 6 juillet 1973 accentue la répression des trafics de main-d'œuvre. Enfin, une circulaire du 30 mai 1973 organise un réseau national pour l'accueil, l'information et l'orientation des travailleurs étrangers et des membres de leur famille.

De fait, la position du patronat évolue peu sur les questions de l'immigration, qu'il s'agisse des problèmes sociaux ou du développement d'un contrôle des flux, deux dossiers que le gouvernement veut promouvoir de concert. Certes, il s'inquiète du coût social de plus en plus élevé de l'immigration ; de même évoque-t-il l'existence d'un seuil de tolérance dans les usines : « Dès que dans un département d'usine la main-d'œuvre étrangère dépasse 50 p. 100, on ne rencontre plus de main-d'œuvre métropolitaine et, dès que la main-d'œuvre de couleur atteint ce même pourcentage, c'est la main-d'œuvre blanche qui disparaît[86]. »

Mais le C.N.P.F. s'oppose à toute décision concrète. Aux problèmes sociaux s'ajoute pourtant dorénavant le changement de conjoncture économique : la croissance diminue. Le gouvernement souhaite mieux contrôler les flux migratoires. Pour le patronat, les régularisations conservent encore davantage d'attrait qu'un éventuel recours à l'O.N.I., car elles permettent de répondre à des besoins urgents et de choisir personnellement les travailleurs.

Devant cet état de fait, les pouvoirs publics interdisent, au début de 1972, par deux circulaires dites Marcellin-Fontanet[87], toute régularisation, sauf exception, et établissent le système de la compensation : l'employeur désireux de faire venir en France un salarié étranger devra déposer une demande auprès d'un bureau de l'Agence nationale pour l'emploi. Il devra également s'assurer du logement de son nouvel employé et enfin organiser et payer son voyage. Ces mesures suscitent des réactions très vives du côté du C.N.P.F., mais aussi des associations qui assurent la défense des travailleurs étrangers, par exemple le Groupe d'information et de soutien aux travailleurs immigrés (G.I.S.T.I.), créé en 1972, pour apporter une aide juridique aux travailleurs immigrés[88]. Le patronat les rejette parce qu'elles augmentent ses coûts (logement) et les délais d'introduction de la main-d'œuvre. Pour leur part, les syndicats soupçonnent les autorités publiques de vouloir, à travers le contrôle du logement, instaurer un contrôle social de la main-d'œuvre étrangère.

Dans la pratique, les circulaires sont appliquées sans grande rigueur. Les demandes de main-d'œuvre étrangère sont acceptées presque sans contrôle et les attestations de logement rarement vérifiées. Les habitudes des travailleurs étrangers n'ont pas eu le temps de se modifier et beaucoup d'entre eux continuent de venir en France de la même façon que ceux qui les avaient précédés, n'acceptant pas de subir les conséquences d'une nouvelle règle, perçue comme injuste.

Des manifestations de soutien politique et syndical, voire religieux, prennent de l'ampleur quand, au début de l'année 1973, les circulaires doivent entrer en vigueur. Elles mobilisent la C.F.D.T. et, à un niveau moindre, la C.G.T. Des travailleurs irréguliers font la grève de la faim à l'église Saint-Hippolyte de Paris[89]. Du coup, le ministère de l'Intérieur, dont la tradition est de ne se montrer attentif qu'aux critères d'ordre public, intervient pour que la réglementation nouvelle soit assouplie à l'égard des travailleurs. Entre le 13 juin et le 31 octobre 1973, on procède à une régularisation de 50 000 immigrés[90]. Le contrôle des flux se révèle bel et bien aussi difficile à mettre en place que l'action sociale.

Depuis 1968, la question immigrée est donc devenue une question publique et politique. Mais ni la prise de conscience de la société ni l'action

des pouvoirs publics ou la mobilisation des syndicats et des travailleurs eux-mêmes, après 1968,
n'ont pu fondamentalement mettre en cause la
convergence des intérêts de l'État d'accueil, des
entreprises et de l'État d'origine : l'existence de
flux d'immigrés maltraités socialement. Ce n'est
qu'en 1973 que le risque de récession économique et de montée du chômage en France, la
hausse des revenus du pétrole pour l'Algérie vont
modifier la donne et provoquer le réexamen complet de la politique de l'immigration.

Quel bilan tirer de trente ans d'application de
l'ordonnance de 1945 ? L'État devait garantir une
durée de séjour de plus en plus longue à l'étranger régulier, quelle que soit son origine nationale.
Toujours est-il que la majorité des étrangers
réguliers paraissent en situation précaire : titre
de séjour de courte durée et ressources sociales
— logement, formation, emploi, droits — faibles.
Alors que des bouleversements économiques
s'annoncent, l'avenir en France des travailleurs
immigrés et celui de l'ordonnance de 1945 ne
paraissent guère prometteurs.

II

Le test de la crise

(mai-juillet 1974)

LA SURPRISE ALGÉRIENNE

Le 19 septembre 1973, l'Algérie décide l'arrêt de toute émigration vers la France. Le motif officiellement invoqué est celui de la montée du racisme dans le pays d'accueil.

Il est vrai que les trois mois de l'été 1973 ont vu se multiplier les incidents. Le 21 juin, de vifs affrontements se sont produits à l'occasion d'une réunion publique organisée à la salle de la Mutualité à Paris, par le mouvement d'extrême droite Ordre nouveau, pour inciter les Français à refuser l'immigration sauvage. La Ligue communiste qui a participé aux bagarres et Ordre nouveau sont alors dissous par décision du Conseil des ministres[1]. Le nombre des agressions contre les travailleurs immigrés se multiplie : le 23 juin, plusieurs attentats sont commis contre des cafés de Paris et de sa banlieue, fréquentés par des Nord-Africains ; à Vitry, le 3 juillet, trois inconnus provoquent la mort d'un maçon portugais.

Le 4 août 1973, le ministre de l'Intérieur déclare qu'il continuera d'expulser tous les étrangers qui troublent l'ordre public. Une procédure d'expulsion est en outre engagée par le préfet des Bouches-du-Rhône contre le pasteur Berthier Perregaux, responsable de la C.I.M.A.D.E. à Marseille ; cette expulsion, effective le 4 septembre, provoque émoi et protestations de l'ensemble des organisations de gauche et des Églises.

L'amicale des Algériens en Europe comptabilise la mort de onze ressortissants entre le 29 août et le 19 septembre. Il est difficile de dire si toutes sont à mettre sur le compte d'un antagonisme racial ou ethnico-culturel[2], mais elles témoignent chaque fois de la tension existante. Celle-ci se voit aggravée par l'assassinat le 25 août, à Marseille, d'un conducteur d'autobus qui provoque la création, dans les locaux du Front national, d'un Comité de défense des Marseillais.

Les autorités algériennes multiplient les démarches auprès du gouvernement français et mettent en cause la mauvaise volonté de certains services de l'Administration qui ne respectent pas la dignité des travailleurs algériens[3]. Dans une interview au journal *Le Monde*, le 5 septembre 1973, le président Boumediene déclare : « Je le dis franchement : si le gouvernement français ne veut pas de nos travailleurs, qu'il le dise. Nous les reprendrons. Cela nous posera sans doute quelques problèmes, mais nous avons surmonté des situations beaucoup plus difficiles. Si, en revanche, la

France a besoin de nos travailleurs, son gouvernement a alors le devoir de les protéger. »

On pourrait donc penser que l'arrêt de l'émigration est la conséquence de cette montée des tensions, mais la décision algérienne a d'autres explications.

Au moment même où elle intervient, la conférence des pays non alignés se réunit justement à Alger. Et le journal du F.L.N. *El Moudjahid*, dans un titre de cinq colonnes à la une, encadré de rouge, relie ostensiblement l'arrêt de l'immigration à cet événement : « Racisme : suspension immédiate de l'émigration en France, décident le Conseil de la Révolution et le Conseil des ministres. Non-alignés : examen des perspectives d'action durant les trois prochaines années. » L'Algérie aura donc voulu donner à son geste une résonance politique internationale maximale et signifier publiquement, au moment de prendre la présidence de la Conférence, qu'elle avait dorénavant les moyens d'imposer des contraintes à l'ancienne puissance coloniale, de l'obliger à un traitement plus respectueux de ses ressortissants et de lui faire entendre avant tout que, dans une situation économique désormais favorable, elle n'avait plus besoin de l'émigration.

Il convient d'ajouter un autre motif plausible à la décision algérienne. Les incidents qui s'étaient produits en France avaient permis à un mouvement d'opposition au gouvernement algérien, le Mouvement des travailleurs arabes, de jouer un rôle important : il avait par exemple appelé à une grève des travailleurs nord-africains le 4 septembre, dans les Bouches-du-Rhône et dans le Var. Il risquait d'entrer dangereusement en concurrence avec l'association officielle, l'amicale des Algériens en Europe. En décidant l'arrêt de l'émigration, le gouvernement algérien se replaçait du même coup à l'avant-garde dans la défense de ses ressortissants.

Cette décision est prise au sérieux par les acteurs politiques et syndicaux français. Dans les milieux patronaux, la crainte apparaît, après la guerre du Kippour d'octobre 1973 et l'embargo décidé par les pays exportateurs sur les produits pétroliers, que l'exemple de l'Algérie ne fasse tache d'huile et que les pays d'émigration n'arrêtent à leur tour le départ de leurs travailleurs, ou ne se servent des besoins en la matière des pays industrialisés comme moyen de marchandage. Le magazine *L'Expansion* va jusqu'à imaginer la création de l'Organisation des pays exportateurs de main-d'œuvre (O.P.E.M.) dans un scénario qui semble refléter l'état d'esprit prévalant alors au sein du patronat français : « L'ébranlement causé chez les dirigeants de l'Europe riche par l'embargo sur le pétrole a été assez fort, en tout cas, pour les faire réfléchir à un problème qu'ils avaient touché sans jamais le prendre à bras-le-corps. Ils sentent qu'après avoir dû renoncer à la livraison, sûre et très bon marché, de 450 millions de tonnes d'énergie liquide par an, la deuxième colonne de la prospérité européenne depuis vingt ans, à savoir l'afflux annuel garanti — et à très bon compte, lui aussi — de 500 000 à 1 million de paires de bras étrangers, est lézardée[4]. » Soudain le C.N.P.F. se répand en compliments sur les qualités de la main-d'œuvre algérienne. Le 19 septembre, M. Yvon Chotard déclare au nom de son organisation : « Dans les entreprises françaises, il n'y a aucune discrimination d'aucune sorte. Il n'y a jamais eu d'incident dans les entreprises. [...] En ce qui concerne l'économie française, nous avons eu l'occasion de dire bien souvent, car c'est une réalité, que l'économie française, aujourd'hui, a besoin des travailleurs étrangers. Et parmi ces travailleurs étrangers, effectivement, les Algériens représentent une partie importante. Il est évident que, si une telle mesure [l'arrêt de l'émigration] est maintenue, cela poserait un problème pour l'économie française. »

De ce souci des besoins micro-économiques des entreprises découle une analyse de la crise économique naissante : celle-ci n'est que conjoncturelle. Voilà pourquoi la France ne décide pas encore la suspension de l'immigration, alors que la République fédérale d'Allemagne prend cette mesure dès le 23 novembre 1973.

Dans le même temps, quatre « grands serviteurs de l'État », Stanislas Mangin, Alexandre Parodi, André Postel-Vinay et Pierre Racine, membres du Conseil d'État ou de l'inspection des Finances, qui exercent chacun des responsabilités dans le domaine de l'immigration en dirigeant des associations d'accueil des immigrés, de formation, de logement ou d'alphabétisation, entreprennent une démarche auprès du Premier ministre, Pierre Messmer. Ils lui remettent un mémorandum sur l'ensemble des problèmes sociaux de l'immigration en France et préconisent le développement rapide et intensif des droits et des ressources des travailleurs immigrés.

Le gouvernement est confronté à des exigences contradictoires : tout d'abord celles des étrangers installés, depuis longtemps connues et qui demeurent en majeure partie insatisfaites ; celles de l'Algérie par ailleurs, qui a suspendu l'émigration ; enfin, celles des chefs d'entreprises qui souhaitent que celle-ci se poursuive. Le Premier ministre décide alors de créer une instance de coordination de l'action gouvernementale dans le domaine de l'immigration ; il propose à André Postel-Vinay, inspecteur des Finances qui a toujours marqué un grand intérêt pour les problèmes du tiers monde — il a notamment présidé pendant plusieurs années aux destinées de la Caisse centrale de coopération économique —, la fonction de directeur général de la Population et des Migrations.

André Postel-Vinay accepte la proposition. Il est nommé en janvier 1974 à un poste créé à son intention. Il reçoit de plus du Premier ministre une lettre publique et solennelle qui fixe sa mission et engage les administrations concernées par la politique de l'immigration à l'aider dans sa tâche. Il aura peu de temps, avant le décès de

Georges Pompidou et l'élection présidentielle
d'avril 1974, pour mettre au point actions et décisions ; juste assez cependant pour remarquer les
faibles moyens mis à sa disposition, l'absence de
véritables outils statistiques et, pour conclure,
que l'administration de la politique de l'immigration reste à construire[5].

Au cours de la campagne qui précède les élections, les deux principaux candidats, Valéry Giscard d'Estaing et François Mitterrand, évoquent
les problèmes de l'immigration. Pour sa part, signe
que le thème n'est pas encore perçu comme un
enjeu payant dans une campagne électorale, Jean-
Marie Le Pen, président et candidat du Front
national, n'y fait aucune allusion dans les quatre
pages et les dix points que comporte la plate-
forme qu'il adresse aux citoyens français.

UN MÉDIATEUR PROPHÉTIQUE

On ne sera pas surpris de voir, après l'élection
de Valéry Giscard d'Estaing à la présidence de la
République, André Postel-Vinay confirmé comme
coordinateur des politiques publiques de l'immigration et nommé secrétaire d'État. En effet,
lorsque, en décembre 1973, ce dernier se voit
proposer le poste de directeur général de la Population et des Migrations, il est alors président de
la commission des opérations de Bourse. Accepter

la proposition qui lui est faite implique qu'il obtienne de son ministre de tutelle, le ministre des Finances, à l'époque Valéry Giscard d'Estaing, l'autorisation de quitter son poste. Le ministre lui accorde donc un entretien ; une discussion s'engage, au cours de laquelle A. Postel-Vinay présente une vision pessimiste des problèmes de l'immigration[6].

Le ministre des Finances ne se contente pas d'accepter la nouvelle nomination de son interlocuteur. Il se déclare intéressé, mieux, sensibilisé, grâce à la discussion qui vient d'avoir lieu, aux problèmes évoqués ; et il s'engage à soutenir l'action du futur directeur général lorsque son ministère sera sollicité — par exemple, pour débloquer des crédits — dans les arbitrages interministériels.

La promotion de M. Postel-Vinay en juin 1974 au rang de ministre et la renaissance, par décision du président de la République, d'un secrétariat d'État à l'Immigration, trente-six ans après la première expérience de 1938, est probablement le signe que Valéry Giscard d'Estaing perçoit dès ce moment l'importance croissante du problème de l'immigration et souhaite que cette question soit traitée en priorité par le nouveau gouvernement[7].

De fait, les contradictions sur le problème de l'immigration entre des intérêts divergents sont avivées et deviennent de plus en plus difficiles à gérer ; sans doute, les étrangers qui continuent d'arriver en France répondent encore à des demandes émanant de certaines entreprises, mais de moins en moins, et là est la nouveauté, aux besoins généraux de l'économie : le chômage a augmenté depuis septembre 1973, et la fermeture des frontières des autres États européens a pour effet le transfert vers la France d'un nombre relativement important de nouveaux migrants.

Dans ce contexte d'incertitude, André Postel-Vinay peut jouer un rôle public de médiation. Il paraît reconnu et estimé dans les milieux de l'immigration comme dans celui de l'Administration. Il possède donc une double légitimité et un double crédit, qui peuvent lui permettre de faire accepter partout les évolutions nécessaires. Enfin, son expérience peut permettre d'apaiser les passions politiques sur un sujet qui risque à l'avenir de les déchaîner.

En outre, la nomination d'un secrétaire d'État à l'Immigration est aussi l'un des signes publics et symboliques d'une volonté politique d'« ouverture libérale » en direction de l'électorat de l'opposition, une des manifestations du « changement » voulu au début du septennat du président Giscard d'Estaing, avec l'abaissement de la majorité civique à dix-huit ans, le développement des droits de l'opposition, la réforme du mode de saisine du Conseil constitutionnel, la visite présidentielle à des prisonniers ou la réception d'éboueurs à l'Élysée.

Les décisions très rapidement proposées par André Postel-Vinay ne se veulent pas une réponse au problème immédiat et concret de l'immigration, pas davantage une réponse simplement politique. Elles ne se réfèrent pas non plus aux principes de l'ordonnance de 1945. Elles tentent de définir un remède en fonction de l'évolution probable de la question, d'une façon anticipée, donc de proposer des mesures avant l'émergence d'une aggravation des tensions. Cette vigilance[8] le conduit à définir le problème de l'immigration en fonction de l'évolution démographique du monde, et des déséquilibres économiques et sociaux qu'il estime durables et profonds — ce qui implique une limitation des flux d'immigration —, mais aussi en fonction de valeurs qui induisent le droit de rester et de vivre dans des conditions sociales correctes pour les immigrés déjà installés.

Aux yeux d'André Postel-Vinay, trois phénomènes, facteurs de déséquilibres, imposent l'arrêt préventif des flux migratoires. D'abord les perspectives démographiques mondiales : « Le doublement de la population du tiers monde, que l'on nous promet pour la fin du siècle, présente, à mon avis, des dangers considérables. [...] À moins que l'art et les techniques de développement ne réalisent des progrès d'une étonnante rapidité, à moins que l'esprit de solidarité ne se répande d'une manière imprévue, cette prolifération de l'espèce humaine aggravera la misère et la sous-alimentation sur de très vastes territoires[9]. » Par ailleurs, André Postel-Vinay croit à une crise économique longue et profonde qui va provoquer une forte montée du chômage et des restructurations d'entreprises. Enfin, la situation du logement des étrangers résidents est jugée grave : en 1970, le quatrième plan avait évalué à plus de 650 000 le nombre des étrangers vivant dans des bidonvilles ou des taudis. De plus, l'immigration familiale croît rapidement : de 25 000 familles en moyenne par an entre 1967 et 1970, on est passé à 38 000 familles. Or le programme annuel de logements sociaux, pour l'ensemble de la population française et étrangère, ne dépasse pas 125 000 logements.

M. Postel-Vinay en conclut que :

> « Rejeter, par principe, l'idée d'une interruption ou d'une limitation des entrées de nouveaux migrants, cela reviendrait à soutenir que nous devons laisser se développer l'immigration, même si elle contribue à l'accroissement du chômage et au peuplement des taudis. Cela n'est pas défendable [...]. Je n'ignore pas les aspects choquants de toute mesure d'interruption ou de limitation des entrées, le caractère inhumain de ces refoulements de la misère ; mais cette misère, hélas, risque d'affluer toujours davantage et d'arriver à des secteurs géographiques de plus en plus lointains : nous ne pouvons pas l'accueillir sans limites. Nous en péririons sans la soulager. »

Mais ces mesures restrictives ne doivent pas rester sans contrepartie. André Postel-Vinay insiste sur « l'obligation évidente de faire un sort décent aux ouvriers étrangers que nous avons admis chez nous et qui nous apportent un concours que nous avons nous-mêmes jugé indispensable ». Les travailleurs étrangers ont donc, selon lui, une créance à l'égard de la France ; de même celle-ci a une dette à leur endroit pour

leur « contribution apportée au développement
économique du pays ». Le sort décent qu'il évoque implique essentiellement la garantie du séjour
et le droit au logement.

Au total, il souhaite que des logiques différentes
s'appliquent selon les cas. À l'immigré déjà installé, la justice serait due, donc le droit à l'installation durable garanti. Le maintien de la cohésion,
de l'ordre social, justifierait en revanche que les
autres ne soient plus autorisés à s'installer.

L'OCCASION MANQUÉE

Au cours du conseil des ministres du 3 juillet
1974, le gouvernement semble reprendre ce
schéma et se fixer des objectifs qui couvrent tous
les domaines de la politique de l'immigration[10].
Le programme est précis. Il prévoit de limiter les
entrées des travailleurs étrangers et de leurs
familles en fonction des possibilités d'emploi et
d'accueil du pays ; de prendre des dispositions
pour empêcher les passages clandestins ; d'étudier les procédures permettant d'empêcher les
« faux touristes » d'entrer sur le territoire national ; enfin, de renforcer la lutte contre le marché
noir du travail.

Il se propose dans le même temps d'augmenter
fortement l'action sociale en faveur des étrangers
résidents, en particulier dans le domaine du

logement dont l'existence est pour André Postel-Vinay une des conditions de la réussite de l'insertion de l'étranger. Il prévoit l'accroissement de la construction de logements sociaux pour les familles, ainsi que de foyers pour les ouvriers étrangers « isolés ». Il veut aussi alléger et simplifier la réglementation du séjour et du travail, et développer l'alphabétisation, la formation générale ou professionnelle des travailleurs étrangers et de leurs enfants. Pour financer ces mesures, une participation des entreprises est prévue.

Les décisions qui vont intervenir concrètement montrent bien le rôle d'un programme gouvernemental. Il est censé fixer un cadre d'action pour chacun des ministres concernés. Cependant, pour chaque décision, de nouvelles consultations ou réunions interministérielles se révèlent nécessaires, où de nouveaux rapports de forces peuvent apparaître et remettre en cause le programme adopté[11] : la légitimité de la décision prise est d'autant plus faible que les départements ministériels chargés de son application ne l'ont pas défendue dès l'origine.

Le 3 juillet 1974, le Conseil des ministres entérine la décision de suspendre l'immigration, et elle seule. Avant de la soumettre à la délibération du Conseil des ministres, le secrétaire d'État a consulté quelques chefs d'entreprises, gros employeurs de main-d'œuvre étrangère ; ceux-ci l'ont approuvée. L'accord des syndicats, à l'exception de la C.F.D.T., est également acquis. Force ouvrière demande cette mesure depuis septembre 1973.

La C.G.T. approuve elle aussi et justifie ainsi sa position[12] : « Sur le fond, il était compréhensible, alors que se multipliaient les situations de chômage, et que certains immigrés étaient par ailleurs "refoulés" parce que la régularisation de leur situation leur était refusée, que le ministère du Travail décidât de ne plus viser les contrats d'introduction déposés par les employeurs souhaitant "recruter" hors de France et faire venir, par l'intermédiaire de l'Office national de l'immigration, de nouveaux immigrants. »

Par ailleurs, le risque de réaction négative des pays d'émigration semble limité : d'une part, l'Algérie, avec laquelle la France était liée par le seul accord contraignant, a suspendu, de sa propre initiative, l'émigration vers la France en septembre 1973 ; d'autre part, cette décision est présentée comme provisoire aux autres États. Enfin, les mesures déjà prises par les autres pays européens légitiment, par leur valeur d'exemple, la décision que s'apprête à prendre la France.

Cette décision fait l'objet d'une circulaire, applicable immédiatement, afin de surprendre les candidats à l'immigration qui, compte tenu des longs délais de mise au point d'une loi ou d'un décret, auraient pu venir en France avant leur adoption définitive. Le gouvernement a conscience de l'irrégularité juridique de la procédure, mais il sait que les délais d'annulation contentieuse du Conseil d'État sont d'environ deux ans, et dépassent donc largement le délai fixé au réexamen de la mesure prise. En tout état de cause, le consensus est tel que, à l'exception de la C.F.D.T., toutes les autres organisations syndicales, et en premier lieu la C.G.T. qui s'était traditionnellement pourvue en justice contre les circulaires prises depuis 1972, n'intentent pas de recours contentieux[13].

La décision de suspension concerne les nouveaux travailleurs, mais aussi les familles des travailleurs installés en France, vivant à l'étranger. Cette précision est importante car l'immigration familiale se situe à la frontière de la politique des flux de nouveaux migrants et de la politique d'insertion des résidents : l'arrivée d'une famille augmentant certes le nombre des résidents, mais améliorant aussi considérablement la qualité de vie du travailleur immigré.

Le principe d'un important programme de construction de logements, contrepartie de la décision de suspension de l'immigration, a en outre été arrêté. Mais le manque de moyens financiers apparaît dès que se négocie la mise en œuvre de cette mesure dans les premiers arbitrages budgétaires. Le secrétaire d'État tente bien de mobiliser ses collègues les plus concernés, mais sans succès. Le 12 juillet 1974, ses propositions reçoivent un arbitrage défavorable lors d'un Conseil restreint. Jacques Chirac, Premier ministre, ne semble pas faire du problème une priorité.

De son côté, le secrétaire d'État refuse de voir sa stratégie remise en cause. Son échec sur le programme de logement risque d'ébranler sa légitimité dans les milieux de l'immigration ; bientôt, le rôle de médiateur qu'il devait jouer ne pourrait plus être assumé ; il remet sa démission au Premier ministre et au président de la République, et l'accompagne d'une lettre d'explication*. Il faudra attendre dix ans pour que la stratégie d'André Postel-Vinay soit acceptée par tous les grands partis politiques.

Entre-temps, la politique de l'immigration sera soumise à une politisation de plus en plus marquée. Chaque changement de secrétaire d'État — ils interviendront à quatre reprises — sera le signe d'un changement de stratégie des pouvoirs publics.

Dans l'intervalle de ces changements et avant qu'un consensus ne soit dégagé, des actions décisives s'imposeront durablement ou échoueront, construisant, pierre à pierre, les règles de la politique de l'immigration. C'est ainsi que progressivement les principes de 1945 seront retrouvés.

* **Cf. annexe V.**

Entre insertion et répression

(juillet 1974 - mars 1977)

La portée de l'arbitrage défavorable, cause de la démission d'André Postel-Vinay, dépasse de beaucoup une simple divergence sur les moyens à affecter à la politique de l'immigration. De fait, les propositions de l'ancien secrétaire d'État découlaient directement d'une analyse de la situation que ne partage pas encore le gouvernement français. On le sait, pour André Postel-Vinay, la crise économique et démographique s'annonce longue et durable, et il en tire une première conséquence radicale : l'arrêt strict des flux. Pour le gouvernement, la durée et la nature de la crise économique restent incertaines. Certes, le chômage progresse et rend impossible une rapide reprise de l'immigration, souhaitée par quelques chefs d'entreprises. Beaucoup croient cependant que cette situation demeure provisoire et qu'il faut se préparer, comme le pense le C.N.P.F., à un redémarrage de la croissance qui favorisera de nouveaux mouvements migratoires. Si la crise économique se révèle durable, peut-être faudra-t-il alors penser à des retours de travailleurs immigrés vers leurs pays.

André Postel-Vinay tire une autre conséquence radicale de la situation : l'installation durable de l'immigré en situation régulière. Le résultat logique semble là encore inacceptable : l'immigré résident demeure un travailleur à l'installation seulement provisoire.

Le remplacement, en juillet 1974, d'André Postel-Vinay par Paul Dijoud relève de ces divergences profondes. Il révèle également une dimension politique. Le premier, grand serviteur de l'État, formé à l'école de la France libre, avait une conception de l'action trop indépendante des impératifs du combat politique. Le second fait partie de la génération montante du parti du Président, le parti républicain, chargée de favoriser l'« ouverture ». Or il est clair que la politique de l'immigration doit alors contribuer à la légitimité du nouveau président de la République dans l'électorat socialiste.

L'orientation générale de l'action ne dévie pas, mais la dimension radicale de la logique proposée par André Postel-Vinay s'atténue sensiblement : moins de fermeté dans la suspension des flux, mais aussi moins d'action sociale.

En ce qui concerne les migrations, jusqu'à la fin de 1976, trois options sont préservées : le redémarrage des flux de nouveaux travailleurs vers la France, leur arrêt définitif, ou même leur inversion.

La politique sociale activement menée de 1974
à 1977 en faveur des étrangers résidents pourrait
être traduite en ces termes : ceux qui veulent repartir doivent pouvoir le faire dans les meilleures
conditions, ceux qui veulent rester doivent pouvoir s'assimiler et devenir français. Cette liberté
de choix cache en réalité plusieurs visées parfois
contradictoires. Elle répond aux anciennes demandes d'amélioration des conditions de vie des
étrangers, objectif social suffisamment légitime
en lui-même, mais aussi moyen de renforcer
l'image du nouveau Président dans l'électorat de
gauche. De plus, si certaines mesures favorisent
l'installation durable des étrangers qui le désirent,
en avantageant légèrement ceux qui présentent
une proximité ethnico-culturelle, d'autres visent,
dans les domaines scolaire, culturel ou religieux,
par le développement de cours de langues d'origine à l'école ou de l'islam dans les usines ou les
cités, à offrir aux États d'origine des contreparties
à la suspension des flux : elles doivent ainsi permettre d'augmenter le contrôle de ces États sur
leur population et, sous couvert du respect des
identités culturelles, favoriser du point de vue du
gouvernement français le retour des travailleurs
et des familles qui le souhaiteraient.

Qui sont les acteurs déterminants de cette
période ? Au premier plan, Paul Dijoud et son
équipe. Néanmoins, l'action sociale du secrétaire
d'État aura pour limite, et contrepoint, la conception de l'ordre public du ministre de l'Intérieur,
Michel Poniatowski, qui restreint l'autonomie et

la liberté sociale et politique de l'étranger et exige
de lui travail, passivité et réserve. L'activité politique et syndicale des travailleurs immigrés sera
combattue par le ministère de l'Intérieur avec
violence, en collaboration, du reste, avec les États
d'origine. Paul Dijoud admet cette répartition
des tâches, moins parce qu'elle correspond à ses
convictions que parce qu'il s'agit là de l'intérêt
politique : Michel Poniatowski occupe auprès du
président de la République une position telle
qu'il vaut mieux ne pas l'affronter. La répartition
des tâches entre les ministères laisse encore ses
prérogatives à la place Beauvau, et Paul Dijoud
ne s'aventure pas sur un terrain miné.

Des contradictions, plus fondamentales parce
qu'elles concernent l'orientation de l'action, apparaîtront bientôt : l'arrêt des flux est-il crédible
pour les étrangers concernés si les discussions
reprennent avec les États d'origine pour leur réouverture ? Le discours sur le droit de rester est-il
compatible avec le début des évaluations sur le
coût de l'immigration ou sur les possibilités de
substituer une main-d'œuvre française à la main-
d'œuvre étrangère ?

En dépit de ces interrogations et des faibles
moyens mis à sa disposition, Paul Dijoud fera
preuve d'une grande maestria, saisissant au bon
moment les occasions de prendre des décisions
importantes et de les mettre en action. Ainsi va-
t-il fort habilement pratiquer avec les États d'origine des échanges et des marchandages, et utiliser
le soutien du président de la République pour

organiser administrativement, pour la première fois depuis la Libération, la politique de l'immigration.

LES MOYENS DE L'ACTION

Pour agir, le nouveau secrétaire d'État dispose, au départ, de faibles moyens administratifs. Formellement, il n'est que le collaborateur du ministre du Travail. La seule administration dont il dispose, la direction de la Population et des Migrations (D.P.M.), a été créée en 1966 et apparaît pauvre en ressources financières et humaines. Elle n'a pas de services extérieurs, et la majeure partie de ses crédits budgétaires ne lui sont pas affectés directement[1].

La première réussite de Paul Dijoud va être l'augmentation très rapide de ses ressources. Son atout : le soutien actif du président de la République. La politique de l'immigration est une politique « présidentielle » : elle n'est pas coordonnée par le Premier ministre ; dans le processus de décision, la liaison demeure directe entre le Président et le secrétaire d'État. Lorsque des arbitrages sont nécessaires pour financer ou réglementer les différents aspects de sa politique, Paul Dijoud bénéficie du soutien personnel du Président.

Fort de cet appui, il agit dans deux directions.

Il souhaite d'abord transformer la D.P.M. Comme la tâche semble prometteuse et l'orientation séduisante, il parvient à y recruter et à mobiliser les plus dynamiques parmi les administrateurs civils du ministère du Travail, souvent syndiqués à la C.F.D.T. La D.P.M, jusque-là organisée de façon pyramidale, se transforme en une administration de mission. Son directeur n'est plus le point de passage obligé — obligation au demeurant souvent théorique — des contacts entre les responsables de l'administration centrale et les nombreux membres du cabinet ; en outre, chacun des administrateurs concernés est en charge d'un des nombreux dossiers de la politique de l'immigration et dispose d'une large autonomie d'action. Sur chaque dossier, la concertation du travail est assurée par des rencontres avec des associations transformées en interlocuteurs reconnus. Enfin, le secrétaire d'État réussit à augmenter sensiblement les ressources financières de son administration.

Dans un deuxième temps, Paul Dijoud parvient à élargir le domaine de ses compétences à la dimension internationale de la politique de l'immigration. Il se conçoit lui-même, selon un de ses anciens collaborateurs, comme un ministre adjoint des Affaires étrangères, spécialement chargé de l'immigration. Il nomme d'ailleurs à son cabinet, ce qui n'est pas courant, un haut fonctionnaire du Quai d'Orsay et il effectue des visites dans la plupart des pays d'émigration. Le soutien du Président lui permet de récupérer, *de facto*, la

coordination de l'action publique dans ce domaine ; d'autant plus facilement que le dossier
de l'immigration, à la différence des autres dossiers de l'action gouvernementale, est rarement
convoité.

MAÎTRISER LES FLUX

La combinaison de ces atouts va bientôt permettre de traiter un premier grand dossier, celui
de la maîtrise des flux. L'immigration de nouveaux
travailleurs restant officiellement suspendue, l'Administration ne délivre plus d'autorisation de
travail aux travailleurs qui en font une première
demande. Des exceptions cependant existent car
les autorités montrent une certaine souplesse dans
l'application de cette règle emblématique. Est
d'abord confirmé le traitement spécifique applicable aux demandeurs d'asile et aux réfugiés.
L'argument de la situation de l'emploi ne peut
leur être opposé lors d'une demande de carte de
travail. Outre les réfugiés politiques, sont concernés par ces dispositions protectrices les étrangers
appartenant à des nationalités qui se trouvent privilégiées : Vietnamiens, Cambodgiens, Laotiens.
En effet, consécutivement aux conflits meurtriers
survenus dans le Sud-Est asiatique, est mis en
place en 1975 un dispositif d'accueil particulier
des réfugiés originaires de cette région du monde.

Il est mis au point par le directeur des Conventions administratives du ministère des Affaires étrangères, qui s'efforce de coordonner l'action des associations. Claude Chayet prend contact avec Jean Sainteny et lui propose de présider un Comité national d'entraide franco-vietnamien, franco-cambodgien et franco-laotien, qui sera chargé d'organiser la venue en France de plusieurs dizaines de milliers de réfugiés du Sud-Est asiatique, en fonction de quotas qui, de 1 000 par an en 1975, diminuent ensuite à 700, pour être rétablis à 1 000 lors de l'arrivée de la gauche au pouvoir[2]. Sont ensuite concernées certaines catégories d'étrangers — conjoints de Français et ressortissants des communautés européennes, par exemple — qui obtiennent de plein droit, et sans avoir à justifier d'un emploi, une carte de travail d'une durée de dix ans. Enfin, certains professionnels spécialisés — artistes et troupes étrangères , personnels de haute qualification : cadres, chercheurs — peuvent se voir délivrer, sous certaines conditions, des autorisations. Des dérogations sont de surcroît accordées au cas par cas par le secrétaire d'État à certaines entreprises qui déclarent des besoins incompressibles de main-d'œuvre étrangère, après instruction et consultation d'une commission *ad hoc*.

Mais l'interruption de la délivrance des autorisations n'a pas eu l'effet décisif attendu sur l'arrivée de nouveaux travailleurs étrangers sur le territoire national. On peut penser que les demandes de travail émanant de certains employeurs perdurent « du fait du marché » ; ils trouvent là le moyen de rentabiliser leur entreprise ; en ne déclarant pas leurs travailleurs étrangers, ils évitent l'application de la législation du travail, par exemple le paiement des cotisations sociales, et diminuent leur coût de production. Ce type de situation se perpétue indépendamment de la décision de juillet 1974 et rencontre une offre de travailleurs. Mais cette décision, par son existence même, a pour effet de créer de l'emploi illégal : l'employeur potentiel d'étrangers qui continuent de venir en France pour y travailler légalement, en ne faisant souvent que perpétuer des traditions locales d'aller et retour d'Afrique vers la France, ne peut déclarer cette main-d'œuvre parce que la réglementation interdit dorénavant toute nouvelle embauche. Pour lutter contre ces formes différentes de travail irrégulier, le secrétaire d'État renforce les sanctions visant les employeurs et, en coopération avec les États d'origine, cherche à améliorer le contrôle aux frontières.

Il obtient, contre l'avis du ministère de la Justice, et grâce au soutien du président de la République, qu'une mission judiciaire de lutte contre les trafics de main-d'œuvre — emploi illégal, mais aussi aide au passage des frontières — soit créée sous son autorité directe. Cette décision obtenue, il cherche à se concilier les administrations de la Justice et de l'Intérieur, dont la collaboration se révèle nécessaire, et nomme à la tête de la mission un magistrat. Il lui adjoint un inspecteur du travail et un inspecteur de police.

Pour maîtriser les flux, l'aide des États d'origine paraît indispensable. Paul Dijoud consacre une grande partie de son activité aux contacts internationaux. En échange de l'aide demandée, il offre des contreparties.

Si l'immigration reste officiellement suspendue, les Conseils des ministres d'octobre 1974 et de mai 1975, consacrés à la politique de l'immigration, ont affirmé le caractère provisoire de cette mesure. Paul Dijoud propose donc à ses partenaires marocains et tunisiens de profiter de cette période transitoire pour préparer, de façon organisée, le rétablissement exclusif de la procédure d'introduction pour le moment où il sera possible de rouvrir les frontières. Cette proposition recueille un relatif succès car, si réouverture il y a, les travailleurs marocains et tunisiens pourront avantageusement remplacer l'émigration algérienne interrompue.

Les contacts sélectifs qu'il prend en Afrique subsaharienne vont cependant lui permettre de percevoir les difficultés pratiques soulevées par certaines des mesures envisagées. Concrètement, les ressortissants des États d'Afrique noire bénéficient encore de clauses de libre circulation vers la France, obtenues au moment de leur accession à l'indépendance. L'enjeu porte donc sur l'intégration de ces ressortissants dans le droit commun régi par l'ordonnance de 1945, afin d'améliorer le contrôle de leur entrée et de leur séjour. Les chefs d'États africains réagissent avec une extrême sensibilité aux demandes du gouvernement. Ils

font souvent état de leur propre citoyenneté française pour refuser toute mise en cause du régime
privilégié de libre circulation ; ils s'identifient à
leurs ressortissants et aux difficultés à venir qu'ils
devront subir. Face à ces réactions, le gouvernement choisit de progresser lentement en proposant des accommodements. Moyennant le
maintien d'un léger courant migratoire de travailleurs d'Afrique noire, transformés pour l'occasion en « commerçants », il obtient finalement
satisfaction.

En matière de contrôle des flux, les concessions
sont approuvées en échange d'efforts pour le
développement des droits et des ressources de
l'étranger résident, de telle façon que la relation
d'allégeance à l'État d'origine soit sauvegardée,
voire renforcée. S'agit-il d'un échange simple ou
d'un calcul du gouvernement français qui continue de vouloir préserver un avenir incertain ? Un
document préparatoire au Conseil des ministres
précise que ces nouveaux droits s'inscrivent également dans une perspective de retours volontaires : « D'abord permettre à ceux qui le souhaitent
de sauvegarder leurs liens avec leur culture d'origine. Il y aurait, en effet, intérêt à faciliter le
maintien de traditions religieuses, de liens culturels, voire l'expression dans la langue d'origine de
ceux qui souhaitent garder à leur séjour en France
un caractère temporaire. »

L'intérêt de ces projets de retour a été conforté
— c'est un processus assez classique — par un
contact, une anecdote ou une opinion qui les

légitiment. Ainsi, le 25 avril 1975, le secrétaire
d'État retire-t-il de sa visite au bidonville la Digue
des Français, à Nice, l'impression que « tous les
chômeurs de cette cité étaient disposés à rejoindre
leur pays à condition que leurs frais de retour
leur soient payés[3]. » Une aide au rapatriement
est donc créée et des stages de formation professionnelle préparatoires au retour sont mis en
place dès 1975. Parallèlement, le coût de l'immigration devient l'enjeu d'évaluations financières,
comme s'il s'agissait de fournir une justification
scientifique à un éventuel retour des étrangers.
Une première étude, commandée le 18 juillet 1975
à une commission interministérielle et publiée en
mai 1976, conclut à l'impossibilité de substituer
des emplois entre étrangers et Français et au faible coût de l'immigration comparé aux avantages
qu'elle procure. Ce rapport va se voir contrecarré
par un autre, plus pessimiste, sur les coûts de
l'immigration, commandé et publié par la commission des Finances de l'Assemblée nationale[4].

INSERTION OU ASSIMILATION ?

Dans les politiques sociales, lorsque l'autonomie
de l'étranger, par rapport à son État d'origine, peut
être choisie contre la dépendance accrue, c'est
toujours la dépendance qui est privilégiée ; outre
la satisfaction qu'elle offre aux États d'origine, et

la porte ouverte laissée au retour éventuel, cette option est censée favoriser la paix sociale en éloignant les immigrés des revendications politiques et syndicales « à la française » qui — nous le verrons — ne seront pas tolérées de leur part.

Le développement de l'islam est ainsi favorisé de façon très particulière[5]. C'est dans les entreprises et les foyers de travailleurs que les pouvoirs publics souhaitent son implantation. Ce faisant, ils assignent à cette religion un statut tout à fait spécifique par rapport aux autres confessions.

La logique de la dépendance est aussi à l'œuvre dans le développement de la politique culturelle *stricto sensu*. La création d'un organisme chargé de promouvoir les cultures de l'immigration, l'Office national pour la promotion culturelle des immigrés, présidé par Stéphane Hessel, est conçue en collaboration avec les États d'origine, invités à fournir en images une nouvelle émission télévisée, destinée aux immigrés et diffusée sur FR3, le dimanche matin : « Mosaïque ».

Mais, en dépit de ces apparences, le bilan social du secrétaire d'État n'est pas si pauvre.

Le droit de s'installer et de s'assimiler progressivement, présenté comme le pendant du droit au retour, va d'abord se traduire par deux réformes juridiques : celle du régime des titres de travail et celle du Code de la nationalité.

Le décret du 21 novembre 1975[6] est le premier texte publié au *Journal officiel*, conformément aux principes de l'État de droit, depuis les années qui

ont suivi la Libération. Il constitue donc une rupture par rapport à la période qui va de 1945 à
1974, durant laquelle de nombreuses circulaires
non publiées organisaient la gestion administrative du statut des étrangers. Il simplifie les
rapports entre Administration et étranger résident tout en garantissant mieux sa liberté d'installation.

La simplification des procédures se traduit en
premier lieu par la réduction du nombre de titres
de sept à trois, et par la suppression de la distinction de secteur, agricole, industriel ou commer-
cial, dans lequel l'étranger trouve à s'employer.
La libéralisation se manifeste, pour sa part, par
les instructions données aux services du ministère
du Travail visant enfin à attribuer au moment du
renouvellement des titres les cartes valables pour
une durée plus importante, conformément aux
objectifs des rédacteurs de l'ordonnance de 1945 ;
cela n'avait été que rarement le cas pendant trente
années. Le cursus normal suivi par un étranger
doit dorénavant conduire de la carte A (valable
un an) à la carte B (trois ans) puis la carte C (dix
ans). Ainsi, après quatre ans, l'étranger obtient-il,
en principe, une autorisation valable dix ans sur
l'ensemble du territoire pour toutes professions.
Ces dispositions sont dans l'ensemble bien appliquées jusqu'en 1978 [7].

Le ministre du Travail fait en outre adopter
par le Conseil des ministres du 16 avril 1975 le
principe d'une réforme du Code de la nationalité
qui prévoit d'abord de réduire les incapacités

touchant les naturalisés : l'accès aux emplois publics est libéralisé, et on réduit de dix à cinq ans
la durée de l'interdiction faite au récent naturalisé
de solliciter un mandat électif. Ce projet est adopté
par le Parlement. En revanche, une réforme des
naturalisations que le gouvernement avait également adoptée en avril 1975 ne pourra être mise
en œuvre. Elle prévoyait que l'obligation de résidence continue en France pendant cinq ans, qui
demeure l'une des conditions de la naturalisation,
pourra désormais résulter de plusieurs séjours
cumulés pendant les dix dernières années pré-
cédant le dépôt de la demande, et que cette durée
de résidence pourra être réduite de trois ans pour
les ressortissants des Communautés européennes.
Le gouvernement italien, n'appréciant pas que la
France cherche à intégrer dans sa nationalité ses
ressortissants, s'oppose à la réforme, et c'est sous
sa pression, à laquelle s'associe la commission
des Communautés européennes, que ce texte sera
retiré[8].

L'IMMIGRATION FAMILIALE

C'est dans les domaines de l'immigration familiale et du logement que l'action du secrétaire
d'État sera déterminante.

Lorsqu'il engage des discussions avec les États
d'origine, le gouvernement français pense que la
limitation de l'immigration familiale pourrait être

une des contreparties accordées aux concessions sur la limitation des flux. Les États d'origine n'apprécient guère, en effet, le regroupement familial parce qu'il favorise la sédentarisation des étrangers et provoque la diminution des transferts financiers provenant des économies des travailleurs[9] ; en outre, la présence des enfants et leur intégration progressive dans la société d'accueil distendent la relation d'allégeance.

Pourtant, non seulement le gouvernement français ne pourra limiter l'immigration familiale, mais son organisation va devenir un des éléments fondamentaux de sa politique. D'abord, les États d'origine ne peuvent pas officiellement s'opposer au regroupement familial sans risquer de voir leur légitimité mise en cause. Ils s'obligent même souvent à le revendiquer officiellement, car il s'agit d'une des aspirations les plus fortes des communautés expatriées. Surtout, une intense mobilisation des associations de défense des droits des étrangers fait prendre conscience aux pouvoirs publics de l'impossibilité pratique et éthique du maintien de la suspension de l'immigration des familles, décidée en juillet 1974, et les fait revenir sur leur position première.

Dans le dossier qu'il prépare pour le Conseil des ministres du 21 mai 1975, le secrétaire d'État écrit : « Au point de vue pratique, l'immigration familiale se fait selon des voies qu'il est difficile de contrôler. Beaucoup de familles entrent en France comme faux touristes ; il est, en effet, impossible d'interdire à une famille de rejoindre

pour les vacances le "chef de famille". » Les immigrés concernés n'ont pas, de leur côté, perçu
que la règle en vigueur avait changé. Le regroupement familial a pour eux un caractère légitime ;
sa limitation contrevient aux habitudes prises
par d'autres familles installées dans le passé en
France. La quasi-totalité des familles arrivant en
France considère encore que leur entrée n'appelle pas de formalité particulière mais s'inscrit
dans la suite normale de la venue du chef de famille. La mesure de suspension de 1974 n'est donc
pas prise au sérieux. Le regroupement familial se
poursuit dans le désordre, plus encore que par
le passé, et en dehors des procédures régulières.
Le droit de vivre en famille est en outre plaidé vigoureusement par les organisations de défense
des immigrés, particulièrement par le G.I.S.T.I.
(Groupe d'information et de soutien aux travailleurs immigrés) ; ces associations ne cessent
d'intervenir auprès des pouvoirs publics pour rap-
peler au secrétaire d'État que ce droit fait partie
des traditions républicaines. Ce dernier finit par
faire sien ce raisonnement : le refoulement des
familles n'est pas une solution morale, il aurait
pour conséquence de séparer le père, qui dispose
d'un travail, de la mère et de ses enfants, souvent
installés en France depuis plusieurs mois ; il est,
de plus, illégitime au regard des valeurs constitu-
tives de notre société politique. D'un point de vue
éthique, la répression de l'immigration familiale
illégale est impossible. Quelques années plus tard,
le Conseil d'État confortera cette démarche.

Plutôt donc que de subir une immigration non contrôlée depuis trop longtemps — au cours des dernières années, neuf familles étrangères sur dix sont venues en France sans contrôle —, les autorités publiques vont chercher à l'organiser. Pour la première fois depuis la Libération, des règles adaptées aux pratiques sociales, et donc applicables, vont être définies et l'immigration familiale à nouveau autorisée. La porte s'était déjà entrebâillée dès août 1974 ; elle est définitivement ouverte en 1975. Ce retournement n'implique aucun choix à long terme sur la stabilisation des immigrés concernés ; c'est du moins le discours officiel. Il paraît cependant vraisemblable que le secrétaire d'État sait que sa proposition favorise une installation durable des immigrés résidents. Et, de fait, cette décision constituera un obstacle déterminant aux projets d'inversion des flux qui apparaîtront à partir de 1977.

Par décret pris le 29 avril 1976, le droit à l'immigration familiale est confirmé. Il est cependant garanti de façon différenciée : l'accord international signé avec le Portugal, en janvier 1977, constitue une base plus solide que le simple décret qui régit le droit des autres étrangers. Et la mise en œuvre de ce droit est soumise à un contrôle de l'Administration ; on exige de l'étranger des garanties sur la qualité de son logement, qui doit assurer à la famille arrivante des conditions de vie décentes. Mais, en compensation du loyer qu'il paie dans l'attente de l'autorisation administrative, on lui attribue une prime de 1 000 francs.

LE LOGEMENT

Dans le domaine du logement, le secrétaire d'État ne va pas tenter, comme l'avait fait André Postel-Vinay, d'arracher la programmation de la construction d'un nombre précis et élevé de logements sociaux dont une partie serait affectée aux étrangers. Il va en revanche réussir à obtenir que soient mis à disposition des moyens financiers spécifiquement affectés au logement des immigrés, réclamés à de nombreuses reprises par les directeurs du Fonds d'action sociale pour les travailleurs immigrés (F.A.S.) et le Haut Comité de la population.

Jusqu'en 1975, le F.A.S. assurait seul le financement de certaines actions menées dans ce domaine. Afin de le désengager du secteur du logement et de lui permettre ainsi de financer d'autres actions, le secrétaire d'État obtient, sous la menace de la création d'une taxe directement gérée par l'État, contre les avis du ministère du Logement et du C.N.P.F., la création du « 0,2 p. 100 logement ».

Depuis 1953, les entreprises de plus de dix salariés sont assujetties chaque année à une taxe parafiscale représentant 1 p. 100 de leur masse salariale, dont le produit doit être affecté spécifiquement à l'effort de construction. Elles versent cette taxe à des organismes collecteurs, essentiellement les Comités interprofessionnels du loge-

ment (C.I.L.), qui répartissent les fonds ainsi
perçus, le plus souvent sous la forme de prêts à
long terme ou de subventions accordées au premier chef aux organismes H.L.M. Ces derniers
s'engagent en échange à réserver un contingent de
logements aux salariés des entreprises cotisantes.
C'est une partie de cette cotisation de 1 p. 100 que
le secrétaire d'État obtient d'affecter en priorité au
logement des immigrés[10]. Ces sommes devront
être utilisées soit pour la construction, l'amélioration ou l'extension de foyers pour célibataires,
soit pour des opérations de logement ou de déconcentration de familles étrangères dans certains
ensembles immobiliers.

Au centre du dispositif, un organisme est spécialement chargé de coordonner la perception de
la nouvelle taxe parafiscale et d'en suivre l'utilisation : la Commission nationale pour le logement
des immigrés (C.N.L.I.), administrativement rat-
tachée au secrétariat d'État chargé des travailleurs
immigrés[11]. Parallèlement, dans chaque département, est créée une commission départementale
pour le logement des immigrés.

Le système d'intervention mis en place est conçu
pour contraindre le patronat et les organismes
de collecte du 1 p. 100, d'une part, et les administrations, d'autre part, à collaborer. Ils doivent
déterminer les opérations à financer. Certes, la
tutelle de l'État s'exerce sur l'attribution de fonds,
par le biais de la C.N.L.I., mais les partenaires
sociaux, et particulièrement le C.N.P.F., dont la
participation est finalement obtenue, sont asso-

ciés à la gestion à travers les C.I.L. qui disposent d'un pouvoir d'agrément. Afin d'asseoir la légitimité de la nouvelle structure au sein du ministère du Logement et du secteur du bâtiment et des travaux publics, un ingénieur du corps des ponts et chaussées, Jean-Noël Chapulut, en devient le secrétaire général. Porteur d'une double légitimité, technique et politique, il agira avec la collaboration de son ministère d'origine.

Encore une fois, pour avoir satisfaction, le secrétaire d'État a usé habilement de ses ressources politiques. Il a bénéficié du soutien du président de la République dans les nécessaires arbitrages interministériels. Il s'est ensuite adapté aux contraintes de la mise en œuvre en s'alliant aux administrations compétentes.

SÉDUIRE LA GAUCHE

L'ensemble de ces actions sociales doit satisfaire les immigrés résidents, mais aussi contribuer à légitimer le nouveau président de la République dans l'électorat de gauche, que l'on croit sensible à l'action conduite en faveur de l'immigration. Pour atteindre plus précisément ce dernier objectif, la stratégie présidentielle se manifeste en outre par quelques gestes symboliques. Après avoir reçu des éboueurs sénégalais et maliens, pour un petit déjeuner à l'Élysée, en décembre 1974, le Président se rend quelques semaines plus tard, le 27 jan-

vier 1975, à Marseille. La cité phocéenne, en matière politique comme en matière d'immigration,
est perçue par le Président et son secrétaire d'État
comme une ville symbole ; habitée par de nombreux étrangers, elle est dirigée par un maire
socialiste qui a la réputation d'être particulièrement anticommuniste : il a été élu dans sa ville à
la tête d'une coalition de centre gauche et a toujours refusé d'y constituer une liste d'union de la
gauche. Gaston Defferre pourrait constituer une
passerelle entre la nouvelle majorité et l'opposition de gauche la plus « raisonnable ». Paul Dijoud, alors maire de Briançon, se situe à l'aile
gauche de la nouvelle majorité présidentielle. Il
se verrait volontiers jouer le rôle de trait d'union
avec Gaston Defferre, à qui il voudrait bien succéder à la mairie. Le Président visite donc à Marseille une école, une cité de transit, un bidonville,
un centre d'apprentissage et reçoit les consuls des
États d'émigration. La ville se voit offrir un important contrat d'agglomération. Contre un engagement de la municipalité à mener un programme
précis d'insertion des immigrés, l'État s'engage à
fournir des ressources financières importantes.
La forte concentration d'étrangers dans les quartiers du nord de Marseille incite les rédacteurs
du contrat d'agglomération de la ville à envisager
une meilleure répartition des logements offerts
aux étrangers. À cette fin, la municipalité s'engage à mettre des terrains à la disposition des
constructeurs. Elle souscrit à un programme de
déconcentration de 3 000 logements pour les

familles et de 2 000 places pour des travailleurs
isolés [12] ; ainsi qu'à la construction d'un lieu cen-
tralisé d'accueil administratif, « la Maison de
l'étranger ». Ce contrat, aux clauses très précises,
est approuvé par Gaston Defferre, mais n'est
adopté qu'avec beaucoup de difficultés par la
majorité municipale.

LA COERCITION

EXPULSIONS ET DÉTENTIONS

Pendant que le secrétaire d'État négocie avec
les États d'origine, et s'efforce de développer la
lutte contre le travail irrégulier ou les moyens de
la politique d'insertion, le ministre de l'Intérieur
maintient pour sa part l'ordre public. Il se fait de
celui-ci, dès lors qu'il s'applique à des étrangers,
une conception très répressive.

En premier lieu, puisque le contrôle des flux
reste entièrement du ressort de son ministère, il
a pour mission de renvoyer les étrangers en situation irrégulière. L'ordonnance de 1945 ne prévoyant pas de sanction spécifique à l'égard du
séjour irrégulier, l'Administration est alors inci-
tée à prendre sans fondement légal des décisions
d'expulsion dont l'effet — l'interdiction de séjour
en France pendant cinq années — est sans com-

mune mesure avec la gravité des infractions. Parfois, il ne s'agit que d'un simple touriste qui a laissé passer le délai de trois mois de séjour auquel il a droit ; ou encore d'un jeune de plus de seize ans, né en France, qui a oublié de demander la délivrance d'un titre. Une fois la décision prise, et dans l'attente de son exécution, les personnes concernées sont retenues dans des locaux administratifs pour une durée indéterminée. La gauche se mobilise après la découverte de l'un de ces centres, à Arenc, dans les Bouches-du-Rhône. François Mitterrand y consacre sa chronique de l'hebdomadaire du parti socialiste *L'Unité*, le mardi 5 mai 1975, et interpelle le président de la République : « Le président de la République connaissait-il l'existence du centre Arenc quand il s'est rendu à Marseille pour étudier sur place les conditions de vie des travailleurs immigrés ? »

Certes, le ministre de l'Intérieur applique une politique qui s'inscrit dans la lignée de celle de son prédécesseur, M. Raymond Marcellin, lequel déclarait, le 4 août 1973 : « Je continuerai à expulser tous les étrangers qui troublent l'ordre public. » Il semble toutefois se référer à une notion très contestable de l'ordre public : les définitions données par les juristes, aussi vagues que nombreuses[13], marquent toutes le caractère anormal du comportement considéré ; mais la normalité, considérée comme la conformité à un idéal, à une morale, évolue. Dans la France des années 70, les contraintes de normalité semblent, pour les Français, se libéraliser sur le plan de la vie privée ou sociale. Au contraire, celles qui demeurent exigées de l'étranger restreignent fortement sa liberté, tant sur le plan du séjour que dans sa vie professionnelle, au détriment de son intégration.

Ainsi, ceux qui s'engagent dans des luttes sociales, plutôt que de pratiquer leur religion dans les lieux de culte mis à leur disposition dans les entreprises, sont considérés comme troublant l'ordre public et sont donc combattus.

L'INTERDIT POLITIQUE ET SYNDICAL

Car l'immigration régulièrement installée est perçue comme un champ d'action et de politisation de l'extrême gauche française et des partis d'opposition aux régimes en place dans les États d'origine. Elle est donc surveillée. Au sein de l'entreprise, la collaboration entre les services du personnel et la police nationale semble aller jusqu'à informer les polices de certains États d'origine sur les activités syndicales et politiques de leurs ressortissants. Cette « coopération » concerne le Portugal ou l'Espagne, mais c'est avec le Maroc qu'elle paraît la plus poussée. Selon Jean Benoît[14], près d'une centaine de syndicalistes de la C.G.T. ou de la C.F.D.T. sont appréhendés lors de leurs vacances au Maroc, incarcérés, certains torturés, en raison de leur appartenance à un syndicat. Certains délégués syndicaux marocains, parce qu'ils refusent de collaborer avec la Fédération des amicales de travailleurs et commerçants marocains en France, créée par la monarchie chérifienne, disparaissent mystérieusement. Dans les usines automobiles, les travailleurs étrangers subissent les pressions des milices patronales ou de syndicats comme la C.F.T., qui agissent également en liaison avec les États étrangers.

L'« ordre public » va également s'introduire dans les foyers de travailleurs célibataires. Les difficultés de conditions de vie et de travail, la surpopulation, les logements dégradés, le gardiennage et les règlements intérieurs humiliants y ont provoqué, à l'occasion de la hausse des loyers de la fin de 1974, la révolte et la mobilisation des résidents. La grève des loyers débute en 1975 dans deux foyers de Saint-Denis puis s'étend rapidement aux autres foyers de la région parisienne. Dans un premier temps, plusieurs tentatives de médiation échouent : des représentants du gouvernement n'hésitent pourtant pas à rencontrer, en banlieue parisienne, des représentants d'organisations d'extrême gauche, qui soutiennent et animent la grève, pour tenter d'aboutir à une solution. Mais les pouvoirs publics ont le sentiment que leurs interlocuteurs maoïstes ne s'intéressent guère à un véritable compromis et que cette grève doit, de leur point de vue, se prolonger pour symboliser le plus longtemps possible la lutte contre le système capitaliste. Elle durera effectivement cinq années.

Les autorités publiques vont, dès 1976, saisir la justice en intentant deux cents à trois cents procès. Elles s'efforcent d'éviter les tribunaux d'instance, trop favorables aux résidents, et s'adressent aux tribunaux de grande instance, puis en appel aux cours d'appel, enfin aux tribunaux administratifs. Certaines décisions d'expulsion sont prises personnellement par le Premier ministre en réunion interministérielle. Ce sont parfois les militants les plus modérés qui en sont les victimes[15]. Le secrétaire d'État aux travailleurs immigrés réagit à ces événements en déclarant que les expulsions des foyers relèvent de la compétence du ministère de l'Intérieur [16].

Pour les organisations de gauche, le parti socialiste en tête, l'action du ministère de l'Intérieur apparaît au contraire comme le symbole de la volonté du gouvernement de déstabiliser les immigrés. Cette analyse va être confortée par le tournant que prend au printemps 1977 la politique du gouvernement. Il n'empêche qu'en trois ans Paul Dijoud a mis en place des structures administratives et juridiques qui organisent la politique de l'immigration. Le bilan de son action a souvent laissé une image brouillée. Il apparaît aujourd'hui loin d'être négligeable.

Les lois du retour

(avril 1977 - mai 1981)

Au lendemain des élections municipales de mars 1977, perdues par la majorité présidentielle, Paul Dijoud est remplacé dans ses fonctions par Lionel Stoléru, qui prend le titre de secrétaire d'État chargé des travailleurs manuels et immigrés. Cette nouvelle étape est marquée par un changement d'orientation stratégique.

Les options de Paul Dijoud ne semblent pourtant guère coûteuses aux points de vue de la politique intérieure et de la politique extérieure. Elles font l'objet d'interprétations diverses et souvent méfiantes, mais celles-ci n'ont pas entraîné une importante mobilisation d'opposants.

C'est le contexte qui a changé : la crise économique, désormais perçue comme durable, souligne le fait que la politique de l'immigration de la période précédente paraît inadaptée. La nouvelle politique économique se fonde dès lors sur le rétablissement des grands équilibres : d'abord, celui du marché de l'emploi, mais aussi celui des échanges extérieurs. Dans ce dessein, le gouver-

nement envisage explicitement, à partir de 1978,
le départ d'un nombre important d'immigrés pour
freiner la progression du chômage et diminuer
le déficit du commerce extérieur. François de
Combret, conseiller technique au secrétariat général de la présidence de la République, développe
ainsi, au lendemain des élections législatives de
mars 1978, gagnées par la majorité présidentielle,
cette nouvelle orientation :

> « Parmi bien d'autres conséquences, la présence en
> France de 2 millions d'étrangers constitue en effet un
> poids non négligeable sur la balance des paiements :
> de l'ordre de 7 milliards de francs. Cette présence est
> souvent justifiée par le raisonnement selon lequel des
> Français ne veulent plus accomplir certaines tâches
> pour la plupart indignes d'eux. Pourtant, dans la
> plupart des cas, ce raisonnement est faux : [...] des
> transferts d'usines de la région parisienne vers des
> sites bien choisis de province permettraient de créer
> des dizaines de milliers d'emplois pour des Français
> et contribueraient à restaurer ainsi, à la fois l'équilibre
> de notre balance des paiements et celui de l'emploi[1]. »

Le changement d'orientation obéit également à
des impératifs politiques déterminants. Le climat
politique s'est, depuis 1974, plutôt détérioré pour
le président de la République. L'union de la gauche est confortée par sa victoire aux élections
municipales, et la division de la droite s'accentue :
depuis la démission de Jacques Chirac de son
poste de Premier ministre en août 1976, Valéry
Giscard d'Estaing affronte une forte concurrence
dans sa majorité présidentielle. La politique de
Paul Dijoud ne « rapporte » sans doute pas assez :

ni la légitimité supplémentaire que l'on attendait auprès de la gauche pour sa dimension libérale ni la faveur du reste de l'opinion, de plus en plus hostile à la présence étrangère. D'autant qu'à compter d'avril 1977 et surtout au cours du printemps 1978, le chômage se place au premier rang des préoccupations de l'opinion publique[2] et risque de devenir un des enjeux déterminants des futures campagnes électorales.

Pour toutes ces raisons, le gouvernement veut donc diminuer la présence étrangère qui, il le constate avec inquiétude, n'a pas cessé d'augmenter depuis 1974. Cela n'a rien de surprenant puisqu'il s'agit principalement de la conséquence des flux d'immigration familiale à nouveau autorisés en décembre 1974. Pourtant, même si cette immigration se révèle globalement en diminution par rapport aux années précédentes[3], la présidence de la République se montre très préoccupée. Elle semble mesurer tout à coup qu'immigration familiale signifie installation durable, ce qui modifiera dans les années à venir la nature et la composition de la population française, et entraînera la présence nouvelle, inconnue et inquiétante, d'une forte minorité musulmane.

La fermeture des flux d'entrée est immédiatement renforcée. Mais au premier chef, et pour la première fois, priorité est accordée aux retours d'une partie des étrangers résidents, retours d'abord volontaires puis, après les élections législatives de mars 1978, retours forcés.

Les premières mesures visant à supprimer les passerelles encore possibles entre le statut de non-régulier et de régulier concernent d'abord les familles. Pestant contre l'accord signé en février 1977 avec le Portugal, qui garantit aux Portugais de France un droit à l'immigration familiale, le secrétaire d'État cherche, sans succès, à le remettre en cause. Et, le 27 septembre 1977, il annonce, en référence à la politique conduite en République fédérale d'Allemagne, la suspension pour trois ans de l'immigration familiale. Les réactions sont telles — protestations des Églises et des partis politiques, avis négatif de la section sociale du Conseil d'État — que le gouvernement modifie son dispositif initial[4] : les familles gardent l'autorisation de séjourner, mais se voient interdire de travailler.

Des mesures restrictives touchent, en outre, certains étudiants : une circulaire du 12 décembre 1977 cherche à empêcher l'entrée dans les universités françaises de faux étudiants, inscrits dans l'intention d'obtenir le droit de séjourner en France et d'y travailler.

OBJECTIF : RETOURS FORCÉS

Dans le domaine des retours, la réorientation est progressive. De 1974 à 1977, seules des opérations de formation professionnelle destinées à favoriser le retour avaient été décidées. Elles ne concernent au total, entre le 1er janvier 1976 et le 15 octobre 1977, que... 115 stagiaires. Le 26 avril 1977, le Premier ministre Raymond Barre annonce devant le Parlement l'attribution d'une prime de 10 000 francs, destinée à l'étranger inscrit à l'A.N.P.E. ou chômeur indemnisé, en échange de son départ définitif vers son pays d'origine et de celui de sa famille. Le dispositif prévoit des augmentations de l'aide de 10 000 francs pour le conjoint chômeur, de 5 000 francs pour le conjoint salarié et de 5 000 francs supplémentaires par enfant, salarié ou chômeur. Rédigées dans leur langue d'origine, 49 000 lettres sont envoyées aux chômeurs étrangers ; seules 4 000 personnes y répondent favorablement. Devant cet échec, les autorités publiques étendent le dispositif aux étrangers salariés depuis au moins cinq ans. Les résultats restent peu probants ; le plus souvent, se sont portés volontaires des ressortissants espagnols ou portugais, qui avaient déjà l'intention de retourner chez eux et qui saisissent ainsi l'occasion de cette prime imprévue.

Simultanément, le gouvernement tire les conséquences sociales de sa nouvelle stratégie. Les crédits du F.A.S. sont réorientés. Ceux qui favorisent le retour augmentent, tandis que ceux qui facilitent l'installation se réduisent : la suppression du réseau national d'accueil est mise à l'étude et l'on supprime jusqu'à l'existence de l'Association pour l'enseignement des étrangers[5], principal organisme d'alphabétisation. Dans le conflit des foyers, l'attitude du gouvernement se durcit ; en 1978, alors que 42 foyers et quelque 20 000 à 30 000 résidents sont touchés par la grève, les incidents se multiplient, dont il résulte 370 expulsions.

Bientôt, la situation économique ne se rétablissant pas, les décideurs publics[6] conçoivent la politique de l'immigration comme un des rares moyens à leur disposition pour diminuer le chômage. Lionel Stoléru, dans une note adressée au président de la République au cours du deuxième trimestre 1979, prévoit qu'un échec de la reprise mondiale attendue pour les mois de mars et avril 1979 empêchera une croissance supérieure à 3 p. 100, laquelle serait seule à même de permettre une diminution du chômage, et il ajoute :

> « Si l'on accepte cette vision du monde actuel, cela veut dire que nous avons une économie qui va continuer à tourner de manière satisfaisante, mais à une vitesse qui n'apporte aucune solution spontanée au problème du chômage. La démographie ne nous aidera pas en 1979-1980-1981 : l'arrivée des jeunes restera, chaque année, massive, et l'arrivée des femmes se poursuivra. Seule, l'immigration peut apporter une solution partielle : si un effort budgétaire de l'ordre de 800 millions de francs est consacré au fonds de réinsertion pour les départs volontaires et si un accord de renouvellement restrictif est passé avec l'Algérie, nous devrions pouvoir obtenir 100 000 départs d'ici fin 1980 (50 000 volontaires, 50 000 non-renouvellements). »

Dans ce contexte, et à compter du mois de mars 1978, est donc né un nouveau projet. L'objectif n'est plus seulement la recherche du retour volontaire, même si la prime de 10 000 francs (le million) a déjà choqué une partie de l'opinion en donnant le sentiment d'une incitation à prendre injustement congé après de longues années de bons et loyaux services. Dorénavant, l'objectif visé est le retour organisé et forcé d'une partie de la main-d'œuvre étrangère installée régulièrement en France ; plus précisément, le retour de plusieurs centaines de milliers d'étrangers sélectionnés par nationalités, étalé sur cinq ans.

LA CIBLE ALGÉRIENNE

Sont exclus de prime abord du dispositif les ressortissants des Communautés européennes et les réfugiés politiques. Plus tard, le 27 septembre 1979, après de vives pressions de leurs gouvernements, les Portugais et les Espagnols sont reconnus comme futurs Européens et donc exclus des mesures envisagées. Restent donc principalement concernés les ressortissants du Maghreb.

Au cours de la négociation et des contacts internationaux, les autorités françaises utiliseront avec profit les rivalités opposant les trois États du Maghreb. Par exemple, elles indiqueront à plusieurs reprises à leurs interlocuteurs algériens que leurs ressortissants ne sont pas concernés par les mesures projetées, tout en tenant dans le même temps un discours identique aux autorités marocaines et tunisiennes, cela pour justifier que des mesures symboliques soient prises à l'encontre des ressortissants de chacun de ces États, afin de maintenir l'illusion de l'égalité de traitement. Mais, en réalité, il apparaît explicitement dans les documents que nous avons pu consulter que l'Algérie constitue la cible prioritaire du gouvernement français et ce, pour plusieurs motifs.

En premier lieu, la communauté algérienne a l'effectif le plus important des trois États du Maghreb, 800 000 personnes. La réalisation d'objectifs quantitatifs de retours y est donc plus aisée. De plus, bien que de religion musulmane, au même titre que les autres communautés maghrébines, elle joue un rôle politique spécifique et se montre la communauté la plus revendicatrice à l'égard de l'ancienne puissance coloniale. L'engagement syndical des Algériens est d'ailleurs particulièrement mal accepté par certains chefs d'entreprises français. La communauté algérienne suscite en outre, pour des raisons d'ordre historique et symbolique, les réactions les plus passionnelles de la part des opposants à la présence étrangère en France. Le départ d'une partie de cette communauté peut donc, aux yeux du gouvernement français, contribuer à diminuer les tensions politiques, sociales et culturelles. De son côté, l'Algérie profite à cette époque de l'augmentation des prix des produits pétroliers. Elle a lancé un important programme de construction de logements pour lequel elle souhaite disposer de cadres formés aux métiers du bâtiment. Le retour peut donc présenter pour elle un intérêt économique.

Enfin, l'État algérien paraît être le seul des trois États du Maghreb à posséder une structure susceptible, dès lors qu'il en accepterait le principe, d'organiser le retour d'une partie de ses ressortissants avec efficacité. Paradoxalement, c'est cette force qui fait la faiblesse de l'État algérien dans ce type de négociation : il dispose là de ressources négociables[7].

À l'inverse, la faiblesse étatique du Maroc fait sa force : il n'a rien de concret à négocier. Si le Maroc est toujours plus disposé à signer des accords internationaux en matière de contrôle des flux, c'est qu'il sait, à l'avance, qu'ils n'auront pas d'effet concret. Le royaume chérifien ne donne souvent là à l'État français qu'une satisfaction formelle et une carte supplémentaire dans les négociations avec l'Algérie.

L'objectif une fois déterminé, plusieurs facteurs peuvent laisser penser aux autorités françaises qu'elles se trouvent dans une conjoncture favorable à l'action.

Le problème du chômage, nous l'avons vu, préoccupe de plus en plus l'opinion publique qui se montre, selon les enquêtes d'opinion, désormais très réceptive à la solution du retour des étrangers. La diminution provisoire du nombre d'étrangers en Allemagne fédérale apparaît, de ce fait, comme un argument supplémentaire utilisable dans un éventuel débat.

En outre, la loi de 1932, qui avait institué des quotas dans les entreprises industrielles, reste juridiquement applicable. Certes, elle ne correspond plus dans son contenu aux objectifs des décideurs publics : elle impose des décisions branche par branche, une consultation des partenaires sociaux et ne s'applique aux entreprises que pour les embauches à venir ; elle ne résout pas le cas des chômeurs, protégés par la réglementation européenne. Mais elle peut représenter une menace plus ou moins dissuasive.

Surtout, le moment paraît opportun. Au 1er janvier 1979, 819 000 Algériens, dont 690 000 détenteurs d'un certificat de résidence (la différence entre les deux chiffres étant constituée des enfants algériens de moins de seize ans), habitent en France. Sur les 690 000 certificats de résidence, 400 000 ont une validité de dix ans, 270 000 de cinq ans et 20 000 d'un an. Or ces papiers, institués après l'accord de 1968, ont été pour la plupart délivrés en avril 1969 : presque tous viennent à échéance en avril 1979. Avec la menace de non-renouvellement de ces titres, le gouvernement français a donc en main un moyen de pression puissant. Enfin, le calendrier politique français est favorable ; le délai de trois ans avant l'échéance présidentielle laisse un temps suffisant pour que la politique des retours forcés soit décidée, mise en œuvre et produise une diminution du chômage, sans que ses inévitables effets négatifs interfèrent encore sur la campagne électorale présidentielle.

Toutefois, les obstacles demeurent importants. Ils sont d'abord d'ordre politique. Les réactions, en France et à l'étranger, aussi bien dans les pays d'origine que dans l'ensemble de la communauté internationale, risquent d'être fortement négatives. L'Algérie reste dans l'arène internationale une figure symbolique de la décolonisation et du tiers monde, et la politique de retours forcés menace de contrevenir à des normes éthiques, à la morale, à la justice.

Cette politique se heurte en outre à des problèmes juridiques considérables. Pour modifier le statut général des étrangers résidents, le gouvernement est soumis aux contraintes des conventions internationales. L'article 18 de la Charte sociale européenne, signée et ratifiée par la France, prévoit que les parties contractantes doivent assouplir progressivement les réglementations régissant l'emploi des travailleurs étrangers en France. La convention n° 143 de l'Organisation internationale du travail (O.I.T.), également signée par la France, mais pas encore ratifiée, stipule dans son article 8 l'interdiction du retrait du titre de travail ou de séjour à un travailleur en situation de chômage involontaire. La convention 102 de l'O.I.T., ratifiée par la France, garantit au chômeur étranger les mêmes droits qu'un Français.

Les ressortissants algériens sont enfin protégés par un statut juridique spécial garanti par les accords d'Évian (modifiés en 1968) qui constitue un obstacle particulier aux décisions que vou-

drait prendre la France. Si le gouvernement français ne faisait que modifier la législation interne
en la rendant plus rigoureuse, celle-ci concer-
nerait alors, sauf nouvel accord international
accepté par l'Algérie, toutes les nationalités à
l'exception de cette dernière. Hormis le fait que
l'égalité de traitement ne serait pas respectée, le
paradoxe serait que les ressortissants algériens
visés par la politique restrictive de la France
seraient les seuls exclus du traitement de rigueur...
Si le gouvernement français, se heurtant à un
refus de négocier de la part de l'Algérie, décidait
de dénoncer les accords particuliers de 1968, on
remettrait en application les accords d'Évian,
plus favorables encore puisque prévoyant une
complète liberté de circulation. Il faudrait alors
dénoncer ces accords. Un tel acte aurait, par sa
dimension symbolique, des conséquences impré-
visibles ; et il ne permettrait au gouvernement
d'effectuer des retours forcés qu'à la condition de
modifier auparavant la législation interne.

Le gouvernement n'emportera donc la mise
que si deux parties sont engagées — une interne,
une externe — et gagnées toutes deux. Mais,
pour convaincre le Parlement de voter une loi, la
négociation avec l'Algérie doit être déjà bien engagée ; et pour que celle-ci avance, il faut que la
menace d'un retour au droit commun soit suffisamment crédible pour que les négociateurs
algériens la prennent au sérieux ; ce qui exige
qu'une législation restrictive soit en voie d'adoption au Parlement français. Une part des atouts

dont le gouvernement dispose dans chacune des parties découle donc de sa réussite dans l'autre.

Ainsi suffit-il aux adversaires de ces projets de concentrer leurs forces sur l'une ou l'autre des parties engagées pour empêcher le gouvernement d'atteindre son objectif.

Le pari est donc extrêmement risqué, mais le prix à gagner paraît, lui, considérable : peut-être une réduction du chômage à laquelle le secrétariat d'État aux travailleurs immigrés semble croire puisqu'il indique dans une note datée du 7 mars 1979 qui décrit par le détail l'objectif du gouvernement : « Cette stratégie [qui permet de refuser 400 000 renouvellements en quatre ans] est beaucoup plus efficace que celle qui serait fondée sur la situation de chômage puisque 28 000 immigrés seulement [*sic*] sont demandeurs d'emploi depuis plus de six mois[8] » ; peut-être le gouvernement pense-t-il y gagner aussi la diminution des problèmes que pourrait poser dans l'avenir le maintien durable d'une population étrangère perçue comme difficilement assimilable. Mais, en cas d'échec, le coût politique risque d'être élevé : il pourrait se solder par une perte de crédit national et international et sans doute par la montée des revendications des immigrés qui en sortiraient renforcées, ce qui compromettrait la politique de l'immigration.

TACTIQUE : AVANCER MASQUÉ

La tactique adoptée par le gouvernement français va donc consister à agir parallèlement dans les deux directions. Sur le plan interne, il masque son véritable objectif en préparant deux textes de loi. Par le premier, il entend élargir les pouvoirs d'expulsion du ministère de l'Intérieur. Par le second, il veut rendre possible le non-renouvellement des titres des étrangers résidents.

Le ministère de l'Intérieur veut donc être habilité à procéder légalement à l'expulsion de plusieurs catégories d'étrangers en situation irrégulière qui ne pouvaient pas être soumis à cette procédure : soit ils en avaient été explicitement exclus par l'ordonnance de 1945, soit ils l'avaient été à la suite de plusieurs annulations d'arrêtés d'expulsion par le Conseil d'État — par exemple, les détenteurs de faux papiers ou les étrangers entrés irrégulièrement sur le territoire. Le texte prévoit aussi que pourraient être expulsés les étrangers résidents dont l'autorisation de travail ne serait pas renouvelée. Ils sont jusqu'alors peu nombreux, puisque l'Administration renouvelle automatiquement les titres pour la même durée et parfois même délivre un titre de durée supérieure. En cas de chômage, la carte est renouvelée pour au moins un an, conformément à la réglementation européenne qui l'impose.

Si le gouvernement juge utile de prévoir cette

disposition qui devrait concerner des étrangers présents en France depuis plusieurs années, en situation régulière, c'est que le deuxième texte qu'il va chercher à faire adopter doit précisément permettre et favoriser le non-renouvellement des titres de travail et de séjour de ces étrangers résidents.

Ces projets doivent tous deux être adoptés par le Parlement pour permettre des retours forcés. Si le premier projet de loi est seul adopté, les autorités publiques ne se seront donné les moyens juridiques de procéder qu'à des expulsions rapides de nouveaux immigrants en situation irrégulière. En revanche, si le second texte est seul adopté, le gouvernement pourra ainsi fabriquer une masse d'illégaux en ne renouvelant pas les titres des étrangers réguliers, mais il ne disposerait pas du droit de les contraindre à quitter le territoire.

En scindant en deux la formalisation de l'objectif interne, les autorités cherchent à cacher leur jeu mais elles augmentent aussi le risque d'échec. Il suffit que l'un de ces textes ne soit pas adopté pour que le dispositif d'ensemble s'effondre.

La négociation avec l'Algérie n'en débute pas moins à l'automne 1978. Le 13 septembre 1978, à Paris, un entretien réunit l'ambassadeur d'Algérie et le secrétaire d'État Lionel Stoléru. Ce dernier fait part de l'intention de son gouvernement de proposer un retour organisé de 100 000 Algériens par an pendant cinq ans — soit un total de

500 000. Le gouvernement français, indique Lionel Stoléru, souhaite également, en échange d'un nouvel accord sur le renouvellement des titres venus à échéance[9], mettre un terme au régime spécial des certificats de résident attribués aux Algériens, en application de l'accord de 1968. Les propositions françaises prévoient de différencier les Algériens présents avant 1962 et ceux arrivés après cette date : seuls ces derniers risqueraient un retour forcé, soit 434 000 détenteurs de certificats de résident sur 690 000, sans compter les enfants de moins de seize ans.

Ces exigences sont réitérées les 3 et 4 octobre 1978 par le secrétaire d'État, au cours d'entretiens qu'il obtient à Alger. Il y affirme qu'en raison de la montée du chômage en France « il n'est pas question que les certificats de résidence soient renouvelés ». Il considère ces certificats comme des « contrats à durée déterminée ». Il souhaite cependant que les départs ne soient pas brusques ; il les désire organisés, en coopération avec l'Algérie. Si l'Algérie refuse l'accord, le secrétaire d'État indique que les autorités françaises exécuteront leur objectif unilatéralement.

Il réaffirme l'objectif de mettre fin au statut privilégié des Algériens séjournant en France et menace, en cas de refus, de dénoncer les accords de 1968 ; ce qui aurait pour effet de rétablir pour les Algériens les droits de circuler librement et de s'installer en France, prévus par les accords d'Évian. Mais cela ne l'inquiète pas : les accords d'Évian pourront être dénoncés car, fait-il remarquer, « ils n'ont pas été respectés par les Algériens[10] ».

Les premières conversations entre Paris et des hauts dirigeants algériens avaient pu laisser penser qu'une négociation sur ces retours restait possible. Le voyage à Alger met fin à cet espoir. En effet, à l'exigence française d'un retour planifié des immigrés, les autorités algériennes n'acceptent de répondre que par des retours volontaires. Elles soulignent : « Ce dossier est d'une extrême importance pour l'ensemble des rapports franco-algériens, il a un contenu et une signification morale très forts ; il s'agit d'une "bombe", enjeu à la fois politique, social, économique. Le projet de la France est une atteinte aux droits acquis par les ressortissants algériens, et l'Algérie n'acceptera rien qui ne soit accepté par eux. » Ce refus a des motivations économiques et sociopolitiques : il serait en effet difficile à l'économie algérienne de réinsérer 500 000 ressortissants sur son territoire ; de même serait-il peu aisé de faire vivre ensemble, sans coût excessif, des communautés ayant développé des conditions d'existence relativement différentes ; peut-être même y aurait-il des risques de déstabilisation politique ?

Ce refus tient aussi à la spécificité de l'État algérien et aux modalités historiques de sa création dans un rapport très particulier à l'ancienne puissance coloniale. Car le discours sur l'immigration est évidemment lié à la colonisation. Pour les Algériens, c'est la colonisation qui, en déstructurant l'espace socio-économique algérien lorsqu'elle s'est produite, puis en le déstabilisant encore lorsqu'elle s'est achevée, est responsable de l'émigration[11]. De cette analyse, découlent deux évidences.

Premièrement, puisque l'immigration est de la responsabilité de l'ancienne puissance coloniale, le respect de l'immigré s'en trouve d'autant plus exigé. De surcroît, l'immigré algérien n'est pas, comme bien d'autres immigrés, le représentant d'une nation dominée, mais celui d'une nation qui s'est libérée victorieusement par le combat, un hôte temporaire à qui le respect est dû.

Deuxièmement, le retour sera possible dès que l'Algérie indépendante sera reconstruite ; cette émigration est donc provisoire.

Ces deux évidences favorisent d'abord le maintien d'une certaine distance à l'égard de la société d'accueil et légitiment l'allégeance des Algériens de France au jeune État algérien. Mais ce discours a aussi comme conséquence d'assurer une protection à ces ressortissants ; il est censé forcer les autorités françaises à avoir du respect pour les travailleurs algériens. Enfin, alors qu'ils sont dans une situation économique et sociale de « dominés », ce discours est censé permettre aux Algériens d'avoir une véritable relation de « face-à-face » égalitaire avec les Français. Ces derniers leur doivent d'autant plus le respect que, si les Algériens sont chez eux en France, à effectuer de basses besognes, c'est leur faute.

La tactique française, qui consiste à faire sien le discours traditionnel de l'Algérie sur le retour, va de ce fait vite se retourner contre les négociateurs français. Les négociateurs algériens ont beau jeu d'indiquer que leur discours est la conséquence d'une exigence de dignité, et que la tentative d'imposer à l'État algérien et à ses ressortissants un retour non volontaire et non décidé marquerait la volonté de l'ancienne puissance coloniale de leur faire « perdre la face », ce qui serait absolument inacceptable.

La menace française est cependant prise au sérieux. L'Algérie sait que le projet émane du président de la République lui-même, qu'il y tient beaucoup. Mais elle comprend bien aussi que la crédibilité de la menace tient à l'adoption des projets de loi par le Parlement. C'est pourquoi Alger choisit de temporiser en acceptant à deux reprises, au cours des discussions internationales, un renouvellement provisoire pour un an des certificats de résidence algériens venus à échéance, tout en cherchant en même temps à faire échouer la stratégie française de l'intérieur.

LA RÉSISTANCE

Le premier texte de loi doit donc permettre au gouvernement d'expulser rapidement des étrangers que, jusqu'alors, il n'était pas possible de refouler légalement. L'ordonnance de 1945 exigeait que l'étranger désireux d'entrer en France se munisse des documents et des visas exigés par les conventions internationales. Une condition supplémentaire est prévue pour lutter contre l'emploi irrégulier : avant d'entrer, l'étranger devra justifier de moyens d'existence suffisants pour la durée du séjour en France. Ainsi serait renforcé le contrôle de l'entrée sur le territoire.

L'Assemblée nationale approuve les principes généraux du texte et ne remet en cause que quelques aspects ponctuels : elle n'exige plus la preuve des moyens d'existence mais des moyens de rapatriement. La possibilité de délivrer des titres de séjour à des étrangers entrés comme touristes et désireux de s'installer en France — remise en cause par le projet de loi — reste ouverte. Le Sénat se montre, en revanche, très réservé. Il juge que l'effet concret de ce premier texte ne peut être mesuré qu'à l'aune du second. Le rapporteur de la commission des Affaires sociales du Sénat indique : « [...] il serait à notre avis paradoxal de confier à l'Administration des pouvoirs de police concernant les étrangers en situation irrégulière, sans que cette dernière situation ait été préalablement définie [...]. » À deux reprises, en première et en seconde lecture, le Sénat vote la question préalable, qui a pour conséquence le refus de l'examen du texte.

Or l'élaboration du second projet de loi prend du retard. Comme le premier, il a été soumis au Conseil des ministres du 14 mars 1979, mais, jugé insatisfaisant, il a été rejeté. C'est que le gouvernement s'est heurté à plusieurs pôles de résistance successifs : d'abord celui des administrations chargées de préparer le texte, puis celui du Conseil d'État.

Jusqu'en février 1979, ce texte fait l'objet[12] de onze versions différentes, discutées entre les directions administratives concernées et les cabinets du ministre du Travail, du secrétaire d'État chargé des travailleurs immigrés, du ministre de l'Intérieur et de la présidence de la République. Dans la mise au point, le secrétariat d'État joue un rôle central de liaison et de coordination entre la présidence de la République, qui fixe les orientations, et les services de la direction de la Population et des Migrations, qui semblent n'assurer que le suivi technique des dossiers[13].

Dans chacune des onze versions, la détermination de quotas par départements applicables à l'occasion du renouvellement de titres doit permettre le retour d'un nombre déterminé d'étrangers résidant en France. Certaines versions prévoient en outre que la validité de l'ensemble des titres de séjour prendra fin dès la promulgation de la loi. D'autres prévoient au contraire une protection particulière pour le titulaire du titre de résident privilégié, valable dix ans et renouvelable de plein droit.

La déstabilisation de l'étranger est également activement recherchée par d'autres moyens : ainsi, l'étranger chômeur depuis six mois, en retard au retour de congés payés ou au moment du renouvellement de ses titres, se verrait automatiquement retirer ses autorisations de séjour et de travail.

Au regard de ces dispositions restrictives, les mesures favorables aux immigrés ne font guère illusion : la fusion des titres de travail et de séjour est présentée comme un facteur de simplification administrative, alors qu'elle permettrait de n'attribuer, par exemple, au détenteur d'un titre de séjour de trois ans et d'un titre de travail de dix ans qu'un titre unique de trois ans. De même, les étrangers au chômage, menacés de ce fait d'être expulsés, auraient-ils le droit d'entamer une procédure de naturalisation.

Les variantes du texte portent sur le nombre de titres, le maintien ou la suppression de la carte de résident privilégié, les conditions de sa délivrance et de son renouvellement, automatique ou non. Le texte qui engage le gouvernement, transmis pour avis en février aux administrations centrales concernées, prévoit finalement la délivrance de deux titres : un titre ordinaire, valable pour une durée d'un an ; et un titre de dix ans, accordé seulement après vingt-cinq ans de présence en France.

FRONDES DANS L'ÉTAT

Difficile pour le gouvernement de fixer des quotas départementaux sans disposer de statistiques précises sur la population étrangère dans chaque département. Or le principe même de ces quotas départementaux est d'abord mis en cause par une étude de l'I.N.S.E.E. commandée par Lionel

Stoléru, sur l'évaluation de la population étrangère à l'échelon national et départemental. Cette étude, dont l'objectif précis n'avait pas échappé aux auteurs du rapport, J. Mayer et A. Lebon, conclut à l'impossibilité de procéder à une évaluation sérieuse de la population étrangère :

> « Le groupe de travail rappelle en conclusion le caractère imprécis de la connaissance numérique actuelle de la population étrangère vivant en France, à l'échelon national, et plus encore à l'échelon départemental, pour lequel il n'existe pas aujourd'hui d'estimation valable. Il insiste donc sur les difficultés d'asseoir des décisions administratives concrètes sur les statistiques actuellement disponibles[14]. »

De nombreuses critiques sont également émises par les administrations centrales. Leur aspect parfois technique cache souvent une remise en question du fond du texte. Il y a d'abord une critique de principe : le projet représente une rupture avec la tradition libérale de l'établissement des étrangers en France. C'est ce qu'avance la Direction des conventions administratives et des affaires consulaires (D.C.A.A.C.) au ministère des Affaires étrangères. Mais il y a également la contestation du rapport entre le coût de l'opération et la réalité de ses avantages. Le texte n'est pas applicable à une majorité de ressortissants étrangers (Algériens, Portugais, Espagnols, etc.) et les difficultés diplomatiques qu'occasionnerait son adoption sont très importantes (avis de la D.C.A.A.C.). L'article du texte qui prévoit que, lorsque l'étranger a effectué une demande de naturalisation dix mois avant le renouvellement de l'autorisation de travail, il bénéficie d'un délai supplémentaire avant son départ en cas de refus de renouvellement (huit mois au lieu de quatre), cet article « risque de susciter de nombreuses demandes de naturalisation sans autre justification que le désir des intéressés de préserver leur droit au travail et d'alourdir indûment la tâche des services » (avis émis par le directeur de la Population et des Migrations). Il y a enfin des critiques portant sur l'illégalité : la liaison que l'autorité publique souhaite établir entre une prolongation de séjour et une éventuelle demande de naturalisation ne paraît pas légale, dit-on à la sous-direction des naturalisations du ministère du Travail ; la disposition qui permettrait un retrait du titre en cas de retour tardif des congés payés « aurait pour conséquence une immixtion de l'administration dans un conflit opposant le salarié à un employeur et aboutirait à faire sanctionner ce conflit par un tiers extérieur au contrat ». D'un point de vue juridique, il paraît impossible de faire supporter à l'employeur le coût d'un licenciement, alors qu'il serait la conséquence d'une décision administrative (rappellent la direction des Relations du travail, la direction des Affaires civiles et du sceau au ministère de la Justice). Enfin, « ce texte contient de nombreuses dispositions de nature réglementaire, introduites ici conformément au souhait de M. le secrétaire d'État. Il est très vraisemblable que le Conseil d'État proposera d'effectuer un partage entre la loi et le règlement plus conforme à leurs domaines respectifs » (avis de la D.P.M.[15]).

Les administrations centrales jouent donc, dans cette affaire, un rôle à multiples facettes. En préparant techniquement les différentes versions des projets de loi, en anticipant leur mise en œuvre et en respectant parfaitement le mandat qui leui avait été confié pour conduire une partie des négociations internationales avec l'Algérie, elles agissent avec loyauté. Parfois, dans les négociations avec l'Algérie, elles font même preuve de zèle agressif. Dans le même temps, elles marquent également leur opposition en exprimant par écrit, comme nous l'avons vu, leur avis sur les projets. Il arrivera aussi qu'elles fassent défection lorsque, choquées par les décisions qu'elles avaient à préparer ou déçues de ce que leurs réserves n'aient pas été entendues, elles décident non pas de démissionner, mais de faire parvenir à l'extérieur de l'Administration des informations sur les projets en préparation et au Conseil d'État des arguments juridiques pour les combattre[16].

L'obstacle suivant pour le gouvernement est, en effet, le Conseil d'État. Il prévoit et craint sa résistance, et cherche donc à l'éviter. De nombreuses décisions ayant trait[17] à la politique de l'immigration ont été annulées par la Haute Juridiction à la fin de 1978 pour des raisons de principe ou pour non-respect de la hiérarchie des normes juridiques. Obligatoirement consulté sur les projets de lois, le Conseil d'État peut donner son avis sur la légalité des décisions envisagées, mais aussi sur leur opportunité au regard du problème traité. Et, de ces deux points de vue, les réserves des différentes administrations préjugent mal de la position de la Haute Juridiction. Le gouvernement cherche pourtant à éviter un avis négatif. Le texte doit être officiellement examiné par la section sociale du Conseil d'État, et les entreprises de séduction menées auprès de son président n'ont pas, jusqu'à présent, été couronnées de succès. Aussi le secrétaire d'État va-t-il demander à un groupe *ad hoc*, présidé par un conseiller d'État, de l'y aider. Ce groupe a été constitué, sur la recommandation du vice-président du Conseil d'État, autour de Jean Mottin. Il doit donner un avis sur la forme et le fond du texte. Le groupe a en fait pour mission de soigner la présentation du texte sans remettre en cause les objectifs qu'il poursuit, de camoufler en quelque sorte des « secrets inavouables ». C'est là une méthode très inhabituelle. Le directeur de la Population et des Migrations craint d'ailleurs que la manœuvre ne produise l'effet inverse. Il attire par écrit l'attention de Lionel Stoléru « sur le fait qu'une telle procédure, si elle s'inspire du souci d'associer le Conseil d'État à la conception de ce projet, présente cependant le risque de susciter une vive réaction de la section sociale. [...] Le "climat" dans lequel se déroulent les travaux de la section sociale n'est pas absolument indifférent et il peut orienter sensiblement le contenu de ses avis. Dans cette perspective, l'examen du projet par un groupe de travail spécialisé du Conseil d'État, en préalable aux débats de la section sociale, peut apparaître, pour certains, comme un moyen de présenter à la section sociale un texte qu'elle pourrait difficilement désavouer ».

Le risque existe donc que le Conseil fasse payer le prix de cette tentative de contournement. Car si ce dernier semble admettre dans le processus d'élaboration législatif, avant transmission du projet de loi pour décision gouvernementale, la consultation officieuse du président de la section compétente, la mise en place du groupe *ad hoc* peut être perçue comme une violation de la norme existante.

Le groupe se constitue cependant autour de M. Mottin et travaille rapidement. Il remet un rapport qui contient deux séries de remarques, les unes « fondamentales », les autres « de forme ». M. Mottin propose des modifications de détail : il émet des réserves juridiques justifiées selon lui par le caractère réglementaire de certaines mesures prévues dans le projet de loi ; il approuve en revanche le fait que l'employeur soit amené à payer des indemnités de licenciement aux employés obligés de quitter leur emploi du fait du non-renouvellement de leurs titres : « Une telle disposition ne peut manquer de soulever des protestations. Mais la loi peut valablement le décider. On peut prévoir qu'une telle disposition dissuadera les employeurs de recruter des travailleurs étrangers lorsqu'ils auront la possibilité d'engager des ressortissants français. »

Mais la plus importante de ses propositions porte sur l'accès au titre de résident privilégié. M. Mottin ne remet pas en cause la philosophie

du texte qui fait passer de trois à vingt-cinq ans
la durée de séjour régulier minimal exigée pour
bénéficier d'une carte de dix ans. « Un délai aussi
important est indispensable, nous a-t-on exposé,
pour permettre une réduction du nombre des travailleurs immigrés à un chiffre compatible avec
les besoins de notre économie. Ramener ce délai,
par exemple, à dix ans, enlèverait toute efficacité
pratique aux normes envisagées. » Afin d'atté-
nuer l'effet négatif produit dans l'opinion publique, il insiste seulement pour que la présentation
en soit modifiée. Il suggère de prévoir un régime
général souple et un régime particulier très restrictif, justifié par la crise économique et applicable pour une période de dix ans. Il propose donc
la formulation suivante :

> « À titre exceptionnel et compte tenu de la situa-
> tion de l'emploi, l'attribution et le renouvellement des
> cartes de résident privilégié pourront être différés
> pendant une période qui ne pourra excéder dix années
> à compter de l'entrée en vigueur de la présente loi. »

Cette proposition de camouflage n'est pas reprise dans le texte adopté par le gouvernement.
Celui-ci prévoit en définitive que le titre de résident ne pourra être délivré qu'après un séjour de
vingt ans ; il est alors soumis dans cette version à
l'avis officiel du Conseil d'État.

Le Conseil d'État manifeste une opposition
presque unanime à la logique du projet[18]. Il hésite
cependant entre deux attitudes : adopter, cas ra-

rissime, une « question préalable ». Dans ce cas,
le Conseil d'État signifierait au gouvernement
son refus de discuter d'un texte qui lui serait
renvoyé tel quel. L'autre solution consiste à ne
rendre un avis favorable qu'à la suite de modifications si importantes qu'il en sortirait totalement dénaturé.

La question préalable n'est pas loin d'être
adoptée. Mais le Conseil choisit en définitive
d'amender le texte ; non sans avoir signifié, dans
une note adressée au gouvernement, son opposition aux principes mêmes du projet, qui lui
paraît contraire à la tradition républicaine, à de
nombreuses conventions internationales, et ina-
dapté au but recherché. L'intérêt de la discussion
générale, telle qu'elle a lieu dans le secret de l'assemblée générale du Conseil, est qu'elle reflète
presque la totalité des arguments qui sont ou
seront publiquement opposés au projet gouvernemental.

Lorsque la critique est avancée avec modération, c'est l'erreur technique qui est mise en
valeur — « Le gouvernement ne se donne pas les
bons moyens » — ou bien l'atteinte à des normes
de comportement — « Les mesures font mauvaise
impression ». Mais les critiques sont souvent
plus vives. Elles viennent du rapporteur pour qui
les principes républicains sont en cause. À ses
yeux, si le régime du séjour des étrangers est, par
essence, restrictif, le séjour en France et l'autorisation d'y travailler ne constituant pas un droit
pour l'étranger, les auteurs de l'ordonnance de

1945 avaient prévu une stabilisation progressive de l'étranger en fonction du temps de son séjour et de son travail, assurée par l'augmentation de la durée des titres.

Cette progressivité n'est pas devenue un principe général du droit mais la jurisprudence du Conseil d'État avait dégagé, au profit de l'étranger installé régulièrement en France, un certain nombre de garanties parmi lesquelles un minimum de stabilité dans les situations individuelles et leur consolidation progressive ; le projet de loi remet en cause cette logique. Pour d'autres membres du Conseil, le texte est contraire à l'équité et à la justice : « On est allé chercher cette main-d'œuvre quand on en a eu besoin ; quand ce besoin n'existe plus, on prend ces travailleurs et on les renvoie dans leur pays. » « Le texte est contraire aux traditions républicaines, à ce qui constitue, depuis la Seconde Guerre mondiale, l'esprit de la France et la tradition de sa politique de l'immigration. »

De plus, le rapport entre le coût politique, national et international, et l'avantage économique que l'on pourrait éventuellement en retirer par une diminution du chômage paraît déséquilibré. Le projet présente pour la position et l'image de la France dans le monde, par les conséquences pratiques qu'il pourrait avoir sur un bon nombre de personnes, de très graves inconvénients en face desquels les avantages apparaissent bien minces, voire aléatoires. La réglementation prévue est en effet inadaptée pour répondre au problème qu'elle

souhaite résoudre : les seuls emplois substi-
tuables sont tenus par les Européens que l'on ne
veut pas renvoyer.

Dans l'avis qu'il adopte, le Conseil propose donc
de garantir le séjour des résidents privilégiés. Il
suggère, en effet, de ramener de vingt à douze
années le délai à partir duquel ce titre sera attribué et renouvelé de plein droit. Or, en 1979, les
étrangers en possession d'un titre de dix ans l'ont
obtenu pour la première fois après au moins trois
ou quatre années de séjour en tant que résidents
temporaires ou ordinaires. Ils ne le renouvelle-
ront qu'après treize ou quatorze ans de présence
en France ; le délai de douze ans que propose le
Conseil d'État les protège tandis que celui de
vingt ans proposé par le gouvernement permet
au contraire à l'Administration de remettre en
cause leur droit au séjour. Le Conseil d'État supprime par ailleurs l'obligation que l'Administration se fixait à elle-même de ne pas renouveler un
titre dès lors que la demande de renouvellement
n'avait pas été effectuée au moins trois mois
avant son échéance, ou de le retirer en cas de
retard au retour des congés payés. Le rapporteur
avait estimé devant le Conseil que ces mesures
étaient « calculées habilement pour mettre les
étrangers en situation irrégulière et par conséquent les astreindre à un départ forcé ».

Le texte initial du gouvernement, accompagné
de l'avis du Conseil d'État, est discuté au cours
du Conseil des ministres du 14 mars 1979. Il semble que le gouvernement soit alors saisi par la

présidence de la République d'un texte différent de celui qui avait été soumis à la Haute Juridiction. Cette variante est la plus restrictive jamais envisagée : elle prévoit par exemple que les cartes de résident privilégié (dix ans) délivrées antérieurement à la date d'entrée en vigueur de la présente loi perdraient de plein droit leur validité. Serait alors délivrée, en remplacement, une carte de résident ordinaire[19]. Mais le Conseil des ministres n'adopte pas de texte ce jour-là. Il ne le fera que le 13 juin 1979.

Au cours du Conseil des ministres du 13 juin, le secrétaire d'État chargé des immigrés, soutenu par d'autres membres du gouvernement, semble avoir menacé de démissionner si la garantie du séjour des résidents privilégiés était remise en cause[20]. Il n'obtient qu'une satisfaction relative : le projet présenté au Parlement prévoit que ces derniers restent soumis, comme les autres étrangers, à la menace de retrait de leur carte en cas de chômage de plus de six mois.

Le Conseil des ministres du 13 juin maintient en outre l'objectif de 100 000 retours annuels, dont la moitié serait obtenue par le non-renouvellement des titres de séjour, toutes nationalités confondues. L'objectif de retours forcés massifs concerne en priorité les Algériens. Plusieurs documents internes de l'Administration le confirment. Dans une note relative aux préparations professionnelles en vue du retour, en date du 21 novembre 1979, la D.P.M. fait état d'un objec-

tif de non-renouvellement de 40 p. 100 des 100 000
titres d'Algériens qui peuvent être concernés par
les mesures (soit 40 000 par an). Un autre document, envoyé le 12 décembre 1979 par le ministère du Travail et de la Participation au Quai
d'Orsay, qui rend compte des réflexions d'un
groupe de travail interministériel, précise que,
sur les quelque 50 000 retours provoqués par le
non-renouvellement des titres, 35 000 touche-
raient des ressortissants algériens adultes. Mais
les autres nationalités du Maghreb seraient aussi
concernées : la D.P.M. fait état, en ce qui concerne
les ressortissants marocains, tunisiens et yougoslaves (soit 8 000 non-renouvellements), d'un objectif de non-renouvellement de 20 p. 100 des
40 000 titres par an, arrivés à échéance.

Ainsi, malgré l'opposition des administrations
centrales concernées et du Conseil d'État, la
mobilisation politique nationale et les difficultés
techniques, soulignées aussi bien par la Haute
Juridiction que par les enquêtes effectuées, le
pouvoir en place maintient sa politique avec détermination.

LE TRIOMPHE DU DROIT

L'ampleur de la mobilisation publique dépasse
pourtant bientôt les frontières traditionnelles de
la gauche politique et syndicale. Au cours de la
période d'élaboration des textes, la gauche avait

cherché à placer son attaque contre le premier
projet sur le terrain sensible du droit d'asile
auquel, selon elle, les nouvelles conditions d'entrée et de séjour proposées par l'autorité publique portaient atteinte. Le ministre de l'Intérieur
avait répliqué, en mettant l'accent sur les nécessités de la lutte contre les « clandestins ».

Le 14 février 1979, la C.G.T. dévoile publiquement une des versions du second texte, soumis pour avis aux organisations syndicales par le
secrétaire d'État. Celui-ci réplique en excluant le
syndicat des consultations à venir. La C.F.D.T.
dénonce à son tour la logique d'une politique
dont elle apercevait les prémices dès 1974 : Hubert Lesire-Ogrel, secrétaire national, écrit ainsi
en mars 1979[21] : « [...] cette politique engagée
depuis des années constitue un ensemble logique : en 1974, arrêt de l'immigration ; en 1977,
tentative d'interdire l'immigration familiale, puis
mise en place du fameux "million". N'a-t-on pas,
dans les sphères gouvernementales, souhaité
150 000 départs par an, ce qui implique une
politique répressive de départs forcés ? » La
C.F.D.T. s'y oppose au nom des valeurs essentielles de la République :

> « Les raisons profondes pour lesquelles la C.F.D.T.
> appelle les travailleurs à rejeter la politique de
> M. Stoléru n'ont rien à voir avec une réaction de
> générosité sentimentale. Elles reposent sur la cons-
> cience que nous avons que les libertés fondamentales
> sont en cause : liberté de vivre, ou même de sa vie
> familiale, de son avenir. Le départ forcé des immi-
> grés touche trop de choses essentielles pour que nous

ne luttions pas, même si cela est difficile, même si le pouvoir réussit à tromper une partie de l'opinion publique et à la rallier au soutien de sa politique. »

La C.F.T.C. et F.O. expriment également leur opposition. La C.F.T.C. indique par exemple qu'il lui « paraît inadmissible, même en période de difficulté, d'accepter le renvoi de travailleurs étrangers qui ont contribué à notre expansion et conquis des droits par leur travail ». Les principales organisations syndicales françaises, F.E.N., C.G.T., C.F.D.T., regroupées avec des organisations syndicales étrangères : U.G.T.A. algérienne ; C.C.O.A. et U.G.T. espagnoles ; C.G.I.L., C.I.S.L. et U.I.L. italiennes ; U.M.T. marocaine ; C.G.T.P. portugaise, organisent une manifestation internationale contre le projet, les 29 et 30 mars 1979 à Paris. Les autorités publiques se bornent à répondre que le statut des étrangers sera désormais définitivement clarifié.

Dans la discussion du second projet de loi par la commission compétente de l'Assemblée nationale, les critiques émises dans le secret de la délibération du Conseil d'État sont reprises par certains parlementaires de la majorité. Mais faut-il s'en étonner ? Il n'est pas rare de voir des contacts discrets entre le gouvernement et le Conseil avant le passage d'un texte en séance publique de la Haute Juridiction. De plus, les avis, en principe secrets, sont souvent diffusés après leur adoption par les membres du Conseil auprès de hauts fonctionnaires ou de parlementaires amis.

Dans ce cas précis, la position du Palais-Royal est très vite connue et reçoit un grand écho. Certaines personnalités, grandes figures de la haute fonction publique française, au premier rang desquelles André Postel-Vinay, vont reprendre les mêmes arguments que ceux qui furent développés dans le secret des délibérations du Conseil d'État et sensibiliser les parlementaires, tout particulièrement les sénateurs de la majorité. Cette mobilisation contribue, de façon décisive, à faire échouer le gouvernement sur ses objectifs et à conforter ainsi la position attentiste de l'Algérie.

Lorsque s'ouvre la discussion en commission parlementaire, Lionel Stoléru confirme l'objectif de retours forcés[22]. Chaque année, la population étrangère devrait être réduite de 120 000 personnes, soit environ quatre parts de 30 000 à 40 000 individus constituées par les départs en retraite dans le pays d'origine et les décès ; l'accès à la nationalité française ; les retours volontaires ; et enfin, les retours forcés dénommés « refus de renouvellement des autorisations de séjour et de travail ».

Dans un article qui paraît dans *Le Monde* daté du 15 juin 1979 : « Entre le bouc et l'autruche », il s'efforce de légitimer son action. Sa position se veut médiane, entre les attitudes les plus restrictives et les plus libérales.

> « La bonne politique de l'immigration doit être le résultat d'un triple effort [qui consiste à] interdire toute immigration nouvelle, encourager tout départ

volontaire [et] adapter les renouvellements à la situation de l'emploi. [En dehors des résidents privilégiés, au nombre de 900 000, et des réfugiés], le renouvellement des cartes arrivant à expiration sera étudié cas par cas, en fonction de la situation de l'emploi et de la situation familiale du demandeur. Chaque préfet disposera d'un contingent départemental annuel fixant les possibilités de renouvellement. Le travailleur étranger dont la carte ne sera pas renouvelée disposera d'un délai de six mois pour organiser son départ. [...] »

Les discussions en commission se déroulent les 13 et 27 juin et les députés de la majorité parlementaire choisissent d'abord d'amender le texte. Ils décident ainsi de garantir la stabilité du séjour des résidents privilégiés en rendant facultatif le retrait de leurs titres de séjour, en cas de chômage supérieur à un an. Le délai de séjour nécessaire à l'obtention de la carte de résident privilégié est ramené de vingt à dix ans, et celle-ci est à nouveau renouvelable de plein droit. Mais le jugement de parlementaires de plus en plus nombreux devient, au fil des réunions, de plus en plus réservé. L'opposition de principe au texte, qui se révèle du même ordre que celle relevée au Conseil d'État, gagne du terrain. Le 27 juin 1979, la commission des affaires sociales de l'Assemblée nationale décide de reporter ses travaux au 21 novembre 1979, parce que « l'examen des articles avait permis de déceler des zones d'ombre ».

Les débats ont en fait révélé des divergences au sein de la majorité parlementaire. Certains élus du C.D.S. ou du R.P.R. sont partisans du rejet du texte, ou réclament une profonde refonte. Le

C.D.S. organise, en septembre 1979, un colloque au Sénat sur la politique de l'immigration, où il exprime publiquement ses réserves.

Enfin, le 3 décembre 1979, le R.P.R. annonce le retrait du texte dans son organe de presse *La Lettre de la nation* en des termes sans équivoque :

> « La législation concernant les étrangers […] est marquée de l'empreinte du général de Gaulle. Elle découle de l'ordonnance du 2 novembre 1945. […] Le règlement de quelques cas exceptionnels n'est-il pas un simple prétexte pour la mise en œuvre d'une politique globale qui, sous couvert de plaire à une partie de l'opinion ou de régler en partie le problème du chômage, aboutirait à une expulsion massive ? Nous sommes payés — si l'on peut dire — pour savoir que derrière la politique des apparences se cache toujours le fil ténu mais continu de la pensée giscardienne. Les gaullistes ne peuvent que dire "non" à une telle politique globale[23]. »

Le R.P.R. et le C.D.S. imposent en définitive leur point de vue. Le Sénat obtient le retrait du second texte, en échange de quoi il consent à adopter en décembre, avec de nombreuses modifications, le texte sur l'entrée et le séjour des étrangers que l'on dénommera souvent loi Bonnet (loi du 10 janvier 1980). Mais le retrait du second texte l'a vidé de son objectif réel : les retours forcés. Ce troc a eu lieu contre l'avis du président de la République qui exprime encore, au cours d'un Conseil restreint tenu le 18 décembre 1979 au palais de l'Élysée, son espoir de voir le second projet discuté à la session de printemps du Parlement[24].

Entre-temps, les négociations avec l'Algérie se sont en effet poursuivies et la position française est restée très ferme tout au long du premier semestre 1979.

Elle va évoluer, par la suite, en fonction du sort réservé aux projets de loi, et aussi grâce à l'amélioration des rapports franco-algériens et à la reprise du dossier bilatéral sur l'immigration par le nouveau ministre des Affaires étrangères, Jean François-Poncet. Ce dernier se rend en effet à Alger les 23 et 24 juin 1979 et relance les négociations. Les autorités françaises substituent à l'objectif de 100 000 retours d'Algériens par an un objectif de 100 000 personnes (toutes nationalités confondues), qui comprendrait un contingent de 35 000 retours d'Algériens obtenus par non-renouvellement des certificats de résidence.

Mais les propositions françaises présentent une faille juridique. Les ressortissants algériens menacés par les mesures ont souvent, nous l'avons vu, des enfants qui, en vertu de l'application de l'article 23 du Code de la nationalité, sont français puisque nés en France de parents nés en France au moment où l'Algérie était constituée de départements français. Le caractère massif de l'expulsion poserait des difficultés d'ordre matériel et symbolique sans doute insurmontables, mais ces difficultés se verraient aggravées par le fait que des enfants de nationalité française seraient concernés.

Pourtant, le président de la République s'obstine.

L'obsession de retours forcés d'Algériens s'exprime encore le 18 décembre 1979, au cours d'un Conseil restreint qui se tient ce jour-là sous sa présidence. À cette date, on connaît l'opposition du Parlement au second projet de loi encore en discussion. On sait, en conséquence, la fragile position française dans la négociation avec l'Algérie. La détermination de Valéry Giscard d'Estaing n'en reste pas moins intacte. Il demande que l'on ne parle pas encore du retrait du projet de loi et donne mandat aux négociateurs avec l'Algérie de ne céder en aucun cas sur les points suivants : premièrement, les ressortissants algériens résidant en France seront ramenés au droit commun. Ils se verront attribuer une carte de résident privilégié s'ils sont arrivés en France avant 1962 ; les autres n'auront qu'une carte de résident ordinaire. Deuxièmement, le retour de 35 000 adultes par an est considéré comme la dernière position de repli en fin de négociation.

Si le chiffre de 35 000 adultes devenait le fin mot de la négociation, le nombre de départs d'Algériens serait en réalité substantiellement plus important puisque certains des adultes concernés repartiraient avec leurs enfants. Certes, le relevé de décisions du Conseil restreint indique que priorité sera donnée aux célibataires. Mais Valéry Giscard d'Estaing signe le relevé de décisions de ce Conseil restreint en l'annotant d'un énigmatique « éviter de parler de quotas d'enfants[25] ».

Mandat est donc donné aux négociateurs français de reprendre les discussions avec l'Algérie sur une proposition d'accord portant sur le chiffre de 35 000 retours d'actifs, pour garder une marge de manœuvre et pouvoir conclure impérativement à 35 000 adultes, tous titulaires de certificats de résidence.

Quelques semaines plus tard, en janvier 1980, se produit le tournant de la négociation. En contradiction avec les conclusions du Conseil restreint du 18 décembre 1979, le Premier ministre Raymond Barre annonce au ministre des Affaires étrangères algérien, M. Benyahia, en visite à Paris, l'abandon par la France de son objectif des retours forcés[26]. Les négociateurs français continuent, pourtant, après janvier 1980, de proposer un objectif chiffré à 35 000 retours volontaires ; ils persistent à ajouter qu'au cas où cet objectif ne serait pas atteint, l'accord de 1968 serait automatiquement remis en cause. Ils proposent également le renouvellement pour deux ans des cartes des résidents arrivés en France après juillet 1962. Les Algériens font remarquer la contradiction entre l'acceptation du caractère volontaire des retours et le désir de fixer un objectif chiffré, et la France finit par céder sur ce point. Puis l'objectif du retour au droit commun pour les ressortissants algériens est abandonné.

Un accord est signé le 18 septembre 1980 par Jean François-Poncet, qui règle le contentieux global avec l'Algérie. Il prévoit le renouvellement des cartes de résident pour les Algériens arrivés en France depuis juillet 1962, pour trois ans et trois mois. En échange d'un accord officiel sur le retour, la France s'engage à financer une aide particulière destinée aux ressortissants algériens intéressés par un retour : aide plus substantielle que celle accordée dans le cadre du régime général mais moins importante que certains ne l'auraient souhaitée pour la rendre véritablement attractive et donc efficace.

La France s'engage par ailleurs à financer la construction de centres de formation en Algérie et l'organisation dans les établissements français de l'enseignement de la langue arabe. À la fin de la période de trois ans et trois mois, l'accord doit être réexaminé. La partie française joint à cet accord un texte qui n'engage qu'elle-même et qui précise que l'objectif est le retour annuel de 35 000 Algériens. Ce texte ne fait toutefois pas partie intégrante de l'accord proprement dit, mais Paris est satisfait qu'il ait pu être joint sans que l'Algérie s'y oppose. L'Algérie et la France en profitent pour apurer un long contentieux financier touchant à la Sécurité sociale et s'engager à rétablir de bonnes relations bilatérales, que la France désormais n'est plus prête à sacrifier pour sa politique de l'immigration. À l'issue des discussions, l'Algérie a préservé le statut particulier de ses ressortissants en France et fait céder le pays d'accueil sur le point essentiel des retours forcés. La France a obtenu pour sa part la réduction de la durée de validité des cartes des ressortissants algériens présents en France depuis

1962 et le maintien du chiffre emblématique de 35 000 retours, même s'ils ne peuvent être que volontaires.

Certaines des valeurs qui fondent la communauté nationale, celles qui ont trait aux libertés publiques, ont donc prévalu. Le travail de sape de l'Administration, la résistance de certains ministres, la division des autorités publiques et bien plus encore le travail du Conseil d'État, et la discussion au Parlement ont fini par payer. De grandes figures : André Postel-Vinay, Stanislas Mangin, des parlementaires comme Georges Gorse, président de l'association France-Algérie, ont mobilisé ces institutions et souvent fait le lien entre elles. Pour le R.P.R. et le C.D.S., l'atteinte à certaines valeurs essentielles de la République ne pouvait être acceptée. Dans l'opposition du R.P.R., la tradition gaulliste des rapports avec l'Afrique, et particulièrement avec l'Algérie, est également déterminante.

Sans cette résistance finalement victorieuse devant le Parlement, le Conseil constitutionnel aurait probablement suppléé à cette défaillance. Si tel n'avait pas été le cas, la mise en œuvre de l'objectif gouvernemental se serait par exemple traduit par le renvoi de force d'enfants français accompagnant leurs parents étrangers ; ce spectacle aurait probablement provoqué l'indignation et la mobilisation des opinions publiques nationale et internationale. De ce point de vue, les acteurs dont nous avons mis en lumière le rôle ont probablement permis d'éviter une grave crise politique.

L'ACHARNEMENT

Le recul du gouvernement a des conséquences en chaîne. Un projet de loi sur l'aide au retour, déposé sur le bureau du Parlement, avait été repris plus tard par la commission des Affaires culturelles, familiales et sociales de l'Assemblée nationale comme amendement au projet de loi retiré. Il prévoyait l'institution d'une aide financière au profit des étrangers qui quitteraient définitivement la France pour leurs pays d'origine ou pour travailler dans un pays tiers ; en échange de l'aide accordée, leurs titres de séjour et de travail pouvaient être restitués.

À l'occasion du Conseil restreint qui se tient le 18 décembre à l'Élysée, décision est prise de reprendre ces dispositions par décret, en écartant les Espagnols et les Portugais. Mais la mission juridique du Conseil d'État auprès du ministère du Travail, une fois consultée, conclut à l'illégalité d'un décret qui aurait porté atteinte au principe d'égalité en prévoyant l'exclusion de certaines nationalités du bénéfice de cette aide, la modulation de son montant en fonction des pays, son attribution aux seuls travailleurs salariés en fonction d'une limite d'âge et l'exigence d'une durée minimale de séjour en France[27]. Le secrétaire d'État en tire les conséquences : puisqu'un décret ne peut être pris, seuls des accords bilatéraux avec les États d'origine seront recherchés afin d'aboutir à une législation de l'aide au retour. Cet objectif est vite abandonné. Le secrétaire d'État se contente de créer une nouvelle version de l'aide au retour, ciblée sur des entreprises qui veulent procéder à des licenciements collectifs et organisée en collaboration avec elles.

Par ailleurs, le gouvernement s'obstine à vouloir mettre en œuvre ses objectifs de retours forcés : un projet d'informatisation des titres des étrangers est annoncé publiquement par le bulletin d'information du ministère de l'Intérieur le 20 décembre 1979, alors que, soumis à la Commission nationale Informatique et Libertés (C.N.I.L.), il n'a pas encore reçu son approbation[28]. Les quarante et un renseignements portés sur la carte de résident pourraient permettre, outre un contrôle social de l'immigration, une organisation statistique des quotas prévus dans le projet de loi rejeté par le Parlement. Ils concernent la famille, le travail, le logement ; le ministère de l'Intérieur prévoit également la connexion avec le fichier des personnes recherchées. En outre, une circulaire du 10 juin 1980 sur l'instruction des titres de travail reprend le principe du texte rejeté par le Parlement. Elle prévoit que la situation de l'emploi pourra être invoquée par l'Administration pour justifier le non-renouvellement des titres. Mais cette circulaire ne sera pas appliquée par les services, l'échec du gouvernement ayant eu pour conséquence de lui faire perdre, aux yeux de son administration, toute légitimité.

L'Algérie freinant la mise en place des dispositions de l'accord de septembre 1980 qui lui sont défavorables, une autre forme de pression aux retours s'exerce par le biais du ministère de l'Intérieur, qui mobilise les services de police. En 1978, 4 700 étrangers avaient été expulsés ; en 1979, 8 000 le sont, dont une majorité d'Algériens. Les expulsions augmentent encore en 1980 et, là encore, concernant également en priorité les ressortissants algériens.

À Alger se met en place, à l'initiative notamment du prêtre François Lefort, un groupe d'aide aux jeunes de la seconde génération, dans le cadre de l'association Rencontres et Développement[29]. Le groupe choisit d'intervenir exclusivement pour l'aide aux jeunes expulsés de la seconde génération. Ceux-ci ont vécu en France toute leur enfance et souffrent de difficultés d'adaptation plus que les adultes de la première génération, qui ont au moins vécu en Algérie. Ils se trouvent le plus souvent dans l'impossibilité totale de s'adapter dans un pays inconnu, et reviennent en France clandestinement. Parfois, lorsqu'ils sont nés en France et de nationalité française, l'association bataille afin de leur obtenir les pièces nécessaires pour rentrer. En 1980, toujours avec l'association Rencontres et Développement, plusieurs centaines de Français s'associent en Algérie et montent une commission antiexpulsion, rendant publics plusieurs dizaines de dossiers. Ceux-ci montrent peu de liens existant entre les faits reprochés et la décision d'expulsion qui doit être, rappelons-le, justifiée par un danger actuel pour l'ordre public ; or le délai moyen s'écoulant entre les faits et l'expulsion est de vingt mois et tend à s'allonger.

On comprend donc que la police semble avoir reçu consigne de rechercher des auteurs de délits de plus en plus anciens pour les expulser, quelle qu'ait été depuis la régularité légale de leur existence.

La procédure d'expulsion elle-même est très expéditive. L'étranger est fréquemment prévenu très peu de temps avant qu'elle ne s'enclenche. Cela le prive le plus souvent de l'assistance d'un avocat ou empêche celui-ci de disposer du temps nécessaire à la bonne connaissance du dossier.

L'étude de Rencontres et Développement met en valeur un autre phénomène inquiétant sur le plan juridique. Dans de nombreux cas, certains jeunes étrangers ont quitté la France sous la pression de la police sans que soit fait usage de la procédure de l'arrêté d'expulsion : « Pour cela, on effraie l'immigré en lui faisant valoir que les expulsés sont mal reçus dans les pays d'origine » (les autorités algériennes, par exemple, refusaient les passeports de leurs ressortissants expulsés) et qu'ils ne peuvent pas revenir avant cinq ans. Il leur est conseillé de partir spontanément, ce qu'ils font donc souvent. Ces fausses expulsions sont comptabilisées au titre de « départs volontaires ».

Cette entreprise de déstabilisation de l'immigration algérienne semble avoir connu quelque succès : la police de l'air et des frontières de Marseille a pu noter ainsi une augmentation de volume des sorties définitives de résidents algériens, entre 1978 et 1979. Les résultats quantitatifs demeurent pourtant faibles comparés aux objectifs présentés en 1978 au gouvernement algérien. Le coût symbolique, en revanche, est considérable. En maintenant ses objectifs, le gouvernement suscite un climat d'inquiétude et d'alarme qui rend solidaires immigrés réguliers et irréguliers.

Cette tension sensibilise également une large part de l'opinion publique, et les projets gouvernementaux visant à restreindre le nombre d'étudiants étrangers provoquent des grèves de solidarité d'une grande ampleur dans de nombreuses universités.

À l'approche des élections présidentielles, l'épiscopat marque lui-même sa solidarité avec de jeunes étrangers nés en France, qui ont entamé une grève de la faim à Lyon.

Au total, pour des résultats faibles, le coût politique de la stratégie mise en œuvre au cours de cette période est élevé. L'obstination du président de la République et celle de son secrétaire d'État en sont pour une grande part responsables[30].

Au moins cette période aura-t-elle montré la capacité de l'État de droit à résister aux ordres et aux décisions du monarque républicain qu'est le président de la Ve République, alors même que celui-ci pouvait, en principe, tabler sur le soutien d'une partie de l'opinion publique. Le blocage des décideurs internes, mobilisés par les valeurs de l'État de droit, et le rôle de l'autorité de contrôle qu'est le Conseil d'État auront été décisifs. L'autorité politique de l'équipe en place en sortira affaiblie. L'Algérie, cible au départ, aura en fait servi de bouclier à l'ensemble de la communauté immigrée. Elle aura su user de ses avantages juridiques et de la dimension symbolique d'un conflit qui risquait de raviver des plaies historiques encore récentes, entre deux nations qui ont chacune une image à préserver dans le champ des relations internationales. Ce conflit aura permis de surcroît de faire mesurer aux autorités françaises la dimension internationale de la politique de l'immigration.

Dans l'hypothèse du maintien au pouvoir de la même majorité présidentielle après 1981, que se serait-il passé si l'objectif des 35 000 retours n'avait pas été atteint, au moment du renouvellement de l'accord ? Le ministre des Affaires étrangères de l'époque, Jean François-Poncet[31], a admis dix ans après la signature de l'accord que, trois ans et trois mois plus tard, il eût été encore plus difficile d'organiser des retours forcés ou même de remettre en cause le statut particulier des Algériens. Selon lui, les autorités françaises auraient pu, tout au plus, tenter un freinage du regroupement familial…

Le contre-pied

(mai 1981- mars 1983)

Une nouvelle époque s'ouvre avec la victoire aux élections présidentielles de François Mitterrand. Elle commence par le changement complet du gouvernement et, par voie de conséquence, des décideurs politiques chargés de l'immigration. Le changement est du reste au programme dans tous les domaines. En économie, le gouvernement a pour ambition de réduire le chômage par une politique keynésienne de relance par la consommation : dans ce cadre, une politique de retours des immigrés comparable à celle qui fut suivie au cours de la période précédente perd une grande part de ses justifications. Pour ce qui est de la politique internationale, le gouvernement annonce, en direction des pays en voie de développement, une nouvelle donne, laquelle implique un changement d'attitude à l'égard des immigrés, qui représentent, symboliquement, leurs pays d'origine en France. Nicole Questiaux, entrée au gouvernement comme ministre de la Solidarité nationale, déclare : « C'est la solidarité avec tous,

Français et immigrés, sans discrimination, la solidarité avec les peuples du tiers monde qui guideront notre action[1]. »

Avec le recul, ce sont pourtant les exigences du combat politique qui paraissent avoir déterminé les nouvelles orientations de la politique de l'immigration. Le programme électoral du candidat François Mitterrand lui consacrait trois de ses cent dix propositions[2] :

> « Proposition 79 : les discriminations frappant les travailleurs immigrés seront supprimées. Les refus de délivrance de cartes de séjour devront être motivés.
> Proposition 80 : l'égalité des droits des travailleurs immigrés avec les nationaux sera assurée (travail, protection sociale, aide sociale, chômage, formation continue). Droit de vote aux élections municipales après cinq ans de présence sur le territoire français. Le droit d'association leur sera reconnu.
> Proposition 81 : le plan fixera le nombre annuel de travailleurs étrangers admis en France. L'Office national d'immigration sera démocratisé. La lutte contre les trafics clandestins sera renforcée. »

Ces promesses semblent toutes reprises d'une proposition de loi, présentée en 1978 par le parti socialiste, qui constituait, jusqu'alors, le seul exposé public et formalisé de la position de ce parti sur les problèmes de l'immigration[3]. Certains des articles de cette proposition de loi ont été transférés *in extenso* dans le programme présidentiel. Or de nombreux problèmes sont apparus depuis 1978, et les trois propositions n'en parlent pas : rien sur le régime des expulsions, ou sur la « régularisation » des étrangers en situation irrégulière, objets de revendication des associations ou des syndicats qui combattent pour le droit des étrangers. En revanche, l'allusion faite au « plan qui fixera un contingent de travailleurs immigrés », alors que l'immigration est stoppée depuis 1974, et qu'à l'exception de quelques organisations d'extrême gauche personne n'en propose plus la réouverture, paraît incongrue.

Cette inactualité s'explique par l'amateurisme des rédacteurs qui ont procédé par découpage ou par collage de morceaux choisis dans les textes qui étaient à leur disposition. Les responsables de la commission Immigrés du parti socialiste n'ont à aucun moment été consultés.

De ce fait, pendant la campagne présidentielle, en réponse aux sollicitations de la Ligue des droits de l'homme et des grévistes de la faim qui protestent à Lyon contre l'expulsion de jeunes étrangers à qui il rendra visite, le futur président de la République est amené à compléter son programme : il se prononce alors en faveur de la « régularisation » des immigrés en situation irrégulière et contre les expulsions de jeunes.

LA VOLONTÉ DE RUPTURE

La perception des exigences des électeurs et des acteurs de gauche explique probablement que, dès l'arrivée au pouvoir du président Mitterrand, les cent dix propositions soient devenues selon son expression : « la charte de l'action gouvernementale[4] ». La dernière fois que la gauche avait exercé le pouvoir, en 1956, elle avait laissé à beaucoup de ses électeurs le souvenir du non-respect des engagements pris, notamment au sujet de l'Algérie. Dans les choix à effectuer en 1981, c'est avec cette représentation de l'exercice du pouvoir que les nouveaux gouvernants cherchent à rompre, pour ne pas risquer de perdre la confiance et le soutien de l'électorat de gauche. On se refuse donc à trahir ses engagements. La fidélité au programme de la campagne présidentielle guide donc, jusqu'à le fétichiser, l'action du gouvernement Mauroy, au cours de sa première année.

Ce souci du respect méticuleux des promesses s'explique aussi par la concurrence très active à laquelle se livrent encore au sein de la gauche parti communiste et parti socialiste. Or, de ce point de vue, l'immigration est devenue, depuis quelques années, pour le parti socialiste, un domaine de différenciation favorable. C'est un des rares terrains sur lesquels le P.S. peut se situer à la gauche de son partenaire parce que, loin des débats strictement économiques, il a une forte dimension symbolique. Le P.S. souffre moins que son partenaire de la contradiction entre les intérêts politiques d'élus locaux prompts à combattre la présence immigrée dans leurs communes et les valeurs de solidarité internationaliste qui structurent depuis longtemps le parti communiste et légitiment au plan national une entreprise politique de gauche. Une telle contradiction avait éclaté au grand jour lorsque, en janvier 1981, le maire P.C.F. de Vitry avait exprimé, au moyen d'un bulldozer, son refus d'accueillir dans sa commune des travailleurs immigrés expulsés d'un foyer situé dans une municipalité voisine. Son action avait suscité des protestations dans l'opinion publique et de la part des États d'origine. Le P.S. s'est montré actif, entre 1974 et 1981, sur la défense des droits des immigrés, pour deux autres raisons : sur ce thème, il était possible de trouver des convergences avec cette partie de la gauche non communiste, historiquement critique à l'égard de la S.F.I.O. puis du parti socialiste (P.S.U., etc.) ; par ailleurs, on pouvait sur ce thème développer de meilleures relations avec l'État algérien que n'en avait eu la défunte S.F.I.O.

L'orientation de l'action va donc être marquée par l'influence des valeurs qui dominent alors la gauche : solidarité internationaliste avec le tiers monde et lutte contre l'exploitation. La convergence des deux objectifs contribue à faire des droits de l'étranger un axe central de préoccupation. La nouvelle politique de l'immigration va pouvoir se relier facilement au nouveau discours en place, tout entier organisé autour de la rupture avec le passé. Celle-ci paraît d'autant plus justifiée qu'elle s'applique en l'occurrence aux immigrés, perçus comme particulièrement défavorisés.

Cette rupture se veut d'abord symbolique. Le rétablissement d'un secrétariat d'État spécifique, qui n'existait pas dans le premier gouvernement Mauroy parce qu'il y avait simplement été oublié[5], n'allait pas de soi. C'est la demande, trop forte à gérer en l'absence de coordination opérationnelle, qui va provoquer le rétablissement du poste ministériel. Une logique de gestion rationnelle des cadres politiques fait de François Autain, secrétaire d'État à la Sécurité sociale dans le premier gouvernement de la gauche, le nouveau secrétaire d'État aux Immigrés : il n'est pas spécialiste de l'immigration et n'est d'ailleurs pas consulté sur sa nomination à cette nouvelle fonction. La nouvelle appellation du secrétariat d'État « chargé des immigrés », auprès du ministre de la « Solidarité nationale », veut symboliser la rupture dans l'approche du problème : l'immigré n'est plus seulement un travailleur. On tient compte opportunément de l'évolution démographique de la population immigrée, de sa dimension de plus en plus familiale et de l'arrivée à l'âge adulte des enfants d'immigrés nés dans les années 60.

La rupture se veut aussi concrète et rapide : d'abord parce que la demande est forte ; ensuite parce que les décideurs concernés — ministres, membres des cabinets — ont le sentiment que le moment est propice, immédiatement après la victoire qui a singulièrement affaibli l'opposition de droite, mais que la « fenêtre d'action » peut se refermer rapidement dans un domaine où le soutien de l'opinion publique n'est pas assuré. La rupture est donc rapidement programmée. Nicole Questiaux invite les parlementaires à « prendre le contre-pied » de la politique précédente, faite « de circulaires souvent illégales, de projets de loi souvent hâtivement préparés, de déclarations parfois brutales et d'instructions non publiées », à laquelle elle oppose une politique fondée sur le respect des immigrés, de leurs droits, de leur dignité.

Le nombre d'actions à mener oblige le gouvernement à effectuer un choix de priorité. C'est sur les flux qu'il décide d'abord d'agir en modifiant les frontières juridiques existant jusqu'alors entre étrangers résidents et immigrés irréguliers. Lorsque le nouveau secrétaire d'État présente son programme d'action, le 21 juillet 1981, à l'occasion d'une conférence de presse, le tri a déjà été effectué, d'abord par les membres de l'antenne présidentielle constituée autour de François Mitterrand, avant sa prise de fonction[6], puis par les responsables, dans les cabinets ministériels concernés, du problème de l'immigration. Le nouveau secrétaire d'État n'aura donc joué dans son élaboration qu'un rôle mineur.

Dans un premier temps, le gouvernement cherche à rassurer les immigrés légalement installés quant à la stabilité et la bonne garantie de leur séjour.

En premier lieu, la rupture avec la période précédente est complète en matière de retours. Ceux-ci n'étant plus un objectif, l'« aide au retour » est supprimée[7]. Puisque son inadaptation à l'objectif poursuivi au départ semble patente — elle se révèle avoir bénéficié principalement à des Espagnols et à des Portugais dont le départ n'était pas recherché —, sa suppression paraît légitime aux administrations concernées. Paradoxalement, l'accord franco-algérien de septembre 1980 n'est pas remis en cause : malgré les offres faites en ce sens par Paris, les autorités algériennes lui marquent un soudain attachement ; il leur devient en effet très favorable, puisque le financement par la France de centres de formation en Algérie, ou bien l'enseignement de l'arabe dans les établissements scolaires français, n'a plus comme contrepartie, avec le nouveau gouvernement, l'exigence d'un nombre précis de retours. Le calcul se révèle juste : au nom du renouveau des relations franco-algériennes, on maintient seulement les clauses de l'accord favorables à l'Algérie, notamment la construction de onze centres de formation financés avec des crédits préférentiels.

Parallèlement, les pouvoirs publics se préoccupent d'améliorer les conditions de séjour des étrangers résidents ou irréguliers. Dès le 29 mai 1981, des télégrammes-circulaires signés par Gaston Defferre, ministre de l'Intérieur, sont adressés à tous les préfets, interrompant les expulsions — de réguliers comme d'irréguliers —, sauf « nécessité impérieuse d'ordre public soumise à l'appréciation du ministre ».

Les étrangers nés en France ou étant arrivés avant l'âge de dix ans deviennent « inexpulsables », et le resteront définitivement. Il est également décidé que la situation de l'emploi, c'est-à-

dire la persistance du chômage, ne pourra plus
justifier le refus de renouvellement d'un titre de
travail. En outre, un simple retour à une interprétation libérale d'un décret pris en 1976 va permettre, dès août 1981, la régularisation de toutes
les familles en situation irrégulière et, malgré les
discrètes réticences des autorités algériennes,
une réouverture complète de l'immigration familiale. L'Algérie s'oppose en revanche plus ouver-
tement à la libéralisation du droit d'association
qui sera votée par le Parlement en septembre
1981. Depuis 1939, les associations créées par des
étrangers, ou comprenant 20 p. 100 de membres
étrangers, étaient soumises à une autorisation
préalable qui est désormais supprimée. L'hostilité de l'Algérie à cette réforme s'explique par le
risque de voir mettre en cause le monopole et
l'influence de l'amicale des Algériens en Europe,
ce qui d'ailleurs se réalisera.

L'instauration d'un titre unique de dix ans,
garantissant à l'étranger résident la stabilité du
séjour et du travail pour cette durée, est aussi envisagée ; mais le secrétaire d'État chargé des immigrés ne va pas jusque-là, car son équipe craint
à cette date, et par-dessus tout, au-delà des bonnes intentions qui viennent d'être affichées, les
pouvoirs et les pratiques du ministère de l'Intérieur. Ceux-ci deviennent une véritable obsession,
qui va se traduire dans les batailles internes au
gouvernement au cours des mois suivants. Or
un titre unique risquerait de renforcer les pouvoirs autonomes d'appréciation du ministère de

l'Intérieur : « Il ne me semble pas opportun de commencer par fusionner les deux titres : nous n'aurions pas la maîtrise du nouveau titre alors qu'actuellement, pour la carte de travail, nous avons une assez grande maîtrise des titres », écrit dans une note au secrétaire d'État un membre de son cabinet. Pour conserver ce contrôle, le secrétariat d'État propose seulement d'aménager les conditions de leur renouvellement, ce qui peut être fait rapidement car cela n'exige pas de modification législative.

Dans le même temps, l'équipe du nouveau secrétaire d'État s'aventure dans le domaine traditionnel de compétence du ministère de l'Intérieur et propose une réforme du régime de l'expulsion. Jusqu'alors pouvoir discrétionnaire de la place Beauveau, elle ne pourrait dorénavant être prononcée que si l'étranger avait préalablement subi une condamnation pénale pour faits graves, passibles de cinq ans au minimum d'emprisonnement ; de plus, l'avis favorable d'une commission *ad hoc*, siégeant dans chaque département auprès du préfet, et devant laquelle l'étranger devrait avoir été préalablement entendu, serait nécessaire. Composée du président du tribunal de grande instance du chef-lieu du département, d'un conseiller de tribunal administratif, cette commission verrait le directeur départemental de l'action sanitaire et sociale, dépendant du ministère de la Solidarité nationale, remplacer le chef de service des étrangers de chaque préfecture, dépendant du ministère de l'Intérieur. Ce dernier n'aurait pour tâche que de rapporter les dossiers, sans disposer de voix délibérative. Ces propositions sont reprises dans leurs grandes lignes dans la loi du 29 octobre 1981 : l'expulsion classique ne peut être prononcée qu'après condamnation sans sursis pour une ou plusieurs peines d'au moins un an.

Mais le secrétariat d'État aux Immigrés voulait également interdire au ministre de l'Intérieur de procéder à des expulsions en urgence absolue, sans le visa de la commission d'expulsion. Cette question est l'occasion d'un des premiers affrontements et d'une véritable épreuve de force entre le groupe parlementaire socialiste, le parti socialiste et le gouvernement de l'après-mai 1981. L'arbitrage interministériel avait laissé ce pouvoir au ministre de l'Intérieur ; quelques parlementaires, associés à une partie du cabinet du secrétaire d'État aux Immigrés, décident de déposer des amendements au cours de la discussion législative. Le ministre de l'Intérieur, ayant eu vent de la manœuvre, retire alors le projet de loi de l'ordre du jour de l'Assemblée nationale : on l'a compris, tant que les amendements litigieux n'auront pas été retirés, le texte ne viendra pas en discussion. Il obtient satisfaction après que le bureau exécutif du parti socialiste a été réuni : le risque politique d'une prolongation de la crise a fait céder le P.S. : en cas d'urgence absolue, le ministre de l'Intérieur conserve le droit de procéder à des expulsions sans délai.

Mais, au terme de cette première joute, première escarmouche d'une longue guérilla avec le
ministère de l'Intérieur, le secrétariat d'État aux
Immigrés a atteint ses principaux objectifs[8].

LA RÉGULARISATION

Parallèlement, le secrétariat d'État s'intéresse à
l'immigration irrégulière et rompt d'abord avec
la stratégie traditionnelle de lutte contre ce phénomène. La politique précédente combattait en
priorité l'entrée et le séjour d'étrangers irréguliers ;
dorénavant, les employeurs de main-d'œuvre irrégulière sont l'objet de l'attention répressive des
autorités publiques tandis que les sanctions encourues par les employés irréguliers diminuent.
Certes, la loi du 29 octobre 1981 aggrave les
peines encourues pour irrégularité du séjour. De
contravention de cinquième classe, l'irrégularité
du séjour devient un délit jugé comme tel par les
tribunaux qui pourront condamner l'étranger à
une peine de prison assortie d'une nouvelle peine
accessoire : la reconduction à la frontière. Mais
les effets de celle-ci seront, pour l'individu
concerné, moins dommageables que l'expulsion.
Car, à la différence de cette dernière, la reconduction à la frontière permet de revenir en France,
comme touriste par exemple, à condition d'être
en situation régulière. Le séjour irrégulier ne sera

donc plus sanctionné par l'autorité administrative, mais par l'autorité judiciaire, réputée plus respectueuse des libertés individuelles. De plus, l'étranger trouvé en situation irrégulière dans une relation de travail aura le droit, comme n'importe quel salarié dont le contrat est rompu, à une indemnité ; le nouvel article 19 de l'ordonnance de 1945 prévoit que, lorsque l'étranger en situation irrégulière invoquera une relation de travail, le tribunal devra surseoir à statuer jusqu'à ce que les prud'hommes se prononcent sur la réalité de sa situation ; en attendant, l'étranger se verra accorder une autorisation provisoire de séjour. Enfin, la loi du 17 octobre 1981 renforce les sanctions applicables à l'emploi irrégulier de main-d'œuvre étrangère. Ces mesures n'ont cependant pas d'effet réel ni même symbolique immédiat.

Tel ne sera pas le cas de l'opération de régularisation des étrangers en situation irrégulière, qui va modifier les frontières juridiques établies depuis 1974 entre population régulière et irrégulière, et marquer une rupture véritable avec la politique précédente.

Cette opération est considérée, dès mai 1981, comme une priorité. L'existence d'un nombre important d'irréguliers est une conséquence logique et quasi mécanique de la suspension de l'immigration. L'arrêt brutal de toute délivrance de titres en 1974 était d'abord allé à l'encontre de phénomènes migratoires qui n'avaient pas été interrompus. L'arrêt de la délivrance de titres avait créé, on l'a vu, en plus du travail illégal

« du fait du marché », une illégalité « du fait de la réglementation ».

La conjonction de ces deux phénomènes — il faut y ajouter le fait que certains des étrangers ayant bénéficié de l'aide au retour ou ayant été astreints à des arrêtés d'expulsion sont souvent revenus en France depuis 1978 — entraîne la présence sur le territoire français d'étrangers en situation irrégulière. Leur nombre demeure impossible à évaluer. La mission de lutte contre le travail clandestin l'avait pourtant estimé à 175 000 personnes en 1980. Au cours de la discussion de la loi du 10 janvier 1980, le ministre de l'Intérieur, Christian Bonnet, avançait un chiffre de 300 000 « clandestins », qui sera repris par François Autain en août 1981 dans un entretien accordé au *Monde*[9].

UNE NÉCESSITÉ SYMBOLIQUE

Ce n'est pourtant pas en raison de l'importance pratique du phénomène que le gouvernement décide d'agir vite et fort, mais à cause de sa dimension symbolique. Cette opération lui paraît être la clef incontournable pour l'instauration de relations confiantes entre les immigrés et les pouvoirs publics. L'État, fautif au cours de la période précédente au regard des normes constituant un État de droit, doit réparer les souffrances subies, dues à la peur d'avoir eu à repartir. Les projets de retour de Valéry Giscard d'Estaing ne distinguaient pas, parmi les immigrés présents en France, les irréguliers des réguliers. L'épreuve commune exige une réparation commune. La régularisation en est le prix.

Pour le gouvernement, il s'agit aussi d'un pari sur l'avenir. Cette réparation est censée permettre de légitimer pour quelque temps la nouvelle frontière de l'illégalité qu'il s'apprête à instituer, en deçà de laquelle seront rassemblés les réguliers et les irréguliers d'avant 1981, mais au-delà de laquelle se trouveront les nouveaux candidats au séjour dont on réprimera la présence. Apurement du passé, la régularisation doit rendre acceptables les mesures restrictives qui seront prises désormais. Sans cet acte réparateur, les immigrés déjà réguliers et les associations les défendant auraient probablement intensifié leur lutte contre le gouvernement, et manifesté à l'égard des irréguliers une solidarité plus active. La régularisation veut ainsi libérer tous les immigrés dorénavant réguliers de leur solidarité potentielle avec les futurs migrants en situation irrégulière. Cette opération se veut enfin la manifestation de la rupture définitive avec les pratiques « policières » du passé, celle de la renaissance de l'État de droit.

Pourtant, la solution qui consisterait à revenir sur l'engagement présidentiel, donc à ne pas procéder à l'opération de régularisation, est défendue en réunion interministérielle par le secrétaire d'État chargé des immigrés, par l'administration et les cabinets des ministères de l'Intérieur, du

Travail, des Relations extérieures. Tous redoutent
que de nouveaux irréguliers ne viennent en
France remplacer en nombre comparable les
étrangers que l'on aurait régularisés ; tous redoutent de ce fait l'augmentation du chômage. Parle
en faveur de leur argumentation un précédent
récent.

En effet, en février 1980, par l'intermédiaire du
Monde puis d'une émission de télévision, l'opinion publique a pris connaissance d'une affaire
concernant des travailleurs en situation irrégulière. Des immigrés employés au noir dans une
entreprise de confection du quartier du Sentier à
Paris, en majorité de nationalité turque, ont fait
une grève de la faim pour obtenir leur régularisation[10]. Le secrétaire d'État du moment, Lionel
Stoléru, leur a rendu visite. Des représentants de
l'union départementale (U.D.) C.F.D.T. de Paris
sont présents, et lorsque le secrétaire d'État souhaite s'adresser au leader des grévistes, celui-ci
désigne comme intermédiaires, dans la discussion
qui débute, les représentants de l'U.D.-C.F.D.T. La
C.F.D.T. met donc en place une cellule de quatre
membres chargée de suivre l'opération[11].

Mais le syndicat ne maîtrise pas réellement,
voire pas du tout, l'action de ces travailleurs turcs
qui conservent une forte autonomie. Ils dialoguent
entre eux en turc, élaborent des stratégies autonomes très particulières afin de contraindre, à
travers la C.F.D.T., les pouvoirs publics à accorder des concessions. Des critères très stricts de
régularisation sont fixés au départ, en mars 1980,

par le gouvernement, et ne concernent que quelques centaines de travailleurs turcs, dans le
secteur de la confection. Très rapidement, cependant, les critères de départ — date d'arrivée en
France, nationalité — sont remis en cause. Les
grévistes ont recours à des actions se situant dans
le cadre normal des relations sociales du travail,
mais il leur arrive aussi de brandir la menace de
recourir à des gestes moins traditionnels, comme
un suicide collectif du haut de la tour Eiffel. Ils
sont si convaincants qu'ils obtiennent presque
entièrement satisfaction. La publicité excessive
faite autour d'une opération que l'on veut ponctuelle et rapide présente un risque élevé : les
autorités cèdent. Toujours est-il que le chiffre de
centaines de régularisations établi au départ est
largement dépassé : ce sont au total 3 000 titres
de séjour et de travail qui sont accordés.

Un précédent intéressant concernant les régularisations s'était aussi déroulé en 1936, à l'arrivée
du Front populaire[12]. Elle visait l'immigration
coloniale maghrébine. L'immigration algérienne
était officiellement contrôlée depuis 1924 : les
indigènes algériens souhaitant se rendre en métropole devaient fournir un certificat médical et
le dépôt d'une caution représentant le prix du
voyage de retour. Quant à l'immigration marocaine, elle était interdite depuis 1931. Mais ces
textes restaient inefficaces. Selon P. Laroque et
F. Ollive, la délivrance des pièces exigées des
Algériens donnait lieu, notamment pour les certi-

ficats médicaux, à des trafics connus et dénoncés, qui permettaient aux Algériens le désirant de
séjourner relativement librement en métropole ;
quant aux Marocains, ils arrivaient à y pénétrer
et à y vivre en situation irrégulière. C'est en tenant
compte de ces données que le gouvernement du
Front populaire prit, en juillet 1936, des mesures
libérales à l'égard de l'immigration algérienne et
marocaine.

Un décret du 17 juillet 1936 supprima tout obstacle à l'installation en métropole des Algériens.
Quant aux protégés marocains, on procéda, par
la circulaire du 1er août 1936, à leur régularisation
massive : la seule condition exigée fut leur présence en métropole avant le 1er juillet 1936. En
contrepartie, les Marocains nouveaux candidats
au départ vers la métropole furent soumis à un
régime de contrôle plus strict encore que celui
subi par les étrangers. En tant que ressortissants
d'un État étranger protégé, leur cas obéissait aux
lois françaises à caractère général : les quotas de
1932 leur étaient appliqués. En tant que « protégés » français, ils subirent au surplus un statut
spécial.

Les conséquences des décisions libérales prises
à l'égard des Algériens firent rapidement revenir
en arrière le gouvernement. Entre 1930 et 1935,
la balance des aller et retour entre la métropole
et l'Algérie était presque en équilibre. Au cours
du second semestre de l'année 1936, les départs
vers la métropole triplèrent : ils passèrent à
18 000 contre 6 700 pour la même période de

1935. La carte d'identité fut alors rétablie par le gouvernement français pour l'indigène algérien, et sa délivrance, limitée (arrêté du 14 octobre 1936) ; la visite sanitaire fut imposée le 19 décembre 1936 ; enfin, le 4 janvier 1937, le cautionnement fut rendu obligatoire.

En 1981, on ne connaît pas ce précédent du Front populaire. Mais on craint aussi un effet d'aspiration qui attirera en France des immigrés qui n'y sont pas encore. On décide donc de renforcer le contrôle des frontières ; on n'en maintient pas moins la régularisation. L'annuler aurait, nous l'avons vu, un coût politique et symbolique trop important. Le ministre de l'Intérieur, Gaston Defferre, a lui-même très vite perçu cet impératif : c'est lui qui en réalité fait démarrer la régularisation, en décidant dès juillet 1981 de délivrer des autorisations provisoires de séjour aux étrangers en situation irrégulière présents sur le territoire national, sans conditions de séjour ou de travail : 80 000 autorisations sont délivrées par les préfectures et deviennent en quelque sorte des créances sur des titres définitifs qu'il sera très difficile de ne pas honorer[13].

Pour être perçue comme un « modèle de justice », l'opération doit concerner tous les irréguliers et marquer la renaissance de l'État de droit. Mais il faut en même temps éviter qu'elle ne provoque un surcroît de chômage ou de nouveaux flux d'immigration irrégulière. On va donc chercher à aller vite et à contraindre les employeurs

de main-d'œuvre irrégulière à offrir à leurs salariés un contrat de travail.

Pour garantir la dimension de l'opération, les
catégories concernées sont définies largement.
Pourront être régularisés : les étrangers en situation irrégulière du point de vue du séjour et/ou
du travail ; les étrangers expulsés pour séjour
irrégulier, ou pour motif d'ordre public dès lors
qu'ils obtiennent l'abrogation de leur arrêté d'expulsion ; les étrangers ayant atteint en France
l'âge de seize ans et qui n'ont pas demandé, en
temps utile, un titre de séjour ; enfin ceux à qui
a été refusée la qualité de réfugié. Mais, pour
déposer un dossier, seule la preuve de l'arrivée
en France avant le 1er janvier 1981 est exigée. En
outre, grâce à une amnistie, les employeurs de
travailleurs illégaux sont incités à régulariser
également leur situation et celle de leurs salariés.
Les garanties de non-poursuite pour violation
éventuelle des lois au cours de la période précédente sont données par le ministère de la Justice, les organismes de Sécurité sociale et les
A.S.S.E.D.I.C.

Mais, afin d'éviter que l'opération ne provoque
une augmentation du chômage et l'afflux de nouveaux migrants, il est exigé de l'étranger concerné,
outre qu'il apporte la preuve de son arrivée en
France avant le 1er janvier 1981[14], qu'il produise
un contrat de travail pour témoignage de son
activité professionnelle présente et à venir. Parallèlement à cette opération, on réaffirme vigoureusement l'arrêt de tout nouveau flux d'immigration

et le renforcement du contrôle aux frontières. Enfin, il est prévu que l'opération se termine rapidement, la date limite du dépôt des dossiers étant fixée au 15 octobre 1981, soit deux mois après son démarrage.

Pour qu'enfin la justice triomphe, la réparation fait l'objet d'une forte mise en scène. Pour manifester clairement la renaissance de l'État de droit, vainqueur de l'État de police, les dossiers déposés seront examinés par les directions départementales du travail et non par les préfectures, et, lorsqu'un litige se présentera, ce n'est plus une décision arbitraire qui disposera du sort de l'étranger. C'est une commission *ad hoc* qui statuera, constituée spécialement pour la conduite de l'opération, à la tête de laquelle sera placé le président du tribunal administratif ou, à défaut, un magistrat de l'ordre judiciaire, composée en outre d'un représentant du préfet, du directeur départemental du travail, de deux représentants du conseil général du département et d'un représentant du réseau national d'accueil. Aucun représentant de l'administration préfectorale, spécialisée dans le traitement des étrangers et dépendant du ministère de l'Intérieur, n'y siégera.

UNE MISE EN ŒUVRE PRAGMATIQUE

Pour traiter plusieurs dizaines de milliers de dossiers d'étrangers irréguliers potentiels, trois problèmes principaux : comment faire sortir de leur illégalité les étrangers concernés, et, le cas échéant, leurs employeurs ? Comment faire coopérer à l'opération les employeurs, seuls habilités à délivrer les contrats de travail ? Comment faire traiter les dossiers et prendre des décisions sur les cas d'espèce ?

Le ministre de l'Intérieur laisse la conduite de l'opération au cabinet du secrétaire d'État aux Immigrés. Comme celui-ci manifeste la plus grande méfiance à l'égard des administrations chargées de l'application et de la mise en œuvre de la politique[15] d'immigration (D.P.M., Intérieur et préfectures), il va contourner les circuits hiérarchiques traditionnels. Le cabinet du secrétaire d'État met d'abord en place une antenne nationale composée de trois personnes qui, placées dans les services de la D.P.M., sont chargées de suivre directement et quotidiennement le déroulement de l'opération. Chaque quinzaine se réunit une « cellule de suivi » ; elle regroupe, outre les représentants des administrations concernées, ceux des préfectures de la région parisienne. En ce qui concerne le niveau départemental, le secrétaire d'État s'appuie sur les administrations (D.D.A.S.S. et D.D.T.) réputées les plus favorables aux étrangers. Enfin, plus concrètement, si le dépôt des dossiers est censé se faire dans les traditionnels « guichets uniques » (commissariats de police, mairies, sous-préfectures, préfectures), l'ouverture de guichets spéciaux, choisis en commun par les associations de défense des étrangers et les services préfectoraux, s'organise dans chaque département. Il s'agit d'éviter la crainte des contrôles par les services de police, qui peut dissuader certains assujettis de solliciter leur régularisation. Les associations de soutien sont en outre autorisées à venir en aide aux étrangers sur les lieux mêmes de dépôt des dossiers. Assez vite, l'équipe du secrétaire d'État s'apercevra que ces premières dispositions ne suffisent pas et que, faute d'un véritable changement d'orientation, l'opération risque d'échouer.

Les difficultés rencontrées ne naissent pas du comportement des préfectures : dans certains cas, leur bonne volonté ira jusqu'à mettre en place des chapiteaux spéciaux (Seine-Saint-Denis) pour permettre de mieux accueillir les étrangers ; dans d'autres, au contraire, l'application stricte de la circulaire du 11 août 1981 aboutira à ce que ne soient pas pris en compte certains dossiers. Certes, l'opération semble peu populaire dans les services des étrangers des préfectures : il est vrai que les mêmes fonctionnaires qui avaient exécuté, avant 1981, les arrêtés d'expulsion d'étrangers préparent aujourd'hui les dossiers d'abrogation. De plus, elle représente une lourde charge, bien que le ministère de l'Intérieur fournisse aux services le personnel vacataire nécessaire. Mais la cellule de suivi intervient souvent, se déplaçant dans les préfectures. Enfin, les immigrés savent fréquemment s'adapter à la diversité de l'offre, et changent par exemple d'adresse pour pouvoir déposer leur dossier dans une préfecture plus coopérative.

Les problèmes sérieux viennent plutôt d'un manque d'enthousiasme des bénéficiaires de l'opération. Le dépôt des dossiers démarre lentement : la crainte des patrons et la rigueur du critère de présentation d'un contrat de travail se conjuguent. Ne fournissent en fait de dossier complet que les étrangers irréguliers « du fait de la réglementation » alors que ceux qui le sont « du fait du marché » ont du mal à remplir les conditions exigées. Les autorités publiques, soucieuses de réussir l'opération, régularisent une partie significative des 300 000 irréguliers annoncés et élargissent progressivement, au fur et à mesure des problèmes rencontrés, les critères fixés initialement. Il s'agit d'atteindre et de dépasser l'objectif de 100 000 régularisés, considéré, après quelques semaines, comme le seuil du succès symbolique de l'opération.

Pour cela, le gouvernement bénéficie de l'aide décisive de l'union départementale de la C.F.D.T. de Paris qui a déjà l'expérience de l'opération de 1980. Le gouvernement de gauche retient de ce précédent le rôle des représentants de l'U.D.-C.F.D.T. : ils avaient été tout à la fois intermédiaires, défenseurs des intérêts de leur centrale auprès d'adhérents potentiels[16], mais aussi collaborateurs indispensables du service public. Le gouvernement propose à la section parisienne de la C.F.D.T. de jouer le même rôle dans l'opération nationale de l'automne 1981. À ses yeux, le positionnement syndical de la C.F.D.T. facilite ce rôle d'intermédiaire entre les autorités publiques et les organisations d'extrême gauche qui désirent une régularisation pour tous les étrangers, sans critères restrictifs. Les autres syndicats et les associations de défense des étrangers prennent aussi leur part dans cette médiation. Les syndicats recevront, signe tangible du lien de collaboration avec le service public, une indemnisation officielle attribuée par le F.A.S.

Pour rassurer encore les étrangers qui pourraient craindre que des dossiers déposés, puis refusés, ne soient ultérieurement utilisés par les autorités de police pour les appréhender, le secrétaire d'État annonce publiquement que ces dossiers seront détruits.

Puis, pour faciliter les dépôts de dossiers, les syndicats se voient autorisés à effectuer des dépôts collectifs qui permettent de désencombrer les locaux d'accueil, d'améliorer la qualité des dossiers déposés et d'éviter les contacts entre les étrangers et les administrations.

Surtout, on introduit petit à petit des catégories nouvelles d'étrangers, non incluses dans la circulaire du 11 août 1981. Les marchands ambulants obtiennent ainsi leur régularisation en tant que commerçants en novembre 1981, de même que les travailleurs handicapés à la suite d'un accident du travail. Les faux étudiants, ceux qui travaillent à mi-temps par exemple, l'obtiennent également grâce à l'instruction du 30 novembre 1981. La distinction entre vrai-faux étudiants dis-

paraîtra d'ailleurs rapidement, car tout « vrai »
étudiant présentant une promesse de travail
obtiendra sa régularisation. Puis sont acceptés
les étrangers en préformation, les intérimaires
irréguliers, les femmes abandonnées ou concubi-
nes. Les irréguliers licenciés sont enfin admis,
pour éviter que l'attitude non coopératrice d'un
patron n'aboutisse à une injustice. Une circulaire
du 20 novembre 1981 organise de surcroît la
régularisation des travailleurs saisonniers, dès
lors qu'ils justifient de vingt et un mois de travail
entre le 1er janvier 1979 et le 31 décembre 1981
et qu'ils produisent pour la période à venir une
promesse d'embauche d'une durée d'un an.

À l'approche de la date de clôture maintenant
fixée au 31 décembre, un appel est lancé en direction des irréguliers arrivés avant le 1er janvier
1981 : « Sur la simple preuve de leur présence en
France, dès avant le 1er janvier 1981, un récépissé
provisoire de trois mois valant séjour et travail
leur sera délivré. Ils disposent alors de ces trois
mois pour compléter leur dossier. » En réalité,
cet appel permet de faire déposer un dossier à
tous les étrangers arrivés en France avant le
1er janvier même s'ils n'ont jamais travaillé. Et
comme les preuves exigées de l'arrivée avant le
1er janvier sont peu tangibles (cachets de la poste,
etc.), cette dernière mesure favorise les demandeurs les plus téméraires ou les plus inventifs. À
la date de clôture de l'opération, le chiffre minimal que le gouvernement s'était fixé est atteint et
dépassé : 145 000 dossiers ont été déposés.

Les premiers sont alors déjà en cours de traitement. Lorsqu'un contrat est joint à la demande, l'avis favorable immédiatement accordé aboutit à la délivrance automatique des cartes de séjour et de travail. Lorsque le contrat est absent, le dossier est transmis aux commissions départementales *ad hoc* qui reçoivent des consignes de libéralisme. Enfin, mais nous sommes alors à la fin de l'année 1982, une procédure de recours auprès de la direction de la Population et des Migrations contre les décisions négatives est organisée. Contre l'avis de certains préfets qui continuent d'interpréter à la lettre la circulaire du 11 août 1981, ces recours sont examinés avec une très grande bienveillance. L'opération ne prend fin véritablement qu'au mois de septembre 1983.

Tous les étrangers irréguliers ayant réussi à apporter un début de preuve de leur arrivée en France avant le 1er janvier semblent avoir été régularisés dès lors qu'ils se sont battus pour l'être ou que leur cas a été pris en charge par des associations. Une partie de ceux qui auront bénéficié de la régularisation n'ont passé les frontières qu'après le début de l'opération, parfois sous l'incitation de certains États européens voisins de la France. La R.F.A., par exemple, a favorisé le départ de son territoire de travailleurs turcs en situation irrégulière. Le demandeur actif et tenace aura eu gain de cause. En revanche, l'étranger répondant aux critères qui aura craint de se présenter aux guichets, ou qui s'y étant présenté et s'étant vu opposer un refus aura négligé de faire appel, n'aura pas forcément bénéficié des nouvelles dispositions.

Cette population d'immigrés « régularisés » n'aura guère renforcé les rangs des demandeurs d'emploi[17]. Au contraire, elle est restée à 90 p. 100 employée, à 50 p. 100 chez le même employeur, le plus souvent en acceptant une diminution de salaire. Pour 40 p. 100, la régularisation a contraint à un changement d'employeur ; pour 10 p. 100 seulement, le chômage a suivi la régularisation.

Il faut remarquer pour conclure, sans porter de jugement sur le principe de l'opération, l'efficacité du système d'action regroupant syndicats, associations, personnels des préfectures et des directions départementales du travail, qui ont tous géré dans des conditions très inhabituelles la réception et le traitement de ces dizaines de milliers de dossiers. Au total, 132 000 étrangers auront été régularisés. L'échafaudage juridique n'aura été qu'une mise en scène, mais la régularisation aura auprès des immigrés de France l'effet symbolique attendu. Elle aura contribué à faire passer les mesures plus restrictives que prendra bientôt le gouvernement. Mais, au moment où elle s'achève, le mécontentement de l'opinion publique a fortement augmenté et freine durablement l'action publique dans le domaine des droits sociaux des étrangers résidents.

LES RATÉS DE LA CITOYENNETÉ

En fait, depuis juillet 1981, les pouvoirs publics ne font, dans ce domaine, que réagir à l'événement.

L'action du ministre de la Solidarité nationale n'est pas assez rapide pour empêcher que ne surgissent des explosions de violence dans les quartiers de banlieue. Les Français découvrent, à la suite de ces événements abondamment relatés par la presse, que les immigrés ne sont plus seulement des travailleurs ; d'abord parce qu'ils vivent en famille, ensuite parce que, parmi eux, le nombre de chômeurs va croissant. Le gouvernement imagine deux types de solutions : l'une, symbolique et immédiate ; Gilbert Trigano, le président-directeur général du Club Méditerranée, organisera des camps de vacances pour les jeunes souvent désœuvrés des banlieues des grandes villes. L'autre vise le long terme : la commission pour le développement social des quartiers se chargera d'une action décentralisée et créera un Conseil de prévention de la délinquance. Puis, en août 1981, la réforme du droit de vote aux élections locales doit être rapportée.

La quatre-vingtième des cent dix propositions du candidat François Mitterrand prévoit d'accorder le droit de vote aux étrangers après cinq ans de présence en France. La logique socialiste est celle du droit-créance : puisque les étrangers

222 La France et ses étrangers

paient des impôts locaux, ils ont le droit légitime de participer à la désignation des autorités publiques locales. C'est aussi une logique de l'« offre » : le droit de vote est conçu comme une technique qui permettrait de répartir plus équitablement les ressources dont disposent les autorités locales ; de leur côté, celles-ci traiteront avec plus de diligence des contribuables devenus électeurs. Cette proposition a donc pour visée de contraindre les collectivités locales à mieux prendre en compte les « problèmes » des étrangers qui relèvent de leur compétence.

Au cours des réunions de juillet 1981, où sont définies les priorités de l'action, cette proposition est pourtant retirée du programme immédiat du gouvernement. Cependant, le 9 août 1981, Claude Cheysson, alors ministre des Relations extérieures, déclare au retour du premier voyage qu'il effectue en Algérie depuis sa nomination :

> « Le gouvernement français songe très sérieusement à donner le droit de vote aux immigrés pour les élections municipales [...]. Leur participation aux élections municipales de 1983 aurait un impact certain sur les résultats dans les grandes villes et leurs banlieues, en particulier à Paris[18]. »

Parce que Claude Cheysson est ministre, cette annonce équivaut pour l'opinion publique à une prise de décision. Les médias s'en saisissent immédiatement et portent cette information à la une de l'actualité.

L'annonce ne semble cependant pas susciter un grand enthousiasme. Parmi les associations, seule la Fédération des associations de soutien aux travailleurs immigrés (F.A.S.T.I.) s'exprime favorablement : elle rappelle qu'elle s'est prononcée pour le droit de vote et d'éligibilité des travailleurs immigrés aux élections municipales. Elle regrette que le gouvernement tergiverse pour accorder un droit qu'avait promis le P.S. lors de sa campagne électorale.

De son côté, le parti communiste se demande si le problème se pose en l'absence d'une demande émanant des travailleurs sur ce point. Pour Jean Colpin, dans *L'Humanité* du 13 août 1981, « ces immigrés demeurent des citoyens de leur pays d'origine, auquel ils restent profondément attachés, avec pour beaucoup d'entre eux l'espoir d'y retourner. D'ailleurs, ils participent aux élections qui ont lieu dans ces pays. Et nous ne voulons rien faire qui puisse être de nature à précipiter un mouvement qui les détacherait de leur solidarité vis-à-vis des intérêts de leur peuple [...]. »

Quant aux autres acteurs, ils vont de la plus ferme opposition à la réserve prudente. Jacques Chirac affirme : « Il n'est pas possible d'accorder ce droit aux immigrés, car ce droit est strictement attaché à la citoyenneté française. » Il se déclare en revanche « favorable à l'extension ou à l'aménagement des droits professionnels, syndicaux ou familiaux ». Force ouvrière estime pour sa part qu'il y a plus urgent : « Il convient en tout premier lieu d'assurer pleinement les droits économiques, sociaux, culturels et aussi le droit d'association des étrangers [...] le problème le plus immédiat à résoudre actuellement est celui de l'immigration clandestine, qui s'est fortement amplifiée depuis l'annonce de la régularisation des "sans-papiers". » La Maison des travailleurs immigrés (M.T.I.) estime : « Ce droit est inaliénable pour tout citoyen et, en particulier, pour ceux qui ont aidé la richesse du pays d'accueil », mais elle convient que la reconnaissance du droit d'association demeure prioritaire sur le droit de vote. La C.F.D.T. fait à son tour remarquer que « le droit de vote, s'il veut être un facteur d'insertion et de promotion des communautés immigrées en France, et non une mesure d'intégration, souvent rejetée par les immigrés eux-mêmes, doit s'insérer dans un ensemble de droits nouveaux ». Alexandre Boussageon, dans *Témoignage chrétien*, va jusqu'à mettre en cause l'un des arguments développés par les socialistes. « Au lieu de permettre l'intégration des étrangers, au contraire, le droit de vote pourrait aggraver leur exclusion si les immigrés se regroupent dans les communes où ils auraient conquis un certain pouvoir, c'est-à-dire des élus, ce qui aurait pour conséquence de développer encore les ghettos. Ainsi, au lieu de favoriser l'intégration des immigrés, on les marginaliserait encore un peu plus. » Enfin, les élus socialistes avec lesquels le secrétaire d'État aux Immigrés entre en contact se montrent très réticents.

Mais le mouvement de mécontentement s'exprime surtout et rapidement dans l'opinion publique par des manifestations toujours significatives pour un ministre : des coups de téléphone au ministère, de nombreux « courriers du citoyen »[19].

Trois solutions sont alors envisagées : retirer la proposition ; poursuivre le processus en annonçant par exemple que le Parlement sera prochainement saisi d'un projet de loi ; enfin, calmer le jeu. Le président de la République choisit cette dernière option. La temporisation doit permettre de diminuer la pression de l'opposition et de l'opinion publique. François Autain annonce en conséquence le 12 août, dans une interview accordée au *Matin*, que la réforme ne fait pas partie des priorités du gouvernement. Mais cette déclaration n'atteint pas son objectif ; elle ne freine pas la mobilisation de ceux qui s'opposent à la décision. Loin de satisfaire les médias, elle ne fait qu'amplifier leur réaction. On y voit probablement un mouvement tactique, ayant pour dessein de détourner l'attention et de ne confirmer ni d'infirmer clairement les déclarations de Claude Cheysson. Le soir même, le même François Autain, interrogé sur France-Inter, choisit alors la solution du retrait. Il déclare de son propre chef, sans mandat gouvernemental, que cette réforme ne prendrait pas effet avant les prochaines élections municipales et qu'il s'agissait là d'« un objectif à très long terme ». Il utilise le crédit que lui confère sa fonction, celle de mandataire implicite qu'il occupe depuis deux jours, et l'occasion qui lui est donnée pour faire prévaloir son point de vue. Son choix personnel est perçu par le public comme le choix du gouvernement, et il apparaît d'autant plus légitime qu'il répond à son attente.

Cette dernière parade se révèle payante puisque la polémique cesse et que les médias se démobilisent. Le choix du secrétaire d'État ne sera dorénavant plus remis en cause, la réaction de l'opinion publique, en effet, demeure particulièrement hostile au vote des immigrés aux élections locales. Un sondage effectué les 12 et 13 août 1981, et publié le 26 août de la même année, le montre assez[20] : 35 p. 100 des Français interrogés sont favorables au vote des étrangers aux élections locales, 58 p. 100 sont hostiles et 7 p. 100 sont sans opinion.

Sans doute faut-il d'emblée tenir compte du fait que cette réforme n'est pas une réforme comme les autres, qu'elle concerne la conception fondamentale de la communauté politique. Dans l'histoire de France, citoyenneté et nationalité ont toujours été reliées ; par ailleurs, citoyennetés locale et nationale n'ont jamais été séparées.

Telle ne sera pourtant pas l'argumentation du secrétaire d'État. Certes, dans la lettre qu'il adresse au Premier ministre qui, mécontent, lui avait demandé de s'expliquer, il met bien en avant le caractère particulier du droit de vote et craint que celui-ci ne mobilise contre la politique d'immigration des acteurs et des publics jusqu'à présent indifférents ou favorables, notamment les élus socialistes principalement concernés qu'il a consultés. Certes, « sa priorité est de favoriser l'insertion des différentes communautés immigrées dans la communauté française [et] l'amélioration durable des rapports entre Français et immigrés », mais se battre pour le droit de vote serait mettre « la charrue avant les bœufs »[21].

François Autain procède surtout à un calcul des coûts et des avantages. Il conclut que le coût de la bataille qu'il eût fallu engager contre les opposants à la réforme, pour un résultat presque certainement négatif, eût donc été trop élevé. La réforme engagée impliquait en effet, selon lui, et c'était là aussi le signe de sa dimension particulière, une modification de la Constitution : l'article 3, après avoir précisé que la souveraineté nationale appartient au peuple qui l'exerce par ses représentants et par la voie du référendum, détermine les conditions de l'électorat : nationaux français majeurs des deux sexes jouissant de leurs droits civils et politiques. L'article 24, après avoir précisé que le Parlement comprenait l'Assemblée nationale et le Sénat, indique que ce dernier, élu au suffrage indirect, assure « la représentation des collectivités territoriales de la République » qui sont, selon l'article 72, « les communes, les départements, les territoires d'outre-mer et d'autres collectivités locales éventuellement créées par la loi », comme les régions. Les citoyens français élisent donc une partie de leurs représentants, les sénateurs, par l'intermédiaire de leurs élus locaux. L'élargissement du corps électoral municipal à « des citoyens locaux de nationalité étrangère » entraîne donc leur participation à la désignation de représentants de la nation et à l'élaboration des lois de la République, ce que n'autorise pas l'article 3 de la Constitution.

Or, pour modifier la Constitution, le concours de la majorité du Sénat est obligatoire, ce qui était, dans les circonstances présentes, difficilement envisageable. Engager le processus, c'était donc préparer une défaite certaine.

François Autain a utilisé sa légitimité, et le soutien dont sa position bénéficie dans l'opinion, pour imposer un choix au Premier ministre et au président de la République. Mais cette victoire personnelle se révèle une défaite collective pour le gouvernement, la première de l'après-mai 1981, alors même que sa popularité est encore très forte.

LA MONTÉE DES PÉRILS

La conjoncture économique et politique des années 1981-1983 est encore moins favorable. La politique économique du gouvernement marque « une rupture avec la rupture » en adoptant les deux plans de rigueur. L'effondrement du mythe entretenu par la gauche avant son arrivée au pouvoir — un changement de politique économique serait suffisant pour sortir de la crise et du chômage — produit peut-être chez une partie du

public un transfert vers un autre mythe simplificateur de résolution de la crise, celle du départ
des étrangers.

Par exemple, au moment des mesures de
contrôle des changes prises en juillet 1982, un
conseiller du président de la République, Michel
Charasse, rapporte que ces dernières ne provoquent pas, en elles-mêmes, de protestations dans
l'électorat populaire qui n'a pas l'habitude de
partir en vacances. Mais le simple fait que les immigrés puissent continuer de circuler à l'étranger
avec autant de devises qu'auparavant est, en
revanche, source de mécontentement. On a le
sentiment que la rigueur est réservée aux Français et un régime de faveur aux étrangers. Michel
Charasse demande que des mesures soient prises
pour leur supprimer cette liberté[22].

Le mécontentement de l'opinion ne tarde pas à
avoir des conséquences sur les dossiers sociaux
des résidents réguliers — logement, école, travail
— qui requièrent une mobilisation des acteurs
bien au-delà de la seule action législative ou réglementaire.

Certes, Nicole Questiaux et François Autain ont,
par exemple, saisi l'occasion du rapport annuel
pour l'année 1980 de la Cour des comptes, qui
met en cause le manque d'autonomie de gestion
du F.A.S., pour promouvoir une réforme de cet
organisme, qui entre en vigueur au début de 1983.
Le F.A.S. est réorganisé et sa gestion déconcentrée : les attributions de crédits et de subventions

se font dorénavant sous l'autorité du préfet de région.

Mais, dans les domaines importants, l'action publique marque le pas. C'est le cas pour le logement des familles, où l'action est déjà handicapée par la baisse de la construction de logements sociaux.

Dans le domaine des foyers, marqué par un long conflit de 1975 à 1980, le gouvernement engage une réforme de statut qui n'aboutit pas : sous la responsabilité du sénateur Dreyfus-Schmidt, une table ronde regroupant des représentants des résidents doit proposer un nouveau statut du résident de foyer. Le projet de loi élaboré est mis au point trop tardivement pour être repris dans la loi Quilliot[23]. Un projet de loi complétant le premier texte est déposé le 21 décembre 1982. Il assimile le contrat de résident à un contrat normal de location, tout en tenant compte de l'aspect collectif de la vie en foyer. Mais la crainte de voir, à l'occasion d'un éventuel débat parlementaire sur ce texte, la loi Quilliot faire l'objet d'une trop forte contestation, incite le gouvernement à ne pas saisir le Parlement de ce projet.

Pour répondre au mécontentement grandissant de l'opinion publique, le ministre de l'Intérieur reprend l'offensive sur deux dossiers : les flux et la nationalité. La guerre de tranchées entre le ministère de l'Intérieur et le ministère de la Solidarité nationale redémarre. Le premier cherche à disposer de moyens supplémentaires pour lutter contre le séjour irrégulier d'étrangers, ceux, par exemple, attirés par la régularisation. Dès les mois de juillet et d'août 1981, l'arrivée massive de touristes algériens suscite dans la ville de Marseille, dont le ministre, Gaston Defferre, est le maire, des réactions hostiles, auxquelles il est sensible. Par ailleurs, les lois de 1981 ne lui facilitent pas toujours la tâche. Gaston Defferre décide alors d'user du droit d'expulser en urgence absolue des étrangers en situation irrégulière, en élargissant son droit à des situations que n'avait pas prévues la loi.

Puis il tente de remettre en cause le texte sur l'entrée et le séjour, loi votée en octobre 1981. Il faut préciser que le transfert du juge administratif au juge judiciaire du contentieux des infractions au séjour a, depuis lors, produit des effets imprévus. Le ministère de la Justice a, en effet, tardé, et les magistrats eux-mêmes ne se sont pas approprié cette nouvelle compétence avec enthousiasme. D'une part, cette attribution ne les valorise guère ; d'autre part, la règle de droit semble marquée par un certain illogisme : la peine de reconduite à la frontière ne peut plus être prononcée qu'en complément d'une courte peine de prison, qui doit auparavant être purgée. Déjà, dans une situation inquiétante de surpopulation, les prisons se remplissent d'étrangers dont le seul délit est souvent d'avoir prolongé de façon excessive un séjour touristique au-delà de trois mois. En outre, l'étranger use souvent de son droit de faire appel, qui empêche l'exécution immédiate de la sentence.

Dès le début 1982, soit trois mois à peine après l'adoption du texte, la position de Gaston Defferre est communiquée aux autres ministres : il faut modifier la loi. Entérinée au cours d'une réunion interministérielle tenue à Matignon en avril 1982, sa proposition est réexaminée... parce que le coût politique apparaît trop élevé. Gaston Defferre n'obtient alors, en accord avec le garde des Sceaux, qu'un aménagement du texte : la loi du 10 juin 1983 permettra au juge de prononcer l'exécution provisoire des peines complémentaires, nonobstant appel ; la reconduite à la frontière pourra être immédiatement exécutée, sans que la peine principale de prison éventuellement prononcée par le juge n'ait à être purgée.

Dans la lutte contre le travail illégal, la recherche de la dissociation des intérêts des employeurs et des salariés en situation irrégulière provoque aussi des résultats différents de ceux qu'on attendait. Certains étrangers traduits devant les tribunaux pour infraction au séjour invoquent l'existence d'une relation de travail afin d'obtenir du juge, comme le prévoit la loi, un sursis avant que le conseil de prud'hommes ne se prononce ; mais l'autorisation provisoire de séjour qu'ils obtiennent alors, conformément à la loi, ne leur permet pas de travailler légalement et les oriente à nouveau vers un emploi irrégulier.

Dans le même temps, Gaston Defferre s'essaie à une autre tactique en favorisant les relations

avec l'Algérie pour obtenir d'elle un accord bilatéral sur le contrôle des flux. L'Algérie est toujours
considérée comme le seul État du Maghreb avec
lequel il est possible de discuter de ces questions.
C'est dans ce contexte que les autorités françaises acceptent que l'Algérie procède à la fin de
septembre 1982 à la nomination du cheikh Abbas
pour succéder à Si Hamza Boubakeur au poste
de recteur de la mosquée de Paris[24]. Mais, au
premier chef, le ministre pense avoir découvert
une monnaie d'échange plus intéressante encore
pour l'Algérie : c'est l'article 23 du Code de la
nationalité française, qui prévoit que l'enfant né
en France de parents nés en France est français,
et qui s'applique de ce fait aux enfants algériens
nés en France après 1962, de parents nés en Algérie au moment où celle-ci était divisée en trois
départements français. Alger a toujours considéré
que la France s'appropriait ainsi ses ressortissants
de façon illégitime. De son côté, Paris s'est montré prêt à signer une convention internationale
avec l'Algérie, laissant le libre choix de leur nationalité aux ressortissants algériens touchés par
l'article 23. L'Algérie, en réponse, avait toujours
souhaité que la France modifie unilatéralement
l'article 23, pour qu'il ne s'applique pas à ses
compatriotes.

Or l'année 1982 constitue dans ce conflit une
année charnière : faute d'accord bilatéral, des jeunes gens, les premiers, appartenant aux deux
nationalités devront satisfaire aux obligations du
service national dans les deux pays. En 1982,

des associations, poussées par certains consulats algériens, organisent une campagne de suppression des liens d'allégeance pour ces jeunes « Français malgré eux ». Le ministre de l'Intérieur fait donc adopter, dans la réunion interministérielle d'avril 1982, la réforme de l'article 23 demandée par Alger. Si le ministre de l'Intérieur a pris à son compte cette revendication, lui qui a la charge exclusive de la gestion des cartes de résident des ressortissants algériens, c'est probablement qu'il a obtenu, en échange, des concessions réelles ou au moins des promesses sur la politique de contrôle aux frontières qui l'obsède.

La solution adoptée en avril 1982 aurait abouti à admettre que l'Algérie n'était pas, avant 1962, un territoire français comme d'autres. Elle risquait d'être interprétée symboliquement par une partie de l'opinion publique comme la reconnaissance *de facto* de l'illégitimité de la présence française en Algérie, ce que désiraient d'ailleurs les autorités algériennes. Cette réforme aurait encore soulevé des problèmes techniques en matière de preuve de la nationalité pour les rapatriés d'Algérie. Cette solution est donc abandonnée.

Les autorités françaises proposent alors de modifier le droit interne en accordant à tous les enfants d'étrangers la possibilité de répudier la nationalité française dans les six mois suivant leur majorité, par simple déclaration[25] ; cette position est à son tour abandonnée au début de 1983. Une faculté de répudiation, reconnue aux

Franco-Algériens, aurait eu pour effet de remettre en cause le procédé simple et pratique de preuve de la nationalité française : pour démontrer que l'on est français, il suffit aujourd'hui de prouver que l'on est né en France d'un parent né en France. La faculté de répudiation adoptée, chaque Français désireux de faire la preuve de sa nationalité aurait dû en outre démontrer qu'il n'avait pas répudié la nationalité française. Cette crainte de complications juridiques justifie le statu quo.

Le problème du double service national est dans la pratique réglé par l'évolution des positions algériennes et la signature d'un accord bilatéral. L'État algérien commençait depuis quelque temps à faire évoluer son discours traditionnel sur le retour de sa communauté résidente en France et à envisager sa stabilisation définitive et son utilisation dans une stratégie de lobbying à l'américaine : dans ce cadre, la double nationalité n'est plus un inconvénient mais un outil adapté. Un accord sur le service national est donc signé avec la France : sa spécificité est de laisser la possibilité aux jeunes franco-algériens, malgré leur résidence française, d'effectuer leur service en France ou en Algérie, au choix. Cet accord sera ensuite beaucoup critiqué. On oublie le contexte particulier de sa signature et le fait qu'en échange d'une concession sur le service national, la France n'a pas cédé sur la question fondamentale de la nationalité.

Malgré ses échecs successifs dans le domaine législatif ou conventionnel, l'action du ministre de l'Intérieur ne se relâche pas. Aux frontières, la police de l'air reçoit pour consigne d'exercer un contrôle sur les visites familiales des Algériens et procède à de nombreux refoulements. Mais, à la demande du président Chadli, et au nom des relations entre les deux pays, les refoulements de ressortissants du Maghreb sont interrompus en décembre 1982 jusqu'à ce qu'une formule nouvelle de contrôle soit provisoirement adoptée.

À la fin de 1982, le discours de rupture apparaît bel et bien dépassé, et depuis longtemps. Les grèves de l'automobile manifestent le rôle des immigrés comme acteurs du champ politico-social intérieur, alors que débute la campagne en vue des élections municipales. Les responsables ministériels vont une nouvelle fois livrer au public des déclarations contradictoires. Pierre Mauroy, sur la foi d'informations communiquées par les services de renseignements généraux du ministère de l'Intérieur, fait état de la montée de l'intégrisme musulman. Le directeur du cabinet du secrétaire d'État aux Immigrés déclare dans la presse marseillaise, entre les deux tours des élections municipales, avoir expulsé plus d'immigrés que la droite. Le secrétaire d'État aux Immigrés, pour sa part, se tait et demande un changement d'affectation ministérielle. La gauche ne dispose plus de logique d'action dans le domaine de la politique d'immigration. La mission du nouveau responsable ministériel sera de lui en donner une.

Le recentrage

(mars 1983- juillet 1984)

Georgina Dufoix, secrétaire d'État chargée de la famille, se voit donc confier en mars 1983 l'immigration dans un portefeuille ministériel qui comprend également la population.

Le temps est toujours à la rigueur économique. Après le premier plan Delors de juin 1982, le maintien dans le système monétaire européen et le deuxième plan de rigueur marquent définitivement l'acceptation de la contrainte internationale ; les restructurations industrielles retardées ou désavouées en 1981 sont relancées. Comme le dit Danièle Lochak :

> « Le nouveau style que le gouvernement veut désormais imprimer à son action, l'image de réalisme et de rigueur qu'il entend donner au pays vont inexorablement déteindre sur la politique à l'égard des immigrés[1]. »

L'entrée de leur pays dans les Communautés européennes fait accéder les Espagnols et les Portugais de France à un statut protecteur. La

coopération européenne pour un meilleur contrôle des flux progresse. Enfin, le rééquilibrage
de la politique française au Maghreb se fait au
détriment de l'Algérie, et en faveur du Maroc et
de la Tunisie[2]. Cependant, l'élément déterminant
du changement est, encore une fois, d'ordre politique. Les enquêtes d'opinion commandées tous
les mois par le gouvernement montrent que,
depuis l'arrivée de la gauche au pouvoir, la politique d'immigration est toujours perçue de façon
moins favorable que les autres actions publiques,
ou même que la politique générale du gouvernement. Certes, elle n'a pas mobilisé jusque-là
l'attention prioritaire de l'opinion publique et des
médias. Ce n'est pourtant plus le cas à partir de
mars 1983. Au cours de la campagne pour les
élections municipales, l'immigration devient un
enjeu politique national prioritaire. L'opinion publique se manifeste aux élus à travers les sondages, certes, qu'ils soient ou non publiés, mais
aussi par les contacts de terrain et par les constatations de tel ou tel. La pression de la population
se fait notamment de plus en plus sentir, par le
biais des canaux auxquels les décideurs sont
sensibles : les doléances des députés de la majorité, par exemple, qui transmettent eux-mêmes
aux ministres concernés des plaintes recueillies
sur le terrain chaque week-end.

Le tournant qu'effectue alors le gouvernement
est d'ordre sémantique et pratique. La mission de
Georgina Dufoix consiste à agir et à s'expliquer
de façon à redonner une légitimité à l'action

gouvernementale. Il ne s'agit plus de parler de rupture, ni de la mettre en pratique ; mais de trouver un équilibre dans le traitement des trois grands problèmes de la politique de l'immigration : les arrivées, les retours, le statut des étrangers résidents. Car, aux yeux des membres du gouvernement, l'opinion publique semble éclatée en deux pôles. Le premier, qui paraît progressivement dominer, perçoit toute action « en faveur » de l'immigration avec de plus en plus d'agressivité. Le second continue de se mobiliser pour les droits des immigrés, et il ne faudrait pas susciter chez lui de réactions négatives. On choisit donc d'osciller dans le discours comme dans l'action entre liberté, égalité et ordre public, donc de rester prudent.

LA RÉHABILITATION DU CONTRÔLE

Pour signifier ce rééquilibrage, on affiche au premier chef un changement des ordres de priorité. Le catalogue de mesures décidé au Conseil des ministres du 31 août 1983 vise, en effet, à faire percevoir que la priorité est à la fermeture des frontières puis à l'insertion. Un lien est établi entre ces deux volets : le renvoi des « clandestins », présenté comme une nécessité à la fois pour protéger l'emploi des Français et pour éviter que ne se développent des sentiments anti-immigrés pour ceux qui peuvent rester en France. François Mitterrand déclare alors :

> « Je dois protéger l'emploi des Français ; je dois éviter aussi cette sorte d'exaspération, car beaucoup de gens n'ont pas assez réfléchi et réagissent instinctivement. Il ne faut pas se placer dans les rangs des exploiteurs de la haine, il ne faut pas pousser à vif ces sentiments qui sont déplaisants, détestables, mais il y a cette réalité [3]. »

Dans le domaine du contrôle des flux, depuis déjà quelques mois, le gouvernement travaille dans toutes les directions. Sous l'impulsion du ministre de l'Intérieur, on s'emploie à contourner les lois de 1981. Pour rétablir des contrôles d'identité, ce dernier décide de remettre en vigueur un décret de 1946, qui précise : « Les étrangers doivent être en mesure de présenter, à toute réquisition des agents de l'autorité publique, les documents sous le couvert desquels ils sont autorisés à séjourner en France. » La réforme, introduite en juin 1983, rendant immédiatement exécutoires les peines de reconduite à la frontière prononcées par les tribunaux, entraîne la mise en place de jugements à la chaîne en procédure de citation directe, et des erreurs de droit sont parfois commises par certains magistrats[4].

Par ailleurs, à la suite de la suspension des refoulements de ressortissants algériens en décembre 1982, le gouvernement français a poursuivi des négociations avec les trois États du Maghreb. Aux termes de celles-ci, les « accords sur le diptyque » entrent en vigueur le 1er juin 1984 : le sacro-saint principe de libre circulation entre l'Algérie et la France n'est pas remis en cause mais, pour entrer sur le territoire français, les ressortissants d'Afrique du Nord devront dorénavant présenter, outre des garanties de rapatriement, une carte de débarquement à deux volets dite « diptyque » : un volet sera remis aux autorités françaises à l'arrivée en France ; l'autre, conservé par le touriste, devra être rendu au moment du retour. Ce dispositif est censé favoriser le contrôle des séjours touristiques. Enfin, Georgina Dufoix reprend à son propre compte trois propositions qui avaient, en leur temps, fait violemment réagir la gauche, lorsqu'elles avaient été envisagées entre 1978 et 1981.

En juin 1983, Georgina Dufoix demande à ses services d'élaborer un texte qui supprimerait toute possibilité pour un étranger d'accéder au séjour et au travail par la voie de la régularisation, c'est-à-dire après être entré en France en tant que touriste, par exemple. Cette réforme, déjà ébauchée par une circulaire de 1972, ne peut, selon le Conseil d'État, être instituée que par un décret ou par une loi (arrêts Da Silva du 13 janvier 1975, portant annulation des circulaires Marcellin-Fontanet de 1972, C.G.T.-G.I.S.T.I. du 24 novembre 1978, portant annulation des circulaires de 1974, et G.I.S.T.I. du 12 mai 1980, annulant la circulaire du 27 juillet 1977). Le directeur de la Population et des Migrations met alors en garde le ministre contre les effets négatifs d'une telle mesure. Effets d'abord politiques : cette proposition

reviendrait « sur une pratique constante de trente
années » et conduirait « à modifier, dans un sens
restrictif », des textes élaborés par le gouvernement de droite en 1975 et 1976 « qui ne pro-
cédaient pas nécessairement d'une intention
laxiste ». Cette initiative formerait avec l'opération
de régularisation exceptionnelle « un contraste
qu'il serait peut-être difficile d'expliquer[5] ». Mais
aussi effets pratiques prévus : si elle devait être
adoptée, la mesure ne pourrait s'appliquer aux
ressortissants étrangers qui seraient entrés en
France sous l'emprise de la réglementation antérieure, d'où la nécessité d'une nouvelle régularisation exceptionnelle. Devant le risque encouru,
le ministre se replie sur une application plus
ferme du Code du travail[6] qui permet d'opposer à
une demande de titre de travail la situation de
l'emploi présente et à venir.

Le deuxième objectif du nouveau ministre est
la restriction de l'immigration familiale. Le gouvernement doit, là aussi, tenir compte de la jurisprudence du Conseil d'État, qui a créé et imposé,
à l'occasion de l'arrêt G.I.S.T.I. du 8 décembre
1978, un nouveau principe général du droit : « le
droit de mener une vie familiale normale ». Ce
principe, qui s'applique sans texte et sans que le
législateur en ait du reste fixé les modalités et les
limites, autorise un ressortissant étranger, régulièrement installé en France, à y faire venir sa
famille qui jouit alors de tous les droits des étrangers en situation régulière. Ce principe a cependant pour contrepartie les nécessités « tenant à

l'ordre public et à la protection sociale des étrangers et de leur famille[7] ».

Pour ne pas encourir la censure du Conseil d'État, Georgina Dufoix cherche à limiter, non pas le droit de travailler, mais le droit de séjourner. Une circulaire du 10 juillet 1981 avait aboli la contrainte de la demande d'introduction au terme de laquelle les familles devaient, pour être autorisées à s'installer en France, effectuer leur demande depuis le pays d'origine ; leur demande n'était en outre prise en compte qu'à condition d'avoir des ressources suffisantes et un logement. La nouvelle circulaire a eu pour effet l'abandon progressif de cette procédure très contraignante au profit de la venue sous couvert d'un passeport de tourisme, en vue d'une régularisation ultérieure. Cela se traduisait sur le plan administratif par une nette progression des admissions au séjour, ce que confirmait une enquête conduite de 1981 à 1983 dans dix-sept départements sur l'évolution des décisions de regroupement.

Acceptations	1981	1982	1983	Totaux
Introduction	6 372	5 631	4 540	16 543
Admission au séjour	7 084	10 017	9 276	26 377
Totaux	13 456	15 648	13 816	42 920

Certes, pour la même période et pour les mêmes départements, cette évolution pouvait sembler être compensée par une augmentation parallèle du nombre de décisions négatives[8] :

Refus	1981	1982	1983	Totaux
Introduction	664	881	857	2 402
Admission au séjour	1 625	2 791	3 575	7 991
Totaux	2 289	3 672	4 432	10 393

Source : D.P.M.

Mais ces refus en nombre croissant concernaient avant tout les demandes d'admission au séjour. On pressentait donc que les familles refusées restaient sur le territoire national et s'installaient dans l'illégalité, d'autant plus qu'il était humainement presque impossible de procéder à leur reconduite aux frontières.

On cherche à ce que le refus éventuel d'un regroupement familial soit signifié quand la famille se trouve encore à l'étranger, et on décide donc de supprimer la procédure d'admission. Un texte allant dans ce sens est approuvé en réunion interministérielle. Par prudence, il n'est ensuite transmis au Conseil d'État que lorsque la consultation officieuse du président de la section sociale du Conseil permet de s'assurer de l'avis favorable de la Haute Juridiction. Celle-ci n'apporte en définitive qu'une seule modification mineure au texte : elle prévoit qu'un étranger résidant à un autre titre que celui de travailleur salarié, par exemple un étudiant, pourra bénéficier de la procédure de regroupement familial sans être contraint de revenir dans son pays d'origine. Georgina Dufoix obtient donc sans bruit le contrôle plus strict de l'immigration familiale.

Elle a enfin un troisième objectif : le rétablissement de l'aide au retour. Mais la réalisation de cet objectif lui pose un délicat problème politique. Certes, des entreprises souhaitent que cette aide soit rétablie et sentent que leurs salariés étrangers n'y seraient pas défavorables. Mais comment réintroduire cette aide sans que cela soit perçu, par ceux qui ont combattu sa création dans les années 70, comme un recul sur un point de principe ? Comment plaider son efficacité alors même que le précédent secrétaire d'État a encore publiquement indiqué, à la fin de 1982, qu'une politique de retour n'aurait aucun effet[9] ? Comment la rétablir sans renforcer également un courant xénophobe qui pourrait la percevoir comme une nouvelle faveur financière accordée aux étrangers ?

Georgina Dufoix croit avoir trouvé la parade : l'ancienne aide au retour avait été critiquée puis supprimée pour n'avoir pas été négociée avec les États d'origine. Il suffirait donc d'inscrire la nouvelle disposition dans une démarche réelle de coopération pour la légitimer et diminuer les risques de réactions négatives venant de la gauche ; le passage risqué par la voie législative serait ainsi évité. De plus, des accords bilatéraux en accroîtraient l'efficacité en facilitant la réinsertion sur place des étrangers concernés et le retrait des titres de séjour et de travail des bénéficiaires, indispensable pour éviter qu'ils ne reviennent en France une fois l'aide perçue.

L'ambassadeur Paul-Marc Henry est donc chargé d'une mission de contacts, de caractère secret, auprès des États concernés[10]. À sa demande, sa lettre de mission précise que ces contacts s'inscrivent dans le cadre de l'aide au développement des pays concernés. Il met en place un groupe interministériel permanent, qui se réunit à plusieurs reprises et effectue plusieurs voyages.

Sa démarche ne rencontre cependant guère de succès, sauf au Sénégal : elle est repoussée par la Tunisie, le Mali et surtout le Maroc, qui se montrent opposés au retour de leurs ressortissants. La Tunisie et le Maroc font état de leur situation économique ; le royaume chérifien rappelle, en outre, le contenu de l'accord de 1963, qui fait obligation à la France de reclasser des étrangers résidents marocains au chômage. L'hostilité dans les pays d'origine à tout accord bilatéral qui risquerait de se révéler impopulaire est donc complète. Mais elle diminue sensiblement dès lors qu'il ne s'agirait que d'opérations circonscrites à un nombre limité d'étrangers bien indemnisés financièrement, et unilatéralement décidées par la France.

Ce souhait coïncide avec l'objectif du gouvernement français, qui ne veut pas recréer une aide générale, mais préfère une aide micro-économique ciblée sur des entreprises en cours de restructuration industrielle dans des secteurs à fort salariat étranger. Cette position des États étrangers pose pourtant au gouvernement français un sérieux problème : il lui faut pour mettre en application une telle disposition faire discuter et adopter par le Parlement un texte de loi. Or une discussion parlementaire sur ce sujet ne va pas sans risque.

C'est après plusieurs mois d'attente que le gouvernement débusque l'occasion espérée. Donnant satisfaction à une vieille revendication des syndicats et des associations en décidant d'instituer la « carte de dix ans », il va pouvoir présenter au Parlement un texte équilibré : du restrictif avec l'aide au retour, du libéral avec le titre unique.

LA CARTE DE DIX ANS

Le Conseil des ministres d'août 1983 a pourtant été moins prolixe dans le domaine des droits des étrangers résidents que dans celui du contrôle des éventuels irréguliers. Il s'est contenté comme souvent de présenter d'une nouvelle façon des dispositions déjà prises ou de poursuivre la politique précédente : formation, soutien scolaire, légitimation et institutionnalisation d'associations à travers le financement du F.A.S., financement d'animateurs sociaux. Certes, le développement des associations induit par la libéralisation du droit de s'associer, votée en 1981, permet au F.A.S., dont les crédits d'intervention ont doublé entre 1980 et 1986, de multiplier par quatre le nombre d'organismes financés.

Certes, le gouvernement soucieux de prévenir les incidents locaux à forte résonance sociale et politique a créé le Conseil national de prévoyance de la délinquance, la Commission du développement local des quartiers, les contrats d'agglomération, qui tous cherchent à endiguer ces explosions. Pour cela, le F.A.S. s'associe à l'A.F.P.A., à l'A.N.P.E. et au ministère de l'Éducation nationale, afin de mener des actions communes[11].

Le nouveau secrétaire d'État a aussi proposé au gouvernement d'adopter une mesure symbolique : le « titre unique de dix ans ». La veille du Conseil des ministres d'août 1983 consacré à l'immigration, le Premier ministre, Pierre Mauroy, a rendu un arbitrage favorable : la carte de dix ans sera instaurée, et il en informe les cabinets concernés[12]. Mais les cabinets du président de la République et du ministre de l'Intérieur jugent la proposition trop risquée : cette mesure augmenterait les droits réels d'un nombre limité d'étrangers[13] et ne manquerait pourtant pas d'être perçue par une partie de l'opinion publique comme une faveur supplémentaire. Le Conseil des ministres refuse donc d'entériner le choix du Premier ministre.

Pour l'étranger, cependant, la carte de dix ans apparaît comme un moyen de garantir la stabilité du séjour des étrangers : élément de sûreté pour les personnes concernées, elle pourrait, de ce fait, avoir un effet positif sur l'amélioration de leurs relations avec les Français. Le titre unique de dix ans porte en lui l'idée d'une garantie d'un séjour de longue durée et la fin de nombreuses démarches administratives.

L'Administration est, en effet, perçue par l'étranger résident comme une menace permanente.

C'est au guichet, à l'occasion du renouvellement de ses titres, que l'étranger ressent, à tort ou à raison, la spécificité de sa condition, sa dépendance à l'égard d'un guichetier qui lui apparaît comme maître de son destin. Là s'est trop souvent noué le drame de la relation entre l'étranger et l'Administration française, parfois suivi d'un véritable traumatisme.

Le souvenir de ce contact obligatoire et régulier réveille aujourd'hui encore, chez des intéressés dont la sécurité du séjour est pourtant définitivement assurée, un ressentiment important, une blessure inoubliable. Le renouvellement du titre, lorsque son installation est ancienne, reste le signe tangible de la précarité de la situation de l'étranger. Une étude menée conjointement par l'Inspection générale de l'Administration et par l'Inspection générale du ministère des Affaires sociales[14] montre cependant qu'une telle perception des choses ne correspond pas tout à fait à la réalité des décisions administratives concrètes. En 1979-1980, les administrations départementales ne cèdent pas à la volonté du gouvernement de ne pas renouveler certains titres de trois ans. Le rapport conjoint de l'Inspection générale de l'Administration (I.G.A.) et de l'Inspection générale des Affaires sociales (I.G.A.S.) montre cependant des différences notables et impressionnantes de pratique dans les sept régions françaises comptant le plus de population étrangère, lorsque les préfectures ont reçu la consigne d'attribuer au moment du renouvellement un titre de plus longue durée.

Situation au 31 décembre 1982

Départements	Carte de résident ordinaire (3 ans)	Carte de résident privilégié (10 ans)	Total	CRO p. 100	CRP p. 100
Région parisienne					
Yvelines	14 000	60 500	74 500	19	81
Hauts-de-Seine	69 500	33 000	102 500	68	32
Val-de-Marne	98 500	29 000	127 500	77	23
Paris	152 500	53 000	205 500	74	26
Nord-Pas-de-Calais					
Nord	8 000	69 500	77 500	10	90
Pas-de-Calais	3 500	12 500	16 000	22	78
Rhône-Alpes					
Rhône	12 500	57 000	69 500	18	82
Loire	6 500	14 500	21 000	31	69
Provence-Alpes-Côte d'Azur					
Bouches-du-Rhône	24 000	22 000	46 000	52	48
Alpes-Maritimes	25 000	18 500	43 500	57	43
Alsace					
Bas-Rhin	17 500	10 000	27 500	64	36
Haut-Rhin	8 500	15 000	23 500	36	64
Languedoc-Roussillon					
Gard	10 500	6 500	17 000	62	38
Hérault	6 500	21 500	28 000	23	77
Lorraine					
Moselle	5 500	20 500	26 000	21	79
Meurthe-et-Moselle	7 500	11 500	19 000	39	61
France métropolitaine	880 000	1 026 000	1 906 000	46	54

Chaque préfecture a donc sa politique. Ainsi certaines préfectures accordent-elles systématiquement une carte de résident privilégié, quand les autres ne l'accordent que lorsque l'étranger concerné la demande. Mais ces politiques divergentes ne mettent pas en cause la garantie du séjour de l'étranger.

La raison principale de sa perception négative tient peut-être au fait que les personnels chargés de l'examen des demandes d'attribution ou de renouvellement de titres sont le plus souvent les personnels les moins qualifiés des préfectures. De plus, les modes de gestion de ces renouvellements demeurent archaïques.

Du point de vue de l'Administration, le service des étrangers est un service dévalorisé, assimilé aux assujettis dont il a la charge comme les gardiens de prison le sont aux prisonniers. Cette dévalorisation se traduit souvent par un absentéisme important. « Le service des étrangers fait très généralement figure de parent pauvre dans les préfectures, ce qui retentit inéluctablement sur la motivation du personnel. » Les agents travaillent dans des conditions matérielles souvent indignes. Et leur tâche n'est pas aisée : ils doivent tenir compte de multiples spécificités — statuts, nationalités privilégiées ou, au contraire, ciblées ; différenciation entre séjour et travail ; hiérarchie entre des métiers valorisés explicitement (cadres de haut niveau, recherche, saisonniers, études) ou implicitement (travail irrégulier dans certains secteurs). Ils connaissent mal des textes fort

complexes ; ils supportent difficilement la surcharge du travail et, face à l'agressivité des demandeurs, peuvent perdre patience. Tout cela
nourrit chez l'immigré l'idée selon laquelle le guichetier exerce lui-même un pouvoir discrétionnaire, tournant parfois au véritable arbitraire.

L'organisation concrète du renouvellement des
titres de séjour dépend des préfectures. Selon
les départements, les commissariats, les mairies,
les sous-préfectures ou d'autres services spécialisés, comme la Maison des étrangers à Marseille
ou la préfecture de police à Paris, servent de lieux
de réception des étrangers venus déposer une
demande d'admission au séjour ou de renouvellement de titre. Deux types d'organisation coexistent, celle du rapprochement avec l'usager —
dépôt des dossiers dans les mairies et dans les
commissariats — ou celle de la centralisation départementale des demandes. Toutes deux présentent des inconvénients.

La première se pratique le plus souvent dans
des départements à faible présence étrangère et
a l'inconvénient de ralentir le traitement des dossiers. De fait, le délai de transmission entre les
guichets et les services des préfectures, qui seules
accordent les autorisations, est déjà, en soi, très
long. Fréquemment, du fait même de la complexité
des textes applicables, des pièces manquent dans
les dossiers et plusieurs aller et retour se révèlent
nécessaires entre le guichet et la préfecture pour
compléter le dossier. Le rapport de l'I.G.A.S. et de
l'I.G.A. avait d'ailleurs conclu, avant l'adoption du

système du titre unique, à l'indispensable centralisation des procédures au niveau des sous-préfectures.

Cette centralisation, qui est la seconde forme d'organisation, existe déjà dans les départements à forte population étrangère. Or, dans ces régions, les moyens mis à la disposition des services sont insuffisants et vétustes : halls d'accueil mal disposés, manque d'effectifs et files d'attente.

Aucun système de gestion n'apparaissant vraiment satisfaisant, l'instauration d'un titre de dix ans pourrait aussi simplifier, alléger les tâches de l'Administration et améliorer d'autant ses contacts avec l'étranger.

Pourtant, en cet automne 1983, la crainte de l'opinion publique paralyse toute action. Un exemple : l'accord franco-algérien de septembre 1980 vient à échéance au 1er janvier 1984 ; il doit donc être rediscuté. Or sa renégociation coïncide avec les élections municipales partielles de Dreux qui voient se confirmer la poussée du Front national. Le cabinet du Président, craignant les accusations de laxisme, propose que le texte du nouvel accord prévoie, outre le maintien d'un mécanisme d'aide à la réinsertion, un régime de titres moins favorable que celui de l'accord de 1968 qui donnait à ces titres une validité de cinq ou de dix ans.

C'est alors qu'une marche, conduite depuis le 15 octobre par dix jeunes beurs du quartier des Minguettes de Vénissieux, va modifier le climat

politique et provoquer une courte éclaircie, pour
permettre *in fine* à l'ancienne revendication d'être
entérinée. Cette marche, conduite par Toumi Djadja, une figure symbole des jeunes de la banlieue
lyonnaise, et impulsée par le père Delorme, est,
en quelque sorte, une demande de reconnaissance
sociale : c'est la première fois que la seconde
génération se manifeste massivement et pacifi-
quement sur la scène publique dans toute la
France. Au départ, la marche est accueillie avec
prudence par le gouvernement qui redoute longtemps des incidents violents. Il faudra attendre
un mois pour que, devant le succès de plus en
plus évident remporté à chaque étape, il apporte
son soutien, le 20 novembre, par la voix de Georgina Dufoix. Enfin, le 3 décembre 1983, à Paris,
François Mitterrand accorde aux représentants
des marcheurs une audience à l'Élysée.

Au cours de l'entretien, les marcheurs conduits
par le père Delorme vont interroger à trois reprises le Président sur la carte de dix ans. Ils ont
défendu la revendication du titre unique de dix
ans tout au long de leur parcours. Le dossier de
l'entretien, préparé par le cabinet du Président,
ne contient pourtant aucun élément portant sur
ce point, ses conseillers considérant toujours que
l'annonce de cette mesure aurait des effets négatifs sur l'opinion. À la question que ses hôtes
renouvellent, le Président semble ne pas vouloir
répondre, puis il finit par dire : « Je l'ai promis
au président Chadli. » Il confond ainsi, manifestement, la concession faite au président algérien

à l'occasion de sa visite pour la renégociation de l'accord unilatéral avec l'Algérie avec une revendication qui concerne le régime général des étrangers en France[15]. À la sortie de l'entretien, la délégation rapporte cet échange au membre du cabinet présidentiel présent. La délégation doit sortir quelques instants plus tard et faire état, devant les journalistes, des résultats de l'entrevue. Le conseiller décide alors de l'autoriser à annoncer que le Président « a décidé » de modifier le régime des titres de séjour et de travail en introduisant la carte de dix ans[16].

Cette « décision » est annoncée publiquement à la sortie de l'Élysée par Toumi Djadja. Elle n'a donc pas, en réalité, été prise par le Président. Elle est une interprétation de ses paroles ambiguës qui prend valeur de légitimité.

La démarche du conseiller est intéressante à analyser. On peut lancer une première hypothèse : le conseiller ne se soucie pas de la pensée présidentielle. Il peut même penser que le Président est hostile à cette mesure. Mais il veut profiter de la confusion pour influer sur la décision en y imprimant son choix personnel, en pariant sur le coût trop élevé d'un désaveu *a posteriori*. Mais, étant lui-même plutôt défavorable à la mesure, parce qu'il croit que ses effets seront négatifs dans l'opinion, on peut penser que cette hypothèse n'est pas plausible. Plus intéressante paraît être l'idée selon laquelle le conseiller s'est efforcé d'interpréter le mieux possible la solution et la décision présidentielles ; il pense que le chef de l'État a

fait une confusion involontaire, exprimant de la
sorte un accord avec la revendication présentée
par les marcheurs : il ne fait alors que remettre
de l'ordre dans la pensée présidentielle. Ordre de
la pensée, mais aussi ordre de la représentation
du pouvoir politique. Le ministre de l'Intérieur,
hostile à cette décision, en demande son infirmation — en vain, car, les répercussions publiques ne s'étant pas révélées défavorables, elle est
maintenue.

LE CONSENSUS RÉALISÉ

Cette décision a pour conséquence la préparation d'un texte. De quel texte s'agit-il ? D'une loi
ou d'un décret ? Pendant trois mois, partisans de
la voie législative et partisans de la voie réglementaire vont s'affronter.

Les tenants de la voie réglementaire invoquent
surtout le risque d'une réaction de l'opinion publique, qui ne ferait que se développer au cours
d'une longue discussion parlementaire. Les partisans de la voie législative mettent en avant l'irré-
versibilité d'une réforme votée par les députés,
politiquement essentielle à une époque où les
associations organisées dans le collectif pour la
carte de dix ans[17] craignent le retour de l'opposition au pouvoir. Ils doutent aussi que la réforme
puisse se faire par la voie réglementaire. Pierre

Mauroy consulte sur ce point Jacques Fournier, secrétaire général de son gouvernement. Son opinion est que la création d'un titre unique est possible[18] par décret. Cependant, par respect de la volonté du législateur de 1946, la séparation des titres de séjour et de travail devrait être maintenue. L'automaticité du lien entre les deux droits, si elle pouvait être favorisée, ne deviendrait ni générale ni absolue. En outre, la délivrance conjointe, en l'absence de modification législative, ne s'avérerait pas forcément une obligation. Du coup, agir par voie réglementaire en se conformant aux contraintes précitées, c'est se condamner à élaborer une réforme de peu de portée pratique et symbolique, et qui risque de ne pas satisfaire les défenseurs de la réforme tout en mécontentant les opposants à tout développement des droits des étrangers. Par précaution supplémentaire, le président de la section de l'Intérieur du Conseil d'État est officieusement consulté par le directeur de la Population et des Migrations, également son collègue au Conseil d'État. Ce dernier pense que, la modification des titres de séjour étant un élément essentiel du statut des étrangers, lui-même relevant des libertés publiques, cette question appartient, conformément à l'article 34 de la Constitution, au domaine législatif. Ces considérations juridiques pèsent sur le choix final, et une dernière raison va emporter la décision des cabinets du Premier ministre et du président de la République : la voie législative permet d'inclure dans le texte présenté au Parlement

l'aide au retour, désormais dénommée « aide à
la réinsertion ». Le projet sera donc conforme à
l'équilibre politique tant désiré, l'« avancée » du
titre unique masquant le « recul » du retrait des
titres en cas de retour.

Entre-temps, le projet d'aide à la réinsertion a
en effet fait son chemin. Dès la fin de 1982, Pierre
Bérégovoy, ministre des Affaires sociales, a proposé à Renault[19] d'expérimenter la création d'une
« aide au retour nouvelle manière », ciblée sur
l'entreprise. Si Renault n'a pas répondu à l'offre
du gouvernement, le groupe automobile Peugeot,
alors engagé dans un conflit du travail long et
coûteux, négocie de son côté dès février 1984.
Le gouvernement souhaite une aide importante
financée par les partenaires sociaux et liée à un
projet personnel de réinsertion ; Peugeot accepte
l'idée de l'aide, sa participation à la mise en place
administrative, mais refuse le financement. Les
16 et 17 mai 1984, l'accord est conclu par un
échange de lettres avec Jacques Calvet. Il concerne
Citroën, Peugeot et Talbot.

Les syndicats obtiennent satisfaction sur le
caractère volontaire des départs et sur le montant
des primes attribuées aux salariés. Ils obtiennent
une reconnaissance symbolique de la légitimité
de leur lutte et de leur représentativité quand
Pierre Bérégovoy reçoit leur leader A. Ghazi, et
s'engage personnellement à ce que le volontariat
des demandes d'aides à la réinsertion soit res-
pecté. Le candidat perçoit ainsi des ressources

financières, alors qu'il pouvait craindre des licenciements prochains. L'entreprise partage, certes, le financement des départs avec l'État et l'U.N.E.D.I.C., mais évite les conflits sociaux qui n'auraient pas manqué d'éclater au cours d'une restructuration tardive. De son côté, le gouvernement s'épargne la cristallisation autour des immigrés de conflits sociaux aux conséquences symboliques difficilement prévisibles.

En apparence, la direction du groupe Peugeot a fait quelques concessions, puisqu'il est prévu qu'elle finance un tiers de l'aide tripartite. Dans la pratique, pourtant, le Lion a eu gain de cause : un engagement secret du gouvernement prévoit, au moment même de la signature de l'accord, le remboursement par l'État des sommes versées par l'entreprise[20]. Tout en satisfaisant un groupe alors en difficultés financières, l'État reste bénéficiaire de l'opération : en officialisant la structure tripartite de tels accords, il se ménage un moyen de les développer avec d'autres entreprises. L'accord type mis au point, il s'agit alors de légaliser le retrait des titres de séjour et de travail des étrangers qui auront bénéficié de l'aide à la réinsertion, afin d'éviter leur retour sur le territoire national.

La mise au point du projet de loi sur le titre unique aura en coulisses un arrière-goût de déjà-vu : comme il le fait depuis 1982, le ministère de l'Intérieur profite des consultations interministérielles de mise au point du texte pour tenter une nouvelle fois de revenir sur la loi du 29 octobre 1981. Il présente quinze amendements. Les cabinets du Premier ministre, du ministre de la Justice et du secrétaire d'État chargé des immigrés, invoquant leur coût dans l'opinion publique de gauche, s'opposent d'abord au principe même de ces rajouts ; puis ils finissent par les examiner un par un.

Certaines propositions sont abandonnées du fait de leur manque de portée pratique et parce qu'elles ne concernent que quelques cas particuliers ; d'autres parce qu'elles remettent en cause des principes fondamentaux des lois de 1981 : la légalisation des contrôles d'identité ou le retour au caractère consultatif des commissions d'expulsion. D'autres encore ne franchissent pas l'obstacle de l'examen parlementaire : porter à un an après le mariage le délai au-delà duquel les conjoints étrangers de Français peuvent demander la nationalité française pour faire échec aux mariages blancs ; ne rendre inexpulsables que les parents ayant effectivement leurs enfants à charge, la formule « non déchus de l'autorité parentale » étant parfois utilisée comme bouclier par certains parents ; enfin, ne plus obliger les préfectures à instruire des demandes de titres de séjour déposées par des immigrés entrés en France avec un visa touristique de trois mois. Seule la proposition de rendre expulsable l'étranger condamné à un an de prison, lorsque cette sentence résulte d'un cumul de petites peines, deviendra l'article 3 de la loi sur le titre unique.

Le débat public qui se déroule au Parlement français le 25 mai 1984 marque pourtant un tournant dans la politique de l'immigration. Il a été préparé depuis plusieurs mois par Georgina Dufoix, qui a volontairement manifesté un intérêt politique marqué pour les propositions faites au Sénat dans l'intention de faciliter l'aide au retour. Elle a ainsi tenté de susciter l'émergence d'un consensus sur l'ensemble du texte en recherchant les contacts avec l'opposition parlementaire. Mûri en coulisses, le débat est l'occasion d'une manifestation d'unanimité de tous les partis représentés au Parlement.

Dix ans après la suspension de l'immigration de travailleurs — dix années au cours desquelles se sont multipliés les affrontements — apparaît dans l'enceinte parlementaire une règle du jeu de la politique d'immigration. Jean Foyer, ancien garde des Sceaux, déclare ainsi au nom du R.P.R. :

> « Je voterai ce projet, ainsi que mon groupe. Il constitue une réforme utile, bienfaisante et justifiée. Il faut reconnaître en effet que notre système de cartes n'était pas d'une très grande efficacité et que cette procédure de "mise en carte", si j'ose dire, aboutissait à créer un état d'insécurité pour ceux qui y étaient soumis. Ils étaient obligés à bien des formalités, et n'étaient pas toujours bien reçus à cette occasion. »

La représentation nationale unanime constate et accepte ainsi l'inéluctabilité de l'installation de l'immigration étrangère régulière et l'impossibilité dans le domaine du retour d'aller plus loin qu'une simple invitation au volontariat. Le vote divergent en seconde lecture ne remet pas en cause les fondements de l'accord : il ne sera dû qu'à l'effet politique que produit le score du Front national aux élections européennes.

Les deux synthèses républicaines

La réussite électorale postérieure du Front
national fait passer au second plan, aujourd'hui
encore, cet important accord entre les partis traditionnels.

Cette réussite illustre pourtant mieux encore
la force de deux constatations importantes : la
loi du 17 juillet 1984 va servir à partir de cette
date, et malgré les pressions du débat politique,
de première référence, de premier cadre à l'action
de tous les gouvernements, de droite comme de
gauche. C'est pour cette raison que l'on peut la
dénommer « règle du jeu ».

En second lieu, nous devons noter que cette
loi-règle du jeu aura été construite entre 1974
et 1984, avant l'émergence du Front national au
cœur du débat sur l'immigration[1].

André Postel-Vinay l'avait en quelque sorte
découverte dès 1974, sans pouvoir en prouver la
validité. Les changements de stratégies se sont
ensuite effectués pendant dix ans soit par choix
politique, parce que — comme en 1977 — le

profit politique prouvé par la politique suivie entre 1974 et 1977 paraissait insuffisant, soit sous la contrainte, parce que le coût politique des orientations choisies était trop élevé : ce fut le cas à la fin des périodes 1977-1981 et 1981-1983.

L'échec de la tentative d'expulsion massive de plusieurs centaines de milliers d'étrangers en cinq ans, inaugurée en 1978, a été le produit de divers facteurs : de la mobilisation, certes, des syndicats et des partis de gauche, mais encore des administrations chargées de préparer et de mettre en œuvre ces politiques, enfin des États d'origine : la contrainte internationale a joué son rôle. De même, et surtout, le Conseil d'État, qui était déjà intervenu, par de nombreuses décisions d'annulation, dans la définition de la politique d'immigration. Le droit au séjour des étrangers régulièrement installés fut alors, en 1980, implicitement reconnu et imposé à M. Giscard d'Estaing. En 1983, aucun État d'origine, aucune décision du Conseil d'État, aucune action politique traditionnelle ne fut responsable de la remise en cause de l'action engagée dans les débuts du septennat de François Mitterrand. Ce fut bien plutôt l'hostilité grandissante à la politique suivie, notamment à l'opération de régularisation, qui fut décisive ; celle-ci avait déjà coûté cher électoralement et politiquement[2]. Le gouvernement de gauche prit alors conscience du fait qu'une certaine dose d'ordre public était nécessaire à l'existence de la communauté politique nationale. Alors que l'inclusion des réguliers était acquise, l'exclusion des irréguliers est ensuite admise. La loi de 1984, le vote unanime du Parlement qui a rassemblé les partis traditionnels de la droite et de la gauche, vient en quelque sorte couronner cet apprentissage.

TROIS INTERROGATIONS ESSENTIELLES

L'action au cours de la période 1974-1994 peut être représentée comme une suite de choix successifs entre différentes solutions « idéal-typiques[3] », portant sur les trois interrogations essentielles qui traversent toute l'histoire de la politique française de l'immigration.

SOLUTIONS DE POLITIQUES PUBLIQUES

A. *À l'égard des étrangers irréguliers qui souhaitent devenir réguliers :*

— A1. ouvrir l'accès à la catégorie réguliers ;

— A2. régulariser ceux des irréguliers qui se trouvent sur le territoire national ;

— A3. empêcher le passage d'une catégorie à l'autre.

Les variations de stratégies

Phases	Problème			Motif de l'abandon
	A	B	C	
Juin/ juillet 1974	A3	B1	Pas de mesure dans ce domaine	Arbitrage défavorable sur la politique du logement.
Juillet 1974- mars 1977	A3	B1	C2	Pas de profit politique suffisant.
Mars 1977- mai 1981	A3	B2 3	C3	Coût des politiques intérieure et internationale trop élevé. Mise en cause des valeurs de la communauté nationale.
Mai 1981- mars 1983	A2	B1	C1	Coût politique trop élevé. Mise en cause des valeurs de la communauté nationale.
Mars 1983- mars 1986	A3	B1	C2	Profit politique insuffisant.
Mars 1986- mai 1988	A3	B2 3	C2	Profit politique insuffisant.
Mai 1988- mars 1993	A3	B1	C2	Profit politique insuffisant.
Mars 1993	A3	B3	C2	Profit politique insuffisant.

B. *À l'égard des réguliers dans leur rapport avec l'État français :*
— B1. augmenter les ressources et les droits ;
— B2. les maintenir ;
— B3. les diminuer.

C. *À l'égard des flux de retours de réguliers*
— C1. laisser jouer les flux naturels ;
— C2. favoriser les retours volontaires ,
— C3. provoquer des retours forcés.

L'APPRENTISSAGE PAR L'ÉCHEC

Les colonnes A et C de ce tableau illustrent bien l'apprentissage progressif, dans l'action, de la règle du jeu sur les flux que la description de l'action n'aide pas toujours à repérer : comme nous l'avons vu, des occasions d'agir passent mais trépassent. Parfois, des idées naissent et sont adoptées, mais l'élaboration des textes est stoppée avant le passage devant le Parlement. D'autres fois, ce dernier adopte lui-même des dispositions inapplicables. Dans la pratique, les décisions sont obtenues par des échanges internes à la politique de l'immigration, par échange avec d'autres politiques sectorielles, avec la politique internationale ou à l'aide de ressources politiques ou arbitrales.

Surtout, pour aboutir, la règle du jeu de 1984 a dû traverser et surmonter les embûches de la politisation. En permanence depuis 1974, la politique d'immigration a été utilisée dans l'arène politique, mais sans succès durable. L'usage politicien de la politique d'immigration, aux moments les plus brûlants, se voulait pourtant rentable.

Le Conseil d'État a joué un rôle primordial pour insuffler des valeurs qui fondent la communauté politique — la liberté, l'égalité mais aussi l'ordre public — comme autant de contraintes pour l'action publique. L'État de droit a ainsi divisé radicalement les immigrés assujettis à la politique d'immigration : les étrangers résidents ont ainsi plutôt bénéficié du droit à la liberté et à l'égalité ; les étrangers en situation irrégulière qui souhaitaient s'installer, se sont vu en revanche appliquer la contrainte d'ordre public. Progressivement, un équilibre a été trouvé. Dans cet échange, les droits de l'étranger résident ont même été confortés : disposant encore en 1974 d'un statut précaire, il se retrouve, après une période de crise économique et de pression xénophobe, titulaire d'une carte de dix ans renouvelable quasi automatiquement.

Ce paradoxe s'explique : la croissance économique avait permis, entre 1945 et 1974, de ne pas trancher entre une logique égalitaire qui impliquait le droit à l'installation pour tous les étrangers résidents et la logique de sélection ethnique qui ne voyait alors l'immigration non européenne que transitoire. Les travailleurs immigrés installés en France à cette période souffrirent alors de l'arrangement pragmatique qui existait entre le patronat français, l'État français et leur État d'origine. Ces acteurs avaient en effet un intérêt commun à l'existence de flux d'immigration, mais aussi à l'attribution de faibles droits et ressources pour l'étranger immigré.

À partir de 1974, cet arrangement est remis en cause par l'Algérie et surtout par la France. Ni l'une ni l'autre n'y ayant plus intérêt, il entre en crise. Chaque acteur percevait jusqu'alors des ressources et subissait des contraintes relativement stables et satisfaisantes ou acceptées dans un calcul individuel de coûts et d'avantages. Brutalement, cette règle du jeu ne fonctionne plus. À partir de 1974, le problème de l'immigration change de définition pour les décideurs qui en ont la charge. La lutte contre les nouvelles arrivées devient prioritaire. Auparavant, la frontière juridique entre irréguliers et résidents était aisément franchissable. Dorénavant, le nouvel arrangement pris par les acteurs sociaux va séparer dans leurs intérêts les immigrés par une frontière plus difficilement franchissable.

Le risque était grand que l'approche non raciste ne survive pas à l'apparition de phénomènes xénophobes semblables à ceux qu'avait connus la France dans les années 30, à la première récession économique qui surviendrait. Finalement, la logique de 1945 a donc été retrouvée et a triomphé. Le test de validité apparaît d'autant plus réussi que la prédominance de la valeur de non-distinction des étrangers selon leur origine s'impose, en dépit d'une hostilité croissante de l'opinion publique et de l'action obstinée d'un président de la République qui dispose dans le système de la Ve République d'un poids réputé déterminant. Elle le fait en France comme dans d'autres pays européens avec l'aide des institutions judiciaires[4]. Soulignons d'ailleurs une contradiction entre situation sociale et situation

juridique : au cours de cette bataille, l'Algérien immigré, stigmatisé, vivant son séjour en France
comme force de travail transitoire, interdit de
politique[5], aura, en usant des ressources fournies
par les principes généraux du droit français, les
conventions internationales et en particulier
européenne ratifiées par la France, et les conséquences de la décolonisation, grandement favorisé
l'issue du conflit qui se résout donc par la stabilisation de l'immigration résidente, indépendamment de son origine.

De ce point de vue, la règle du jeu validée en
1984 intègre le fait que la durée de présence de
l'immigré ne dépend pas de l'intention affirmée
par l'individu ou par l'État d'accueil. L'approche
n'est cependant égalitaire qu'en dernière instance.
Lorsqu'un étranger se présente devant l'Administra-
tration pour demander un droit, celle-ci est censée répondre en fonction de lois et de règlements
égalitaires qui ne distinguent pas selon les origines ; quand il s'agit d'organiser des retours, toute
sélectivité ethnico-culturelle est évincée. Mais
l'*État de droit* impartial et égalitaire a un double :
l'*État acteur*. Celui-ci a pu et peut encore favoriser la venue d'étrangers de telle ou telle origine,
comme il l'a fait avec les bureaux de l'O.N.I. en
1946, et ensuite favoriser dans le traitement des
dossiers de séjour ou de naturalisation telle ou
telle nationalité[6]. Mais sa marge est limitée, par
l'absence de quotas qui marqueraient une hiérarchie explicite des nationalités, par l'éthos
égalitaire du fonctionnaire, enfin par le contrôle

juridictionnel, qui tolère rarement un traitement discriminatoire.

Pourtant, en même temps que les mécanismes institutionnels de l'État de droit se montraient suffisamment puissants pour imposer aux acteurs politiques républicains — de droite et de gauche — des limites à leur action, cette limitation était elle-même cachée au public. En apprenant ce qui était faisable et ce qui ne l'était pas, les entrepreneurs politiques républicains avaient découvert entre eux une communauté d'intérêts. Pratique courante dans le champ politique[7], cette collusion, qui se matérialise par le vote de la loi de 1984, n'est acceptable par aucun des deux pôles concernés de l'électorat. Le consensus n'est pas avouable pour des raisons qui apparaissent manifestes au cours du débat télévisé qui oppose Laurent Fabius à Jacques Chirac, en octobre 1985, à l'approche des élections législatives. Lorsque Laurent Fabius lui répond : « Sur ces principes-là, à une ou deux exceptions près, je crois qu'il n'y aurait pas de désaccord », il a raison sur le plan de la politique publique envisageable ; mais il a le tort, aux yeux du public de gauche, de rendre l'accord entre partis explicite. L'approbation donnée par le Premier ministre socialiste à la triple orientation de politique publique défendue par le président du

R.P.R. est à la fois l'aveu que ce consensus existe
bien, mais les réactions politiques, la confirmation de son indicibilité.

Les adversaires républicains de droite et de
gauche décident alors d'exclure du débat politique les aspects de la politique de l'immigration
qui appartiennent dorénavant à cette règle du jeu
et de taire le consensus qui existe entre eux.
Depuis, même si les décisions de politiques publiques s'inscrivent sans exception dans le cadre
du triptyque — stabilisation des étrangers installés régulièrement en France, limitation au
volontariat de toute aide au retour, mais aussi
caractère durable de la politique de « maîtrise
des flux migratoires » —, l'accord implicite sur
ce qui oblige les acteurs est tu et est mis en valeur explicitement ce qui les divise encore.

Le camouflage a consisté pour les partis politiques de gauche comme de droite à continuer à
s'affronter jusqu'en 1999 dans des joutes verbales
parfois très violentes, sur des terrains qui d'une
certaine façon marquaient la concrétisation de
leur accord : sur la politique à suivre à l'égard de
potentiels nouveaux immigrants, c'est-à-dire sur
la réponse à la question : qui admettre au séjour.
Ou alors, au sujet de la nationalité ou de la citoyenneté, c'est-à-dire du statut des immigrants
ou de la première, voire de la deuxième, génération de leurs enfants. Ces divergences ne mettent
plus en cause la stabilité du séjour des étrangers
résidents. Mais il avait fallu dix ans et quatre politiques différentes pour que, en 1984, le Parle-

ment vote une loi créant un titre unique qui
garantisse cette stabilité. Il faudrait encore quinze
ans pour que l'ensemble des partis admettent
que la France restait un pays d'immigration.

DÉSACCORD PROCLAMÉ,
ACCORD VALIDÉ

Le changement de gouvernement qui intervient
en juillet 1984, quelques semaines après les élections européennes, modifie surtout la configuration des positions ministérielles. Au contraire
de son prédécesseur, le nouveau Premier ministre Laurent Fabius va d'abord chercher à donner
des gages aux élus de régions à forte population
immigrée, représentés par les ministres Gaston
Defferre et Charles Hernu, maires de Marseille et
de Villeurbanne. À l'inverse, Pierre Joxe, nouveau
ministre de l'Intérieur, est moins soumis à la
pression publique d'une ville à forte présence
immigrée que ne l'était son prédécesseur, et
s'accommode bien de l'héritage des lois de 1981.
L'accession de Georgina Dufoix au poste de ministre de la Solidarité nationale et des Affaires
sociales confirme la fin de l'existence d'un département particulier en charge de la politique d'immigration. Le ministère spécifique disparaît donc :
souci de diminuer la focalisation de l'attention
publique sur un responsable, gestion rationnelle

des cadres politiques, coïncidence avec l'établissement définitif de la règle du jeu ?

Le nouveau Premier ministre cherche à frapper l'opinion publique hostile à la présence étrangère. Il souhaite instaurer la reconduite administrative à la frontière et rétablir des contrôles d'identité. Il veut réformer la procédure d'accès au statut de réfugié, en soumettant la transmission des demandes d'asile de l'O.F.P.R.A. à un agrément administratif. Seule la restriction de l'accès au regroupement des familles lancée en avril 1983, mais définitivement mise au point en octobre 1984, peut finalement symboliser la rigueur que l'on veut faire percevoir. L'accord entre les forces politiques semble en fait maintenu sur la politique des flux migratoires. Il apparaît en tout cas comme tel au cours du débat sur les problèmes de l'immigration que Georgina Dufoix organise au Parlement le 25 juin 1985 ; elle y développe en revanche une conception pluriculturelle de la nation, moins consensuelle.

Mais, dans le même temps, un débat public se développe avec de plus en plus d'intensité, d'abord par le biais d'ouvrages dont les auteurs vont défendre des thèses contradictoires sur les étrangers résidents. À gauche, Françoise Gaspard et Claude Servan-Schreiber demandent dans *La Fin des immigrés*[8] que l'on prenne acte de cette présence définitive. À droite, vont s'opposer les avis pessimistes et optimistes sur la possible insertion des immigrés : Bernard Stasi défend l'idée que non seulement l'insertion des populations immigrées est possible et probable, mais que leur présence est le signe de la vitalité de la nation ; selon lui, la crise actuelle n'est que la reproduction de celles qui se sont produites à chaque grande vague d'immigration. À l'opposé, Alain Griotteray affirme que certains immigrés sont inintégrables, dangereux pour la société française parce qu'ils appartiennent à un « autre monde », celui de l'islam qui n'a jamais pu cohabiter avec le christianisme et qu'il faut donc les empêcher de devenir français[9].

La mobilisation sur la scène publique progresse encore en dimension lorsque le racisme devient un enjeu politique prioritaire. En 1982, une première génération de travailleurs immigrés, celle des années 1960, était apparue sur la scène politique centrale qu'organise par exemple la télévision au moment où, concernée au premier chef par les licenciements intervenant dans de nombreux secteurs industriels, elle quittait la scène sociale. En 1983, la marche des beurs était une demande de reconnaissance par la société et par l'État de la première génération d'enfants de migrants d'après-guerre. En 1984, S.O.S.-Racisme devient un instrument de combat interne dans la société française. La naissance de cette organisation pendant l'automne 1984 est favorisée par le cabinet du président de la République, malgré la réserve de Georgina Dufoix et du parti socialiste. Ses responsables trouvent alors des formes sociales adaptées à la lutte contre le Front national, en faisant intervenir une part importante de la société française, jusque-là démobilisée, aux côtés des immigrés et de leurs enfants contre une autre partie de la société opposée à la présence étrangère[10].

Enfin, à l'approche des élections législatives, un débat sur la citoyenneté est relancé par la gauche. À Mons-en-Barœul, commune de la banlieue lilloise, des étrangers ont été appelés à élire des représentants qui sont associés, avec voix consultative, aux délibérations du conseil municipal. Le président de la République saisit l'occasion d'un congrès de la Ligue des droits de l'homme pour déclarer, en avril 1985, qu'il est favorable au droit de vote local pour les étrangers. Les associations de défense des étrangers qui n'étaient pas favorables à ce droit dans les années 70 ont opéré, sur ce point, un retournement[11].

Pourtant, sur le plan constitutionnel, la réforme préconisée est encore plus impraticable qu'en 1981. En effet, le Conseil constitutionnel, dans une décision de 1982[12], a d'abord indiqué : « La qualité de citoyen ouvre le droit de vote et l'éligibilité dans des conditions identiques à ceux qui n'en sont pas exclus pour des raisons d'âge, d'incapacité, de nationalité ou pour une raison tendant à préserver la liberté de l'électeur ou l'indépendance de l'élu. » Puis il a précisé que les élections municipales sont des élections politiques. Or ce qualificatif n'est compréhensible que si l'on fait entrer en ligne de compte le rôle que jouent les conseils municipaux dans l'élection des sénateurs représentants de la nation. Le Conseil constitutionnel a ainsi conforté ceux qui pensent qu'une telle réforme se heurte à un obstacle constitutionnel infranchissable.

Pour François Mitterrand, à l'approche d'une échéance électorale décisive, un discours sans conséquence pratique immédiate a sans doute l'avantage de légitimer, à gauche, l'exécutif déjà en campagne ; peut-être aussi celui d'exciter la division de la droite sur les questions de l'immigration : en tout cas, il conforte la place de ce problème au cœur de l'actualité.

Laurent Fabius ne poursuit pas la même tactique. Au cours du débat qui l'oppose à Jacques Chirac, le 27 octobre 1985, il manifeste son accord global avec les principes d'action défendus par son adversaire et met l'accent sur leurs convergences, comme pour désamorcer un terrain miné à l'approche des élections législatives. Les partis de la droite classique font preuve de la même prudence. La plate-forme de l'opposition se montre certes sensible à la pression du public — elle prévoit de modifier le Code de la nationalité et d'en revenir aux reconductions administratives à la frontière — mais elle ne revient pas sur l'engagement pris à l'occasion du vote parlementaire de 1984 de stabiliser l'immigration régulière. Pendant la campagne des élections législatives de mars 1986, l'immigration n'est inscrite sur l'agenda des controverses politiques par aucun des grands partis traditionnels. Seul le Front national décide d'axer sa campagne sur ce thème[13]

LA DROITE AU GOUVERNEMENT

La droite; de retour au pouvoir en mars 1986, l'organisation administrative de la politique de l'immigration évolue peu. La suppression d'un ministère spécifique chargé de coordonner la politique d'immigration est confirmée après mars 1986. Chacun des trois grands ministères concernés par cette politique : l'Intérieur, les Affaires sociales et les Affaires étrangères, dispose d'une plus grande autonomie.

Mais, le Front national étant entré en masse au Parlement du fait d'un scrutin proportionnel, le gouvernement entend donner des signes nets d'action contre l'« insécurité ». Charles Pasqua, ministre de l'Intérieur, apparaît donc en première ligne dans le contrôle des flux et la défense de l'ordre public. Pour répondre à la pression de l'opinion, le gouvernement cherche à mettre en cause non pas l'installation durable des étrangers résidents, mais l'une de ses conséquences : le droit dont disposent leurs enfants d'accéder sans difficulté à la nationalité française. De ce fait, le ministre de la Justice jouera un rôle imprévu dans la conduite de la politique de l'immigration.

La loi de 1984 sur le « titre unique » n'est pas mise en cause dans ses principes. Mais dans ses modalités d'application on tente, partout où cela est possible, d'exercer un contrôle plus sévère.

D'abord, en établissant la reconduite administrative à la frontière, réforme souvent réclamée sans succès par Gaston Defferre et par le corps des magistrats. Ce que le gouvernement de gauche s'était privé de faire pour ne pas choquer son électorat, le nouveau gouvernement de droite va le décider pour satisfaire le sien. Charles Pasqua entend en plus revenir sur la garantie du séjour en France accordée par les lois de 1981 et de 1984 aux jeunes d'origine étrangère y ayant été élevés, ceux qu'on appelle les « Français sociologiques ». Il souhaite que les jeunes puissent, en cas d'atteinte à l'ordre public, être expulsés, et que la carte de dix ans ne puisse leur être attribuée s'ils représentent ou ont représenté une menace pour l'ordre public[14]. La Ligue des droits de l'homme et les Églises se mobilisent et soutiennent les grèves de la faim de deux jeunes Lyonnais. Les médiations du cardinal Decourtray, archevêque de Lyon, et du cheik Abbas, recteur de la mosquée de Paris, aboutissent à l'engagement du gouvernement de réduire la portée de son projet initial. Le texte adopté au Conseil des ministres du 11 juin 1986 se propose également de permettre à la police de l'air et des frontières d'effectuer un tri entre les demandeurs d'asile avant que la demande ne soit examinée par l'O.F.P.R.A. La contestation se révèle encore plus forte et entraîne le report *sine die* de cette partie du projet.

Le texte adopté renforce au total les pouvoirs de l'autorité publique. Les conditions d'entrée sont rendues plus strictes. Le refus d'entrée est désormais immédiatement exécutoire ; le sursis à exécution d'un jour franc n'est possible que s'il est demandé par l'autorité consulaire. Mais les étrangers régulièrement installés en France ne voient pas leur statut mis en cause. Le titre de dix ans continue d'être renouvelé de plein droit, sauf — et il s'agit là d'une nouvelle restriction — si la présence de l'étranger constitue une menace pour l'ordre public[15]. Les catégories d'étrangers auxquelles la carte de résident peut être délivrée de plein droit sont les mêmes, sous condition restrictive : on vérifie l'absence de fraude, d'atteinte actuelle ou passée à l'ordre public.

Enfin, l'expulsion en urgence absolue peut désormais être prononcée lorsque « la présence de l'étranger sur le territoire français constitue, pour l'ordre public, une menace d'une particulière gravité ».

Formellement, après les reculs du gouvernement, la première loi Pasqua est acceptable pour la gauche. Celle-ci a, après tout, tenté de légiférer dans la même direction quelques mois plus tôt.

De même pour ce qui concerne les visas : un plan de développement des visas a été mis au point par Claude Cheysson, mais les réactions des pays d'origine ont empêché son adoption. Charles Pasqua va utiliser ses responsabilités particulières de « ministre des Algériens » pour négocier avec ces derniers des accords particuliers sur le contrôle des flux. À l'issue de ces pourparlers, et alors que Paris subit une vague d'attentats terroristes, les pouvoirs publics peuvent justifier la mise en place de visas à l'entrée du territoire national : cette décision concerne non seulement les pays du Maghreb, mais ceux du monde entier à l'exclusion des pays membres des Communautés européennes.

Reste à savoir comment ces règles vont être appliquées. Le ministre de l'Intérieur donne à ses services la consigne de se montrer stricts. Concrètement, cela a pour conséquence des restrictions, une parcimonie accrue dans le renouvellement des titres ou dans l'attribution de la carte de dix ans. Dans certains cas particuliers, l'administration préfectorale dispose, en effet, de marges d'interprétation : lorsqu'il s'agit, par exemple, de déterminer l'attitude à prendre face à un étranger qui a laissé passer le délai de validité de sa carte ; lorsqu'il est encore au chômage après un renouvellement d'un an ou lorsqu'il est possible, après trois ans de présence régulière, de lui délivrer un titre de résident. Libéralisme et sévérité se succédant au rythme des changements des responsables au sein des préfectures, sous-préfets délégués ou secrétaires généraux, les directives nationales orales ou écrites peuvent avoir une certaine influence, de même que les comportements individuels des guichetiers. Si l'étranger laisse passer le délai de validité de sa carte, elle peut théoriquement ne pas lui être renouvelée ; mais cette pratique est rarissime. Entre 1986 et 1988, certaines préfectures y auront pourtant recours.

Cependant, quand la réponse à une demande de renouvellement est négative, des possibilités d'action subsistent. Souvent, la capacité d'intervention d'associations ou d'avocats spécialisés, mais aussi la capacité d'initiative de l'étranger concerné, sont alors déterminantes pour faire passer les intéressés de l'illégalité à la légalité.

S.O.S.-Racisme, le M.R.A.P. ou le G.I.S.T.I. se mobilisent contre certaines décisions de préfectures. Mais peut-être le bruit fait autour de cas individuels injustement traités est-il souhaité par le gouvernement qui veut donner des illustrations publiques de sa rigueur. C'est ainsi qu'il faut comprendre l'affrètement d'un charter de cent un Maliens renvoyés dans leur pays d'origine pour avoir été trouvés en situation irrégulière. Sans doute un préfet ou un tribunal auraient-ils pris, après examen de chaque cas individuel, la même décision pour la majorité d'entre eux. Mais c'eût été alors en conformité avec le droit, et l'effet publicitaire eût été manqué. Celui-ci fut plutôt négatif dans les opinions publiques des États d'origine, et en France aussi. Ce type d'action symbolique ne sera d'ailleurs jamais renouvelé.

Les socialistes avaient découvert les limites de l'utilisation libérale de la politique de l'immigration. Jacques Chirac, Charles Pasqua et Albin Chalandon découvrent très rapidement les effets indésirables de son utilisation à des fins sécuritaires.

Le ministre des Affaires sociales, Philippe Seguin, en charge du développement des ressources

et des droits des étrangers résidents, a tout de
suite adopté en cette matière un profil bas. Il
maintient en fonction tous les responsables des
institutions chargés de la mise en œuvre des
politiques sociales d'immigration (au F.A.S., à
l'O.M.I., à la C.N.L.I., à la D.P.M.) nommés par
ses prédécesseurs socialistes : dans la pratique,
l'orientation de la période précédente semble
poursuivie.

C'est Albin Chalandon qui, au nom du gouvernement, propose une réforme du Code de la
nationalité[16]. Le projet prévoit notamment que
l'enfant né en France de parents étrangers, qui
jusque-là devenait français quasi automatiquement le jour de sa majorité, soit désormais dans
l'obligation de le réclamer. Cette proposition
exprime une certaine méfiance à l'égard de l'accès
de ces jeunes à la nationalité française. Le
gouvernement justifie son projet par le souci de
vérifier la citoyenneté réelle, le « désir de vivre
ensemble », et il appelle indûment Ernest Renan
à la rescousse[17]. Il est notamment défendu par
Alain Finkielkraut, qui met en cause cependant
l'un des aspects du texte, l'exigence de non-
condamnation antérieure pour bénéficier de la
nouvelle procédure de déclaration volontaire.
Cette réforme est combattue par les partis de
gauche et par les Églises. La satisfaction donnée
au public hostile aux étrangers en général, et aux
Algériens en particulier, est en grande partie illu-
soire. En effet, les seuls enfants dont le statut ne
serait pas modifié sont les enfants algériens, qui

sont le plus souvent automatiquement français :
étant nés en France de parents nés en France —
du temps où l'Algérie était française. Et ce sont
les enfants des autres nationalités : Portugais,
Marocains, Espagnols ou Italiens, qui seraient
pour leur part concernés au premier chef.

Au même moment, une importante mobilisation étudiante contraint le gouvernement à
retirer un projet de réforme des universités et entraîne la démission d'Alain Devaquet, secrétaire
d'État chargé des universités. La crainte d'une
nouvelle mobilisation sur la réforme du Code de
la nationalité conduit alors le Premier ministre à
retirer aussi ce texte, mais par une voie différente.
Il demande à une commission de sages réunie
autour de M. Marceau Long, vice-président du
Conseil d'État, d'examiner si le Code de la nationalité française est encore adapté aux nécessités
du temps présent et du futur prévisible. Des audi-
tions publiques et télévisées, qui dédramatisent
le problème et en font percevoir sa complexité
technique et affective, permettent une véritable
éducation civique. La commission ne remet pas
en cause la tradition intégrante du Code de la
nationalité française. Elle fixe les limites d'une
éventuelle réforme en proposant notamment que
le jeune né en France de parents étrangers, sans
devenir automatiquement français, puisse le
devenir sans difficulté, par simple déclaration
effectuée auprès d'une autorité administrative, à
partir de l'âge de seize ans.

À quelques mois de l'élection présidentielle de 1988, le gouvernement de M. Chirac préfère ne pas mettre les propositions de la commission Long à l'ordre du jour du Parlement. Comme en 1981, puis en 1985, avant les élections législatives, François Mitterrand fait savoir qu'il reste favorable au droit de vote pour les immigrés, alors que la mesure n'est, on le sait, pas réalisable ni politiquement ni juridiquement. Il ajoute que, l'opinion n'étant pas prête à accepter cette mesure, il ne la proposera pas s'il est réélu.

LA GAUCHE DE RETOUR AUX AFFAIRES

À l'élection présidentielle, le candidat du Front national, Jean-Marie Le Pen, obtient 14 p. 100 des voix, après avoir fait de l'immigration son cheval de bataille. François Mitterrand, réélu, charge Michel Rocard de constituer le gouvernement.

Dans un premier temps, celui-ci choisit le profil bas pour éviter de refaire de l'immigration un enjeu politique. Le ministre de l'Intérieur Pierre Joxe décide de conserver la loi Pasqua et de l'appliquer avec libéralisme, comme le texte le permet : l'autorité administrative n'exerce plus son pouvoir de non-renouvellement des titres de résident que dans des cas exceptionnels ; des expulsions en procédure normale ou en urgence absolue sont réduites. Dans le domaine social, et du fait de l'aggravation des tensions, ce souci de dépolitisation aboutit à une relative inaction.

S.O.S.-Racisme, qui a joué un rôle important de mobilisation contre le projet de texte sur la nationalité et contre la loi Pasqua, mais surtout dans la mobilisation des jeunes contre la loi Devaquet et donc en faveur de la réélection de François Mitterrand, proteste contre l'inactivité du gouvernement. Le président de la République entend cette protestation et annonce à l'occasion des vœux pour 1989 l'abrogation de la loi Pasqua. On fixe aussi la date de la discussion de la nouvelle loi Joxe : juste avant les élections européennes, ce qui n'est pas un hasard. Parler d'immigration permet, semble-t-il, de diviser davantage la droite, en excitant sa partie la plus extrême, qui lorgne vers le Front national. La droite contribue également à passionner le débat, affectant de penser que cette abrogation aura des conséquences dramatiques pour le contrôle des flux, alors qu'entre les lois Pasqua (1986) et Joxe (1989) les divergences pratiques se révèlent minimes et ne portent que sur des catégories d'immigrés très limitées numériquement.

En cette fin d'année 1989, les passions se concentrent et s'enflamment sur le port du voile islamique par trois jeunes écolières, cristallisant plusieurs crises : celle de l'école, celle des rapports entre l'État et la religion, celle de l'identité nationale mise en cause par l'origine culturelle étrangère des immigrés des années récentes, mais aussi par la perspective de l'unification européenne. Faute de réaction adéquate du ministre de l'Éducation nationale, le Conseil d'État est consulté et indique dans son avis que le problème du sens du port du voile ne peut que se régler au cas par cas, dans l'interprétation de principes parfois contradictoires. Le développement des demandes d'asile suscite également les passions.

Au même moment, le Front national montre, à l'occasion d'élections partielles, que son influence est encore en progression.

Le Premier ministre réagit en créant le 19 décembre 1989 un Haut Conseil de l'intégration présidé par Marceau Long et doté d'un secrétaire général, Hubert Prévot. Il cherche à réaliser sur ce point un consensus avec l'opposition en proposant des mesures concrètes et en faisant marche arrière sur le droit de vote aux élections locales. Le nouveau Premier ministre Édith Cresson crée en mai 1991 un ministère des Affaires sociales et de l'Intégration auquel se joint un nouveau secrétaire d'État lui-même immigré, Kofi Yamgnane.

Celui-ci reste en fonction dans le gouvernement de Pierre Bérégovoy jusqu'en mars 1993. Sa marge d'action est étroite et ses résultats sont minces. À son actif, la mise en place d'une cérémonie de remise d'un « diplôme de naturalisation » qui se déroule régulièrement dans les préfectures de chaque département.

En 1991, Valéry Giscard d'Estaing tente de radicaliser le débat à droite. Après avoir en juillet préconisé un « quota zéro » pour l'immigration[18], il dénonce dans le *Figaro-Magazine* « l'immigration-invasion ». il propose également que la nationalité française ne puisse plus être attribuée par la naissance en France (*jus soli*) mais par la seule filiation — le *jus sanguinis* —, sur le modèle de la loi allemande d'alors. Cette proposition de rapprochement avec le Front national ne convainc plus son propre camp.

Dans le même temps, les différents ministres socialistes qui se succèdent à l'Intérieur adoptent des mesures restrictives : après avoir en 1990 accéléré le traitement des dossiers de demandeurs d'asile, le gouvernement supprime, le 26 septembre 1991, l'autorisation de travail dont ils bénéficiaient pendant ce traitement[19]. Parallèlement, la pression des associations force le gouvernement à organiser cette même année la régularisation de 20 000 demandeurs d'asile déboutés, arrivés en France avant le 1er janvier 1989.

Cependant c'est principalement le développement de la coopération européenne qui introduit et justifie les modifications les plus importantes apportées à la législation française. Pour préparer la mise en place de l'accord signé à Schengen le 14 juin 1985 entre l'Allemagne, la France et le Benelux, puis de sa convention d'application du 19 juin 1990, le gouvernement crée des zones d'attente et transfère aux compagnies de transport

aérien ou maritime le soin de contrôler la régularité de la situation de leurs passagers ; dans la
perspective de la suppression d'un contrôle stati-
que aux frontières, il développe le contrôle sur
l'ensemble du territoire Le traité de Maastricht
prévoit aussi d'attribuer aux citoyens de l'Union
européenne résidant dans un autre pays de l'Union
le droit de vote aux élections locales et européennes. La Constitution est donc modifiée en ce sens,
sans qu'au Parlement aucune voix ne s'élève pour
permettre aux immigrés non européens de voter
également.

IMMIGRATION ZÉRO

Pour répondre à ce qui est perçu comme une
demande du public, le retour de la droite au
pouvoir en mars 1993 se traduit par un tournant
radical, l'adoption en moins de neuf mois de quatre lois ordinaires et d'une réforme de la Constitution ayant directement trait à la politique de
l'immigration.

Le Parlement autorise le contrôle préventif des
identités par les autorités de police quel que soit
le comportement de l'individu contrôlé. Surtout,
la loi de 1993 portant sur la « maîtrise » des flux
migratoires comporte bien un volet traditionnel
de renforcement des dispositifs déjà serrés de
lutte contre l'immigration illégale[20]. Mais la
nouveauté de la politique de M. Pasqua réside

ailleurs, dans l'utilisation de la répression systématique de l'immigration légale. Addition de propositions de chefs de bureaux de son Administration, élaborées en réaction à des exemples de fraude dont ils avaient connaissance dans leur domaine de compétence, assemblées et ordonnées au plus haut niveau de la hiérarchie du ministère, la loi de 1993 cherche à freiner par tous les moyens l'installation légale d'étrangers, de familles ou de conjoints de Français ou de résidents, réfugiés ou étudiants. Dans un entretien au *Monde* le 2 juin 1993, M. Pasqua déclare : « La France ne veut plus être un pays d'immigration. » À la question qui se pose depuis 1984 : quels immigrés faut-il admettre au séjour, il répond : L'objectif que nous nous assignons, compte tenu de la gravité de la situation économique, c'est de tendre vers une immigration zéro[21]. On a certes interdit le regroupement familial polygame, mais on limite aussi le droit des étudiants à se voir délivrer une carte de dix ans. Pour faire venir sa famille, l'étranger doit avoir séjourné en France deux ans au lieu d'une seule année auparavant ; le maire est à cet égard consulté. Il l'est aussi dans le cadre de la lutte contre les mariages « arrangés » ; en outre l'illégalité du séjour avant le mariage empêche la délivrance d'un titre de séjour après celui-ci. Pour lutter contre les mariages « arrangés », on va aussi jusqu'à mettre parfois en cause le droit au séjour des nouveaux conjoints de Français.

C'est dans ce contexte que le gouvernement choisit d'inscrire dans la législation la plupart des propositions de la commission Marceau Long sur la nationalité française auxquelles Pierre Mazeaud, président de la commission des Lois de l'Assemblée, n'a souhaité apporter qu'une modification symbolique : la législation de la nationalité est réintégrée dans le Code civil, place qu'elle avait quittée en 1927 pour constituer un Code de la nationalité « autonome »[22]. Le Parlement adopte le projet Marceau Long et sa proposition principale : le jeune né en France de parents étrangers devra — entre seize et vingt et un ans — manifester sa volonté d'être français, au lieu que la nationalité française lui soit attribuée automatiquement à sa majorité. Mais, sous la pression de l'aile droite de sa majorité, emmenée par Philippe de Villiers, il durcit le texte initial. En ce qui concerne l'acquisition par mariage, la loi adoptée impose dorénavant à l'époux de Français un délai de deux ans au lieu de six mois s'il veut devenir français par déclaration[23]. Enfin, vexation significative, un enfant né en France d'un parent né en Algérie avant 1962 ne se verra attribuer la nationalité française à la naissance — par l'effet du double *jus soli* — que si ce parent apporte la preuve qu'il réside en France depuis au moins cinq ans[24]. La nouvelle loi est adoptée dans le contexte d'une nouvelle législation de l'immigration : le consensus n'existe plus. La gauche fait siennes les critiques émises en son temps par S.O.S.-Racisme. Michel Rocard, au nom du parti socialiste, estime que la réforme est « une mauvaise loi, inquiétante dans ses motivations, injuste dans ses intentions et dangereuse dans ses dispositions ». S.O.S.-Racisme estime qu'« en maintenant l'acte volontaire uniquement pour les enfants nés en France de parents étrangers, le code actuel entérine une discrimination artificielle et inacceptable[25] ».

Mais c'est l'entrée en vigueur des accords de Schengen le 26 mars 1995 entre les cinq signataires fondateurs, rejoints par l'Espagne et le Portugal, qui fait faire à la coopération européenne un pas décisif.

De quoi s'agit-il ? De la création d'une frontière extérieure commune et d'une liberté de circulation à l'intérieur de cette frontière, principalement à destination des citoyens de l'Union. Il s'accompagne d'accords de réadmission qui permettent le renvoi en Allemagne, en Belgique ou en Espagne d'un ressortissant étranger qui serait passé par l'un de ces États avant d'entrer par exemple irrégulièrement en France. Il prévoit l'harmonisation des politiques de visas à l'entrée de chacun des États signataires en échange de la suppression des postes frontières.

Mais la suppression des postes frontières n'entraîne pas la suppression des contrôles, bien au contraire. Tout étranger entrant en France en provenance d'un pays signataire de l'accord devrait, si celui-ci s'appliquait à la lettre, remplir une déclaration à son arrivée en France et être à même de prouver à tout moment de son séjour les conditions régulières de son séjour en France.

La même année, au cours de la campagne pour l'élection présidentielle, Jacques Chirac et Lionel Jospin adoptent une nouvelle stratégie, sans coordination mais en commun : éviter le débat sur l'immigration tout en tenant sur le sujet, très discrètement, un discours convergent[26]. Chirac croit que les lois Pasqua lui ramèneront des électeurs de Le Pen ; Lionel Jospin, que le besoin de sécurité est tel qu'il ne faut pas les critiquer, sauf à risquer la sanction d'une partie de son électorat. Cette stratégie échoue magistralement avec les scores du Front national aux élections présidentielle et municipales.

Les 15,3 % de suffrages obtenus par Jean-Marie Le Pen au premier tour de l'élection présidentielle sont amplifiés aux élections municipales et le gain par le Front national de mairies importantes (Toulon, Orange, Marignane) démontre que son implantation s'approfondit. Les électeurs du Front national — sondés — placent toujours l'immigration en tête des motifs de leur choix[27] — et Jean-Marie Le Pen a été le seul candidat à avoir fait de l'immigration et du départ « organisé dans la dignité » de trois millions d'étrangers, en situation régulière mais non européens, l'axe principal de sa campagne.

Pour répondre à ce qu'elle perçoit comme une demande restrictive, une partie de la droite demande en vain une nouvelle loi. Jean-Louis

Debré, nouveau ministre de l'Intérieur, prépare
« sa » loi ; une commission d'enquête parlementaire sur « l'immigration clandestine » présidée
par M. Philibert adopte un rapport en avril 1996[28]
qui préconise 46 mesures, toutes répressives,
allant de la prise d'empreintes systématique des
visiteurs étrangers et du fichage des personnes
les hébergeant à la remise en cause des droits
aux soins (qui seraient limités aux soins d'urgence pour les étrangers en situation irrégulière)
et à l'éducation (dont seraient privés les enfants
étrangers non représentés) ou de la protection
des mineurs (ceux qui auraient commis un délit
pourraient dorénavant être expulsés). Leur radi-
calisme, le refus des partisans de M. Pasqua de
modifier la loi de 1993, incitent dans un premier
temps Alain Juppé à refuser d'aller plus loin.

Mais, à cette date, a déjà commencé l'occupation de l'église Saint-Ambroise le 22 mars 1996,
par 300 Africains qui se proclament « sans-
papiers », par un retournement de l'usage du
terme « clandestin », c'est-à-dire non plus hors
la loi mais victimes d'un État producteur des situations de « clandestinité »[29]. Ils mettent aussi
en avant l'ancienneté de leur présence et la
dette de la France envers leurs aïeux combattants
des deux guerres mondiales pour réclamer des
papiers[30]. Comme le dit Johanna Siméant, « le
terme de "sans-papier" est assez flou pour cou-
vrir et unifier dans la même protestation un ensemble de situations hétérogènes. Aussi est-il en
mesure de concerner tous les immigrés dans la

mesure où la question des papiers est un aspect incontournable de leur quotidien. Ce terme permet donc de fonder des revendications basées sur le thème de la "dignité"[31]. Évacués par la force, réfugiés d'abord à la Cartoucherie de Vincennes, puis dans des locaux de la S.N.C.F., rue Pajol, ils s'installent finalement dans l'église Saint-Bernard de la Chapelle[32].

Une tentative de médiation menée par Stéphane Hessel ayant échoué, ils entament une grève de la faim. Leur expulsion par la force, le 23 août 1996, sur décision du ministre de l'Intérieur Jean-Louis Debré, suscite un fort mouvement de solidarité. Une partie de l'opinion publique est choquée de découvrir parmi les « sans-papiers » des parents d'enfants français, des conjoints de Français ou des étrangers ayant toute leur famille en France. C'est l'occasion saisie par M. Chirac pour annoncer que les lois Pasqua seront réformées pour être plus « efficaces ».

Le 6 novembre, le projet de loi préparé par M. Debré est présenté au Conseil des ministres. D'un côté, il prévoit que plusieurs catégories de personnes — ni expulsables ni régularisables — puissent obtenir une carte de séjour[33]. De l'autre côté, il autorise l'administration à maintenir un étranger en situation irrégulière en rétention pendant quarante-huit heures, au lieu de vingt-quatre avant de le présenter au juge. Il étend aussi les pouvoirs des policiers, tant dans le contrôle des véhicules utilitaires que dans celui des entreprises, où la présence d'un inspecteur du travail n'est plus nécessaire pour intervenir.

Surtout, il durcit la procédure de délivrance des certificats d'hébergement, ces documents nécessaires depuis 1982 à l'obtention d'un visa pour un étranger effectuant une « visite privée » : les maires pourront plus aisément refuser la délivrance du document et faire appel à la police pour vérifier les normes d'hébergement. Enfin le texte met directement en cause la responsabilité de l'hébergeant.

Au cours du débat parlementaire, mi-décembre, le texte est durci, dans l'indifférence quasi générale[34]. Mais, deux mois plus tard, un appel signé de 59 artistes appelant à désobéir à l'obligation pour le signataire d'un certificat d'hébergement qui aurait accueilli l'étranger d'informer la mairie de sa commune du départ de cet étranger[35] recueille un vaste soutien et provoque une intense mobilisation qui prend de court la gauche officielle. L'ampleur de la protestation amène Alain Juppé à renoncer à cette disposition. L'Assemblée nationale adopte, en deuxième lecture, la proposition, imaginée par Pierre Mazeaud, que le contrôle des sorties se fasse par la remise du certificat d'hébergement par le visiteur étranger à la police des frontières au moment où il quitte le territoire.

L'ÉMERGENCE D'UNE NOUVELLE
RÈGLE DU JEU

Grâce à la loi Debré promulguée le 24 avril 1997[36], Jacques Chirac espère gagner les élections législatives qu'il provoque. Il les perd. Le parti socialiste a indiqué dans son programme pour les élections législatives de juin 1997 : « Nous supprimerons les lois Pasqua-Debré. Nous rétablirons les droits fondamentaux au mariage, à la vie en famille et le droit d'asile, ainsi que le code de la nationalité dans sa vision républicaine. »

Après la victoire, l'un des premiers actes du gouvernement de la gauche plurielle consiste à engager un processus de régularisation de certains étrangers en situation irrégulière, sur la base de critères précis, le plus souvent en raison de liens familiaux en France[37]. Sur proposition du ministre de l'Intérieur, Jean-Pierre Chevènement, le Premier ministre Lionel Jospin demande à l'auteur de ce livre un rapport afin « d'analyser la situation présente et de proposer des règles simples, réalistes et humaines pour l'entrée et le séjour des étrangers » et sur « les conditions d'application du principe du droit du sol pour l'attribution de la nationalité française » c'est-à-dire le statut des enfants nés en France de parents étrangers[38].

Dans la lignée d'un texte publié en 1995 dans une note de la fondation Saint-Simon[39], la mis-

sion part d'une hypothèse à vérifier : la confusion
et l'extrême politisation de la politique de l'immigration tient d'abord à ce qu'aucun responsable
politique n'avait osé dire la vérité sur le fait
qu'entre 80 000 et 120 000 époux et épouses de
Français, familles d'étrangers en situation régulière, réfugiés politiques, Européens ou travailleurs qualifiés, s'installaient en France tous
les ans légalement. Tous les gouvernements ont
répété que l'immigration était arrêtée, que l'on
allait vers « l'immigration zéro »[40].

Faute d'avoir le courage de dire la vérité sur les
flux, M. Pasqua, après que la gauche s'est surtout
attaquée à l'immigration illégale, a ajouté des restrictions tous azimuts à l'immigration légale.
« Tout s'est passé — a écrit un des corédacteurs
de la législation de 1993 — comme si le législateur, agissant sous la pression de plus en plus
forte des flux migratoires sur nos frontières, avait
cherché à élever un mur sans cesse plus haut...
tout en acceptant l'idée qu'une fois entré, l'étranger resterait dans notre pays[41]. » Partant de ces
prémices, la loi et surtout la pratique ne font
plus de distinction : toute personne désireuse
d'entrer en France pour tourisme, affaires, travail, mariage, recherche, études, asile, regroupement ou visite familiale était considérée dans la
pratique comme un illégal ou un fraudeur potentiel, soumis à des contrôles d'autant plus systématiques et répétitifs que, la politique de
l'immigration nécessitant la coopération de plusieurs administrations, chacune d'entre elles

peut en bloquer la mise en œuvre et développer
ainsi une maladie particulière à l'administration
de l'immigration que j'ai dénommée, dans le
rapport remis en 1997 au Premier ministre, la
« contrôlite »[42]. Cette contrôlite a contribué à remettre en cause des libertés publiques, mais, en
mobilisant la police pour interpeller des étudiants, des familles, des personnes mariées, elle a
porté atteinte à la sécurité publique, par surcharge des policiers affectés à des contrôles inutiles. Si les droits d'asile — et de vie familiale
normale — étaient rétablis, les associations de
défense des immigrés seraient satisfaites ; et les
policiers déchargés de tâches inutiles pourraient
se consacrer à la lutte contre la délinquance
française ou étrangère. Implicitement les acteurs
— policiers, juges, associations — avaient les
mêmes hiérarchies. Il ne s'agissait donc pas
d'abroger telle ou telle loi Pasqua ou Debré car,
dans le passé, « toutes les modifications [...] présentées, à gauche comme à droite, comme une
annulation de la modification précédente [...] ne
se sont pas annulées l'une l'autre mais se sont en-
trelacées, sans considération pour la paralysie
qu'elles contribuaient à créer sur le terrain du
contrôle et sur le terrain du droit ». Il s'agissait
de rétablir la chaîne de coopération entre les
acteurs de telle façon que les droits proclamés
dans la Constitution de la France et dans ses lois
— droits d'asile et à une vie familiale normale —
aient une traduction dans la pratique, et que les
contrôles ainsi facilités soient plus effectifs contre

l'immigration illégale[43]. La lettre de mission parlait expressément d'« une politique [...] propre à recueillir l'assentiment de nos concitoyens ». L'intuition était que les Français étaient beaucoup plus d'accord qu'ils ne le croyaient sur ce qu'il fallait changer dans la politique d'immigration. Il y avait une cohérence dans leur soutien aux « lois Pasqua » et aux « sans-papiers de Saint-Bernard »[44]. Les lois de 1993 leur avaient été présentées comme un moyen de lutter contre l'immigration irrégulière : ils étaient donc pour. Mais ils ne savaient pas que ces lois avaient mis dans l'irrégularité les parents d'enfants français, par exemple, et là, ils étaient contre... : il s'agissait donc de replacer au bon endroit la frontière entre légalité et illégalité.

C'est ainsi que le rapport « pour une politique d'immigration juste et efficace », remis le 31 juillet 1997, émet 140 propositions, reprises pour la plupart par le projet de loi du gouvernement. La protection du droit d'asile serait étendue[45], les obstacles à l'exercice d'une vie familiale normale supprimés. Un droit des retraités à l'aller-retour entre la France et le pays d'origine serait créé et l'accueil des étudiants et des scientifiques étrangers facilité. Le principe de l'exigence des visas serait maintenu, mais les consulats tenus de motiver leur refus de délivrer un visa à certaines catégories limitées d'étrangers : membres de la famille de ressortissants français, bénéficiaires du regroupement familial, personnes inscrites sur le fichier de Schengen. La répression du travail irrégulier serait renforcée et — pour faciliter les reconduites et expulsions — la prolongation de la durée de rétention de dix à douze jours[46]. Enfin, pour éviter d'avoir à recourir à intervalles réguliers à des régularisations collectives exceptionnelles, un mécanisme de régularisation individuelle permanente serait mis en place, dont pourraient bénéficier des illégaux après dix années de séjour ou en raison de liens de vie privée et familiale.

La plupart de ces propositions sont reprises par le gouvernement. Au terme de vifs débats, le Parlement adopte la loi Chevènement dite R.E.S.E.D.A.[47] sur l'immigration après avoir, par des amendements, rétabli la commission du titre du séjour, supprimé les certificats d'hébergement et réduit à un an le délai de séjour exigé pour procéder à un regroupement familial. Par la loi Guigou, le droit de la nationalité est également modifié : dorénavant, à dix-huit ans, le jeune né en France devient français automatiquement, sauf s'il exprime le désir contraire. Il peut anticiper cette acquisition par une déclaration volontaire possible dès l'âge de treize ans[48]. Parallèlement, l'opération de régularisations se traduit par 87 000 décisions positives pour 135 000 demandes déposées[49]. Un an plus tard, les 15 et 16 octobre 1999, au Conseil européen de Tampere (Finlande), le gouvernement français fait inscrire la coopération avec les pays d'origine dans le cadre du co-développement comme l'un des quatre piliers de la politique européenne de l'immigration en construction [50].

Au même moment, la constatation que le discours anti-immigré devient de plus en plus coûteux politiquement[51] amène Alain Juppé à espérer que le moment du consensus soit arrivé dans le domaine de l'immigration. « J'admets que [le gouvernement] a, d'une certaine manière, décrispé les choses en matière d'immigration… En revanche, sur l'intégration, tout reste à faire[52]. »

Ce message aux nouveaux électeurs enfants d'immigrés, l'ouverture d'un nouveau champ de divergence sur l'intégration et les discriminations, ne sont pas pris au sérieux par la gauche.

Malgré le rapport d'un Haut Conseil à l'intégration présidé par Simone Veil qui prône son autodissolution au profit d'une haute autorité indépendante chargée de l'action contre les discriminations directes et indirectes, malgré un rapport de Jean-Michel Belorgey allant dans la même direction, le gouvernement de gauche hésite à agir. Martine Aubry se montre très prudente. Tout juste met-elle en place un Groupe d'étude des discriminations (G.E.L.D.) et un numéro vert destiné à recueillir les plaintes[53]. À l'occasion de la transposition d'une directive européenne, une loi du 16 novembre 2001[54] inscrit pour la première fois dans le Code du travail (article L. 122-45) l'interdiction de toute discrimination indirecte, c'est-à-dire non intentionnelle.

C'est sur le terrain de l'intégration que Jacques Chirac prend l'initiative après sa réélection en

mai 2002 contre Jean-Marie Le Pen. Après la nomination au gouvernement de deux ministres
issus de l'immigration algérienne, il annonce la
mise en place d'un contrat d'intégration à l'intention des dizaines de milliers de nouveaux immigrants s'installant en France tous les ans,
d'une haute autorité contre les discriminations et
l'ouverture d'une cité nationale de l'histoire de
l'immigration[55]. Lorsqu'à l'automne 2002, Nicolas Sarkozy est confronté à des mouvements de
sans-papiers pour leur régularisation, il assouplit
les mécanismes de régularisation prévus par la
loi de 1998[56]. Préparant un nouveau projet de loi
sur l'immigration, il annonce que certaines catégories d'étrangers — principalement ceux arrivés
en France avant l'âge de treize ans — seront
mieux protégés contre l'expulsion ou l'interdiction du territoire, ce que l'on appelle parfois « la
double peine ». Mais cette mesure que la gauche
n'avait pas prise en 1998[57] permet de camoufler
un durcissement de la législation — plus de ressources exigées des touristes, moins de facilités
pour le regroupement familial, plus de conditions
et de délais avant l'obtention de la carte de résident ou l'acquisition de la nationalité française
par mariage ou par adoption, une durée de rétention administrative qui passe de 12 à 32 jours. La
loi accorde surtout aux maires de nouveaux
pouvoirs : d'accorder ou de refuser un certificat
d'hébergement rétabli ; de recevoir les futurs
époux avant la célébration de leur mariage pour
vérifier leur consentement ; de donner leur avis

avant l'attribution d'une carte de résident. Et si une autre loi unifie les procédures de l'asile de la Convention de Genève et celles de l'asile subsidiaire[58] et ouvre ces protections aux persécutions non étatiques, c'est aussi pour permettre la mise en place de listes de pays sûrs ou de l'asile interne[59]. Souvent ces lois ont entériné ou précédé des directives européennes. Mais, sauf dans le domaine de la lutte contre le racisme et les discriminations[60], ces directives n'ont fixé qu'un cadre lâche ou permis une régression des droits des étrangers.

Les changements intervenus depuis 1999 ne remettent cependant pas en cause l'idée que la France reste un pays d'immigration. La gauche et la droite divergent encore sur les objectifs et les moyens, mais dans un cadre maintenant très largement commun. Après le premier accord intervenu en 1984 entre gauche et droite, il a donc fallu encore presque quinze ans — jusqu'après l'adoption de la loi de 1998 — pour que soit accepté un compromis portant sur l'immigration légale : les immigrés faisaient entre 1945 et 1974 l'objet d'une politique globale d'admission au séjour, ils doivent dorénavant être clairement distingués. Pour les travailleurs non qualifiés non citoyens de l'Union européenne, les possibilités d'émigrer en France sont très limitées. Les citoyens de l'Union européenne bénéficient à l'inverse de la liberté de circulation. Enfin trois catégories d'étrangers se trouvent dans une situation intermédiaire : ils ont des droits sous conditions — réfugiés, familles de Français ou de résidents étrangers — ou bien encore leur accueil sélectif peut correspondre aux intérêts de la France, aux besoins de son économie ou de ses entreprises — travailleurs qualifiés ou saisonniers. Et cette diversité des statuts et des situations implique la mise en place de règles qui définissent droits et contrôle, selon un savant équilibre, dépendant de la particularité de chaque pays de l'Union européenne, entre ces catégories juridiques, mais aussi en fonction de l'évolution des lois et des pratiques administratives.

L'immigration semble aujourd'hui, en l'an 2004, sortie — en France — du champ de la politisation. Mais pour combien de temps ? Il suffit que l'on présente comme nouveaux des phénomènes (immigration temporaire, double nationalité, diasporas) qui se sont déjà produits dans le passé mais se développent aujourd'hui dans une autre configuration : sur le plan économique, la globalisation-mondialisation, sur le plan des droits de l'homme, l'internationalisation, sur le plan des informations, une circulation mondiale. Il suffit que des études mettent en lumière le déclin démographique de l'Europe, les besoins de main-d'œuvre exprimés par certaines entreprises ou certains secteurs économiques ou la faillite de l'intégration et le débat est relancé : la politique de l'immigration n'est-elle pas à revoir, les frontières à « ouvrir » ou à « fermer », le consensus actuel ne se fait-il pas au prix de concessions

excessives au restrictionnisme ou au libéralisme ?
Les mêmes événements éveillent ainsi souvent des
réactions dans des sens opposés. Lorsque des
drames humains sont provoqués à l'occasion du
franchissement des frontières, des voix s'élèvent
aussi contre le trop grand libéralisme des politiques de l'asile ; et certains responsables politiques remettent en cause la Convention de Genève
ou encore le droit au regroupement familial.

Ces réactions contradictoires sont d'abord le
produit de la particularité de la politique d'immigration, de la difficulté à accepter qu'elle puisse
être une politique comme une autre, quoique
plus complexe que les autres. Elle est aussi le reflet de différences qui existent entre les différents
États de l'Union européenne, le phénomène migratoire étant devenu commun à chacun d'entre
eux.

Cette réactivité illustre aussi une autre caractéristique des politiques d'immigration :

— Elles sont, d'abord, aisées à politiser : parce
qu'il s'agit de « contrôler » l'accès au territoire et
à la nationalité, mais aussi de laisser s'installer
sur ce territoire et entrer dans la nationalité des
étrangers, elles touchent les citoyens d'un État
nation au cœur de leurs valeurs les plus fortes et
les plus contradictoires : l'identité nationale et le
respect des droits de l'homme[61].

— Les rapports des citoyens à cette politique
sont, en outre, particuliers : chaque citoyen a son
avis sur ce que le gouvernement devrait faire ou

ne pas faire en matière d'immigration. Ce n'est pas le cas dans d'autres politiques publiques qui donnent l'apparence d'une plus grande technicité. En outre, c'est une politique pour laquelle les exigences de réussite sont proches de 100 p. 100 ; les « défaillances » sont donc souvent perçues comme condamnant la politique dans son ensemble. Un immigré en situation irrégulière est interpellé : c'est le signe pour beaucoup de « l'échec de la politique de contrôle des flux migratoires », mais tous n'en tirent pas la même conclusion : au motif que le contrôle des frontières est inefficace, certains vont demander un durcissement de la législation, et les autres sa libéralisation.

— Enfin, très dispersée entre plusieurs administrations, cette politique française de l'immigration est l'une des actions publiques les plus complexes à mettre en œuvre. C'est justement en partant du point de vue de l'action éclatée de l'État sur le terrain que nous allons tenter de la comprendre. Nous ne considérerons plus l'action du point de vue d'un individu placé au sommet de l'État, mais comme une série de pratiques sectorielles juxtaposées dans trois domaines : les flux ; les conditions de vie des étrangers résidents — droits civils, école, travail et logement ; l'accès, enfin, à la nationalité française.

ne pas faire en matière d'inculpation. Ce n'est
pas le cas dans d'autres politiques publiques qui
donnent l'apparence d'une plus grande technicité.
En outre, c'est une politique pour laquelle les
dépenses de l'État sont proches de 70 à 100.
Les « défaillances » sont donc souvent perçus
comme conduisant à la politique dans son ensemble. Un «indice» ou indication privilégié est
immédiate : c'est le signe pour beaucoup de
l'échec de la politique de contrôle des flux migratoires, mais tous n'en tirent pas la même
conclusion, en motif que le contrôle de l'immigration, car certaines, certains vont demander qui
du tassement de la législation et les changes si la
législation.

— Enfin, l'ensemble de ces pouvoirs publics administrations, cette politique française de contrôle
migratoire est l'une des actions publiques les plus
complexes à mettre en œuvre, et l'intention en
œuvre du point de vue de vie de l'action à l'égard.
L'insu sur le vrai but peut nous allons rejet de la
comprendre. Nous ne considérerons plus l'action
du point de vue d'un individu/place qui sourient
de l'État, mais comme une série de pratiques sectorielles juxtaposées dans trois domaines : les
flux, les conditions de vie des étrangers resi-
dents — droits civils, social, travail et logement —
l'accès, enfin, à la nationalité française.

II

La défaillance de l'action

VIII
Qui entre, qui sort ?

Chaque année il y a, toutes nationalités confondues, 300 millions de passages (aller et retour) aux frontières françaises, dont environ 80 millions d'étrangers. La plupart de ces étrangers sont des touristes, et repartent quelques jours ou quelques semaines plus tard de France. Quelques dizaines de milliers d'entre eux restent et s'installent légalement, temporairement ou durablement ; souvent ils repartent de France quelques années plus tard et ce phénomène de retours spontanés est généralement négligé. D'autres restent aussi illégalement avant de repartir spontanément ou par contrainte, à moins qu'ils ne trouvent les moyens de régulariser leur situation.

Concrètement, l'Administration doit veiller à appliquer des règles qui préviennent et combattent l'immigration illégale tout en ne freinant pas l'admission sur le territoire des touristes et des immigrants légaux. Chaque instrument de la politique d'entrée et de séjour a donc des dimensions complémentaires et contradictoires, qui excluent les raisonnements binaires.

LA LUTTE CONTRE LES SÉJOURS IRRÉGULIERS

UNE SITUATION COMPLEXE

L'existence de séjours irréguliers est une conséquence normale de l'existence de contrôles et de
règles d'entrée et de séjour en France. Comme
toute régulation, et quelle que soit son libéralisme,
la politique d'immigration a des contrevenants.
Plusieurs causes peuvent expliquer le phénomène.
La différence de puissance économique entre la
France et les pays en voie de développement
constitue une forte attraction pour les ressortissants de ces pays à la recherche d'un emploi.
Pour certains employeurs français, le coût d'un
travailleur irrégulier, qui craint d'être interpellé
et reconduit à la frontière, est moins élevé que
celui d'un travailleur français ou étranger affilié
à la Sécurité sociale. Traditionnellement, la gauche a souvent mis en cause le rôle des employeurs
comme facteur d'incitation à l'installation en
France d'immigrés en situation irrégulière. La
droite, au contraire, a insisté sur la responsabilité des individus qui se maintiennent irrégulièrement sur le sol national.

De ces analyses divergentes ont découlé des
logiques d'action différentes. La gauche a cherché
à réprimer l'emploi de main-d'œuvre étrangère

irrégulière tandis que la droite a plutôt cherché à renforcer les moyens de contrôle aux frontières. Ce débat, qui s'est déroulé jusqu'en 1983, a été involontairement tranché par les études effectuées, sous la direction de Claude-Valentin Marie, sur la population des 135 000 personnes régularisées au cours de l'opération de 1981-1983[1].

Les renseignements fournis par ces régularisés sur les conditions de leur clandestinité ont permis de comprendre les facteurs déterminant leur situation.

Répartition de l'ensemble des régularisés et des moins de vingt-six ans selon les raisons de l'irrégularité de la situation administrative

Les raisons de l'irrégularité de la situation administrative	Ensemble des régularisés	Moins de vingt-six ans
1. Ancien touriste	68,4	72,9
2. Ancien étudiant	6,2	4,8
3. Ancien saisonnier	5,7	3,0
4. Faux papiers	5,6	5,6
5. Entrée clandestine	4,9	5,4
6. Refus de renouvellement	2,8	1,8
7. Refus de délivrance de titre de séjour ou de travail	4,9	4,5
8. Non-admission au travail des jeunes ayant eu seize ans en France	0,7	1,4
9. Refus du statut de réfugié politique	0,6	0,5
10. Expulsé revenu en France	0,2	0,1

L'étranger en situation irrégulière en 1981 est le plus souvent entré en France en situation régu-

lière : l'addition des raisons de 1 à 9 du tableau
ci-dessus donne un total de 89,3 p. 100 ; l'entrée
en tant que touriste apparaît comme le moyen le
plus couramment utilisé. L'étude de l'origine des
migrants régularisés montre qu'ils appartiennent
soit à des nationalités déjà présentes sur le territoire national, mais dont la présence est récente
et en phase d'expansion, soit à des nationalités
nouvelles : des Sri-Lankais et des Pakistanais qui
partaient traditionnellement vers la Grande-
Bretagne, des Haïtiens vers les États-Unis et des
Turcs vers l'Allemagne, se sont parfois dirigés vers
la France pour profiter des mesures prises par le
gouvernement français en août 1981. Les refoulés des uns sont souvent devenus les régularisés
des autres.

La seconde constatation intéressante est que
ces étrangers étaient avant la régularisation employés dans quatre secteurs d'activité où persiste
encore aujourd'hui une demande (au sens économique) de travail irrégulier : 85 p. 100 de sans-
papiers travaillaient dans le bâtiment, les services, l'agriculture et la confection[2], les deux premiers secteurs dominant l'ensemble en employant
66 p. 100 des étrangers régularisés en 1981.

Ces informations ont incité les pouvoirs publics
à agir parallèlement dans deux directions :
d'abord sur les lieux de travail ou contre le trafic
d'êtres humains, puis avant le franchissement de
la frontière.

LE TRAVAIL ILLÉGAL

Quand un étranger entre irrégulièrement sur le territoire ou qu'il prolonge au-delà de trois mois un séjour touristique, il se trouve en infraction pour séjour irrégulier. Lorsqu'en plus il occupe un emploi, il se trouve en infraction avec la législation du travail. Il n'est pourtant pas un travailleur « clandestin ». Le Code du travail réserve ce qualificatif à l'organisation d'une entreprise non déclarée. Le travail clandestin peut donc être le fait d'un Français employant au noir des Français. Lorsque ce sont des étrangers qui sont employés dans des conditions illégales, encore doit-on bien distinguer les deux motifs d'irrégularité déjà évoqués. Dans un cas, l'employeur contrevient à l'interdiction légale d'employer sans autorisation des travailleurs de nationalité étrangère, mais est prêt à déclarer son employé dès que l'opportunité lui en est laissée ; dans le second cas, c'est souvent la recherche de coûts salariaux très peu élevés, le souci d'échapper par exemple aux charges sociales, qui expliquent le comportement de l'employeur. Face au premier type d'infraction, les pouvoirs publics ont parfois réagi par la prévention. Le second type de phénomène, en revanche, ne subit qu'une répression peu efficace.

Pour prévenir l'offre d'emploi illégal aux étrangers, les autorités publiques ont cherché à adap-

ter la réglementation de certains types de travaux
à la réalité du marché. Certains travaux particuliers, temporaires dans l'année ou dans la jour-
née, difficiles et peu payés, moins bien indemnisés
en cas de chômage, ne trouvent ni demande sur
le marché du travail ni réglementation adaptée à
leur spécificité. Dans le cas des travaux saisonniers agricoles, les pouvoirs publics ont mis en
place un système de recrutement qui servira
d'exemple à des expériences originales dans
d'autres domaines. Chaque année l'Office des
migrations internationales recrute, sélectionne
et transporte plusieurs dizaines de milliers de
travailleurs saisonniers. Il répond ainsi à l'offre
d'emploi temporaire qui apparaît chaque année
dans l'agriculture au moment des récoltes. Ce système satisfait tout à la fois les professionnels de
l'agriculture, au bénéfice de qui il est organisé,
les saisonniers eux-mêmes et les États d'origine.
Il permet surtout d'éviter que l'offre ne trouve
pas de réponse sur le marché du travail français,
et qu'elle soit satisfaite par une main-d'œuvre
employée irrégulièrement. Les pouvoirs publics
ont longtemps cherché à diminuer le nombre de
saisonniers employés chaque année en France et
la durée de leurs contrats, sous le prétexte qu'une
petite partie des saisonniers introduits tous les
ans ne se maintienne en France. Mais toute règle
implique un certain nombre de fraudes. Et, le
système satisfaisant une demande réelle, son
extension aux autres secteurs pourvoyeurs de

travail illégal permettrait plutôt de réduire cette
fraude.

La répression va donc concerner tous les étrangers en situation irrégulière. Deux problèmes se
posent : comment et où les interpeller ? Comment
les renvoyer ? Les dispositions juridiques portant
sur les lieux où l'interpellation est autorisée ont
souvent varié [3] : sur la voie publique, plus encore
à l'intérieur des foyers. Des conditions juridiques
strictes doivent être remplies et, en réalité, l'efficacité de ces contrôles est souvent sujette à discussion. En revanche, les contrôles au sein des
entreprises n'ont jamais été mis en cause. C'est
une démarche tout à fait légale et néanmoins très
difficile à exécuter.

L'arsenal de la répression de l'emploi illégal des
étrangers semble en effet exhaustif. La loi française interdit d'abord le travail clandestin, non
déclaré, défini par l'article 324-10 du Code du
travail. De son côté, l'employeur de travailleurs
étrangers irréguliers se voit appliquer des sanctions spécifiques, aggravées depuis 1981. Le Code
du travail et l'ordonnance de 1945 prévoient trois
délits qui le concernent particulièrement : l'emploi d'un étranger dépourvu des titres l'autorisant
à travailler en France[4], l'aide directe ou indirecte
à l'entrée, à la circulation, au séjour irrégulier
d'un étranger et la violation du monopole de
l'O.M.I.[5].

La première infraction concerne essentiellement
les employeurs. Les deux autres concernent les
trafiquants de main-d'œuvre illégale. Les arti-

cles 21 et 21 bis de l'ordonnance de 1945 prévoient
dorénavant que l'aide directe ou indirecte à l'entrée ou séjour irrégulier pourra être puni d'une
peine de prison de 5 ans et de 200 000 euros
d'amende. L'interdiction du territoire pourra être
également prononcée, de même que la suppression du permis de conduire pour une durée de
5 ans[6]. Les peines peuvent aller jusqu'à 10 ans de
prison et 750 000 euros d'amende si ces infractions sont commises « en bande organisée » ou
ont mis en danger la vie des étrangers ou leur
dignité (art. 21 bis).

En ce qui concerne l'employeur, il est punissa-
ble en cas d'embauche d'un étranger dépourvu de
titre de 5 ans d'emprisonnement assortie de
15 000 euros d'amende, peine portée à 10 ans et
100 000 euros lorsque l'infraction est commise
en bande organisée[7]. Mais l'application du droit
répressif se révèle particulièrement difficile. Elle
nécessite la collaboration de l'inspection du travail, des inspecteurs des lois sociales agricoles,
de la police, de la gendarmerie et de la justice.
Si, dans les secteurs les plus concernés par le travail illégal — le bâtiment, l'agriculture, la confection ou les services —, il est très rare que les
entreprises connues des services de police fassent l'objet de contrôle, c'est qu'il existe de fait des
arrangements négociés entre les autorités publiques et les acteurs économiques industriels ou
agricoles. Reprenons l'exemple des ateliers de
confection : un arsenal juridique existe ; il a

même été, depuis quelques années, renforcé. L'existence et la localisation de ces ateliers sont connues des services de police et de l'inspection du travail. Ils pourraient donc être démantelés et pourtant ils ne le sont pas, car le choix de ne pas appliquer la loi fait en réalité l'objet d'un consensus entre les différents acteurs sociaux.

Ce dernier s'explique de plusieurs manières. En premier lieu, la législation répressive est parfois inadaptée : le décret du 5 mars 1984 avait porté à 27 440 francs par salarié (chiffre de 1985) le montant minimal de l'amende administrative perçue par l'O.M.I. en cas d'infraction. Les agents chargés de constater les infractions ont été confrontés à un dilemme. Dans le cas où, par exemple, un agriculteur se trouvait employer pour les vendanges dix travailleurs irréguliers, fallait-il faire payer l'amende et tuer l'entreprise en infraction ? Car l'amende était trop forte : loin de soigner le mal, elle risquait de faire disparaître le malade. L'application de la règle en vigueur se traduisait par une très forte hostilité sociale, au point que les services de répression ont pratiqué une autocensure[8]. Les pouvoirs publics ont d'ailleurs pris acte de cette inadaptation, et le décret a été modifié en conséquence, six ans après : en cas de première infraction, l'amende administrative était diminuée de moitié[9]. En fait, les pouvoirs publics semblent admettre que des déséquilibres régionaux ou sectoriels sur le marché de l'emploi contraignent les employeurs à embaucher de la main-d'œuvre irrégulière, parfois

pour des chantiers d'intérêt général : chantiers
des jeux Olympiques en Savoie ou même construction de prisons.

La seconde raison de l'échec du dispositif tient
au fait que les services de police, de justice ou de
l'inspection du travail ne paraissent pas très
motivés par la répression de ce type de fraudes.
Les inspecteurs du travail ont tendance à freiner
le nombre de leurs constats d'infraction parce que
la sanction la plus forte va s'abattre le plus souvent, non sur l'employeur, mais sur le travailleur
étranger que l'on va reconduire à la frontière.
Lorsque des contrôles donnent finalement lieu à
des procès-verbaux, les juridictions réagissent certes très diversement. Parfois, le trafic étant véritablement caractérisé, les tribunaux n'hésitent
plus à appliquer la loi avec la plus grande rigueur,
et les condamnations à des peines proches des
maximums prévus ne sont plus aussi rares. Mais
les juridictions ont souvent fait preuve de lenteur
ou de mansuétude vis-à-vis des employeurs à
cause de la difficulté pour le ministère public à
prouver le caractère intentionnel de l'infraction,
nécessaire à la qualification pénale. Des peines
de prison ferme ont été quelquefois prononcées.
Les condamnations en dessous du minimum
restent cependant nombreuses, malgré l'élargissement récent de l'échelle des peines prononcées.
Certains tribunaux trouvent facilement des circonstances atténuantes aux employeurs considérés parfois comme en état de nécessité...

L'application par les services compétents de la législation répressive est également freinée par l'existence de règles spécifiques pour les étrangers dans un domaine, le travail clandestin, qui concerne d'ailleurs beaucoup plus des Français. De nombreux inspecteurs du travail jugent le traitement appliqué aux seuls étrangers injuste. Dans ce contexte, les préfets considèrent rarement comme une priorité des autorités de police et de gendarmerie, ou même de l'inspection du travail, la lutte contre l'emploi illégal d'étrangers.

DISSUADER LE SÉJOUR ILLÉGAL : LA VICTOIRE DES VISAS

En ce qui concerne l'action publique avant l'entrée sur le territoire, deux techniques entrent en concurrence dès 1962, lorsque les autorités françaises cherchent à limiter l'immigration algérienne qui avait droit, conformément aux accords d'Évian, à la libre circulation.

Les services en charge de l'immigration au Quai d'Orsay prônent déjà l'instauration de visas avec l'Algérie[10]. Pour eux, il s'agit de la méthode idéale : elle donne aux autorités françaises une complète maîtrise de la décision et la sélection dans le pays de départ permet d'éviter des bavures policières à l'entrée du territoire français. Or l'Algérie s'y oppose très fermement : sa souveraineté serait mise en cause par le système de visas, qui permet-

trait aux autorités françaises de décider, unilatéralement, quel Algérien aurait le droit de pénétrer
sur leur territoire.

Les autorités françaises renforcent alors le
contrôle policier aux frontières. Mais, très vite, des
refoulements injustifiés suscitent des protestations
vigoureuses de l'Algérie. Viennent les accords de
1964 et de 1968[11], qui facilitent la collaboration
entre les polices des deux États. Après la suspension provisoire puis définitive de l'immigration
en 1974, le contrôle unilatéral aux frontières françaises est à nouveau renforcé, surtout entre 1978
et 1980. Mais avec bien peu d'efficacité : le nombre des non-admissions entre 1979 et 1980 augmente dans une proportion similaire à ce qu'avait
été sa progression en 1977-1978.

En revanche, le coût politique et symbolique
des mesures prises est très élevé : les services de
police sont souvent mis en cause pour des pratiques de contrôle au faciès de voyageurs maghrébins qui aboutissent à des incidents. Ces bavures
peuvent être imputées à des erreurs dans la formation et l'organisation des personnels chargés
d'effectuer ce contrôle, mais, entre 1978 et 1980,
elles peuvent l'être aussi à des consignes brutales
ou excessivement systématiques.

Pourtant, après 1981, des ordres très stricts de
refoulement aux frontières sont maintenus et
même renforcés. Les certificats d'hébergement,
les attestations d'accueil que doivent présenter
à l'entrée du territoire les membres des familles
de travailleurs immigrés en visite, sont disquali-

fiés lorsque le visa du maire en est absent[12]. Sont ainsi refoulés, en 1982, un nombre important d'Algériens. Ces pratiques insupportent le président Chadli, mais elles gênent aussi les commerçants marseillais. La France, et particulièrement Marseille, étaient devenues un lieu de consommation pour les Algériens qui venaient s'approvisionner en biens introuvables sur leur marché intérieur. Par voie de conséquence, est compromis l'un des effets importants de la libéralisation survenue en 1979 en Algérie quant à la sortie du territoire.

Le président Mitterrand suspend de ce fait, fin 1982, les refoulements et, au début de 1983, les autorités françaises inventent le « diptyque » que l'Algérie, le Maroc et la Tunisie conviennent d'adopter[13].

Ce système est censé permettre de vérifier le caractère touristique des séjours des ressortissants maghrébins. Dans la pratique, en l'absence de contrôle à tous les postes frontières, notamment aux postes terrestres, les personnes contrôlées à l'entrée, dans un aéroport par exemple, peuvent ne pas l'être à la sortie, et vice versa. Les résultats semblent peu significatifs. Mais cette faible efficience est prévue, quasi organisée par ceux qui conçoivent en France ce système de contrôle. Aucun crédit public n'est ainsi débloqué pour la centralisation des informations. L'intention de l'administration française se porte déjà ailleurs. Les ministères de l'Intérieur et des Relations extérieures font du diptyque un système d'attente, une étape pour faire avancer la solution du visa[14] qui existe, par exemple, à l'entrée des États-Unis d'Amérique. Les Américains délivrent certes aussi un diptyque, mais en complément du visa. La ressemblance avec le système américain n'est donc qu'apparente. Mais, le moment venu, on compte sur les similitudes pour faciliter l'acceptation du visa.

Tous les ministères, déçus par l'échec ou le coût trop élevé des autres méthodes, se sont ralliés depuis longtemps à cette dernière solution, préconisée depuis vingt-quatre ans par les responsables du Quai d'Orsay. C'est l'occasion de prendre la décision qui manque[15]. En septembre 1986, le moment propice se présente. Les attentats terroristes perpétrés à Paris depuis mars fournissent le prétexte. Le climat créé par les bombes permet de justifier l'instauration des visas. Le fait que la mesure soit applicable aux ressortissants de tous les États du monde, y compris aux Américains, par exemple (les seuls étrangers auxquels elle ne s'applique pas sont les ressortissants de l'Union européenne et de la Suisse), la fait bien accepter au Maghreb, qui s'était senti, à juste titre, traité de façon inégalitaire lors de la mise en place du diptyque. L'Algérie, traditionnellement opposée à cette technique, y voit alors moins d'inconvénients : ses intérêts économiques et sociaux (le déficit de la balance des paiements s'est creusé) ne sont plus les mêmes qu'en 1982.

Dans la pratique, le système est très rapidement mis en place. En quinze jours, les ambassades sont équipées et aptes à délivrer des visas. Ceux-ci sont de différentes catégories, adaptés à une demande que l'on veut déjà sélectionner. L'accès aux documents nécessaires à la délivrance des visas est plus ou moins discriminant, selon les pays. Aux États-Unis, les formulaires sont disponibles dans les agences de voyages alors que, dans les pays du Maghreb, ils ne le sont que dans les consulats[16]. L'instauration du visa surprend cependant les ressortissants des nations peu habituées à cette exigence.

De ce fait, l'augmentation importante des refoulements touche d'abord des nationalités peu représentées parmi les immigrés installés en France.

Cinq premières nationalités refoulées — tous motifs

1986	1. Espagne 6 633	2. Maroc 6 227	3. Algérie 5 046	4. Turquie 3 877	5. Yougoslavie 3 278
1987	1. U.S.A. 9 800	2. Yougoslavie 5 756	3. Turquie 4 904	4. Maroc 3 972	5. Autriche 3 450

Source : ministère de l'Intérieur.

Progressivement et discrètement, le visa sera supprimé pour les ressortissants de l'O.C.D.E., de Corée du Sud, de Hongrie, de Tchécoslovaquie ou des États-Unis d'Amérique. En retour, les Français y gagnent la suppression du visa qu'ils se voyaient imposer depuis longtemps pour leurs déplacements aux États-Unis. Finalement, l'instauration du visa atteint peu à peu la cible visée

au départ : les ressortissants du Sud, particulièrement ceux d'Afrique noire et du Maghreb.

Pour l'Administration il a l'avantage de permettre ce que Didier Bigo dénomme le « contrôle
à distance[17] ». Le contrôle est réalisé par d'autres
autorités que les policiers, en l'occurrence les
autorités consulaires : « la notion de frontière se
détache du territoire au sens où elle n'en est plus
la borne, la limite l'enveloppe[18] ». Ce contrôle
dans le pays de départ dissuade la majorité des
refusés de tenter le franchissement de la frontière. Mais il a le défaut de favoriser une sélection
sociale des étrangers autorisés à entrer en France.
Il permet cependant un plus grand respect des
droits de la personne. Si l'étranger qui se voit
refuser son visa ne peut entrer en France, du
moins a-t-il économisé le coût de l'aller et retour,
et évité l'humiliation du refoulement, puisque le
refus lui a été signifié dans son pays de résidence.
Quand le refus de visa n'est pas justifié[19], il peut
en outre exercer un droit de recours devant la juridiction administrative française. Enfin l'étranger détenteur d'un visa a une quasi-garantie
d'entrée en France : à la frontière on ne contrôle
le plus souvent que la conformité de ses documents[20]. Mais ce ne fut pas le cas pendant les
premières années de fonctionnement du système.
Le décret du 8 août 1987 avait, en complément
de l'instauration des visas, renforcé les pouvoirs
de la police de l'air et des frontières. L'étranger
se rendant en France devait pouvoir, nonobstant
la possession d'un visa, apporter la preuve qu'il

disposait de ressources suffisantes lors de la durée de son séjour et de garanties de rapatriement. Or les services du ministère de l'Intérieur considéraient que les consulats faisaient preuve de laxisme dans l'attribution des visas, notamment à des ressortissants africains en visite familiale en France. En l'absence de certificat d'hébergement visé par le maire de la commune d'accueil — ceux-ci les visent de plus en plus rarement —, l'étranger se voyait donc refoulé alors que, détenteur d'un visa, il se croyait sûr de pouvoir entrer. En 1988, un tiers des visiteurs du Maghreb possesseurs de visas se virent ainsi refuser l'entrée du territoire français.

Depuis 1989, la concertation entre les ministères de l'Intérieur et des Affaires étrangères a progressé. Désormais, les consulats exigent la présentation des certificats d'hébergement[21] pour accorder le visa, et le nombre de détenteurs de visas refoulés a largement diminué. Le contrôle préliminaire des ambassades joue donc un rôle de sas qui permet de diminuer le nombre d'« incidents » provoqués par les contrôles aux frontières. En contrepartie, il favorise les ressortissants étrangers qui disposent de ressources sociales et financières élevées[22].

Les pouvoirs publics ont cependant mesuré que la seule activité des fonctionnaires français ne pouvait être suffisamment efficace, étant donné l'étendue des frontières, les contraintes imposées par le respect des droits des étrangers et les moyens techniques de surveillance souvent insuffisants. La collaboration avec les États d'origine, mais aussi les États frontaliers, est dès lors développée.

Avec les États d'origine, si la collaboration reste indispensable pour le repérage des entrées irrégulières ou la coordination des refoulements et des reconduites à la frontière, les négociations de principe sur les règles du contrôle des entrées se sont en fait achevées avec l'instauration du visa. Avec les États frontaliers, la coopération, qui a eu tendance à se développer depuis 1974 progressivement, se renforce dans le cadre de l'harmonisation européenne des politiques de contrôle des entrées.

SCHENGEN ET L'EUROPÉANISATION DE LA POLITIQUE DE CONTRÔLE

Les accords de Schengen, signés d'abord par les États du Benelux, la R.F.A. et la France, ont ensuite été étendus à tous les pays de l'Union européenne à l'exception de la Grande-Bretagne et de l'Irlande. L'espace Schengen s'est ainsi peu à peu étendu à l'Italie (27 novembre 1990), à l'Espagne et au Portugal (25 juin 1991), à la Grèce (6 novembre 1992), à l'Autriche (28 avril 1995). Enfin l'adhésion du Danemark, de la Finlande et

de la Suède (19 décembre 1996) a entraîné l'association de l'Islande et de la Norvège[23]. Ces accords
sont censés tout à la fois favoriser la libre circulation des personnes entre ces États, mais
également une meilleure maîtrise des flux. Une
politique commune de visa est mise en place et
une zone de libre circulation entre les États signataires des accords est créée. Mais, en contrepartie de la suppression des contrôles statiques aux
frontières internes de ces pays, les contrôles à
l'intérieur des territoires des États membres sont
autorisés et se développent avec la possibilité d'effectuer des contrôles d'identités spécifiques ou des
fouilles de véhicules en retrait de la frontière[24].

Concrètement, cela signifie qu'un visa de court
séjour Schengen accordé par un pays permet la
circulation dans un autre pays de la zone. La liste
des pays tiers dont les ressortissants sont soumis
à obligation de visa de court séjour est établie en
commun. Aucun ressortissant d'un pays tiers ne
sera admis s'il constitue un risque pour la sécurité
d'un autre pays. Au cœur du dispositif Schengen,
un réseau automatisé a été élaboré, pour permettre à tous les postes de police et les agents consulaires des États ayant adhéré à l'espace Schengen
de disposer de données sur les personnes signa-
lées, les objets ou véhicules recherchés. Les États
membres alimentent le S.I.S. grâce à des réseaux
nationaux (N.-S.I.S.) connectés à un système central (C.-S.I.S.). De plus, cette construction informatique est complétée par un réseau nommé
S.I.R.E.N.E. (supplément d'information requis à

l'entrée nationale), composé de représentants de la police, de la gendarmerie, des douanes et de la justice. Des accords de réadmission ont été généralisés : ils permettent le renvoi en Allemagne, en Belgique, en Grande-Bretagne, en Espagne ou en Italie d'un ressortissant étranger qui serait passé par l'un de ces États avant d'entrer irrégulièrement en France. Ces accords ont été étendus à des pays tiers et sont de plus en plus signés par l'Union européenne au nom de l'ensemble des États membres[25].

Ce dispositif pose plusieurs problèmes d'harmonisation : les États, tout d'abord, alimentent le S.I.S. selon des critères différents : ensuite, le refus d'entrer sur la base d'inscription au fichier S.I.S. pose des problèmes de droit[26]. Enfin, même s'il existe une coordination pragmatique entre consulats de la zone Schengen, celle-ci n'empêche pas complètement des différences de traitement des demandes, selon que ces dernières s'adressent aux consulats de France, d'Espagne, de Grèce ou du Danemark.

L'ACCÈS AU SÉJOUR

Parallèlement au contrôle des frontières et des étrangers en situation irrégulière, tous les ans, plusieurs dizaines de milliers d'étrangers sont autorisés à s'installer en France avec un titre de séjour à vocation permanente — à savoir, en dehors des ressortissants de l'Union européenne, des familles, des réfugiés politiques et des travailleurs.

Si les modalités d'attribution de ces statuts ont varié sous l'effet de choix politiques, elles ont aussi fait l'objet — sous l'impulsion des juges ou d'autres acteurs sociaux — d'ajustements. En effet, si elles sont trop strictes, des personnes devant y avoir légitimement accès en sont empêchées et peuvent se retrouver « sans papiers », tandis que, si elles sont trop souples, des étrangers peuvent être perçus comme accédant de façon indue à un statut de séjour stable.

LES LIENS DE FAMILLE

L'accès au séjour des familles peut concerner des conjoints ou enfants étrangers de Français comme de résidents étrangers.

Les familles de résidents étrangers se sont trouvées, plus qu'aucune autre catégorie, soumises aux variations de la politique d'immigration depuis 1974. Entre 1974 et 2004, la réglementation aura été modifiée douze fois. Mais, de juillet à décembre 1974 excepté, cette entrée sera restée durant toute cette période autorisée. Le droit à l'immigration familiale est contrôlé : les pouvoirs publics exigent que des conditions de durée de séjour, de ressources et de logement soient réunies avant que des familles ne soient autorisées à s'installer ; en principe, la demande de regroupement familial doit être effectuée à partir du pays d'origine.

La variation de ces règles a des répercussions sur le statut de ces familles et sur le processus d'intégration ; mais, sur le long terme, elle en a peu sur l'immigration des familles concernées. Sociologiquement, en effet, l'immigration familiale suit de quelques années l'arrivée des travailleurs célibataires. Ce comportement s'est maintenu après la suspension de l'immigration, mais en s'atténuant ; l'immigration familiale diminue donc dans les années qui suivent 1974. Mais la composition par nationalité évolue : on peut noter une diminution très sensible des immigrations familiales anciennes — portugaise, espagnole et yougoslave — et une stabilisation de l'immigration tunisienne. Les immigrations familiales récentes, marocaine et turque, ont continué d'augmenter après 1974. Quant à l'immigration familiale algérienne, elle paraît plus sensible à l'évolution de la situation en Algérie — libéralisation des flux, variation de la situation économique ou encore, à partir de 1979, interruption du discours officiel sur le retour — qu'aux décisions françaises.

L'immigration familiale, à cause des problèmes de logement, n'en est pas moins freinée par les maires et par le gouvernement. Les personnes autorisées à rejoindre le séjournant en France sont en principe le conjoint du travailleur et ses enfants de moins de dix-huit ans — moins de vingt et un ans dans le cas des ressortissants de la C.E.E. et des pays signataires de la Charte sociale européenne. Trois conditions principales doivent être remplies par le travailleur demandeur pour obtenir le bénéfice de la procédure de regroupement familial : être en situation régulière en France sur le plan du séjour comme sur le plan du travail depuis deux ans, disposer de ressources suffisantes et stables pour subvenir aux besoins de la famille, et d'un logement dont les normes de confort et de surface habitable sont — au moment de la réalisation du regroupement — au moins égales à celles retenues pour l'attribution de l'allocation au logement.

La D.D.A.S.S. était responsable jusqu'en 1984 de la vérification du logement lorsque la famille, déjà en France, était autorisée à demander sa régularisation. L'O.M.I., réputée plus stricte sur le respect des normes que les D.D.A.S.S., est désormais responsable de cette vérification dans le cadre de la nouvelle procédure d'introduction. L'avis du maire est également sollicité.

Cette procédure stricte d'introduction est censée favoriser la diminution de l'immigration familiale irrégulière — essentiellement des familles qui, s'étant vu refuser leur régularisation, se maintenaient sur place. La règle est en effet très sévère : elle oblige une famille à être à l'étranger pour demander un regroupement familial ou à y repartir si elle est venue en France pour des vacances, alors même que le travailleur immigré père et mari peut avoir trouvé un logement. L'étranger, en outre, n'est pas toujours très incité à s'y conformer : les délais d'instruction des dossiers semblent durer plusieurs mois[27]. De ce fait, il doit parfois abandonner un logement qui, faute d'allocation au logement, seulement percevable à l'arrivée de la famille, grève trop fortement son budget. Est-il d'ailleurs possible de pénaliser durablement, souvent plusieurs années, des travailleurs étrangers qui font un effort évident pour trouver un logement, mais qui ne le trouvent pas pour des raisons que nous examinerons plus loin ? Certaines préfectures ont parfois procédé à des arrangements pratiques : le ministère de l'Intérieur a ainsi régularisé des familles algériennes dont l'un des enfants était français[28] et qui avaient attendu de six à dix ans l'accession à un logement ; ou encore des travailleurs étrangers présents depuis au moins quinze ans en France. Enfin, la D.P.M. vérifiait l'effort effectué par les assujettis pour trouver un logement et pouvait décider alors de les régulariser en fonction de situations personnelles. En 2003, 14,2 p. 100 des attributions de statut de séjour se sont faites par régularisation (3 821 sur 26 768)[29]. Ajoutons pour conclure que les pouvoirs publics assistent à un phénomène nouveau : l'arrivée au titre du regroupement familial ou en tant qu'époux de Français des conjoints des enfants d'étrangers de la seconde génération[30]. Au sein de l'immigration familiale qui progresse, la part des conjoints de Français s'accroît fortement. Il s'agit du premier motif d'entrée sur le territoire. En 2002 ils étaient 44 000, contre 23 000 en

1999, tandis que le regroupement familial représentait 27 300 personnes en 2002 pour 21 800 en 1999[31]. Parallèlement, on note une importante augmentation du nombre de mariages entre Français et étrangers[32], dorénavant célébrés en majorité à l'étranger[33].

L'ACCUEIL DES RÉFUGIÉS POLITIQUES

L'asile politique est la deuxième voie d'accès au statut de séjour à vocation permanente. Même si de nouvelles directives européennes fixent un cadre commun à l'action des États membres de l'Union européenne[34], chaque État signataire de la Convention de Genève du 28 juillet 1951 sur le statut des réfugiés (complétée par le protocole de New York du 31 janvier 1967) est libre de déterminer la façon dont il attribue le statut de réfugié. En France, eu égard à l'article 1 de la Convention de Genève, ce statut est reconnu si l'individu se trouve en dehors des frontières de son pays d'origine, s'il ne peut ou ne veut se réclamer de la protection de cet État et s'il craint avec raison des persécutions, si ces persécutions sont fondées sur l'appartenance à une opinion politique, à une race, à une religion, à une nationalité ou à un groupe social particulier. Le statut des demandeurs d'asile arrivés en France dépend d'une institution à laquelle l'État confie l'exercice de cette compétence : l'Office français de protection des réfugiés et apatrides (O.F.P.R.A.), créé par la loi du 25 juillet 1952, et qui assure aux réfugiés une protection spécifique.

La procédure d'attribution du statut distingue une phase administrative, gérée par l'O.F.P.R.A. et, le cas échéant, une phase juridictionnelle, assurée par une « commission des recours des réfugiés ». Après une décision de rejet par l'O.F.P.R.A., un requérant peut saisir cette commission qui statuera sur son cas[35]. Ces deux organismes, l'O.F.P.R.A. et la commission des recours, sont reconnus compétents pour attribuer la qualité de réfugié. Depuis 1998, l'O.F.P.R.A. est compétent pour attribuer l'asile constitutionnel qui protège « toute personne persécutée en raison de son action en faveur de la liberté »[36] et, depuis le 1er janvier 2004, une protection subsidiaire pour les personnes qui ne remplissent pas les conditions d'octroi du statut de réfugié mais qui établissent qu'elles sont exposées à des menaces graves dans leur pays d'origine (peine de mort, torture ou traitement inhumains ou dégradants[37]).

L'O.F.P.R.A. est un établissement public qui dispose dans les faits d'une relative autonomie à l'égard des pouvoirs publics. Mais la plus grande indépendance de la commission, garantie par sa composition — un membre du Conseil d'État qui la préside, une personnalité choisie sur une liste proposée par le Haut Commissariat aux réfugiés et un fonctionnaire —, a pu prévaloir dans certaines situations. Dans le cas des réfugiés basques espagnols, l'O.F.P.R.A. agit sous l'impulsion du ministre des Affaires étrangères qui, dans un communiqué du 30 janvier 1979, avait refusé de reconnaître aux ressortissants basques le statut de réfugié, arguant de la démocratisation du régime politique espagnol ; la commission décida malgré tout d'attribuer à certains la qualité de réfugié.

Le caractère particulièrement protecteur du statut de réfugié est à souligner. Le réfugié bénéficie en quelque sorte, sur le plan des droits, de la clause de l'étranger le plus favorisé, contrepartie d'une rupture de la protection traditionnellement assurée par l'État d'origine. La condition de réfugié se caractérise ainsi en France par l'assurance de bénéficier de tous les droits du Français, à l'exception du droit de vote. Ainsi le réfugié, à la différence de l'immigré résident, ne peut en aucun cas être expulsé vers son pays d'origine[38].

Ce dispositif protecteur a bien fonctionné jusque vers la fin des années 70. Mais il s'est trouvé confronté depuis à une augmentation très sensible des demandes d'asile, auxquelles il a eu du mal à faire face ; d'autant que la multiplication des demandes a entraîné une augmentation quasi proportionnelle des recours et un rallongement des délais de traitement des dossiers.

Depuis 1973, le monde a vécu des événements politiques qui ont pu contribuer à une augmentation du nombre des demandeurs d'asile : la chute du gouvernement de Salvador Allende au Chili, la défaite américaine dans le Sud-Est asiatique,

la victoire des Khmers rouges au Cambodge, les
événements de Pologne, la guerre civile au Sri
Lanka ou en ex-Yougoslavie, le génocide du
Rwanda, les soubresauts politiques en Afrique.
De ce fait, les demandeurs d'asile recensés par
l'U.N.H.C.R., excepté les 2 millions de Palesti-
niens relevant de l'U.N.R.W.A., ont été estimés à
2,5 millions au début des années 70, à 7 millions
en 1980 et à 17 millions en 2004.

L'arrêt de l'immigration de travailleurs a se-
condairement contribué à l'augmentation des
demandes par la mise en cause d'un système
d'arrangement négocié qui fonctionnait avant
1974.

Avant cette date, certaines personnes, ayant
subi diverses pressions ou connu des dangers du
fait de leurs origines ethniques ou politiques,
n'obtenaient pas de l'O.F.P.R.A. le statut de réfugié parce qu'elles n'entraient pas exactement dans
les définitions strictes de la Convention de
Genève. Ces « quasi-réfugiés » étaient alors réorientés par les organisations humanitaires et le
Haut Commissariat aux réfugiés vers les ministères du Travail et de l'Intérieur qui leur déli-
vraient des titres de travail et de séjour. Ils
bénéficiaient ainsi des droits réservés aux travailleurs salariés, à défaut du statut de réfugié.
L'arrêt de l'immigration de travailleurs a empêché que ne perdure cet arrangement entre autorités publiques et associations caritatives[39].

Mais la cause principale du dérèglement réside
dans la conjonction entre l'arrêt définitif de toute

immigration légale de travailleurs et la dégradation de la situation démographique, économique et politique du tiers monde, qui provoque le
développement d'un refuge à caractère économique.

Les demandes venant d'Afrique, par exemple
(Zaïre, Mali, Ghana, Angola en 1989), ont souvent
pour justification la fuite devant une situation de
misère, et il arrive que la misère s'accompagne
effectivement de crainte de persécution (Sri Lanka,
Liberia, Congo). Parfois, la persécution est réelle
mais demeure difficile à prouver. En outre, depuis
1974, les étrangers en situation irrégulière ont
appris à connaître les failles du système français ;
ils sont souvent pris en main par des filières
organisées qui, moyennant le paiement d'un for-
fait, leur font passer les frontières pour qu'ils
puissent demander l'asile sur le territoire national. La demande d'asile à la frontière subit, en
effet, un contrôle plus strict que celui effectué
une fois la frontière franchie. Il vaut donc mieux
être introduit illégalement sur le territoire. Ensuite, ce sont souvent les employeurs potentiels
qui informent les futurs requérants que, tant que
leur demande d'asile n'a pas été définitivement
rejetée, leur droit de séjourner en France ne peut
être remis en cause. Enfin, lorsque plusieurs
années de procédures se sont écoulées, l'Administration hésite à reconduire à la frontière un
étranger qui a vécu et travaillé légalement en
France et y a vu naître parfois un ou plusieurs enfants. Lorsque la procédure se prolonge, les de-

mandeurs d'asile à la recherche d'un emploi sont de ce point de vue dans une situation plus favorable que le travailleur irrégulier sans papiers.

Confrontées en 1989 puis en 2000-2003 à l'augmentation des demandes, les autorités publiques auront tenté deux types d'action : empêcher l'accès au système et diminuer l'intérêt à demander l'asile.

Empêcher l'accès au système peut signifier rendre difficile l'accès aux guichets des administrations autorisées à recevoir les demandes. Dans la pratique, ce procédé est implicitement utilisé. Actuellement, dans le monde, plusieurs millions de demandeurs d'asile pourraient chercher à relever de la Convention de Genève. Or la France n'accueille qu'un peu plus de 100 000 réfugiés (soit moins de 1p. 100 du total) et ne gère jusqu'à présent qu'un maximum de 60 000 demandes par an. Cela signifie bien que notre offre d'asile ne se traduit pas concrètement par l'organisation d'un accueil généralisé.

Une sélection implicite se produit, fondée en partie sur l'origine nationale. La sensibilisation aux persécutions est sélective. Les événements du Sud-Est asiatique, par exemple, ont davantage mobilisé les Français que les événements du Liberia. Dans les camps de Thaïlande, une sélection des réfugiés s'est produite, que légitimaient les contraintes de capacités d'accueil. Plus récemment, le territoire français s'est trouvé fermé de façon quasi complète aux réfugiés potentiels en provenance par exemple de Haïti ou de Bosnie-

Herzégovine. Comme si l'origine africaine ou musulmane d'une partie d'entre eux les rendait moins désirables que les « bons » réfugiés persécutés, originaires d'Asie, d'Europe ou d'Amérique du Sud.

Plus explicitement, rendre difficile l'accès aux guichets des administrations autorisées à recevoir les demandes, c'est empêcher d'accéder au territoire national.

Certes une demande d'asile peut être déposée à l'étranger auprès d'une ambassade de France[40]. Beaucoup plus souvent, la demande est déposée à la frontière ou dans un port ou un aéroport ; des officiers de protection de l'O.F.P.R.A. donnent alors un avis au ministère de l'Intérieur, qui décide ou non d'introduire sur le territoire l'intéressé ; s'il est admis, celui-ci devra présenter une demande à l'O.F.P.R.A. Depuis la promulgation de la loi du 26 novembre 2003, dès son arrivée, l'étranger est réputé renoncer à pouvoir se maintenir un jour franc en zone d'attente « sauf demande expresse ». Il risque alors le refoulement immédiat, lorsque la demande est qualifiée de manifestement infondée et qu'un refus d'admission est prononcé par la Police aux frontières. Le placement en zone d'attente ne peut être effectué que pour un maximum de 20 jours, après autorisation du tribunal de grande instance. Dorénavant les audiences peuvent avoir lieu dans des salles aménagées à cette fin au sein des aéroports, comme à Roissy qui, en 2003 comme en 2002, enregistre 98 p. 100 des demandes d'asile

342 La France et ses étrangers

déposées à la frontière française. Pour lutter contre l'admission des mineurs non accompagnés, la loi du 4 mars 2002 prévoit que ceux-ci pourront être représentés devant un tribunal par des administrateurs nommés à cet effet[41]. 5 912 demandes d'asile (demandeurs accompagnés de 358 enfants) ont été enregistrées en 2003, contre 7 786 demandes déposées au cours de la même période de l'année 2002. 4 068 demandeurs ont été admis sur le territoire au cours de l'année 2003, soit un taux de 68,8 p. 100, contre 75,2 p. 100 en 2002. (Pour rappel, ce taux était de 94 p. 100 en 2001, de 92 p. 100 en 2000, de 87 p. 100 en 1999, de 79 p. 100 en 1998 et de 72 p. 100 en 1997). 514 demandeurs d'asile se sont déclarés mineurs isolés au cours de l'année 2003. Ils étaient 628 en 2002 et 1 067 en 2001. 72,2 p. 100 de ces mineurs ont bénéficié d'une admission sur le territoire, tandis que les majeurs obtenaient la même décision à raison de 68,5 p. 100.

Le pourcentage d'admissions prononcées au seul titre de l'asile baisse : il s'établit à 5,5 p. 100 du total des admissions contre 20,2 p. 100 en 2002. Cette évolution correspond à l'évolution du nombre des demandes qui n'ont pu être considérées comme manifestement fondées, soit en raison de leur caractère économique, soit en raison des imprécisions ou invraisemblances qui ont été relevées dans les déclarations du demandeur.

Le risque d'abus existe. Ainsi les responsabilités accrues données aux transporteurs pour procéder à des contrôles pour vérifier la régularité des passeports ou des visas peuvent-elles entraîner le refus d'embarquer d'un demandeur d'asile dépourvu de ces documents[42]. Certes, des garanties sont accordées à l'étranger en instance de refoulement ou maintien en zone d'attente. Ainsi, bien que la responsabilité du refus d'entrée dépende de l'officier de police de garde, la direction de la P.A.F. impose un contrôle strict sur les refus d'entrée. Parfois, c'est au niveau de son service central que les décisions sont prises. C'est toujours à ce niveau de la hiérarchie que des mesures tactiques — celle de multiplier les contrôles à la sortie des avions, par exemple — sont prises. Mais le temps disponible de chaque agent est limité et lui impose de trier qui il contrôle ou non. Ce qui aboutit souvent, il faut bien le dire, à un contrôle au faciès, générateur d'incidents.

En zone d'attente, l'étranger est mieux protégé. C'est un juge qui prolonge ou pas le maintien dans cette zone au-delà de quatre jours[43]. La présence possible de représentants de l'U.N.H.C.R. et d'associations humanitaires permet une meilleure protection des droits. Celles-ci jouent en quelque sorte un rôle de *gate keeper* : elles font le tri, parmi les revendications de l'étranger, entre celles qui sont juridiquement défendables et celles qui ne le sont pas[44].

Dans la plupart des cas, cependant, l'asile est demandé sur le territoire national. La procédure est alors la suivante : les demandeurs d'asile doivent se présenter à la préfecture, qui leur délivre un titre de séjour provisoire et transmet leur requête à l'O.F.P.R.A. Ce mécanisme ouvre droit simultanément à la prise en charge du demandeur d'asile, soit par l'accueil en centre d'accueil (Centre d'hébergement et de réadaptation sociale ou Centre d'accueil pour demandeur d'asile), soit par le versement d'indemnités qui lui permettront de subvenir à ses besoins jusqu'à la décision de l'O.F.P.R.A. (allocation d'attente, allocation d'insertion). Mais dans les cas où : 1° l'examen de la demande d'asile relève de la compétence d'un autre État de l'Union européenne[45] ; 2° l'étranger qui demande à bénéficier de l'asile a la nationalité d'un pays pour lequel l'U.N.H.C.R. a proclamé la fin des persécutions ou d'un pays considéré par la France comme un pays d'origine sûr ; 3° la présence en France de l'étranger constitue une menace grave pour l'ordre public, la sécurité publique ou la sûreté de l'État ; 4° la demande d'asile repose sur une fraude délibérée ou constitue un recours abusif aux procédures d'asile, la préfecture peut refuser l'admission au séjour. L'étranger peut bien saisir l'O.F.P.R.A. dans les trois derniers cas, mais l'Office doit alors se prononcer dans les quinze jours.

Trois moyens sont en outre utilisés, qui diminuent l'intérêt d'une demande de statut. En premier lieu, la création d'une catégorie officielle des quasi-réfugiés. Afin d'assurer la protection d'étrangers en danger, sans toujours se trouver dans une situation de persécution effective, les autorités françaises ont décidé d'accorder exceptionnellement aux ressortissants du Sud-Est asiatique, du Liban, de Pologne et d'Iran, à la suite des événements intervenus dans ces pays, le droit de s'installer et de travailler en France. Ce droit leur est accordé automatiquement, en fonction de leur nationalité, et sans considération des conditions légales d'attribution du statut de réfugié. Ces mesures sont généralement publiques et formalisées par arrêtés, sauf pour les Iraniens qui ont bénéficié, de 1979 à 1985, d'un accès officieux. Parfois, notamment dans le cas du Sud-Est asiatique ou du Liban, anciennes possessions françaises, l'accession à la nationalité est même facilitée.

Joue ainsi une sorte de clause de la nation la plus favorisée, le plus souvent du fait de liens historiques avec la France, parfois en fonction du caractère idéologique de la répression endurée, en l'occurrence communiste ou islamique. Les bénéficiaires potentiels de ce statut l'utilisent de diverses façons. Si les ressortissants du Sud-Est asiatique ou du Liban se sont installés durablement, les ressortissants polonais ont préféré fréquemment occuper quelques mois un emploi temporaire qui leur permettait, de retour en Pologne, d'augmenter leurs ressources familiales.

En l'absence de ces dispositions particulières, les ressortissants de ces nationalités eussent probablement demandé l'asile politique et contribué ainsi à augmenter la charge du système.

Une deuxième voie enfin adoptée par les pouvoirs publics a été celle de la diminution des avantages accordés aux demandeurs d'asile. L'autorisation de travail dont ils bénéficiaient a été supprimée et on leur attribue en échange une allocation.

L'accélération du traitement des dossiers est cependant apparue comme la solution la plus efficace. On a pensé que la perspective d'une décision négative et définitive, signifiée de façon accélérée après la date du dépôt de la demande par la commission de recours, rendrait celle-ci beaucoup moins attractive pour les faux demandeurs. Les autorités publiques ont donc choisi d'augmenter le personnel et les moyens techniques de l'O.F.P.R.A. et de traiter de façon différenciée les dossiers des demandeurs, afin de rendre leur traitement plus rapide et d'accélérer l'examen des recours devant la commission des recours.

En avril 1983, l'augmentation des effectifs des deux institutions avait déjà été décidée. Une double procédure d'instruction fut instituée pour permettre de traiter et de rejeter rapidement les demandes manifestement dépourvues de validité. À la fin de 1980, la commission des recours jugeait chaque année 3 000 affaires. Les mesures prises en 1983 lui permirent de traiter 6 000 affaires par an ; mais les efforts antérieurs furent hypothéqués par le nombre de recours enregistrés en 1984 et 1985 : plus 14 000, alors même que la capacité de jugement de la commission avait été entre-temps relevée à 9 000 affaires par an. Le chiffre d'affaires en instance s'élevait à cette date à plus de 22 000 : le délai de décision atteignait alors, pour une affaire portée devant la commission des recours, trente mois.

Au cours des années suivantes, la situation devint plus difficile que jamais. En 1989, 61 000 demandes d'asile furent déposées, émanant essentiellement de Turcs ou de ressortissants d'Afrique noire.

Les effectifs de l'O.F.P.R.A. et de la commission ont donc, à nouveau, été massivement renforcés au début de l'année 1990 afin de pouvoir traiter tout dossier en trois mois. La commission des recours a traité pas moins de 60 000 dossiers durant l'année 1990. Sous l'effet de ces mesures et de la suppression de l'autorisation de travail pour les demandeurs d'asile, le nombre des demandes a été, entre 1989 et 1992, divisé par deux (de 61 372 à 28 873), tandis qu'en Allemagne il atteignait, pour l'année 1992, 438 000.

Après le vote de la loi de 1998, le gouvernement n'a plus tenu compte du fait qu'une procédure rapide, gérée par des juges professionnels et indépendants, a plutôt des effets vertueux : elle permet la reconnaissance rapide du statut à ceux qui ont besoin d'être protégés et dissuade dans le même temps la majeure partie des demandes infondées. Le ministère de l'Intérieur a obtenu de se voir confier l'instruction des demandes d'asile territorial — statut créé par la loi de 1998 — par crainte du « libéralisme » de l'Office français de protection des réfugiés et apatrides (O.F.P.R.A.). Le résultat fut le suivant : le taux d'octroi de l'asile territorial accordé par le ministère de l'Intérieur est resté très faible ; mais une demande d'asile infondée pouvait entre 1998 et 2003 être faite deux fois — devant l'O.F.P.R.A. pour la Convention de Genève et devant le ministère de l'Intérieur pour l'asile territorial. La durée des procédures a ainsi été multipliée par deux, permettant de résider légalement en France plus de trois ans, même si au bout du compte la demande était rejetée. Ce qui fait que les demandes d'asile conventionnel sont passées de 21 416 en 1997 à 52 204 en 2003 tandis que les demandes d'asile territorial sont passées de 1 414 en 1998 à 25 000 en 2003[46]

LE MARCHÉ DU TRAVAIL

En 2003, 6 500 étrangers ont été autorisés à s'installer en France pour y exercer une activité, salariée ou non. Mais beaucoup plus nombreux ont été — cette année-là — les étrangers accédant au marché du travail. Tous les titres de séjour à vocation permanente permettent en effet de plein droit cet accès. Jean-François Léger distingue ainsi les entrées directes sur le marché du travail — les 6 500 de 2003 — des entrées indirectes plus importantes, celles des réfugiés politiques, des bénéficiaires du regroupement familial ou les conjoints de Français qui ont le droit de travailler[47]. Il faut y ajouter les autorisations à titre temporaire dont les cadres détachés, enseignants du secondaire et professions médicales (internes, attaché associé, assistant associé en médecine), sont les principaux bénéficiaires[48].

Ce sont pourtant les entrées directes qui permettent d'évaluer de quelle façon l'Administration use de son pouvoir discrétionnaire pour autoriser l'accès au marché du travail. Il faut en effet une loi pour modifier le droit d'asile ou les règles du regroupement familial. Mais un arrêté ministériel suffit pour permettre à l'Administration de repousser de façon presque systématique les demandes de recrutement de travailleurs étrangers en arguant de la situation de l'emploi présente et à venir dans la profession demandée par le travailleur étranger et dans la zone géographique où il compte exercer cette profession. Un arrêté suffirait tout aussi bien pour attribuer un million de nouveaux titres de séjour pour travailler.

Depuis 1974, en raison de la situation de l'emploi, les autorités françaises se sont montrées particulièrement fermées, non seulement à la main-d'œuvre non qualifiée, concurrente potentielle de la majorité des chômeurs, mais aussi à la main-d'œuvre qualifiée. Cette dernière fait l'objet d'une compétition de plus en plus vive sur le marché mondial. Pourtant la France, à l'inverse du Royaume-Uni ou de l'Allemagne, continue de

fermer leur porte aux étrangers qualifiés des pays
de l'O.C.D.E. comme des pays du Sud. Cette politique très restrictive s'explique historiquement
par un corporatisme raciste qui s'est développé
dans les années 1930 et qui visait à empêcher
l'accès des métiers les plus élevés de la société
aux étrangers réputés « inassimilables ». Ce corporatisme se pare aujourd'hui de tiers-mondisme :
au nom du développement ou du co-développement ou du refus du *brain drain*, on refuse en
fait des étrangers qui viendraient vous concurrencer dans votre propre profession[49].

Par exception, les entreprises ont eu le droit
depuis longtemps de recruter des salariés étrangers dès lors que leur rémunération atteignait un
niveau particulièrement élevé. Plus récemment,
le 16 juillet 1998[50], le ministère du Travail a permis
aux entreprises de recruter des informaticiens
étrangers. Jusqu'au 12 janvier 2004, date d'abrogation de cette disposition[51], 6 374 ingénieurs
informaticiens ont obtenu une carte de séjour à
vocation permanente[52]. Entre-temps, une circulaire du 15 janvier 2002 a entrouvert la porte
du marché du travail aux étudiants ayant achevé
leur cursus universitaire et aux étrangers qualifiés sous réserve que le projet d'embauche, dans
le cas d'un ressortissant du Sud, s'inscrive dans
le cadre d'un projet de co-développement. Mais
le ministère du Travail, ayant appris à ne dire
que non depuis 1974, a du mal à changer ses habitudes. Le nombre des autorisations de travail
est donc en baisse : 6 500 en 2003, 7 469 en 2002
et 8 811 en 2001.

On note ainsi cette situation paradoxale : la venue d'étrangers dans l'enseignement supérieur et la formation d'une partie de l'élite internationale sont redevenues depuis 1998 une priorité. Entre 1997-1998 et 2003-2004, le nombre d'étudiants étrangers en France a augmenté de 60 p. 100[53]. Mais il reste très difficile pour un étudiant étranger diplômé d'une université française d'obtenir un titre de séjour même s'il dispose d'une offre d'emploi d'une entreprise[54].

LA SANCTION DU SÉJOUR IRRÉGULIER

Reste maintenant à examiner les conséquences concrètes d'un séjour illégal. Quand un étranger en situation irrégulière est interpellé, à la suite du refus définitif d'une demande d'asile, d'un refus de délivrance ou de renouvellement de carte de séjour ou de la prolongation d'un séjour touristique au-delà du délai autorisé, que lui arrive-t-il ? Il est passible d'une peine de reconduite à la frontière infligée par le préfet et susceptible d'un recours en urgence devant un tribunal administratif. Il risque également de se voir traduit devant les tribunaux judiciaires, qui peuvent le condamner à une peine de prison, accompagnée d'une peine de reconduite à la frontière, voire d'une interdiction du territoire. Mais l'exécution de ces décisions se révèle complexe en raison d'une série de contraintes. En 2002, seul un tiers des arrêtés préfectoraux de reconduite à la frontière pris après interpellation ont été exécutés (7 462 sur 21 621).

L'une des difficultés, d'ordre juridique, tenait jusqu'à l'adoption de la loi du 26 novembre 2003 à la durée limitée de la rétention administrative. Dorénavant, celle-ci peut être prolongée jusqu'à un maximum de trente-deux jours si le juge l'autorise, au lieu de douze jours auparavant. La marge d'action de l'Administration dépend donc en partie des pratiques de chaque magistrat et aussi des moyens locaux de la police et de la gendarmerie.

La rétention administrative est actuellement organisée dans des centres aménagés à cet effet, dans lesquels le C.I.M.A.D.E. joue un rôle d'assistance humanitaire. La présence de cet organisme, dans un rôle d'assistance qui lui a été confié par l'État, permet parfois de déceler des erreurs sur la situation de la personne — il est même arrivé de découvrir qu'elle pouvait prétendre à la nationalité française — et contribue à une meilleure individualisation de l'application du droit.

Mais la durée de la rétention administrative n'est qu'un des obstacles techniques se dressant face à la mise en œuvre des décisions de reconduite. Il en existe bien d'autres. Tout d'abord, la limitation des places d'avion disponibles : son nombre dépend du nombre de rotations entre la France et l'aéroport de destination de l'étranger reconduit. La reconduite est tributaire ensuite de la décision des pilotes. Ces derniers sont en effet seuls maîtres à bord et n'acceptent souvent qu'un maximum de deux à six personnes reconduites par vol, afin d'éviter d'éventuels incidents qui pourraient nuire à la sécurité des passagers ou à la réputation de leur compagnie. Lorsque les rotations avec le pays de destination sont rares, certaines reconduites sont remises en cause. Si, par exemple, dix Cap-Verdiens doivent être reconduits, alors qu'un seul vol hebdomadaire se dirige de France vers le Cap-Vert via Dakar ou Lisbonne et que le pilote n'a pas accepté plus de deux embarquements, les huit autres retrouvent leur centre de rétention ou leur liberté, selon la durée de rétention déjà effectuée. Des avions spéciaux pourraient certes être affrétés, mais le précédent des Maliens, reconduits en 1986, et la relation symbolique ainsi créée entre charter et méthodes expéditives, dissuadent, pour des raisons politiques, de recourir à ce moyen qui n'a rien de choquant dès lors que la situation de l'étranger a été examinée selon le droit en vigueur et que les différentes voies de recours ont été épuisées. Mais leur utilité est contestable, dès lors que les carences du transport aérien ou les refus d'embarquer (deuxième motif de la non-exécution des décisions) n'expliquent qu'une faible part des non-reconduites.

La source principale de difficulté tient au fait qu'il faut faire la preuve de l'identité nationale de l'étranger à reconduire. Or, bien souvent, celui-ci a détruit volontairement ses documents d'identité ; il lui faut alors un sauf-conduit. Et si les États d'origine sont dans l'obligation de récupérer leurs ressortissants, ils restent seuls habilités à délivrer un sauf-conduit. Certains d'entre eux refusent délibérément de reconnaître leurs propres ressortissants. Or le rapatriement, pour être légal, doit intervenir dans le délai de trente-deux jours précité. Les préfectures tiennent compte de toutes ces contraintes. Elles effectuent souvent une véritable programmation des opérations de contrôle, en fonction des paramètres que nous venons de relever : durée légale de la rétention, politique particulière de chaque juge et rotation des avions. Du coup, la police interpelle chaque jour des étrangers en situation irrégulière, qu'elle relâche au bout d'une heure, après enregistrement des renseignements d'état civil. Seuls les autres font l'objet d'une décision de reconduite.

Au total, l'application des règles de droit concernant les flux a une efficacité variable. Pour le contrôle de l'entrée, les services compétents ont réussi à faire prévaloir des règles — par exemple, les visas — qui, tout en préservant les libertés publiques, assurent au dispositif un visage dissuasif. Notre système de contrôle de l'entrée respecte les libertés fondamentales. Au regard de cette exigence, il paraît avoir une certaine efficience.

LA RÉGULARISATION PERMANENTE

Reste que, quelles que soient les modalités d'admission au séjour des réfugiés, des familles, des travailleurs, quelle que soit l'efficacité du contrôle aux frontières ou à l'intérieur du territoire, un certain nombre d'étrangers arrivent à se maintenir et à subsister en France en situation irrégulière. Toute politique réglementaire a ses contrevenants. Les observations effectuées au moment des régularisations de 1981 ou de 1997 donnent une idée de la relative efficacité du contrôle, si l'on rapporte le nombre de demandes déposées aux 80 millions d'étrangers qui entrent en France chaque année. Et il ne viendrait à personne l'idée de réclamer un changement de la législation fiscale ou du code de la route pour supprimer la fraude au fisc ou les accidents de la route. Dans ces deux domaines, la répression est la règle plusieurs années après qu'une infraction a été commise. Au-delà, les poursuites sont abandonnées. S'il n'y avait pas sanction des fautes commises, plus personne ne respecterait le code de la route ou celui des impôts. Mais si elles n'étaient jamais abandonnées, l'État aurait une dimension totalitaire. L'absence de ce mécanisme d'amnistie individuelle explique qu'en matière d'immigration, les États sont amenés à attendre que des situations d'illégalité s'accumulent, pour organiser des opérations exceptionnelles de régularisation. En France, depuis 1998, un mécanisme de régularisation permanente (par opposition à exceptionnelle) et individuelle (par opposition à collective) a été institué, ce que Danièle Lochak appelle « un véritable instrument de gestion des flux migratoires[55] ». Plutôt que de laisser s'accumuler un nombre important de situations d'illégalités de plus en plus durables et de moins en moins acceptées, il permet à certaines catégories d'irréguliers (parents d'enfants français, malades ou pouvant attester d'un lien de vie privée et familiale ou d'un séjour de dix ans) de réclamer et — moyennant la preuve de leur situation — d'obtenir un titre de séjour. En 2003, ces régularisations ont représenté plus de 20 000 personnes[56].

LES RETOURS VOLONTAIRES

Les réflexions qui portent sur les flux migratoires négligent enfin souvent l'existence de flux de retours spontanés. Ceux-ci, loin d'être négligeables, se produisent donc sans incitation. Ce phénomène, vérifié depuis l'origine des flux migratoires, se produit parfois après plusieurs générations[57]. Toute politique d'incitation au retour se greffe donc sur cette réalité dont la dimension est difficile à mesurer en France puisque, à la différence d'autres États, les étrangers détenteurs de titres de séjour ne sont pas contraints de signaler leur départ définitif. F. Zamora et A. Lebon ont cependant cherché à évaluer ces départs entre 1975 et 1982. En prenant pour bases de leurs calculs les recensements de ces deux années — moyennant quelques corrections et en intégrant ensuite diverses données (naissances, décès, accès à la nationalité, entrée des différentes catégories d'étrangers) —, ils aboutissent au résultat suivant : le nombre des départs serait, en sept ans, compris entre 456 000 et 616 000, correspondant donc à un chiffre annuel de 65 000 à 88 000 retours. Dans l'hypothèse moyenne, le chiffre de départs annuels avoisine donc 75 000. Ce chiffre marque la persistance du phénomène des retours spontanés, en dépit même de l'arrêt de l'immigration. Il doit être comparé avec le nombre des départs intervenus entre 1968 et 1975, estimé par les auteurs entre 85 000 et 100 000[58].

Un travail de l'I.N.S.E.E. mené à partir de l'échantillon démographique permanent conclut qu'un immigré sur quatre arrivé avant 1975 quitte la France dans les dix ans suivant son arrivée[59]. Ce phénomène concerne toutes les nationalités. Il est moins important pour les familles dont les enfants nés en France favorisent l'installation durable[60].

Le groupe permanent chargé des statistiques du Haut Conseil à l'Intégration a pu constater à partir des statistiques du Centre des liaisons européennes et internationales de sécurité sociale (C.L.E.I.S.S.) que le nombre global de pensions

de vieillesse de droit direct versées à des non-
résidents en France est passé de 464 060 en 1991
à 887 850 en 2001 pour l'ensemble des pays liés à
la France par un accord international de sécurité
sociale. Pour un pays comme l'Algérie, par exemple, on observe qu'entre 1992 et 2001, 115 206 nouvelles pensions de droit propre ont été versées, ce
qui signifie qu'en moyenne 82 290 personnes
auraient quitté la France en bénéficiant d'une
pension, soit environ 8 200 par an[61]. Pour le Maroc, entre 1992 et 2001, 18 060 nouvelles pensions
de droit propre ont été versées, soit environ
1 300 départs par an[62]. Ces données ne prennent
bien sûr pas en compte les retours d'étrangers
qui continuent de percevoir leurs pensions en
France.

C'est donc sur la réalité de flux spontanés que
se greffent les politiques d'incitation au retour.
Elles prennent toutes la forme d'une incitation
financière, depuis qu'en 1975 elles ont mobilisé
les divers responsables de la politique de l'immigration. L'incitation aura été successivement
individuelle et généralisée (entre 1977 et 1980),
puis ciblée sur des entreprises (et donc collective,
en 1980 et depuis 1983). La première forme d'action aura coûté cher et échoué. La seconde a
atteint sa cible, mais les résultats obtenus sont
quantitativement de faible ampleur.

L'aide au retour s'est donc adressée dans un
premier temps aux individus. L'accord se fait
entre l'État et l'étranger concerné, et vise une

catégorie de population dans son ensemble, en l'occurrence les chômeurs puis les salariés étrangers, présents en France depuis plus de cinq ans. La procédure est lancée en juin 1977. Du 1er juin 1977 au 31 décembre 1981, 48 995 dossiers d'aide au retour sont agréés et financés ; 12 577 proviennent de travailleurs privés d'emploi, 36 418 de travailleurs salariés. Ils concernent 94 984 personnes entre juin 1977 et décembre 1981. Si l'on prend en compte le chiffre moyen de 75 000 sorties par an, soit environ 337 500 sorties entre ces deux dates, l'aide au retour n'aurait concerné que 27 p. 100 au maximum de la totalité des retours effectués.

Encore faut-il moduler cette analyse. D'une part, parce que les départs comptabilisés n'ont pas toujours été effectifs ou durables : l'opération de régularisation de 1982 a montré, en effet, que plusieurs centaines de régularisés étaient des bénéficiaires de l'aide au retour, certains l'ayant parfois perçue plusieurs fois sous le couvert de fausses identités. D'autre part, parce que cette aide a pu être attribuée à des étrangers qui, de toute façon, seraient repartis spontanément : l'aide au retour est alors perçue comme l'équivalent d'une prime, et son montant n'augmente pas sensiblement le nombre de partants. Le fait que ces retours aient, selon les calculs effectués par Zamora et Lebon, surtout concerné les Espagnols et les Portugais, conforte cette interprétation. L'objectif, qui était en vérité de faire repartir des Maghrébins, n'a pas été atteint ; le nombre de départs d'Algériens entre 1975 et 1982 est évalué par Zamora et Lebon entre 76 961 et 90 466 : 4 655 auront bénéficié de l'aide au retour.

Le même phénomène sera d'ailleurs observé en Allemagne. L'expérience allemande de 1983-1984 montre que l'échec de l'aide au retour n'a pas pour seule raison l'importance de la prime financière accordée. La R.F.A. est, en effet, le seul État européen à avoir mis en place, sur une période relativement courte, une procédure très incitative financièrement au retour d'immigrés.

Cette opération débute effectivement le 30 octobre 1983. Elle est volontairement limitée dans le temps puisqu'elle se termine le 30 juin 1984 — date limite du dépôt des dossiers. Les bénéficiaires doivent quitter la R.F.A. avec leurs familles avant le 30 septembre 1984. Ils peuvent être de nationalité turque, coréenne, marocaine, portugaise, espagnole et tunisienne. En revanche, les ressortissants italiens et grecs sont exclus de la procédure.

Pour obtenir la prime de retour, l'étranger doit se trouver, au 30 novembre 1983 ou à compter de cette date, en situation de chômage total, ou de chômage partiel depuis six mois, faisant suite à une faillite ou à une importante réduction d'activité de l'entreprise. Les primes prévues sont versées après souscription d'un engagement écrit de ne pas revenir en R.F.A. La prime de 10 500 marks (32 025 francs)[63] versée au travailleur peut être augmentée de 1 500 marks par enfant (4 575 francs) et peut être versée soit en R.F.A., soit dans le pays de retour, sur un compte d'épargne ou bancaire. Le candidat au retour se voit également offrir la possibilité de récupérer les cotisations vieillesse déjà versées, et de recevoir une indemnité correspondant aux droits acquis quand existe dans son entreprise une « retraite d'entreprise ».

Selon les autorités allemandes[64], le nombre de retours a atteint 300 000 personnes ; l'estimation a été faite à partir des demandes déposées — 16 870, dont 14 488 par des Turcs — et des demandes de remboursement des cotisations au régime de retraite — 140 000, dont 115 000 à 120 000 par des Turcs. Ce chiffre paraît important. En réalité, l'annonce de l'opération ayant précédé sa mise en place d'environ dix-huit mois, une grande partie des départs spontanés des années 1982-1983 (évalués à 70 000 par an) ont été retardés, et une partie de ceux de l'année 1984, avancés. Ce sont, au total, trois contingents annuels de retours spontanés qui auraient pu ainsi bénéficier en partie de l'opération, réduisant à quelques milliers le nombre de départs supplémentaires obtenus. Le ministre du Travail a estimé que la procédure avait coûté 220 millions de marks (660 millions de francs) au titre des primes d'incitation, la caisse d'assurance vieillesse ayant versé pour sa part 680 millions de marks (2 milliards 40 millions de francs). Le coût d'une opération de ce type étant trop élevé, les autorités allemandes n'ont plus souhaité la renouveler.

En France, la seule expérience réussie demeure celle des « opérations concertées d'aide au retour », ciblées sur des entreprises. L'accord a été passé entre l'État et une entreprise précise, et concerne uniquement les salariés de l'entreprise concernée. Il a permis d'éviter des licenciements collectifs [65].

Les premières mesures de cet acabit associèrent en 1980-1981 une entreprise, l'O.M.I. et la Direction départementale du travail (D.D.T.E.), dans un protocole fixant les modalités de l'intervention et les apports de part et d'autre. Les pouvoirs publics fournissaient une aide financière au retour. L'entreprise versait de son côté une prime au « départ volontaire » d'un montant au moins égal à l'aide accordée par l'État et compte non tenu des indemnités de licenciement auxquelles les intéressés pouvaient éventuellement prétendre. Par ailleurs, des avantages en nature (exemple : don d'une voiture d'occasion et/ou remise sur achat d'un véhicule neuf) pouvaient être accordés par l'entreprise. Au total, quinze conventions furent effectivement mises en place dans le cadre de cette procédure[66], principalement dans le secteur automobile qui représentait 88,8 p. 100 du nombre de dossiers déposés. Par ce biais, les effectifs des groupes Peugeot, Citroën et Talbot furent allégés de 2 605 personnes entre septembre 1980 et juillet 1981. Le montant de l'aide accordée par Talbot, supérieur à celle attribuée par Peugeot et Citroën (30 000 francs au lieu de 15 000 et 20 000 francs), explique peut-être que cette seule

société ait vu partir 646 de ses salariés. Une opération Renault se déroule par la suite en février,
mars, puis juillet 1981. La prime offerte par
l'entreprise s'élevait à 45 000 francs, à laquelle
s'ajoutaient une avance sur les droits à la participation (95 p. 100 des droits acquis) et les congés
payés. 275 dossiers d'aide au retour furent déposés, concernant 525 personnes.

Le dispositif d'aide à la réinsertion de 1983 reprend les trois volets de celui de 1980 : une aide
publique versée par l'État, d'un montant moyen de
30 000 francs ; un versement forfaitaire unique des
deux tiers des droits ouverts à l'assurance chômage ; une aide de l'entreprise. Le montant moyen
des sommes attribuées au salarié s'élève à 45 000
francs sur les dossiers agréés. Le bénéficiaire doit
être involontairement privé d'emploi depuis moins
de six mois et présenter un projet de réinsertion
professionnelle approuvé par l'O.M.I. L'aide financière n'est versée qu'après le retour du travailleur
bénéficiaire dans son État d'origine.
Ce dispositif n'a cependant pas fonctionné
comme annoncé. En ce qui concerne la réinsertion, la plupart des projets agréés par l'O.M.I.
se sont révélés fictifs. Les seuls projets réussis
l'ont été dans le commerce. En outre, de nombreux accords ont été passés entre l'État et les
principales entreprises signataires pour que les
primes soient versées en France, et non dans le
pays d'origine, ce qui représentait une dérogation
aux principes initiaux. Mais les conditions de

l'adhésion d'un nombre significatif d'immigrés à la nouvelle procédure restent la raison essentielle de cet échec : malgré les engagements pris par le gouvernement, beaucoup furent contraints par leurs entreprises de se rallier à un mouvement peu spontané[67]. Après leur retour, nombre d'entre eux, leurs femmes ou leurs enfants, rencontrèrent des difficultés à s'adapter, et certains immigrés, après une réinsertion professionnelle ratée, cherchèrent à se réinstaller en France.

Du point de vue du coût social pour l'entreprise concernée, et du coût politique pour le gouvernement, ce dernier dispositif constitue cependant une réussite. Le dispositif semble avoir touché toutes les nationalités sans distinction, alors que celui de 1977 avait touché majoritairement les ressortissants d'Europe du Sud. En revanche, du point de vue quantitatif, l'opération n'a produit qu'une faible augmentation du nombre de retours par rapport aux flux spontanés.

Le 16 octobre 1987, le dispositif de 1984 a été étendu à des dossiers individuels de chômeurs[68]. À l'aide publique versée par l'intermédiaire de l'O.M.I. peut s'ajouter une aide de l'entreprise ou une aide conventionnelle de l'U.N.E.D.I.C. Mais la politique d'aide au retour semble toutefois marquer le pas et ne concerne plus que quelques immigrés à la situation bien spécifique. Le dispositif, qui, avant le décret de 1987, a attiré 28 051 personnes entre 1984 et 1987, n'en a plus concerné que 4 987 entre 1988 et 2001. 12 personnes seulement en ont bénéficié en 2001[69].

IX

*Insertion, intégration
ou lutte contre les discriminations ?*

Quand l'étranger s'installe durablement sur le
territoire, quels sont ses moyens d'accéder au logement, à l'éducation et à l'emploi ? Et quels
sont ses droits ? Droits civils, de séjourner, s'associer, de pratiquer le culte de son choix, droit à
l'identité culturelle[1].

Longtemps les politiques dans ces domaines
n'ont pas été prioritaires, tant elles étaient dé-
pendantes de la politique des flux migratoires et
donc des réponses variables apportées — jusqu'en
1984 — à la question : Que veut-on faire des immigrés ? et, jusqu'en 1999, à la question : Faut-il
encore accueillir de nouveaux immigrants ? En
outre, leur dépendance à l'égard des grandes
administrations d'État (éducation, logement, justice, santé) ayant leurs propres identités et logiques d'intervention a rendu difficile toute action
autonome. De plus, elles ne mettent pas seulement face à face l'Administration régalienne et
des immigrés résidents, mais d'autres acteurs
sociaux ou politiques : entreprises, collectivités

locales, enseignants, sur lesquels les décideurs nationaux ont peu d'emprise.

ENTRE INDIFFÉRENCE ET INSERTION

(1945-1981)

Au cours de la période 1945-1974, la politique suivie se caractérise par une *incertitude inactive* : on ne sait pas si les immigrés resteront, et on ne s'en préoccupe pas.

L'égalité des droits qui se développe après la Seconde Guerre mondiale dans l'entreprise — les étrangers résidant depuis plus de cinq ans en France et les résidents privilégiés sont admis dans le corps électoral des comités d'entreprises et des délégués du personnel, peu de temps après la création de ces deux institutions (loi du 16 mai 1946 et décret du 5 juin 1946) — ou qui est maintenue à l'école — depuis une loi du 28 mars 1882, l'obligation scolaire est imposée aux enfants des deux sexes, français et étrangers, qu'ils vivent régulièrement ou irrégulièrement en France[2] — ne suffit pas à contrebalancer cette tendance à l'inaction.

L'accueil dans la société française des travailleurs et de leurs familles est laissé aux entreprises, aux associations politiques et aux syndicats[3]. On ne crée un réseau national d'accueil qu'à compter de 1973, c'est-à-dire à un an de la suspension des flux migratoires. Quant à l'accueil dans le système scolaire français des enfants d'origine étrangère arrivés dans le cadre du regroupement familial, on ne s'en préoccupe qu'en 1970 : des classes d'initiation (Cl. In.) sont créées à cet effet[4].

Du coup, les difficultés rencontrées par les immigrés pour se procurer une habitation sur le marché du logement sont renforcées par l'abstention des entreprises et des États qui, nous l'avons vu, n'ont pas d'intérêt à agir dans ce domaine. La politique de la direction de la construction au ministère du Logement consiste, dans les années 70, à bloquer toute politique active, car des mesures spécifiques pourraient nuire à la politique sectorielle. Du point de vue de l'emploi, les étrangers se trouvent limités dans leurs démarches par la restriction géographique ou professionnelle de leur carte de travail ou de séjour et par l'interdiction d'exercer des emplois publics : fonctionnaires ou assimilés ; certaines professions comme les professions libérales : notaires, avocats ou huissiers, architectes ou experts-comptables ; les professions sanitaires : infirmiers, médecins ; certains métiers financiers : banquiers, courtiers en valeurs mobilières, agents de change et agents généraux d'assurances[5]. Lorsque, au début des années 70, après l'incendie du foyer d'Aubervilliers, sous l'impulsion de Jacques Delors, Jacques Chaban-Delmas prend l'initiative de relancer l'action sociale dans le domaine du logement mais aussi dans le domaine des droits — une loi contre la discrimination raciale est votée le 1er juillet 1972[6] —, l'action publique dans ces domaines a déjà pris un retard considérable.

DES EFFETS PERVERS EN SÉRIE

LA PRIME AU COMMUNAUTARISME

À partir de 1974 et jusqu'en 1981, on se trouve en période d'*incertitude active* : on ne sait toujours pas si les immigrés resteront, mais on agit pour améliorer leur situation, pour leur laisser le libre choix entre l'assimilation et le retour.

Selon quelle logique intellectuelle agit-on ? Au milieu des années 70, la traditionnelle politique d'assimilation, processus d'adaptation de l'immigré dont le résultat serait la disparition dans la sphère publique des différences culturelles est hors jeu[7] : elle est d'un côté délégitimée par la décolonisation et de l'autre par le rejet que provoque l'immigration d'origine nord-africaine ou africaine. On distingue alors les partisans de l'insertion de ceux de l'intégration. Ces concepts symbolisent déjà cependant des orientations de l'action différentes, même si les terminologies ont évolué avec les débats polémiques et politiques sur l'immigration[8]. L'« intégration » privilégie le rapport à l'individu ; elle vise à absorber chaque individu l'un après l'autre dans la société d'accueil, « par le biais du mélange ou du brassage qu'entraînent la fréquentation de l'école républicaine, l'accomplissement du service national, le mariage hors du milieu d'origine, l'emploi, etc.[9] ». Ce processus implique une dynamique d'échange : « Chacun accepte de se constituer partie du tout et s'engage à respecter l'intégrité de l'ensemble[10]. » À l'inverse, l'« insertion » organise les droits d'une communauté : « L'implantation dans la société française s'effectue non sur un fondement individuel, mais sur un fondement communautaire. Cette communauté est parfois représentée auprès des pouvoirs publics par des dirigeants qui cherchent à maintenir la spécificité du groupe[11]. »

Mais insertion et intégration sont des présentations logiques de l'action de l'État à vocation de légitimation : l'analyse de l'intervention réelle sur le terrain révèle une complexité que nous allons tenter de décrire. Du coup, on maintient dans l'action deux logiques : l'égalitaire, qui peut favoriser l'assimilation, et la communautaire, qui peut aider soit au départ des immigrés, soit à la préservation de la paix sociale. Or la logique communautaire va trouver chez les immigrés un terrain favorable à son déploiement tandis que la logique égalitaire, développée dans le domaine du logement, par exemple, se heurtera aux intérêts divergents d'acteurs sociaux puissants.

L'égalisation des droits se poursuit, mais il ne s'agit que de compléter modestement ce qui avait été déjà entamé. Le seul progrès de la période, c'est la loi du 11 juillet 1975 qui ouvre aux étrangers travaillant en France depuis plus de cinq ans les fonctions de délégué syndical jusqu'alors réservées aux nationaux (loi du 27 décembre 1968 relative aux sections syndicales d'entreprise). Les étrangers peuvent en outre accéder à des responsabilités dans les organes d'administration et de direction des syndicats, dans la limite du tiers des sièges.

Mais, lorsque émergent des revendications immigrées, on refuse alors la conséquence logique de cette égalisation des droits, c'est-à-dire l'intégration des étrangers dans le syndicalisme français traditionnel[12], et on développe en parallèle dans l'entreprise — mais aussi dans les foyers qui logent les travailleurs célibataires ou à l'école — des droits « communautaires » spécifiques dans les domaines de la religion et de la culture.

Ce développement se produit sous le contrôle et par l'intermédiaire des États d'origine : il s'agit donc d'une « insertion d'État » qui utilise l'État français comme simple intermédiaire. La France accepte de privilégier dans ces domaines le maintien des liens avec la culture de l'État d'origine au détriment de l'intégration dans la société française, car cela pourrait faciliter éventuellement, le jour venu, un retour dans le pays d'origine.

Dans le domaine de l'information, Radio-France internationale diffusait depuis longtemps des émissions en langue étrangère tous les matins sur ondes moyennes ; le gouvernement ajoute, à partir de 1978, une émission de télévision, « Mosaïque », d'une durée d'une heure, diffusée le dimanche matin sur FR3. Celle-ci reprend le plus souvent des programmes proposés par les télévisions des États d'origine.

Dans l'enseignement public qui accueille la presque totalité des enfants étrangers, les Cl. In. accueillent, en 1977-1978, 12 352 élèves et 844 classes. Mais ce sont des actions spécifiques à destination des enfants de culture étrangère qui se développent. L'existence d'une politique d'éducation culturelle spécifique en direction des enfants étrangers ou d'origine étrangère ne va pas de soi, si l'on se réfère au principe d'égalité qui régit idéologiquement et souvent pratiquement le système scolaire. Certes, au début des années 20, le patronat avait créé des écoles bilingues pour enfants italiens et polonais dans le nord de la France et en Moselle, qui constituaient un système d'enseignement parallèle au système scolaire d'État, mais il s'agissait du secteur privé. La nouveauté tient à l'introduction de cours de langues d'origine à l'école publique à destination des enfants de résidents étrangers. Ceux-ci s'ouvrent dès 1973 pour les enfants portugais, puis sont développés par des accords bilatéraux pour être dispensés aux enfants des ressortissants d'Algérie, d'Espagne, d'Italie, du Maroc, de Tunisie, de Turquie et de Yougoslavie. La demande des parents apparaît comme un élément peu déterminant de cette politique ; la convergence d'intérêts ou l'échange de bons procédés avec les États d'origine demeu-

rent déterminants : ces pays veulent éviter que la
présence des élèves dans le système scolaire français ne diminue leur relation d'allégeance à la
société d'origine, et le gouvernement français veut
maintenir l'hypothèse de leur retour. Certains
spécialistes vont, en outre, jusqu'à penser que l'insertion de ces enfants dans la société française
ne sera que facilitée par l'apprentissage des langues et cultures d'origine. Les cours sont assurés
par des enseignants étrangers recrutés et rému-
nérés par les pays d'origine. Les effets négatifs
apparaissent rapidement. Parfois, ces enseigne-
ments sont dispensés aux mêmes horaires que
les autres cours, ce qui risque de marginaliser et
de stigmatiser les enfants concernés, et peut
aussi provoquer des retards scolaires. Plus grave
encore, la langue officielle des pays d'origine
qui est enseignée n'est pas forcément celle des
parents : un dialecte local, une langue populaire
se révèlent parfois le langage de communication
au foyer familial. Enfin, l'intégration de l'enseignant parmi ses collègues français s'effectue de
façon très variable.

À partir de 1974, le développement de l'islam
est également favorisé dans les usines, les foyers
et les quartiers. Il est censé permettre, à la satisfaction des États d'origine et de l'État français, le
maintien de la paix sociale en France et, en cas
de retour définitif, une bonne réintégration dans
le pays d'origine. De ce fait, ce développement
est conçu de façon spécifique au regard de la tra-

dition républicaine française des rapports entre État et religion.

La reconnaissance de la liberté de culte a pour corollaire, depuis la loi de séparation du 9 décembre 1905, la non-intervention de l'État, sauf en Alsace-Lorraine où le régime concordataire est toujours en vigueur. Cette loi précise : « La République ne reconnaît ni ne salarie aucun culte[13]. »

Or la République incite, dans cette période, comme le montre Gilles Kepel, à la création de lieux de culte musulmans dans des quartiers à forte concentration d'immigrés de religion islamique[14], dans les entreprises ou dans les foyers de travailleurs célibataires, c'est-à-dire en dehors des lieux traditionnels d'exercice de cultes religieux. Elle va même les financer : la circulaire du 29 décembre 1976 précise aux préfets que l'affectation de locaux, le paiement de salaires d'imams, l'achat de livres religieux pourront être financés en liaison avec les États d'origine par l'Office national pour la promotion culturelle des immigrés, créé par Paul Dijoud.

Dans l'entreprise, les nouveaux droits, individuels ou communautaires, ont en réalité peu de conséquences pratiques pour ceux qui sont censés en bénéficier. Ces mesures interviennent à un moment où la présence des travailleurs étrangers dans les secteurs industriels traditionnellement employeurs de main-d'œuvre immigrée va, du fait des restructurations industrielles, diminuer. En raison de leur faible qualification professionnelle, les immigrés sont les premiers touchés par les licenciements. Leurs possibilités de reconversion à l'intérieur et à l'extérieur de l'entreprise demeurent faibles. Les politiques de formation donnent peu de résultats [15]. Les reconversions se heurtent à un obstacle dirimant : les travailleurs étrangers, ayant un bas niveau de qualification, n'ont guère bénéficié de la formation permanente. Les politiques de formation des entreprises étant réorientées vers des formations très qualifiées, les immigrés ne peuvent y avoir accès. Entre 1973 et 1985, l'emploi étranger baisse de 435 000 (soit 29 p. 100 du total), alors que la baisse générale de l'emploi touche 507 000 personnes[16], soit une proportion d'étrangers de 83 p. 100.

Entre les recensements de 1975 et 1982, le nombre de chômeurs étrangers est passé de 84 180 à 218 140. Ceux qui, finalement, peuvent garder leur emploi subissent plus fortement que les travailleurs français les tensions provoquées par la progression importante du chômage. La première génération de travailleurs n'aura donc guère bénéficié des droits conquis.

En revanche, les mesures prises auront, à l'extérieur de l'entreprise, à l'école, dans les foyers, pour effet de permettre à de nouveaux ghettos de se développer. Pourtant, entre 1974 et 1977, l'action publique semblait avoir systématiquement opté, dans le domaine des logements, pour des quotas de dispersion contre les ghettos.

COMMENT FABRIQUER DES GHETTOS
AVEC DES QUOTAS

De l'existence d'un logement décent dépend souvent la stabilisation des étrangers. De même, de la qualité des logements affectés aux familles et du lieu de leur affectation dépendent la qualité de l'intégration et la réussite scolaire des enfants[17].

En 1974, on ne raisonne pas encore en termes d'installation définitive. L'objectif n'est pas l'intégration, mais le rattrapage du retard des années précédentes : on cherche à donner aux immigrés un logement décent alors qu'un grand nombre d'entre eux vivent encore dans des bidonvilles, des cités de transit, des hôtels meublés, des immeubles promis à la démolition ou des foyers suroccupés.

Les logements dont la disparition semble urgente sont, certes, dispersés à l'intérieur de différentes communes — c'est le cas de l'habitat privé insalubre — ou posés comme des verrues à leur périphérie, à l'instar des bidonvilles. Mais les maires ne s'en préoccupent pas encore. Dans la France de la fin des « trente glorieuses », le logement des immigrés n'est encore ni un enjeu de politique locale ni un enjeu de politique nationale. L'affrontement demeure circonscrit alors au patronat, aux promoteurs immobiliers, aux associations de défense et de soutien des immigrés et au pouvoir d'État. Ce sont des lois impulsées et mises en œuvre par l'État central qui vont répondre aux problèmes posés.

Les pouvoirs publics poursuivent d'abord la lutte entamée contre les pratiques des logeurs privés appelés « marchands de sommeil », qui hébergent parfois jusqu'à plusieurs dizaines d'étrangers par chambre ; ceux-ci se relaient pour dormir à la chaîne, jour et nuit, dans des lieux inadaptés et insalubres. La loi du 27 juin 1973 contraint désormais le logeur à déclarer l'affectation d'un local à un hébergement non familial, que ce soit à titre gratuit ou onéreux. La loi prescrit en outre le contrôle par l'autorité publique de tous les hébergements collectifs ainsi déclarés afin de vérifier leur conformité aux normes d'habitation, notamment en matière de salubrité.

Les sanctions prévues sont relativement lourdes : le défaut de déclaration ou la déclaration tardive ou inexacte sont des délits passibles d'amendes de 2 000 à 20 000 francs et d'un à six mois de prison ; si les normes de logement ne sont pas respectées, l'autorité préfectorale peut ordonner immédiatement la fermeture du logement. En cas d'inobservation de l'arrêté de fermeture, les peines prévues s'élèvent de 2 000 à 500 000 francs d'amende et de six mois à trois ans d'emprisonnement ; le préfet doit prévoir les mesures de relogement des occupants, mais le prix de cette opération reste à la charge du logeur.

La loi est mise en œuvre à partir de 1974. Il est pourtant difficile d'en mesurer l'efficacité. Toutefois, une étude effectuée par Henri Burin des Roziers dans le département de Haute-Savoie[18] donne une indication sur ses effets. Seule une moitié des logeurs effectue une déclaration ; sans doute la force de dissuasion est-elle insuffisante car, dans la réalité, le risque de contrôle par l'autorité publique reste faible : les D.D.A.S.S., les directions du travail et de la main-d'œuvre, l'inspection des lois sociales en agriculture ne font pas de ces visites une priorité, par manque de temps mais aussi par manque de motivation. Par ailleurs, la justice semble peu sensibilisée au problème, que ce soit dans les parquets ou chez les magistrats du siège. Le risque encouru en cas de contrôle est donc faible : pour une trentaine de cas traités par les tribunaux dans ce département de Haute-Savoie, la plupart des condamnés ont le plus souvent à payer une amende de 200 francs, quelques-uns de 1 000 francs, un seul fait l'objet d'une sanction pécuniaire de 2 000 francs.

Cependant, la loi a malgré tout, ne serait-ce que dans le souci de se conformer à la règle de droit, des effets dissuasifs. La moitié des logeurs se déclarent, soit 300 déclarations ; 65 des 75 arrêtés de fermeture sont exécutés immédiatement, les autres dans des délais rapides ; les 45 mises en demeure de réfection des locaux sont toutes exécutées. Enfin, certains logeurs vendent le logement insalubre aux étrangers qui y habitent pour le prix symbolique de 1 franc. Au total, dans ce

seul département, 500 personnes voient leur logement s'améliorer sensiblement.

Le deuxième objectif des pouvoirs publics est
la résorption de l'habitat insalubre collectif, ou
bidonvilles, particulièrement en région parisienne. Entreprise de longue haleine, entamée en
1964[19], poursuivie et accélérée en 1970, à la suite
de l'incendie meurtrier d'Aubervilliers, elle fran-
chit, grâce au G.I.P. (Groupe interministériel
permanent), une étape importante, avec la mobilisation conjointe des pouvoirs publics et des
associations[20].

Mais, pour les autorités, le relogement des
immigrés des bidonvilles en logements sociaux
doit passer par une phase intermédiaire, nécessaire à leur adaptation : la cité de transit. Celle-
ci, comme l'habitat de chantier, appartient à la
catégorie de l'habitat d'urgence, apparue en 1952,
à la suite des campagnes menées par l'abbé
Pierre[21]. Conçu dans les années 60 à partir de
modèles élaborés par le père Joseph Wresinsky
et le mouvement Aide à toute détresse, il a pour
vocation la promotion sociale et l'insertion de
ses occupants. Il s'agit[22] de logements provisoires
où les familles vont apprendre à « se conformer
à un modèle de vie et d'habitat perçu comme
dominant dans la société française ». La cité et
le foyer appartiennent souvent à un organisme
H.L.M. qui les loue à une association à vocation
sociale. La SO.NA.CO.TRA. joue également un rôle
important d'intermédiaire[23]. Leur construction a

été facilitée par l'attribution de terrains réquisitionnés par l'État, ainsi que par des subventions pour investissements ou par des prêts garantis.

Le statut des occupants en cités de transit demeure très particulier. Avec chaque occupant, l'association gestionnaire signe une convention sur le modèle de celle existant dans les foyers : les occupants de la cité sont sous-locataires de leur appartement, ils ne paient pas de loyer mais une redevance d'occupation. Ils n'ont aucun droit au maintien dans les lieux : la convention d'occupation temporaire, contrairement au bail, ne fixe pas un terme à l'occupation. En cas d'expulsion, une procédure rapide est engagée grâce à l'intervention du juge des référés avant tout jugement sur le fond. Certaines conventions accentuent leur caractère précaire en précisant : « Il peut être mis fin à l'occupation des lieux à tout moment, sans préavis, pour motifs liés à la vocation de la cité de transit ou pour non-observation d'une clause de la convention[24]. »

De plus, à son entrée dans la cité de transit ou dans le foyer, le futur occupant est tenu de respecter le règlement ; l'intention est bien sûr de fixer des règles de vie collective à l'intérieur de ces habitations mais, avant tout, des obligations qui reflètent leur nature particulière. Les règlements intérieurs limitent souvent le libre accès du logement aux visiteurs extérieurs et le paiement régulier de la redevance d'occupation est considéré comme un critère fondamental d'adaptation[25].

Ensuite, il s'agit, soit de faire entrer les familles dans le parc social, soit de construire de nouveaux foyers pour les célibataires. Dans ce dessein, on dispose, à partir de 1976, de l'outil nouveau : le 0,1 p. 100, partie variable (20 p. 100, puis 10 p. 100, puis 6,4 p. 100) de la taxe parafiscale du 1 p. 100 logement. Entre le 1er janvier 1976 et le 31 décembre 1988, pour répondre au souci d'augmenter le nombre de logements occupés par des immigrés, 10,917 milliards de francs sont consacrés au 0,1 p. 100 logement affecté aux immigrés. Ils vont d'abord financer, en complément du F.A.S., les foyers de célibataires.

Les foyers accueillent à ce moment-là déjà plus de 150 000 étrangers célibataires, en principe provisoirement. La gestion des foyers est assurée par des associations telles que la SO.NA.CO.TRA. ou l'A.F.T.A.M., pour ne parler que des plus importantes. Ils sont pour beaucoup vétustes et suroccupés. Il faut donc construire et rénover.

Pour ce faire, l'État dispose encore du pouvoir de préempter des terrains et d'accorder des permis de construire. Le F.A.S. intervient pour compenser la surcharge foncière résultant de l'implantation des foyers à proximité des centres urbains, où les terrains sont rares et chers, et pour rénover les bâtiments les plus délabrés. Il aide au premier équipement mobilier. Le 0,1 p. 100 assure le financement complémentaire. Mais, au regard des prévisions (création de 35 000 lits par an et restauration de 5 000 autres) entre 1975 et 1976, seuls 15 725 lits sont créés, 10 000 le sont en 1977.

C'est que la longue et dure grève des redevances des foyers (1975-1980), qui marque un échec relatif sur le plan des revendications, modifie profondément l'affectation des crédits publics aux foyers. Progressivement, tout au long du mouvement, l'augmentation des recettes du F.A.S. (212 millions de francs en 1980) est utilisée à la prise en charge du déficit des organismes gestionnaires, fortement aggravé par le non-paiement des loyers par les grévistes. Le financement des logements de travailleurs célibataires devient alors la part prédominante des dépenses du Fonds d'action sociale pour les travailleurs migrants et, après la grève, le souci d'éviter à tout prix de nouveaux conflits provoque de nombreuses initiatives.

Le 0,1 p. 100 contribue d'abord à des opérations dites de « desserrement » des chambres d'une superficie inférieure à 4,5 mètres carrés[26]. Elles se traduisent par une augmentation de la surface des logements individuels, en conséquence par une diminution de la capacité officielle d'accueil des foyers, donc des recettes des organismes gestionnaires. En compensation, ils obtiennent du F.A.S. une somme annuelle qui représente 33 millions de francs en 1980.

Les gestionnaires bénéficient également de l'aide personnalisée au logement (A.P.L.), instaurée par la loi du 3 janvier 1977. Elle permet d'accorder au propriétaire louant un ou plusieurs logements une aide financière mensuelle, en fonction de la situation familiale et des ressources du locataire, et en échange d'un engagement obligatoire de travaux d'amélioration de l'habitat. Les organismes gestionnaires de foyers d'immigrés signent, à partir de 1979, des conventions de ce type. L'organisme se voit ainsi assuré de percevoir une partie de la redevance due par le résident, et ce dernier obtient en principe une garantie d'amélioration de son logement.

Dans les faits, l'A.P.L. permet surtout d'augmenter de façon sensible les réserves de financement des organismes gestionnaires et d'enchérir le tarif de la résidence[27]. Une aide transitoire au logement (A.T.L.) est en outre créée pour venir en aide aux gestionnaires de foyers dans l'attente du conventionnement de ces derniers à l'A.P.L. (16 millions de francs en 1980). Enfin, les gestionnaires reçoivent du F.A.S., à partir de 1978, une aide à la gestion qui varie en fonction du nombre de lits, de la surface corrigée et du type de foyers.

Les conditions de logement dans les foyers s'améliorent progressivement, mais les coûts financier et social de cette amélioration se révèlent, nous le verrons plus loin, très élevés.

Qu'en est-il du logement des familles ? L'alternative dans ce domaine est la suivante, dès le milieu des années 60 : politique de dispersion de la population immigrée ou politique de concentration[28] ? Les pouvoirs publics choisissent très vite la dispersion, qui implique, sinon l'idée d'un seuil de tolérance, du moins celle d'un seuil d'intégration. Introduit[29] dans une cité à dose homéopathique, l'étranger sera, croit-on, noyé dans la population française, amené à s'adapter, c'est-à-dire à se conformer aux usages majoritaires ; dans tous les cas, il disparaîtra comme étranger culturel. À l'inverse, s'ils sont trop nombreux, sans doute parce que le rapport de force est différent, les étrangers peuvent avoir des comportements ressentis par les Français comme une gêne, voire une agression. Le choix paraît logique : entre les quotas et les ghettos, on choisit très clairement les quotas. Mais ce n'est qu'à partir de 1975, avec le 0,1 p. 100, que l'on mobilise au service de cette option les organismes de construction et de gestion de logements sociaux. La garantie, mais aussi le non-dépassement d'un certain seuil de présence de familles culturellement étrangères dans chaque immeuble, va devenir un des fondements de la politique nationale du logement des immigrés.

Le moyen d'action principal n'est donc pas la construction d'immeubles ou de cités réservés aux familles d'immigrés — que les crédits auraient pu aisément financer — mais la réservation de logements dans des immeubles construits par des organismes H.L.M. En contrepartie d'une contribution financière à des opérations immobilières effectuées par l'organisme, celui-ci s'engage à attribuer durablement à des immigrés un certain nombre de logements de son patrimoine. L'accord peut également prévoir des déconcentrations dans les ensembles immobiliers lorsque s'y trouve déjà une forte densité d'immigrés.

L'État met d'importants moyens financiers au service de cette politique : plus de 500 millions de francs par an, soit, dans les cinq premières années de son fonctionnement, environ 3 milliards de francs[30]. Ils seront détournés de leur objectif. Car, au moment où les crédits sont engagés, l'état du parc H.L.M. des années 60 est déjà dégradé, et les classes moyennes qui l'occupent cherchent à le quitter : la progression rapide de leurs revenus leur permet souvent de s'installer dans des habitations plus spacieuses et plus modernes. Ces deux phénomènes contribuent conjointement à l'obsolescence rapide des grands ensembles.

Pour les organismes chargés de les affecter, les 500 millions annuels du 0,1 p. 100 vont représenter une aubaine. En échange de cet argent, on leur demande de s'engager à respecter des quotas : contrat qu'ils signent sans réserve. Quelques mois plus tard, l'organisme peut présenter aux pouvoirs publics un bilan global positif : il s'était promis de loger en capacité supplémentaire x étrangers ; ils l'ont été. Il s'était engagé à ne pas en loger plus de 10 p. 100 ou 20 p. 100. Globalement, en considération de la totalité de leur parc, l'engagement est tenu. Mais, par immeuble, par cité, voire par quartier, ce n'est pas tout à fait le cas. Au contraire du projet initial, on a rempli les appartements vides des grands ensembles les plus dégradés avec des familles immigrées, sans considération de la concentration des étrangers dans les immeubles.

Ainsi, les logements attribués aux immigrés ne sont pas ceux que le 0,1 p. 100 a permis de construire ou d'améliorer. Grâce au financement accordé, des immeubles neufs sont bâtis ou réhabilités et proposés à d'autres candidats à la location. Souvent, le 0,1 p. 100 finance même un « droit de suite », c'est-à-dire le simple remplacement dans un logement de familles immigrées par d'autres familles immigrées ! Car les conventions signées ne permettent pas souvent aux pouvoirs publics de mesurer exactement la capacité de logements supplémentaires. En outre, la durée des réservations n'ayant pas toujours été précisée, le financement de la location d'un logement à la même famille étrangère peut être renouvelé chaque année, le coût de chaque réservation variant de 20 000 à 50 000 francs.

Ces recettes supplémentaires contribuent à réduire les difficultés des organismes H.L.M., mais c'est au prix d'un véritable détournement de fonds publics. Il a pour conséquence le résultat inverse de celui qui était initialement recherché : la concentration des immigrés.

Nous comprenons maintenant comment cette population immigrée relativement mieux logée a été concentrée dans des cités H.L.M. dégradées. Un autre échec est à noter, celui des contrats d'agglomérations. Pour favoriser la dispersion du logement social, les pouvoirs avaient mis en

place cette modalité d'action, complémentaire du
0,1 p. 100 : en échange d'un engagement financier de l'État, une ville procédait à des opérations
d'amélioration des conditions de vie des populations immigrées.

Marseille bénéficie en 1975 du premier contrat
d'agglomération[31]. Le programme de logements
sociaux prévu par Marseille est substantiel, et son
financement assuré principalement par l'État.
On prévoit la mise en service de 3 000 logements
familiaux neufs ou réhabilités et de 2 000 lits pour
les travailleurs isolés dans des foyers neufs ou des
foyers modulaires mobiles.

M. Rastoin, adjoint au maire de Marseille,
chargé en 1977 par Gaston Defferre de la mise
en œuvre de ce contrat, lance des enquêtes pour
déterminer exactement qui habite les derniers
grands bidonvilles[32]. « La résorption était souvent
totalement impossible sur place, il fallut chercher des terrains susceptibles d'accueillir des
cités de promotion familiale ou de petits groupes
d'immeubles. » Il repère 103 terrains, appartenant à la ville ou susceptibles d'être acquis. Chacun est ensuite présenté pour approbation aux
élus des quartiers concernés, qui sont socialistes.
Un seul d'entre eux pourra être débloqué. Dans
le rapport de bilan, qu'il remet en 1983 au maire
de Marseille, M. Rastoin indique :

> « De multiples réunions, de majorité municipale,
> de petits groupes d'élus intéressés, n'ont pas permis,
> sauf une exception, Montgrand-la-Millière, de déga-
> ger un seul terrain à cette occasion. Si chacun, en

groupe, reconnaissait la nécessité de cette opération, dès qu'un projet concret prenait forme, toutes les raisons ont été bonnes pour l'empêcher d'aboutir. »

L'adjoint au maire réussit néanmoins quelques opérations de déconcentration. Mais, en dépit des ressources financières importantes dont il dispose, malgré les solutions qu'il a su dégager, la mise en œuvre de l'essentiel du contrat d'agglomération demeure bloquée ; seule la Maison des étrangers, centre d'accueil administratif, est construite. La raison principale du blocage des élus est d'ordre politique : la majorité municipale de l'époque s'organise autour d'une alliance entre socialistes et centristes ; la minorité, elle, est communiste. Or les immigrés se situent dans les quartiers nord de la ville, dominés par les communistes. « Cela ne nous concerne pas », disent à l'époque les élus socialistes. Ils ne perçoivent pas la ville comme une entité globale, et la communication entre les différents quartiers n'existe pas et ne les intéresse pas. En 1983, sous l'effet d'un renversement d'alliances, l'accord entre socialistes et communistes change la configuration de l'agglomération, unifiée au moment où, faute de traitement anticipé, le problème du logement des immigrés résidents explose et contribue probablement à installer le Front national comme un acteur important de la vie politique locale.

Entre 1975 et 1981, la concentration des immigrés dans certains quartiers s'est donc dévelop-

388   *La France et ses étrangers*

pée ; mais notons un paradoxe : la situation du logement des immigrés s'est améliorée. Eu égard à leur situation précédente, les logements libérés par des familles françaises dans des zones éloignées des centres urbains ont permis à de nombreuses familles étrangères de bénéficier d'un meilleur confort de leur habitat.

Cette amélioration ressort parfaitement des informations fournies par l'I.N.S.E.E.[33] à l'occasion du recensement de 1982. D'abord, en région parisienne, où résident la majeure partie des immigrés, 43,4 p. 100 des ménages sont logés en H.L.M. L'I.N.S.E.E. relève : « Le surpeuplement s'est légèrement résorbé pour les ménages étrangers (43 p. 100 en 1982 contre 48,5 p. 100 en 1975). » L'I.N.S.E.E. note l'amélioration importante du confort, parallèle à une amélioration générale. Les logements sans eau ont pratiquement disparu. Les W.-C. intérieurs sont présents dans 76 p. 100 des logements (62,5 p. 100 en 1975), de même que les installations sanitaires dans 77 p. 100 des cas (58,5 p. 100 en 1975 et 85,5 p. 100 pour les Français). 59,5 p. 100 d'entre eux sont équipés d'un chauffage central individuel ou collectif (contre 43 p. 100 en 1975 et 68 p. 100 pour les Français en 1982). Le bond le plus spectaculaire a trait à l'installation du téléphone : 50 p. 100 des ménages étrangers en sont pourvus contre 13 p. 100 en 1975 (respectivement 76 p. 100 et 27,5 p. 100 pour les Français).

LE « LOCAL » TOUS AZIMUTS

En 1981, la population immigrée, de plus en plus familiale, est donc concentrée dans certaines régions et, à l'intérieur de celles-ci, dans des zones urbaines à problèmes, où se produisent des explosions sociales qui mobilisent l'attention publique nationale. La priorité de l'action publique doit se focaliser sur ces lieux d'habitation. À l'arrivée de la gauche au pouvoir, le tournant semble presque programmé : la localisation de l'action de l'État va paraître nécessaire. L'action se situe dans un nouveau contexte : le droit au séjour de l'étranger régulier est dorénavant presque complètement garanti. Mais faut-il insérer ou intégrer ? L'hésitation persiste[34].

Les pouvoirs publics de 1981 choisissent pour les régler une méthode originale : on concentre des moyens sur des lieux spécifiques. On agit non pas à la manière américaine, en direction d'une population ciblée, par exemple spécifiquement en direction de la population maghrébine, comme on agit aux États-Unis en direction des Noirs ; on choisit au contraire de traiter les questions concrètes qui se posent[35] sur les sites sélectionnés. On crée donc, pour chaque problème, une institution spécialisée.

Dans le cas des difficultés scolaires, l'action de l'État démarre à l'initiative du syndicat d'en-

seignement S.G.E.N.-C.F.D.T. L'idée est la suivante : « Si les enfants de La Courneuve et des
Minguettes éprouvent des difficultés au sein de
l'école, cette dernière ne saurait en être totalement
responsable[36]. » Il s'agit donc de traiter l'échec
scolaire avec de nouveaux partenaires, mobilisés
en dehors de l'école.

Cette idée est reprise par le ministre de l'Éducation nationale, Alain Savary, qui décide, dès
1981, la création de zones d'éducation prioritaires (Z.E.P.). La présence d'enfants d'origine
étrangère — environ 30 p. 100 — se révèle le critère déterminant du classement d'un établissement dans une Z.E.P. Entre 1982 et 1986, le
nombre de Z.E.P. atteint 390 pour concerner
8,5 p. 100 des élèves des écoles et 10,3 p. 100 de
ceux des collèges[37].

Le dispositif consiste, le plus souvent, à attribuer des moyens supplémentaires en enseignants
et en ressources financières sur présentation de
projets pédagogiques dits « projets d'action éducative » (P.A.E.), préparés par des équipes locales
regroupant les représentants de différents ministères — le plus souvent les Affaires sociales et la
Culture.

Nombre des projets présentés sont, en fait, la
reprise synthétisée de projets déjà en place et ne
constituent pas un véritable bouleversement des
pratiques scolaires. L'élaboration de ces P.A.E.
est d'ailleurs souvent ressentie comme un simple moment privilégié et exceptionnel dans la
vie de l'établissement. Dans la mise en œuvre du

dispositif, les inspections d'académie et les rectorats ne font pas toujours preuve d'une grande ardeur ; contraints à une concertation avec les parents et les enseignants, ils transforment parfois la réflexion collective en un travail fastidieux de vérification de tous les établissements. Ils collaborent parfois à des détournements de procédure, inscrivant des enfants d'origine étrangère dans certains établissements pour atteindre le seuil permettant le classement en Z.E.P. et l'affectation de moyens supplémentaires en crédits, locaux ou maîtres. Mais, au total, 2 800 postes d'enseignants sont officiellement créés : 1 800 dans le 1er degré, 900 en collèges et 100 en L.E.P.

Les incidents qui se produisent dès l'été 1981, dans la banlieue lyonnaise, aux Minguettes à Vénissieux, mobilisent le cabinet du Premier ministre sur un autre enjeu : l'insertion professionnelle et sociale des jeunes[38]. Pierre Mauroy commande un rapport sur ce thème à M. Bertrand Schwartz, qui permet le lancement d'un plan concerté de formation professionnelle des jeunes de seize à dix-huit puis à vingt-cinq ans (ordonnance du 26 mars 1982). Il s'agit de répondre conjoncturellement aux jeunes qui se trouvent dans une situation d'échec et de construire une institution qui puisse ensuite répondre durablement au problème de l'exclusion du système scolaire. Des missions locales pour l'insertion de jeunes en difficulté sont créées. En octobre 1982,

61 missions sont implantées pour prendre en charge la formation, la santé et le logement. Des permanences d'accueil, d'information et d'orientation des jeunes de seize à dix-huit ans sont organisées.

Le gouvernement lance en outre pour 1982 une opération conjoncturelle anti-été chaud dans 11 départements des régions parisienne, lyonnaise, lilloise et marseillaise. Il s'agit de permettre aux jeunes des quartiers concernés de se sentir intégrés dans les activités sociales, et de rassurer l'opinion publique. Environ 10 000 jeunes vont bénéficier de l'opération mise en place en coopération avec les ministères de la Solidarité, de l'Intérieur, de la Justice, de la Jeunesse et de la Défense. Le camp de vacances organisé par le Club Méditerranée pour 360 enfants des cités lyonnaises et marseillaises sert de vitrine publique à l'opération. Alors que la situation, à la veille de l'été, paraît très tendue, la mobilisation des municipalités, des associations sportives et de travailleurs sociaux permettra à ces cités de passer un été calme. Le préfet de police de Lyon estime que la délinquance a diminué, en un an, de 15 p. 100 dans l'agglomération lyonnaise et de 35 p. 100 à Vénissieux.

Pourtant, les autorités publiques restent partagées sur la conduite à tenir de façon plus durable, précisément en matière de sécurité. Au printemps 1983, de nouveaux incidents se produisent dans la banlieue lyonnaise. Le préfet de région et le maire de Vénissieux y voient l'échec des stratégies de prévention. Prenant pour modèle les événements britanniques, ils proposent le recours à la manière forte. Un comité interministériel se tient, le 22 juin 1983, au lendemain de la blessure par balle qui a touché aux Minguettes Toumi Djadja[39], futur leader de la marche d'automne. Le comité décide d'envoyer sur place une mission d'analyse de la situation, composée d'un magistrat, d'un commissaire de police et d'un directeur départemental de l'action sanitaire et sociale[40]. Cette mission rend un diagnostic simple : aucune des institutions traditionnelles ne joue plus localement le rôle social qui lui est attribué. En ce qui concerne la police, deux attitudes coexistent : soit les fonctionnaires ne sont pas présents dans les quartiers et ne font plus leur métier, soit ils emploient des méthodes de contrôle inacceptables, faisant leur ronde accompagnés, par exemple, de chiens muselés. La justice elle-même ne fonctionne plus. Le juge pour enfants est absent, par exemple, depuis plusieurs mois. Quant aux travailleurs sociaux, ils n'assurent plus l'interface, mais ont pris le parti des jeunes. Le gouvernement va donc chercher à rétablir l'activité normale des services en nommant sur place de nouveaux responsables.

Dans le même temps, le choix d'une stratégie générale de prévention s'est confirmé. À la suite du rapport remis par M. Bonnemaison[41], une commission nationale des maires sur la sécurité est installée le 28 mai 1982. Elle vise à réorienter les politiques traditionnellement menées en direction de la petite délinquance ; il s'agit de ne plus séparer répression et prévention, et de coordonner l'action des institutions qui en ont la charge. La méchante répression n'est plus opposée à la bonne prévention. « C'est le vécu du loubard que l'on cherche à traiter, fait d'indifférence et de solitude[42]. »

Le maire, jugé le mieux à même de définir une politique préventive, va devenir le personnage clé de l'affaire. Les services techniques et professionnels réunis au sein des conseils communaux de prévention vont de ce fait être placés sous son contrôle plus ou moins effectif. L'État se décharge dès 1983 de la conduite des opérations. L'attribution des financements souligne bien cette appropriation municipale. En Seine-Saint-Denis, par exemple, 21 municipalités reçoivent une subvention au titre de la lutte pour la prévention de la délinquance, et la plupart des 24 associations financées seront liées à une municipalité.

C'est d'ailleurs autour du logement que se situent les enjeux principaux et le maire devient, du fait des lois de décentralisation, un interlocuteur obligé. Dans l'espoir d'améliorer l'environnement des quartiers dégradés, les pouvoirs publics relancent, autour d'une Commission nationale de développement social des quartiers (C.N.D.S.Q.), une procédure mise en place à la fin des années 70 sous la dénomination d'« habitat et vie sociale ». L'objectif était déjà de réhabiliter les logements dégradés dans des zones urbaines sélectionnées, afin d'éviter le développement de ghettos[43]. En 1982, avec la C.N.D.S.Q., l'État cherche, plutôt qu'à améliorer le logement lui-même, à revoir son environnement[44]. Il s'agit de faire baisser la tension sur des lieux choisis en améliorant les conditions de vie dans ces quartiers, en les rénovant et, en cas de surpopulation, en les déconcentrant[45].

Plusieurs dizaines de sites vont bénéficier de l'opération de développement social des quartiers. Les projets peuvent porter sur l'entretien courant des immeubles, les conditions de confort, en particulier l'isolement acoustique et le chauffage, la réfection des parties communes. Ils peuvent aussi concerner l'aménagement des espaces extérieurs : réalisation de chemins piétonniers, d'aires de jeux ou de repos, de parkings. Ils font également une part au développement des services publics : P. et T., mairie annexe, marchés, amélioration de la desserte du quartier par transports collectifs. En outre, la réanimation sociale d'un quartier pourra s'effectuer au travers de l'implantation d'une école[46]. Parfois, les projets sont plus lourds et proposent la recomposition d'ensemble d'un quartier par la destruction de certains immeubles et la réhabilitation de certains autres.

Ces actions qui portent sur le logement révèlent deux types de comportements[47]. Le premier consiste à chercher le retour des couches sociales qui ont déserté le quartier : l'opération vise alors à susciter un phénomène de réinvestissement social qui passe par la revalorisation du lieu, mais aussi par la dispersion et le relogement de populations à problèmes. Parfois, il s'agit simplement de maintenir sur place les populations, soit en améliorant réellement leur situation, soit en acceptant la constitution d'une « réserve » ; abandonnant le grand ensemble au processus inexorable de concentration des plus pauvres, on lui impartit une vocation définitive d'accueil des ménages les plus insolvables ; l'opération de rénovation, dans ce cas, ne vise qu'à réduire les aspects les plus spectaculaires de la dégradation du quartier[48].

Parallèlement à cet investissement peu courant des grandes administrations d'État, le secrétaire d'État en charge des immigrés s'engage dans des actions d'accompagnement, en finançant par contrat des collectivités locales ou des associations. Les accords avec les maires vont prendre à nouveau, à partir de 1982, la forme de contrats d'agglomération. En 1986, 43 contrats d'agglomération représentent 40 millions de francs de financement ; sont intéressés au premier chef l'école et l'insertion dans la vie locale tout autant que l'amélioration des conditions de logement *stricto sensu*.

Lorsque ces contrats concernent le logement, ils cherchent à favoriser, par exemple, l'adaptation des mécanismes d'attribution des logements, ou encore la sensibilisation et la formation de certains personnels chargés de la gestion, par exemple les gardiens d'immeubles[49]. Ils favorisent en outre l'adaptation des services de droit commun aux besoins spécifiques des communautés immigrées et cherchent à augmenter la participation des immigrés à la vie locale. Pour améliorer l'efficience du dispositif scolaire, une centaine de « cycles d'animation éducative périscolaire » sont mis en place, en accord avec les enseignants, afin d'apporter une aide directe à la réalisation des devoirs et des leçons. Souvent, il s'agit aussi de créer un poste d'animateur chargé de veiller à l'assiduité scolaire des enfants en les amenant à l'école et en les reconduisant. L'obligation scolaire n'est en effet pas toujours respectée ; le phénomène de l'absentéisme, s'il reste difficile à évaluer, se développe[50]. Aussi est-ce l'un des problèmes traités le plus souvent par les contrats d'agglomération qui prévoient aussi des permanences de devoirs scolaires permettant aux enfants, comme à Franconville, de bénéficier d'un lieu d'accueil calme, de la présence d'adultes pour le suivi de leur travail, sans parler de différents outils faisant défaut dans le cadre familial. En 1985 et 1986, 80 p. 100 des enfants inscrits à ces permanences sont d'origine immigrée.

Les contrats d'agglomération financent également la mise en place de lieux de rencontres et d'échanges, appartements-relais, antennes d'animation... où se développent des activités diversifiées en direction des femmes et des jeunes filles : alphabétisation, économie sociale et familiale, information, notamment sur les problèmes de santé. On s'efforce d'organiser une meilleure articulation entre les activités socio-éducatives et les actions d'insertion professionnelle, la participation aux actions de quartiers, en particulier concernant la santé (mesure favorisant la fréquentation des P.M.I. par les femmes d'origine étrangère).

De véritables contrats sont également passés, même s'ils n'en portent pas le nom, avec des associations. La loi de 1981, qui a libéralisé l'accès des étrangers au droit d'association, aura provoqué un essor de la vie associative.

De ce fait, le F.A.S. aura pu diversifier les associations subventionnées et surtout les sélectionner. En échange de l'attribution d'une subvention qui produit une légitimation par l'État de l'intérêt social ou culturel de l'association, et la différencie ainsi de la simple association loi 1901, le F.A.S. va pouvoir orienter l'activité, lui faire jouer un rôle explicite ou implicite d'intégration. De plus en plus, le F.A.S. a pris le relais de l'Administration dans l'action d'intégration ou d'insertion sociale des étrangers. C'est le cas, par exemple, en ce qui concerne les animations éducatives périscolaires. Celles-ci ont permis d'aider en 1989 30 000 enfants, grâce à l'activité coordonnée de plusieurs ministères et de quelque 700 associations. En plus de sa force financière, cette activité, devenue essentielle, aura permis au F.A.S. de peser aujourd'hui de tout son poids de principal décideur de la politique française d'intégration.

Quel bilan peut-on tirer de toutes ces actions ?

On ne sait pas si l'affectation d'un établissement en Z.E.P. a permis aux élèves d'obtenir de meilleurs résultats scolaires. Une étude effectuée à Roubaix par Hervé Deguine[51], à partir de trois critères — taux de redoublement, flux d'orientation et évolution de l'âge d'un groupe déterminé d'élèves —, montre que l'influence d'une Z.E.P. sur la réussite scolaire semble peu significative. Cette constatation rejoint des analyses effectuées au plan national. Le bilan, établi en juin 1986 par le « groupe administratif pour le pilotage de la politique des zones prioritaires », note : « Le premier effet du classement en zones prioritaires a peut-être été de stopper la détérioration de la situation dans ces zones. » Il semble aussi que le « bien-être » moral et matériel des élèves des Z.E.P. se soit amélioré : il a pu être suivi à travers l'évolution du taux d'absentéisme en classe, du taux de délinquance et de prédélinquance dans le quartier, mais aussi à travers l'amélioration de l'atmosphère générale. L'évaluation se doit de prendre en compte cette dernière : « Une bonne Z.E.P., c'est l'émergence du mouvement social dans le champ scolaire », note Claudine Dannequin[52], qui confirme que les rapports sont unanimes sur cette amélioration et qu'ils rejoignent les témoignages des acteurs eux-mêmes. Dans le pire des cas, la situation est donc restée la même.

L'expérience menée dans les Z.E.P. semble avoir réussi lorsqu'elle a trouvé un terrain favorable au niveau humain d'abord — inspecteurs départementaux prêts à jouer le jeu, enseignants intéressés par une transformation de leurs pratiques et ouverts au travail avec des partenaires extérieurs, conseillers municipaux entreprenants —, au niveau des infrastructures ensuite — existence d'un secteur loisirs éducatifs municipal, plan de réhabilitation des quartiers. Avec le temps, on aura mis au point des projets de plus en plus élaborés, compris les mécanismes de financements conjoints et drainé d'importantes sommes à gérer (subventions du conseil général, des collectivités, voire des entreprises).

Les cycles d'animation éducative périscolaire ont eu, semble-t-il, un effet plus tangible sur la réussite scolaire. Ceux que la ville de Marseille a organisés dans le cadre d'un nouveau contrat d'agglomération ont fait l'objet, au cours des années 1985-1986 et 1986-1987, d'une évaluation. On apprend que 84 p. 100 des parents déclarent que les enfants vont plus facilement à l'école depuis qu'ils participent aux cycles. L'amélioration de la réussite scolaire est telle qu'une demande accrue d'achat de livres et de soutien scolaire est formulée par 48 p. 100 d'entre eux.

Les conseils locaux de prévention se sont développés dans plusieurs centaines de communes, actuellement 570 : la plupart du temps, ils permettent aux responsables de la police, de la justice, des travailleurs sociaux et de l'éducation surveillée de se rencontrer régulièrement. Les crédits affectés par la nation à ces conseils sont faibles : un peu plus de 40 millions de francs par an, ce qui correspond à une moyenne d'un peu moins de 10 000 francs par conseil local. Ils permettent de financer le plus souvent le dégagement des tâches administratives de la police locale : celles-ci sont transférées alors aux mairies, en échange d'un transfert d'activité sur l'îlotage, ou de la participation aux opérations de prévention qui se déroulent en été ; des permanences d'aides aux personnes victimes de petits délits sont installées, qui leur permettent d'obtenir une réparation immédiate et gratuite de petits dégâts commis (bris de glace, de serrure, etc.).

Les missions d'insertion des jeunes fonctionnent et semblent toujours jouer un rôle utile, principalement grâce aux stages de formation professionnelle adaptés aux potentialités des jeunes des quartiers. La mobilisation des élus locaux va se révéler déterminante pour la réussite du dispositif : ils ne savaient qu'offrir à leurs jeunes, et se voient proposer par l'État la possibilité d'agir et de se mettre en valeur. Ils favorisent donc la fondation des missions locales et des permanences d'accueil, et cherchent à les contrôler[53].

Ces actions reçurent politiquement un accueil favorable. De ce point de vue, elles apportent de telles satisfactions que, presque dix ans après leur mise en place, les dispositifs continuent dans l'ensemble de fonctionner et mobilisent un nombre croissant de collectivités locales. Ces actions ont cependant subi une évolution : on transfère l'aide d'un quartier à la commune tout entière. La concentration d'une opération sur un quartier avait pu avoir des effets pervers : comme l'a noté Jean-Claude Toubon, l'entrée du quartier dans une liste nationale de quartiers à réhabiliter ne manque pas d'en augmenter la triste notoriété. Parfois, elle stigmatise l'espace ainsi défini, le marquage étant produit par l'extérieur. La création d'une subdivision proprement sociale et affichée met alors en cause l'unicité et l'égalité fictive de la commune, redoublant paradoxalement le processus censé abolir les classifications discriminatoires[54]. Les opérations de développement social des quartiers, de même que la mission « banlieues 1989 », ont été intégrées dans l'activité de la « délégation à la ville » créée en 1988. Le nombre de sites sélectionnés est actuellement de plus de 600.

Pour les fonctionnaires chargés de ces actions, l'expérience est souvent positive : auparavant cloisonnés dans leurs activités, ils apprennent à travailler avec d'autres institutions. Mais ces activités enrichissantes ne peuvent souvent perdurer que par la volonté d'équipes bénévoles, surchargées de travail et de responsabilité[55], peu reconnues au niveau des administrations centrales ou par les syndicats. L'innovation pédagogique, par exemple, n'est pas encore suffisamment récompensée. En outre, les institutions n'ont pas toujours assoupli leur mode de gestion des personnels : on affiche d'un côté une priorité politique à des actions, mais, de l'autre, on mute, ou même on supprime, le personnel mis à disposition des équipes d'animation depuis plusieurs années...

Pourtant la satisfaction du travail accompli est aujourd'hui mêlée d'inquiétude : les incidents continuent de se multiplier. On a tendance, à tort, à les mettre sur le dos de comportements individuels minoritaires. Ils ont, sans aucun doute, une explication socio-économique plus fondamentale, que les pouvoirs publics ont eu tendance à négliger.

L'AGGRAVATION DU MAL

Des situations locales se sont peut-être améliorées, mais les conditions générales du logement et de l'emploi se sont dégradées. La montée des tensions sociales paraît logique à la lecture de certains indicateurs.

LE LOGEMENT SINISTRÉ

La cause principale de la dégradation de la situation générale tient d'abord à des raisons macro-économiques ou démographiques qu'il était possible de prévoir dès 1981. Lors du recensement de 1982, les mal-logés étaient encore en

La France et ses étrangers

nombre important : 11,9 p. 100 des étrangers, contre 1,8 p. 100 de Français, vivaient alors dans des logements en état de surpeuplement accentué ; 30,9 p. 100, contre 12,2 p. 100 de Français, en état de surpeuplement modéré. Dans la seule région parisienne, où la proportion d'étrangers s'était accrue entre 1975 et 1982, 20 à 22 p. 100 des ménages logeaient dans le parc ancien, très vétuste (sans W.-C. intérieurs, par exemple). Or une diminution de la construction de logements sociaux s'est produite dans les années 80 et 90 au moment où, la seconde génération arrivant à l'âge de se marier, les besoins de logement augmentaient automatiquement. La localisation de l'action publique, au lieu de venir en complément d'une action nationale, s'y est substituée : l'État s'est déchargé sur les communes de sa responsabilité financière et de la nécessité de définir une orientation générale à l'action. Le développement des difficultés des communes s'explique ainsi, et le nombre de communes concernées par des problèmes d'immigration ne peut, en l'état actuel des politiques suivies, qu'augmenter. La concentration de l'action sur les points chauds des quartiers dégradés, qui avaient fait la une de l'actualité et que les médias suivaient avec attention, n'aurait pas dû faire oublier que le problème global du logement des immigrés continuait de se poser.

Il est posé avec encore plus de gravité du fait que le comportement socio-politique des maires a évolué. Entre 1975 et 1980, les offices d'H.L.M.

avaient eu la liberté d'affecter aux familles immigrées ces logements dégradés qui mobilisent, à
partir de 1981, l'opinion et les financements
publics. Les maires veulent bien depuis les réhabiliter, mais ils veillent à ce que ces situations de
concentration ne se reproduisent plus. Les lois
de décentralisation leur permettent dorénavant,
par la maîtrise du permis de construire, de s'opposer à la construction de logements sociaux où
pourraient s'installer des familles étrangères. Cette
attitude n'est pas spécifique aux élus de droite : à
Dreux, par exemple, le changement de municipalité aboutit en 1983 à l'envoi d'une lettre du
nouveau maire aux bailleurs de sa ville, les infor-
mant des risques encourus en cas de logement
d'étrangers illégaux ; mais, ailleurs, des élus de
gauche[56], dont l'objectif est de « changer l'image
de la ville », ne veulent pas continuer à « accueillir
tous les défavorisés ». Le maire passe alors un
accord avec l'O.P.H.L.M. pour que des quotas
soient pratiqués. Appliquée dans une période de
progression de la construction de logements
sociaux, cette règle eût peut-être favorisé l'intégration... Mais, parce que la construction de logements sociaux régresse depuis 1982, cette « loi
des quotas » ne permet plus du tout de répondre
aux besoins des familles immigrées. Celles-ci se
concentrent alors dans des logements sociaux de
plus en plus suroccupés ou déménagent dans les
logements vétustes d'autres communes, qui en
appellent bientôt à l'aide de l'État.

Lorsque, aujourd'hui, une entreprise employant des travailleurs immigrés tente de leur trouver un logement en intervenant auprès du C.I.L. à qui elle verse le 1 p. 100 logement, elle se voit opposer un refus. Le collecteur a beau verser de l'argent, les immigrés sont refusés par tout le monde. Certains constructeurs gèrent les immigrés comme des « pièces détachées » : pas plus de 10 p. 100. Le système du quota par immeuble et par quartier est devenu la règle. La règle informelle est de ne pas dépasser 20 à 25 p. 100 d'immigrés par groupe d'habitation et de remplacer une famille étrangère par une autre. Cette règle est de plus étendue aux Français de couleur, par exemple originaires des D.O.M-T.O.M.

Les maires confrontés aux réactions négatives de leur électorat, et à la montée du Front national, réservent souvent, dans le cadre de ces quotas, les quelques logements qui leur restent aux étrangers déjà logés sur la commune. Le comportement général est : « Je garde les miens, mais je n'en veux plus d'autres. » Enfin, priorité est souvent donnée aux jeunes demandeurs dont les parents habitent la commune depuis longtemps[57]. Seuls quelques cas d'urgence aboutissent lorsque le préfet les prend personnellement en main. Au reste, les communes ne notent même plus les demandes de logements sociaux lorsqu'elles émanent d'un étranger ou bien exigent une résidence antérieure dans la commune[58].

Même sur le dossier de la disparition des cités de transit, ouvert en 1970, l'État s'est assoupi. Il

ne s'est réactivé que lorsque des incidents dramatiques ont attiré l'attention des autorités publiques nationales et préfectorales, réveillé l'opinion
publique et contraint à agir. Ainsi, l'incendie sur-
venu dans la cité de Nanterre en 1984 provoque
sa résorption en quelques mois. Mais celle-ci ne
peut être menée à bien que parce que le préfet
procède à l'achat de pavillons privés, sur les fonds
du 0,1 p. 100 logement. Le blocage des maires et
des offices de H.L.M. est tel qu'il empêche le relogement en logements sociaux. Dans les Hauts-de-
Seine, en 1986, les statistiques enregistrent que
la capacité supplémentaire de logements familiaux affectés aux familles étrangères a représenté
92 logements[59] : il s'agit de ceux achetés pour les
familles de la cité de transit de Nanterre.

Comparés à la faiblesse des moyens dégagés
pour le logement des familles, les moyens affectés aux foyers apparaissent encore considérables.
Plus du tiers des fonds du 0,1 p. 100, certaines
années la moitié, sont allés aux foyers alors que
seul un immigré sur cinq vit en célibataire. Les
organismes gestionnaires ont su tirer parti de
l'abondance de la ressource, du relatif désintérêt
des organismes H.L.M. à l'égard du 0,1 p. 100
après 1982 et de leurs liens étroits avec les pouvoirs publics.

Ces fonds, ne servant plus à la construction
de nouveaux foyers — celle-ci est bloquée par
les maires qui ne délivrent plus de permis de
construire —, sont souvent destinés à des travaux d'entretien ou de réparation[60]. Selon un rap-

port de la préfecture régionale d'Île-de-France, la plupart des crédits sont utilisés pour les travaux de réparation des foyers puisque plus aucune demande n'est faite pour la construction de foyers neufs. Les travaux sont divers : ils vont des petites réparations de second ordre au décloisonnement des chambres. Les associations gestionnaires de foyers continuent de bénéficier d'une aide à la gestion calculée forfaitairement et représentant 400 millions de francs annuels[61].

En réaction à une augmentation des impayés, due en partie à une relative paupérisation des résidents, les organismes gestionnaires, et notamment la SO.NA.CO.TRA., ont poursuivi la politique de conventionnement à l'Aide personnalisée au logement. Sur 140 000 personnes vivant en foyers, 55 p. 100 habitent dans des foyers conventionnés par l'A.P.L. et 20 p. 100 à 25 p. 100 des foyers conventionnés à l'Aide transitoire au logement (A.T.L.) versée par le F.A.S. aux gestionnaires de foyers pour le compte des bénéficiaires. Cette aide « transitoire » est en augmentation constante depuis 1978 et représente 120,5 millions de francs en 1988. Alors qu'elle était censée permettre d'assurer le même type de prestation que l'A.P.L. avant que les foyers concernés ne s'y conventionnent, elle représente actuellement pour certaines grandes associations gestionnaires un tiers de leurs recettes. Le conventionnement de l'A.P.L. exigeant un plan d'amélioration du logement, certains organismes ont préféré maintenir le statu quo. Il convient de noter cependant que, dans la période récente, les principaux organismes ont amélioré leur gestion : la SO.NA.CO.TRA., qui gère la moitié des lits en foyers (70 000), l'A.F.T.A.M. ou l'A.D.E.F., qui fait maintenant des bénéfices...

Cependant, il n'existe aujourd'hui que 170 000 lits répartis dans 740 foyers pour des travailleurs célibataires dont le nombre est estimé approximativement à 800 000. Cela laisse présager qu'un très grand nombre de travailleurs isolés vivent encore en habitat insalubre et que quelques-uns d'entre eux, de 25 000 à 40 000, séjournent dans des logements de chantiers. Le foyer reste cependant un pôle d'attraction très important du fait des tarifs pratiqués, de la pénurie de logements, des difficultés financières provoquées par le chômage, du mode de vie communautaire des résidents d'origine africaine, par exemple, et parfois de l'irrégularité des séjours de certains membres de familles. Bien que les pouvoirs publics aient plus que jamais le souci d'éviter des incidents, une surpopulation des foyers se développe. Elle est désormais admise par les statistiques officielles, même si elle reste vraisemblablement minorée. Ainsi, dans la région parisienne, l'étude précédemment citée fait état, pour l'année 1984, de 70 000 résidents officiellement déclarés, pour 62 000 places.

Le mécanisme spécifique du 0,1 p. 100 était devenu si inutile en tant que tel que son autonomie a été supprimée en décembre 1987, et sa gestion intégrée dans une Agence nationale pour la participation des employeurs à l'effort de construction.

TROIS NIVEAUX D'ACTION :
ADAPTATION, INTÉGRATION, LUTTE
CONTRE LES DISCRIMINATIONS

Depuis quinze ans, chômage, échec scolaire et problèmes de logement ont continué de s'entre-mêler et de peser de plus en plus sur les immigrés et leurs enfants, voire leurs petits-enfants. Dans le même temps, entre 1990 et 2005, plusieurs centaines de milliers de nouveaux immigrés se sont installés légalement en France sans que soit organisé leur accueil.

La ségrégation urbaine s'est accentuée : les communes les plus défavorisées se sont — entre 1984 et 1996 — paupérisées[62] ; les quartiers prioritaires dénommés depuis 1996 zone urbaines sensibles ont une plus forte proportion de chômeurs[63], de personnes résidant en H.L.M., de jeunes de moins de vingt-cinq ans qui, lorsqu'ils sont d'origine non européenne, ont plus de mal à trouver un emploi ou un logement sur le marché locatif privé. Depuis 2002, des contrats d'intégration permettent aux dizaines de milliers de nouveaux immigrants qui arrivent en France tous les ans légalement d'apprendre la langue et les codes de la société française. Les crédits du F.A.S., part majoritaire de la faible part des crédits de l'État, ont été réorientés vers ces « contrats » fort contraignants puisque leur signature est devenue une des conditions de l'obtention de la carte de résident[64].

La nouvelle loi d'orientation et de programmation sur la ville d'août 2003, dite loi Borloo, se fixe comme objectif la destruction de 40 000 logements dégradés dans des zones de relégation et le relogement de ses habitants.

Les 1,8 million d'élèves scolarisés dans les 784 Z.E.P., mais aussi dans les réseaux d'éducation prioritaire (R.E.P.) qui associent des collèges proches[65], bénéficient d'un surcroît d'heures d'enseignement par élève, ce qui se traduit par des classes moins chargées[66].

Au-delà de toutes ces politiques d'accueil ou d'intégration, progressivement, les pouvoirs publics ont été amenés à reconnaître l'existence de discriminations fondées sur un préjugé d'ordre racial, religieux ou culturel. Comme l'analyse Didier Fassin, la remise au Premier ministre par le Haut Conseil à l'intégration du rapport sur les discriminations en 1998 peut être considéré comme un tournant symbolique dans l'histoire du traitement de la « question immigrée... [...] Premièrement, il déplace la question de l'intégration, en conditionnant sa réussite par la mise en cause des discriminations : il ne s'agit pas d'un simple retournement rhétorique, faisant passer d'une conception positive et volontariste ("agir pour") à une lecture critique et combative ("lutter contre") ; il y va aussi d'une *inversion de l'imputation causale,* puisque ce ne sont plus les

attributs des étrangers que l'on considère comme
responsables des difficultés auxquelles ils sont
confrontés (leur "capital humain"), mais le fonctionnement de la société française elle-même (y
compris par des comportements non intention-
nels qui conduisent à une situation discriminatoire de fait) ». Deuxièmement, le critère de la
nationalité apparaît comme insuffisant... car les
discriminations peuvent affecter « des Français
de couleur, notamment d'outre-mer ou d'origine
étrangère non européenne... il y a *reconnaissance
du fondement racial* de cette inégalité spécifique[67] ».

Ces discriminations touchent principalement
l'accès au logement ou à l'emploi.

Avec la disparition progressive des foyers pour
étrangers[68] et des aides ciblées sur le logement
des étrangers[69], les immigrés et leurs enfants se
trouvent directement aux prises avec le marché
locatif privé et ses discriminations directes. La
pénurie de logements sociaux dans les zones
d'habitations où s'exerce la plus forte demande[70]
touche certes toutes les familles à revenu modeste, mais plus particulièrement celles des immigrés et de leurs enfants. Ceux-ci font face à un
problème que les pouvoirs public ont tardé à reconnaître : les discriminations.

En matière d'emploi, près de 7 millions d'emplois, 5,2 millions dans le secteur public, restent
interdits aux étrangers non communautaires[71].
Pour l'emploi privé, c'est surtout au niveau des
cadres que la discrimination semble la plus forte.
Seuls 11 p. 100 des jeunes d'origine algérienne

âgés de 25 à 33 ans, diplômés de l'enseignement supérieur, étaient cadres en 1990 contre 46 p. 100 des Français de naissance[72]. Emmanuelle Santelli montre ainsi que, lorsqu'il s'agit d'être commerçants, artisans ou chefs d'entreprises, c'est-à-dire dans l'exercice d'une profession indépendante, les jeunes d'origine algérienne réussissent aussi bien que les jeunes d'origine française[73]. Jean-Luc Richard ajoute que la discrimination touche plus particulièrement les jeunes hommes : « Les femmes d'origine maghrébine ne semblent pas souffrir autant de cette impossibilité de valoriser leur diplôme sur le marché du travail », réussissant « aussi bien, dans le haut de l'échelle sociale, que les jeunes femmes de même niveau d'études et issues de familles françaises de plus longue date[74] ». Et Mouna Viprey souligne que « la catégorie la plus exposée au chômage chez les étrangers est représentée par les jeunes actifs non originaires de l'Union européenne, âgés de 15 à 24 ans : sur les quinze dernières années, entre 37 p. 100 et la moitié d'entre eux se trouvent en situation de chômage[75] ». En 1990, le taux de chômage des jeunes de 24 à 29 ans d'origine algérienne était de 35 p. 100 environ alors qu'il était de 12 p. 100 pour ceux d'origine portugaise[76].

Ces discriminations peuvent être directes : « une discrimination directe se produit lorsque [...] une personne est traitée de manière moins favorable qu'une autre ne l'est, ne l'a été ou ne le serait dans une situation comparable », ou indirectes : « une discrimination indirecte se produit lorsqu'une disposition, un critère ou une pratique apparemment neutre est susceptible d'entraîner un désavantage particulier pour des personnes [...] par rapport à d'autres personnes, à moins que cette disposition, ce critère ou cette pratique ne soit objectivement justifié par un objectif légitime et que les moyens de réaliser cet objectif ne soient appropriés et nécessaires[77] ».

Successivement les autorités publiques mettent en place un Groupe d'étude des discriminations (G.E.L.D.) et un numéro vert destiné à recueillir les plaintes[78]. À l'occasion de la transposition d'une directive européenne, une loi du 16 novembre 2001[79] inscrit pour la première fois dans le Code du travail (article L 122-45) l'interdiction de toute discrimination indirecte, c'est-à-dire non intentionnelle. Peu importe l'intention de l'auteur, dans ce dernier cas, sauf justification objective de son utilisation, si la mesure contestée entraîne un désavantage pour des personnes d'une race ou d'une origine particulière, elle devra être considérée comme illégale[80].

Finalement, six ans après qu'elle a été recommandée au gouvernement, la création d'une Haute Autorité de lutte contre les discriminations et pour l'égalité mise en place à partir du 1er janvier 2005, en application d'une directive européenne[81], est censée permettre une intervention publique plus efficace et plus active contre les discriminations. Ses pouvoirs d'investigation, de médiation et de saisine de la justice sont réels. Ils ne vont pas cependant jusqu'à la possibilité d'imposer des sanctions.

Reste un domaine où la France apparaît libérale et inclusive au regard de ses voisins européens : l'accès à la nationalité.

X

L'accès à la nationalité française

Passé la barrière de l'entrée et de l'installation durable en territoire national, l'étranger résident rencontre une autre barrière : celle de l'accès à la nationalité. La politique de la nationalité est le produit complexe d'une histoire où l'immigration contemporaine n'a qu'une part récente. La nationalité définit en effet le lien juridique entre un État et la population qui lui est liée. Elle est avec le territoire au fondement de la définition juridique de l'État nation. Des règles relatives à ce que l'on n'a appelé « nationalité » qu'à partir des années 1840[1] existaient en France avant la Révolution, dans l'ancien droit. Elles ne définissaient pas simplement la manière pour un étranger d'accéder à la qualité de Français ; elles définissaient aussi le Français d'origine, celui auquel l'État attribue son identité juridique nationale à la naissance.

Une législation de la nationalité est faite de différents instruments. Ils peuvent être comparés à des « couleurs » que l'on mélange pour obtenir un tableau souhaité. Lorsque l'on parle du droit de la nationalité, deux de ces « couleurs » sont systématiquement mentionnées :

— le lieu de naissance — ou *jus soli* : le fait d'être né sur un territoire sur lequel l'État exerce, a exercé ou souhaite étendre sa souveraineté ;

— la filiation — ou *jus sanguinis* : la nationalité est accordée en fonction de la nationalité d'un parent ou d'un ascendant plus éloigné.

Deux autres « couleurs » existent mais sont souvent omises ou négligées :

— la résidence passée, présente ou future à l'intérieur des frontières passées, présentes ou futures du pays (y compris les frontières coloniales) ;

— le statut matrimonial : épouser un ressortissant d'un pays autre que le sien peut permettre d'acquérir la nationalité du conjoint.

C'est la combinaison de ces instruments et de techniques permettant leur application (automaticité, acte volontaire, décision de l'État, etc.) qui constitue une législation de la nationalité[2]. Si population et territoire correspondaient exactement, si tous les Français résidaient en France et si ne résidaient en France que des Français, attribuer la nationalité sur la base du *jus sanguinis*, du *jus soli* voire de la résidence ne ferait aucune différence. Un droit de la nationalité fondé sur l'un ou l'autre de ces trois critères aurait les mêmes effets juridiques.

Lorsqu'un découplage se produit entre territoire et population constituée, que des étrangers
immigrent en France ou que des Français émigrent à l'étranger, le choix d'un instrument d'attribution de la nationalité à la naissance aura, en
revanche, un impact sur le statut juridique des
personnes qui se trouvent à la frontière de deux
nationalités (et de leurs enfants).

LE DROIT DE LA NATIONALITÉ
DEPUIS LA RÉVOLUTION

Sous l'Ancien Régime, c'est incidemment, dans
les conflits juridiques qui naissent de problèmes
de succession, que se développe une jurisprudence qui définit la frontière entre le Français et
l'étranger ou plutôt entre le Français et l'aubain,
suivant le terme juridique de l'époque[3]. D'un côté,
le droit d'aubaine permet au roi de s'approprier
l'héritage de tout étranger qui meurt sans héritier français[4]. De l'autre, un enfant de Français
ne peut succéder à ses parents s'il est considéré
comme aubain, c'est-à-dire s'il est né à l'étranger.
Les parlements — les tribunaux de l'époque —,
saisis par des plaignants qui contestent leur qualité d'aubain, font, en tranchant ces différends,
évoluer la définition du Français[5].
Au début du XVIᵉ siècle, trois conditions sont
encore nécessaires pour être reconnu français :

être né dans le royaume de France ; être né de parents français ; et demeurer d'une manière permanente dans ce royaume[6]. Mais, par un arrêt du 23 février 1515, le parlement de Paris introduit le *jus soli* dans le droit français[7] : indépendamment de l'origine des parents, qui tous deux peuvent être étrangers, la naissance en France donne la capacité de succéder et donc la nationalité française, à condition cependant de résider sur le territoire du royaume[8].

À la fin du XVIe siècle, le lien de filiation permet à son tour de transmettre la qualité de Français, sans considération du lieu de naissance. Le 7 septembre 1576, le parlement de Paris rend un arrêt solennel, l'arrêt Mabile[9]. Cet arrêt reconnaît comme Française la fille née en Angleterre de deux parents français et lui accorde donc le droit de leur succéder. L'installation de la requérante en France, même après le décès de ses deux parents, montrait selon la cour qu'elle avait conservé « l'esprit de retour » ; elle consentait d'ailleurs, au cas où elle quitterait le royaume, à être privée de tous les biens lui venant de ses aïeux[10]. À ceux enfin que la jurisprudence ne définit pas comme Français, aux étrangers donc, le roi a le pouvoir d'accorder — pouvoir exclusif depuis François 1er — des *lettres de naturalité*[11]. Cette naturalisation transforme l'étranger en Français et le relève de l'ensemble de ses incapacités, notamment celles de succéder ou de léguer[12].

Ainsi, à la veille de la Révolution, « naissance sur le territoire » et « lien de filiation » permet-

tent l'un et l'autre de déterminer la qualité de
Français, à la condition que la résidence présente
et surtout future soit fixée dans le royaume, signe
d'allégeance au roi. On pourrait d'ailleurs dire les
choses autrement : sous l'ancien droit, est français celui qui réside en France, à condition qu'il
soit né en France ou bien à l'étranger de parents
français, ou bien encore s'il a été naturalisé. La
naissance sur le sol de France, le *jus soli*, reste
cependant le critère dominant. Ainsi, lorsqu'il
vient résider sur le territoire du royaume, un enfant né à l'étranger de parents français demande
souvent au roi une lettre de déclaration de naturalité pour assurer sa capacité à succéder et
confirmer ainsi sa qualité de Français, ce dont
peut s'abstenir l'enfant né en royaume de France
d'un parent étranger[13].

Entre 1789 et 1803, la définition même du
Français et l'acquisition par un étranger de la
qualité de Français sont modifiées par deux bouleversements contraires. En 1790, les premiers
révolutionnaires rompent avec ce qui, dans le
droit de l'Ancien Régime, représentait les symbo-
les du pouvoir royal à l'égard de l'étranger : outre
le droit d'aubaine, le pouvoir de naturaliser. Ainsi,
de 1790 à 1795, un étranger devient automatiquement français, s'il remplit certaines conditions,
notamment de domicile en France. Pour ce qui
est de la définition du Français de naissance, la
Constitution de 1791 se place dans la continuité
de la jurisprudence d'Ancien Régime lorsque
pour la première fois elle définit explicitement

les règles de la nationalité : « sont citoyens français ceux qui sont nés en France d'un père français ; ceux qui, nés en France d'un père étranger,
ont fixé leur résidence dans le royaume ; ceux
qui, nés en pays étranger d'un père français, sont
revenus s'établir en France et ont prêté le ser-
ment civique[14] ».

LES TROIS ÉTAPES
DE LA CONSTRUCTION D'UN DROIT
MODERNE DE LA NATIONALITÉ

En 1803, les rédacteurs du Code civil procèdent
à l'inverse : ils rétablissent le pouvoir de l'État
sur l'étranger — le droit d'aubaine et l'admission
à domicile — et bientôt le pouvoir de naturaliser.
En ce qui concerne la définition du Français
d'origine, le *jus soli*, encore renforcé entre 1793
et 1799, est remplacé par le *jus sanguinis*, lorsque
la première partie du Code civil relative à la jouis-
sance des droits civils entre en vigueur dès le 27
ventôse an XI, soit le 18 mars 1803[15]. Pour faire
instituer le *jus sanguinis* comme *critère exclusif*
d'attribution de la qualité de Français à la
naissance, le juriste Tronchet a pu, à la tête
d'une coalition de juristes modérés et avec l'appui des premiers révolutionnaires, contourner
Bonaparte[16]. Cette rupture avec le droit du sol,
cette réinvention du droit romain dans le *jus
sanguinis*, au nom de la nation comme prolon-

gement politique de la famille, est une révolution durable. Elle ouvre l'ère du droit moderne de la nationalité en France et dans toute l'Europe.

Ce *jus sanguinis* n'a rien d'ethnique, il s'agit surtout de rompre avec la féodalité. Sous l'Ancien Régime en effet, autant sinon plus que le *jus soli* ou le *jus sanguinis*, le critère de la résidence était fondamental pour l'attribution de la qualité de Français. Car c'était le signe de l'allégeance personnelle au roi. Si un Français né en France quittait le royaume sans esprit de retour, il perdait sa nationalité. Et s'il était né à l'étranger d'un père français, il ne pouvait se la voir attribuée qu'en venant résider en France. Désormais, la nationalité devient un droit de la personne, indépendant de l'État : elle se transmet comme le nom de famille, par le père ; elle est attribuée à la naissance, que l'enfant soit né en France ou à l'étranger. Elle ne se perd plus si l'on transfert son domicile à l'étranger.

Du coup, les enfants nés en France de parents étrangers restent étrangers. Le Code civil prévoit bien qu'ils peuvent réclamer la nationalité française à leur majorité[17]. Mais ils ne le font généralement pas car ils échappent ainsi au tirage au sort pour le service militaire réinstitué en 1818, service qui peut durer de six à huit ans pour les jeunes Français. Au nom de l'égalité, dès 1818, des citoyens des régions frontalières protestent car leurs enfants, français, partent à l'armée, alors que les enfants belges ou italiens des mêmes villages y restent, y obtiennent les meilleurs emplois et font les plus beaux mariages. Leurs élus réclament donc que les enfants d'étrangers nés et éduqués en France, « Français sociologiques » bien qu'étrangers en droit, se voient imposer la qualité de Français, au nom de l'égalité des devoirs[18]. Ce n'est cependant que lorsque la France devient clairement un pays d'immigration que le *jus soli* obligatoire est rétabli. Entre 1851 et 1889, en effet, l'immigration s'est développée, particulièrement dans les départements frontaliers, et le récent rattachement de la Savoie et de Nice à la France ou la présence d'importantes colonies espagnole ou italienne en Algérie rendent urgent d'agir au nom de l'ordre public et par crainte d'irrédentisme. La loi de 1889 impose donc à l'enfant né en France d'un parent étranger lui-même né en France (double *jus soli*) d'être français à la naissance tandis que l'enfant né en France de parents étrangers (simple *jus soli*) devient français à sa majorité. Ce rétablissement du droit du sol ne se fait pas cependant à l'identique : une novation par rapport à l'Ancien Régime apparaît, qui réside dans le renversement auquel la République procède dans la gestion du critère de la résidence. Quand la qualité de Français ne résultait que de la naissance en France de parents étrangers, la jurisprudence exigeait que la résidence soit fixée dans le royaume, pour le présent et pour le futur. En 1889 cette exigence devient de résidence passée, comme signe non plus d'allégeance au roi mais d'éducation dans la société française et de socialisation[19].

Trente ans plus tard, après la grande saignée de la Première Guerre mondiale, impératif démographique oblige, la loi de 1927 élargit l'accès à la nationalité par la naturalisation. Celle-ci peut désormais être demandée dès dix-huit ans, après trois ans de séjour au lieu de dix ans auparavant. L'objectif est de 100 000 naturalisations par an et l'effet est immédiat : de 1926 à 1930, 315 066 étrangers acquièrent la nationalité française contre 95 215 dans les cinq années précédentes.

C'est à ce moment-là que, dans le débat franco-français, émerge l'approche ethnique, raciale, voire raciste, des questions d'immigration et de nationalité, qui va s'imposer dans les discussions jusqu'à aujourd'hui. Dans le climat de la crise des années 1930, des débats violents opposent les gardiens de la « nationalité-à-titre-originaire » aux auteurs de la loi de 1927. Pour satisfaire l'opinion restrictionniste, un décret-loi de 1934 interdit l'accès des nouveaux naturalisés aux fonctions publiques et à la profession d'avocat. En 1938, on ajoute, à l'interdiction pour le naturalisé d'être élu, l'interdiction d'être électeur pendant cinq ans. Jusqu'en juin 1940, on continue cependant de naturaliser en masse.

LES TROIS CRISES « ETHNIQUES » DE LA NATIONALITÉ

En juin 1936, Darquier de Pellepoix, futur commissaire général aux Questions juives de

Vichy, avait proposé l'annulation de toutes les naturalisations intervenues depuis l'armistice de 1918[20]. En juillet 1940, le régime de Vichy décide la révision des naturalisations intervenues non depuis 1918, comme le prévoyait la loi nazie de 1933 qui sert de modèle, mais depuis l'entrée en vigueur de la loi honnie de 1927. Les juifs sont la cible de cette révision et 6 000 d'entre eux redeviennent étrangers parmi les 15 000 Français dénaturalisés entre 1940 et 1944[21]. Ils sont également la cible indirecte d'un projet de loi de refonte de la nationalité que Vichy n'arrive cependant pas à promulguer en raison d'un veto nazi. Cette politique antisémite s'achève à la Libération, non sans difficulté. Le 9 septembre 1943, François de Menthon[22], résistant de la première heure, tout juste nommé commissaire à la Justice du Comité français de libération nationale, écrit à René Cassin, président du comité juridique de la France libre[23], au sujet de la loi du 22 juillet 1940 qui a permis à Vichy de réviser l'ensemble des naturalisations intervenues depuis 1927 : « J'envisage le maintien de cette *institution nouvelle*[24]. » Il faut la vive réaction de René Cassin pour qu'elle soit finalement abrogée.

Un autre débat a lieu aussi en 1945, à la Libération : Georges Mauco, secrétaire général du Haut Comité de la population, est à la tête des partisans de la sélection ethnique des immigrés et des naturalisés, sur le modèle américain d'alors[25]. Finalement, Pierre-Henri Teitgen, garde des Sceaux, l'emporte : les naturalisations se feront au cas par cas, l'origine ethnique ne sera qu'un des critères — secondaires — d'appréciation des dossiers et le Code de la nationalité de 1945 reprend, sauf quelques restrictions (ainsi le séjour minimum exigé avant une naturalisation passe-t-il de trois à cinq ans), les principales dispositions de la loi de 1927[26]. De 1945 à 1984, les modifications de la législation française de la nationalité sont adoptées sans beaucoup de débats publics.

C'est alors qu'après les crises « nazie », puis « américaine » survient — à partir de 1984 — la crise « algérienne » de la nationalité. Nous en avons examiné dans les chapitres précédents les développements[27]. Elle s'achève en 1998, au moment où est rétablie, pour les enfants nés en France de parents étrangers, l'acquisition de plein droit de la nationalité française à la majorité.

TROIS DISCRIMINATIONS FINALEMENT SURMONTÉES

On pourrait achever ici cette histoire et conclure qu'après trois crises ethniques ou racistes surmontées, le droit de la nationalité française est un développement continu vers l'ouverture. Ce serait négliger qu'à chacune des trois grandes étapes de modernisation, au moment où l'on donnait des droits aux uns, on en retirait à d'autres :

En 1803, quand le droit de la nationalité devient

un droit de la personne, c'est un droit de l'homme au détriment de la femme. Avant la révolution, une femme étrangère pouvait se naturaliser. Durant la révolution, une femme française épousant un étranger lui transmet sa nationalité. À partir de 1803, la femme étrangère ne peut plus se naturaliser et, la femme prenant automatiquement la nationalité du mari, la femme étrangère qui épouse un Français devient française et la femme française qui épouse un étranger devient étrangère. Mais, au début du XXe siècle, quand l'immigration masculine devient plus importante et surtout après la Première Guerre mondiale, quand elle devient massive, près de 200 000 femmes nées françaises sont devenues étrangères par leur mariage avec un étranger[28]. Le mariage prononcé, la femme change de nationalité. Devenue étrangère, elle doit immédiatement se faire enregistrer et se procurer la carte d'identité d'étranger, conformément au décret du 2 avril 1917[29]. Elles perdent leur emploi si elles sont fonctionnaires ; soumises à la loi nationale de leur mari, elles perdent le droit de divorcer si elles épousent par exemple un Italien (la loi italienne interdisant le divorce). Il arrive enfin qu'elles soient obligées de quitter la France pour accompagner leurs époux, auxquels elles doivent obéissance. Autant de situations intolérables qui entraînent la mobilisation convergente des populationnistes et des féministes. La loi de 1927 libère la femme de l'obligation de prendre la nationalité de son mari. Ce n'est qu'en 1973 que l'égalité est complète entre l'homme et la femme en matière de nationalité.

1889, c'est la deuxième étape de la construction du droit moderne de la nationalité française
avec le retour du droit du sol. La loi du 26 juin
1889 est applicable en Algérie, territoire français
depuis 1848. Après les juifs, faits pleinement français par le décret Crémieux du 24 octobre 1870, les
enfants de colons étrangers se trouvent ainsi intégrés dans la nationalité française. Restent à
l'écart de ce processus d'intégration les musulmans d'Algérie : formellement ils sont français,
mais c'est une nationalité dénaturée : pour devenir pleinement français, ils doivent en passer par
une procédure de naturalisation instituée par un
sénatus-consulte de 1865 qui visait alors aussi les
juifs et les étrangers. Entre 1865 et 1962, un peu
moins de 7 000 musulmans d'Algérie vont devenir
pleinement français, soit par le sénatus-consulte
de 1865 soit par une autre procédure instituée en
1919.

Pour expliquer le nombre très faible de musulmans d'Algérie devenus pleinement français,
la raison la plus couramment invoquée est le
souhait d'une très large majorité d'entre eux de
conserver le statut personnel dicté par le Coran.
Mais, outre le fait que de nombreux musulmans
furent dissuadés par l'administration coloniale de
déposer une demande de naturalisation, le simple
fait de renoncer au statut personnel de musulman
(c'est-à-dire aux cinq coutumes incompatibles avec
le Code civil) ne suffisait pas pour acquérir la
pleine nationalité. Ainsi, le converti au catholi-
cisme reste considéré comme un indigène musul-

man soumis aux tribunaux répressifs indigènes, mais aussi au tribunal du cadi là où il existe, tant qu'il n'a pas été naturalisé[30]. Pour justifier cette règle, la cour d'appel d'Alger a statué en 1903 que le terme musulman « n'a pas un sens purement confessionnel, mais qu'il désigne au contraire l'ensemble des individus d'origine musulmane qui, n'ayant point été admis au droit de cité, ont nécessairement conservé leur statut personnel musulman, sans qu'il y ait lieu de distinguer s'ils appartiennent ou non au culte mahométan[31] ».

Maintenus à l'écart de cette pleine nationalité, les musulmans sont soumis au Code de l'indigénat : ils se voient appliquer des sanctions s'ils se réunissent ou s'ils quittent le village sans autorisation ou s'ils font des réclamations trop vives auprès de l'Administration. Après la Seconde Guerre mondiale, ces discriminations sont atténuées ou supprimées, mais la majorité des musulmans maintenus dans un deuxième collège lié à leur statut personnel. Ce n'est qu'en 1962, avec l'indépendance, qu'ils acquièrent une pleine nationalité, la nationalité algérienne ou, pour une minorité d'entre eux, résidant en France, la nationalité française.

La loi de 1927 ouvre une autre période : celle de l'élargissement du champ des interdictions temporaires, qui deviennent la contrepartie explicite de l'approche démographique (et instrumentale) de la naturalisation. La loi de 1927 étend l'inégibilité pour dix ans à l'ensemble des fonctions ou des mandats électifs : non seulement les mandats politiques sont visés, mais également les mandats professionnels (par exemple, celui de délégué du personnel dans les entreprises[32]).

La loi du 19 juillet 1934 ajoute à l'incapacité d'être élu celles d'être nommé à des fonctions publiques rétribuées par l'État, inscrit à un barreau ou nommé titulaire d'un office ministériel (« à moins d'avoir accompli les obligations militaires du service actif dans l'armée française[33] »). Le décret du 12 novembre 1938 ajoute aux limitations de droits qui touchaient déjà le naturalisé — non-éligibilité ou impossibilité d'accès à certaines fonctions publiques pendant dix ans — l'interdiction de voter pendant cinq ans. L'ordonnance de 1945 maintien l'inégibilité pendant un délai de dix ans et l'impossibilité de voter, d'accéder à la fonction publique et au barreau durant cinq années (article 81). La loi du 28 avril 1952 institue une incapacité de cinq ans pour l'exercice de fonctions communales[34]. L'ensemble de ces dispositions, votées en 1927 et confirmées après guerre quand la logique démographique de la politique de la nationalité atteint sa plus forte expansion, empêche nombre de Français d'exercer les métiers de leur choix[35].

Ce n'est que le 17 juillet 1978 qu'une loi supprime les incapacités liées à l'emploi et l'interdiction de voter pendant cinq ans. L'incapacité de solliciter un mandat électif pendant un délai de dix ans après la naturalisation subsiste encore. Elle sera supprimée par les lois des 8 et 20 décembre 1983.

Aujourd'hui, tous les Français sont égaux en droit. On peut même dire que, par le sol, par la filiation, par la résidence, par la naturalisation, par le mariage, la nationalité française se conserve et s'acquiert assez aisément en France comme à l'étranger. Comment concrètement y accède-t-on quand on ne la possède pas ? Le droit français a aujourd'hui tendance à embrasser ou à conserver dans la nationalité très largement ceux qui se trouvent à sa frontière, mais c'est parfois plus en droit qu'en fait. L'ouverture est cependant facilitée par une traditionnelle indifférence à la double nationalité, qui a cependant pour contrepartie constitutive la peine de la déchéance de la nationalité, réserve de souveraineté utilisée dans des cas exceptionnels[36].

COMMENT ACCÈDE-T-ON À LA NATIONALITÉ FRANÇAISE ?

LARGEMENT OUVERTS : LE MARIAGE ET LA NAISSANCE EN FRANCE

Le mariage

La plupart des États obligent les conjoints étrangers de leurs concitoyens à demander la naturalisation s'ils veulent acquérir leur nationalité. Souvent, la durée de résidence minimale exigée est réduite par rapport à une naturalisation de droit commun (trois ans au lieu de cinq aux États-Unis, aux Pays-Bas ou au Royaume-Uni). Mais la plupart obligent aussi les conjoints de nationaux à résider sur le territoire de leur État.

Ce n'est pas le cas de la France. Un conjoint étranger de Français peut acquérir la nationalité française par une simple déclaration effectuée après deux ans de mariage, voire trois ans « lorsque l'étranger au moment de sa déclaration ne justifie pas avoir résidé de manière ininterrompue pendant au moins un an en France à compter du mariage ». Un an après l'enregistrement de la déclaration, la nationalité est acquise, sauf refus d'enregistrement ou opposition du gouvernement. Aucun autre pays n'accorde aussi aisément la nationalité par mariage. En 2000, 26 056 conjoints étrangers de Français ont acquis la nationalité par déclaration ; 4 039 (soit 15,5 p. 100) résidaient à l'étranger au moment de l'acquisition[37].

En 2003, pour 29 608 décisions favorables, 1 314 enregistrements ont été refusés — soit 9,3 p. 100 du total des décisions prises — en raison de l'absence d'une condition légale de réalisation du mariage : défaut de communauté de vie (38,2 p. 100 des décisions prises) ou nullité du mariage, par exemple. En outre, 94 décrets d'opposition ont été signés par le gouvernement (99 saisines du C.E., 93 avis favorables, 6 avis défavorables). Dans le cas d'un décret d'opposition, la déclaration est recevable, mais l'administration constate soit le défaut d'assimilation (90 p. 100 des cas), soit l'indignité (10 p. 100)[38]. 95 p. 100 des déclarations enregistrées prennent donc effet un an après qu'elles ont été effectuées.

La naissance en France de parents étrangers

L'enfant né en France de deux parents étrangers non nés en France devient français à 18 ans, à condition d'avoir résidé en France cinq années depuis l'âge de 11 ans — de façon à vérifier si son éducation s'est effectuée dans la société française. La résidence de cinq ans peut être continue ou discontinue ; elle peut donc aisément être prouvée par la production de certificats scolaires. Le jeune peut éviter d'attendre 18 ans en acquérant volontairement la nationalité française à compter de l'âge de 13 ans. De 13 à 16 ans, cette acquisition se fait avec l'agrément de ses parents et sous condition d'une résidence de cinq années à partir de l'âge de 8 ans. De 16 à 18 ans, il peut acquérir cette nationalité indépendamment de ses parents s'il a résidé en France cinq ans à compter de l'âge de 11 ans[39].

Si, en revanche, il ne veut pas de la nationalité française à 18 ans, il peut la décliner entre l'âge de 17 ans et demi et 19 ans[40]. En 2002, 30 262 jeunes de 13 à 18 ans ont choisi d'acquérir la nationalité française avant 18 ans[41].

Environ 15 245 ont acquis la nationalité à 18 ans[42]. Enfin, en 2002, 110 jeunes ont décliné la nationalité française entre 17 ans et demi et 19 ans. Rappelons qu'en 1993 — la dernière année de l'existence de cette procédure, avant son interruption entre 1994 et 1998 — 1 611 jeunes (1 438 hommes et 173 femmes) avaient de la même manière refusé la nationalité française[43].

On peut donc considérer que la quasi-totalité des enfants nés en France de parents étrangers acquièrent la nationalité française s'ils se trouvent en France au moment de leur adolescence — la majorité de façon volontaire. 90 p. 100 des conjoints de Français qui sollicitent la nationalité française l'obtiennent. Pour ce qui est de la naturalisation — procédure concernant l'étranger né à l'étranger et venu résider en France —, plus de 70 p. 100 des demandes reçoivent une réponse favorable, mais les délais — de résidence et de procédure — sont particulièrement longs.

LES CONTRADICTIONS DE LA NATURALISATION

Bien que ressortissant au pouvoir discrétionnaire, la naturalisation n'est soumise en France à aucun délai minimum de résidence pour la majorité des étrangers qui peuvent la solliciter.

Le délai de droit commun de cinq ans n'est pas requis — depuis 1973 — pour les ressortissants d'un territoire ou d'un État dont le français est la ou une des langues officielles[44] — Belgique, Bénin, Burkina-Faso, Burundi, Cameroun, Canada, Centrafrique, Comores, Congo, Côte-d'Ivoire, Djibouti, Gabon, Guinée, Haïti, Liban, Louisiane, Luxembourg, Mali, Monaco, Niger, Rwanda, Sénégal, Seychelles, Suisse, Tchad, Togo, Val d'Aoste, Vanuatu, Zaïre.

C'est aussi le cas des ressortissants ou d'anciens ressortissants des territoires et États sur lesquels la France a exercé la souveraineté, un protectorat, un mandat ou une tutelle. Cette disposition peu connue a été introduite par la loi du 22 décembre 1961 — et figure aujourd'hui au paragraphe 5 de l'article 21-19 du Code civil. Le rapporteur du projet de loi au sénat, Marcel Prélot, fit valoir en 1961 qu'« à tout citoyen d'un pays naguère français ayant conservé pendant de longues années les traditions et la culture françaises, acquises sous les fleurs de lys ou sous le drapeau tricolore, [...] la France, mère généreuse, doit, au moment où il demande sa nationalité française, faire la situation de faveur qui vous est proposée[45] ». Cette disposition concerne une partie des pays francophones déjà inclus dans la liste précédente — par exemple la Belgique, le Sénégal ou Haïti —, mais aussi de nombreux États et territoires des Caraïbes[46], une grande partie du Canada (outre Québec, Terre-Neuve, l'île du Prince-Édouard, la Nouvelle-Écosse, le Nouveau-Brunswick, des portions de l'Ontario, du Manitoba, des territoires du Nord-Ouest), vingt États des États-Unis en plus de la Louisiane[47], l'Indochine et le sud de la péninsule indienne, l'Algérie, la Tunisie et le Maroc, Malte, les îles Ioniennes, les provinces illyriennes, les Pays-Bas, les portions de l'Allemagne et de l'Italie rattachées à la France durant la Révolution et sous l'Empire[48], des cantons suisses et enfin de la Catalogne[49]...

Tous ces États — francophones ou sous ancienne souveraineté française — fournissent aujourd'hui une large majorité des étrangers naturalisés qui, en principe, auraient dû avoir le droit de demander leur naturalisation dès leur installation en France. Mais, de la théorie à la pratique, il y a loin : 0,4 p. 100 des postulants ont obtenu en 2000 leur naturalisation après moins de deux ans de séjour en France, et au total 3,6 p. 100 l'ont obtenue avant cinq ans de séjour[50]. En fait, la durée moyenne de séjour en France au moment de la naturalisation est de 17,8 ans[51].

Comment expliquer un tel délai ? D'abord, selon une jurisprudence constante du Conseil d'État, la résidence d'un étranger qui demande sa naturalisation doit être effective, présenter un caractère stable et permanent qui coïncide avec le centre de ses attaches familiales (sa famille, conjoint et enfants, doit résider en France) et de ses activités professionnelles. Sauf cas exceptionnels — sportifs de haut niveau, artistes, catégories prioritaires, etc. —, une demande de naturalisation n'est pas examinée favorablement si le postulant n'a pas trois ans de séjour. Ensuite, la naturalisation n'est pas — en France — particulièrement encouragée. L'Administration considère qu'elle doit d'abord être le résultat d'une démarche volontaire de l'individu[52]. En règle générale, ce n'est que lorsque l'étranger cherche à s'informer que les renseignements nécessaires lui sont fournis. Parfois la préfecture dissuade ostensiblement les demandeurs ; l'une d'entre elles ne consacre que deux heures par semaine à la remise des dossiers. Dans une autre préfecture, le délai pour obtenir un rendez-vous pour la remise du dossier rempli par le postulant est — à la fin de 2004 — de quinze mois[53] ! De plus, une fois le dossier déposé, le délai de traitement est en moyenne de sept mois dans les préfectures. Mais, souvent, les préfectures « trichent » en datant le démarrage de la procédure, non pas du moment du dépôt du dossier, mais de celui de l'entretien et du procès verbal d'assimilation[54].

Cette dérive dans le traitement de la naturalisation explique probablement que le taux d'immigrés, c'est-à-dire de personnes nées étrangères à l'étranger, devenus français, soit, selon le recensement de 1999, seulement de 36 p. 100 (soit 1 560 000 sur 4 310 000 immigrés), une bonne part l'étant devenue par déclaration après mariage[55]. Ce taux est très inférieur par exemple au taux canadien, dont le haut niveau — 69,5 p. 100 en 1991 — s'explique, selon l'étude comparative menée par Irene Bloemraad, par les efforts institutionnels effectués par les autorités canadiennes pour faire de la naturalisation un élément décisif du processus d'intégration[56]. La grande majorité des dossiers déposés reçoivent pourtant, en France, une réponse positive, dès lors que les obstacles administratifs évoqués sont surmontés. En 2003, une réforme de la procédure de traitement des dossiers par la sous-direction des naturalisations (Rezé, Loire-Atlantique) a fait baisser le délai moyen de traitement des dossiers de seize mois en 2002 à trois mois fin 2004. La naturalisation est une faveur selon la jurisprudence. Mais la large liberté d'action, le pouvoir régalien, dont les pouvoirs publics sont censés disposer, sont plus théoriques que réels.

Le circuit d'un dossier de naturalisation

Les demandes de naturalisation sont déposées individuellement aux guichets des préfectures ou des sous-préfectures. Dans son dossier, le postulant doit fournir différents renseignements : état civil, preuve de la durée de résidence en France. La plupart des informations sont cependant recueillies sur l'intéressé par des enquêtes de gendarmerie, de police et auprès des mairies. La D.D.A.S.S. est consultée si la situation familiale l'exige. Un médecin établit un certificat de santé. L'instruction doit également révéler la nature exacte de l'activité professionnelle. Enfin, un procès-verbal d'assimilation est établi. À ce dernier est joint un rapport du préfet, qui constitue la synthèse du dossier, et se prononce sur sa recevabilité. Constitué et complet, le dossier est transmis à la sous-direction des naturalisations du ministère des Affaires sociales, qui a charge de traiter l'ensemble des demandes.

Jusqu'en 2003, le dossier faisait d'abord l'objet d'un examen et d'une analyse par deux personnes au moins : un « rédacteur » qui, sur une « feuille d'instruction », proposait une décision favorable ou défavorable et indiquait les éléments qui lui permettaient de la fonder. Un « réviseur » prenait à son tour connaissance du dossier ; s'il confirmait la proposition du rédacteur, celle-ci était entérinée. S'il y avait désaccord, le dossier était transmis au responsable d'unité, et éventuellement au chef de bureau. Dorénavant, seuls les dossiers posant problème font l'objet d'un double examen par un rédacteur et un réviseur. Les autres dossiers traités directement par les rédacteurs font l'objet de vérifications régulières par sondage[57].

Pour les dossiers délicats, le sous-directeur, le directeur de la Population et des Migrations ou le cabinet du ministre peuvent en dernière instance prendre les décisions. Cette centralisation a un avantage : l'unité de traitement des dossiers similaires. Toutes les décisions sont prises, selon des critères définis par le code de la nationalité inclus depuis 1993 dans le Code civil — conformément aux diverses circulaires et directives ministérielles[58]. Depuis 1993, en outre, les refus doivent être justifiés. Enfin, l'évolution de la jurisprudence complexe du Conseil d'État doit être suivie avec une grande attention. La jurisprudence administrative s'est très largement développée depuis 1981 — les postulants qui voyaient leurs demandes rejetées ont été informés de leur droit à exercer un recours.

Le dossier du postulant doit d'abord être déclaré « recevable », puis sa naturalisation jugée « opportune ». L'irrecevabilité ne peut être décidée que pour non-conformité aux exigences inscrites dans la loi. Le premier critère de recevabilité est la résidence. Pour être naturalisé, le postulant doit avoir en France sa résidence habituelle au moment de la demande et demeurer en France au moment de la parution du décret de naturalisation. La résidence doit être effective et habituelle (CC, arrêt du 10 décembre 1955) ; s'appliquer à l'intéressé lui-même (CC, arrêt du 9 janvier 1957) ; coïncider avec le centre des attaches familiales et des préoccupations professionnelles (CC, arrêt du 12 novembre 1957) qui doit être fixé de manière stable (CE, 28 février 1986, Akhras).

Sous l'impulsion du Conseil d'État[59], ces conditions ont cependant évolué dans un sens libéral. C'est au cas par cas que le Conseil d'État tient maintenant compte des liens familiaux aussi bien que des intérêts professionnels. Il accorde une importance à la durée du séjour du demandeur, à sa situation financière, aux raisons familiales, professionnelles, politiques, qui pourraient l'amener à retourner dans son pays ou qui, au contraire, y feraient obstacle.

La juridiction administrative a aussi fait évoluer de façon sensible la pratique administrative, qui refusait de considérer un étudiant comme un résident. La cour administrative d'appel de Nantes a par exemple jugé que « l'absence de vocation à résider durablement en France » ne peut être « déduite de la seule circonstance que l'intéressé n'est autorisé à séjourner en France que pour y effectuer des études ». En ne faisant pas état d'autres circonstances tenant à la situation personnelle de l'intéressé, l'Administration commet une erreur de droit en déclarant cette demande irrecevable (CAA Nantes, 14 avril 2000, M. Ajomiwe). Auparavant, le Conseil d'État avait considéré par exemple comme recevable une demande effectuée par une jeune fille, arrivée en France en 1972 comme étudiante, et travaillant à mi-temps au moment du dépôt de sa demande, même si une partie de ses ressources provenait de ses parents (arrêt Mlle Perahia, 1982). La même décision a été prise pour une étudiante travaillant comme hôtesse et percevant 3 000 francs par mois de salaire (arrêt Mlle Gamska, 11 juillet 1986)[60]. En fait, c'est au cas par cas que l'Administration examine les dossiers des étudiants en étant censée leur appliquer les mêmes critères qu'aux autres dossiers : stabilité de la résidence et des ressources en France.

Tout postulant doit aussi justifier « de son assimilation à la communauté française, notamment par une connaissance suffisante, selon sa condition, de la langue française » (article 21-24). Si la connaissance du français est nulle ou si la maîtrise de la langue ne permet pas de répondre « aux nécessités de la vie quotidienne », la demande sera déclarée irrecevable, ce motif représentant 40 p. 100 des cas d'irrecevabilité. Les autres motifs d'irrecevabilité inclus dans le Code sont invoqués plus rarement : pour être naturalisé, l'intéressé doit être « de bonne vie et mœurs » (article 21-23 du Code civil), par exemple ne pas avoir subi de condamnations importantes (articles 21-27 du Code civil).

Une fois les conditions de recevabilité vérifiées, il est apprécié pour chaque cas d'espèce si la requête satisfait à un certain nombre de critères d'opportunité qui sont censés être l'expression d'une volonté politique arrêtée par le gouvernement.

D'abord, certains cas sont prioritaires : les réfugiés et apatrides, les légionnaires (environ 1 000 dossiers par an), les demandeurs dont l'accès à la nationalité est une condition de l'insertion professionnelle, s'ils veulent passer un concours administratif par exemple. Un traitement favorable est également accordé aux ressortissants d'États où la France a « exercé des responsabilités » lorsqu'ils appartiennent à « certaines communautés qui ont entretenu ou entretiennent des relations étroites avec notre pays[61] » : il s'agit des chrétiens du Liban, de Syrie ou d'Égypte ou des israélites du Maghreb.

Pour chaque cas, l'Administration examine la stabilité de la résidence et des ressources en France, le comportement du postulant, son degré d'assimilation à la communauté française.

Lorsque l'autorité publique a des doutes sur le loyalisme d'un demandeur, elle peut demander des informations ou avis supplémentaires auprès des renseignements généraux et de la Direction de la surveillance du territoire (D.S.T.), de la Direction générale de la sécurité extérieure (D.G.S.E.) ou de la Direction générale des impôts (D.G.I.), s'il s'agit d'un non-respect de la réglementation fiscale. L'engagement syndical ou politique pouvait, dans le passé, constituer un élément négatif du dossier, voire justifier une décision négative. Ce n'est plus le cas depuis 1976, pour l'engagement syndical, et depuis 1982 pour l'engagement politique. En revanche, le Conseil d'État a confirmé que l'appartenance active à une fédération, à laquelle étaient affiliés plusieurs mouvements extrémistes prônant le rejet des valeurs essentielles de la société française, pouvait justifier un rejet[62].

Le conseil d'État a, en revanche, mis en cause ce qui était devenu une coutume administrative, l'exigence de l'unité de la famille : si une demande n'émanait que de l'un des conjoints d'un couple, elle faisait l'objet d'une appréciation négative. Le Conseil d'État juge depuis 1986 (arrêt 26 septembre 1986, ministère des Affaires sociales c/Époux Vo Ngoc Que) qu'une demande ne peut être déclarée irrecevable, sous prétexte qu'un conjoint n'y est pas associé ; que l'accès à la nationalité, rappelle-t-il d'ailleurs, est reconnu à des personnes et non à des couples ou à des familles. La demande de naturalisation peut donc être effectuée par un

seul membre de la famille : en pratique, cependant, l'absence du conjoint à la demande ou
l'impossibilité de le naturaliser est pour l'administration un élément d'appréciation d'un dossier
en opportunité.

Avant que le juge administratif n'intervienne
dans ce domaine, l'Administration a également
libéralisé son approche des demandes émanant
de personnes âgées. Jusqu'en 1981, de telles demandes étaient le plus souvent repoussées au
motif que la collectivité nationale ne devait pas
supporter financièrement l'accroissement ainsi
induit du nombre de bénéficiaires du minimum
vieillesse. Depuis 1982, ce n'est que si le motif
évident est la perception du minimum vieillesse,
sans que la durée de travail en France le justifie,
qu'elle doit être refusée. Aujourd'hui, on ne peut
plus dire que l'âge soit un obstacle à la naturalisation ; au contraire, il peut même favoriser
une interprétation libérale des autres critères de
naturalisation. Si le défaut d'assimilation est par
exemple involontaire, dû à « l'âge avancé du postulant », il n'est plus considéré comme un obstacle
à la naturalisation[63]. La longue durée de séjour
— vingt ans, par exemple — est aussi devenue un
élément d'appréciation permettant de contrebalancer favorablement un défaut d'assimilation
involontaire.

Le pouvoir de l'Administration dans le domaine
des naturalisations, juridiquement régalien, de
l'ordre de la faveur, comme l'a confirmé à plu-

sieurs reprises le Conseil d'État[64], est devenu, sociologiquement, autant un pouvoir d'accorder que de refuser. Au total, les contraintes qui pèsent sur l'autorité publique sont de plus en plus nombreuses. Depuis 1998, en raison de nouvelles orientations décidées par le gouvernement, le nombre des décisions et la part des décisions positives sont à la hausse : 67 p. 100 des 55 385 décisions étaient positives en 1998, 72 p. 100 des 67 368 décisions en 1999, 79 p. 100 des 84 137 en l'an 2003[65]. 8,4 p. 100 des décisions de 2003 étaient prises pour irrecevabilité, 0,6 p. 100 étaient de rejet, et 10,8 p. 100 d'ajournement. En 2003, 51 401 étrangers sont devenus français par décret tandis que 25 701 enfants bénéficiaient de l'effet collectif attaché à la naturalisation d'un parent, soit 77 102 personnes.

L'enquête effectuée par le C.R.E.D.O.C. en 1998[66] à partir d'un échantillon de 2 907 dossiers ayant fait l'objet de décisions positives au cours des années 1992, 1994 et 1995 permet de dégager un profil type du naturalisé. Un premier élément saute aux yeux : la jeunesse du naturalisé. Alors qu'aucune demande ne peut être effectuée avant l'âge de 18 ans, plus de 50 p. 100 des demandeurs ont moins de 35 ans ; en outre, près de 30 p. 100 des naturalisés sont arrivés avant l'âge de 10 ans et plus de 15 p. 100 avant l'âge de 5 ans. Souvent ils ont demandé la nationalité française alors qu'ils étaient encore étudiants : on compte deux fois plus d'étudiants parmi les naturalisés que

dans la population française (16,4 p. 100 contre
8,3 p. 100). Cette présence étudiante contribue à
faire des naturalisés une population plus édu-
quée que la moyenne des étrangers résidents en
France, mais aussi que la moyenne de la population française : 14 p. 100 sont de formation supérieure. Trois groupes se distinguent pour le
haut niveau de leur formation : les Libanais, les
Africains hors Maghreb et les Européens hors
Union européenne. Les moins diplômés viennent
de Turquie, du Portugal et du Sud-Est asiatique.
Pour le reste, la majorité de la population des
naturalisés est composée d'actifs (70 p. cent). En
fait, ce sont les classes moyennes qui sont sous-
représentées parmi les naturalisés puisque la
majorité sont des salariés exerçant des métiers
moins qualifiés que les Français (44 p. cent
d'ouvriers) tandis que les cadres sont légèrement
sous-représentés, et les artisans, commerçants
et chefs d'entreprises, très nettement sous-
représentés[67].

L'ACCEPTATION
DE LA DOUBLE NATIONALITÉ

L'accès d'un étranger à la nationalité française
est facilité par la traditionnelle indifférence de la
France au phénomène de la double nationalité.
Formellement, la France a validé la conception
classique selon laquelle on ne doit appartenir qu'à

une seule nationalité en signant la convention du conseil de l'Europe qui élimine les cas de double nationalité entre les États membres. Pratiquement, elle a toujours accepté, comme la Grande-Bretagne, la conservation de la nationalité ancienne par la personne qui accédait à sa propre nationalité.

C'est aux alentours de la Première Guerre mondiale que la position française sur la double nationalité s'élabore, en réaction à l'article 25 de la loi allemande du 22 juillet 1913 — dite loi Delbrück — qui permet aux Allemands naturalisés à l'étranger de conserver leur nationalité d'origine. Dans un premier temps, on se refuse à limiter le pouvoir de l'État français d'attribuer la nationalité française aux enfants d'immigrés sous prétexte que des États étrangers leur conserveraient la leur. Dans un deuxième temps, le Parlement refuse de déchoir de la nationalité française tous les naturalisés d'origine ennemie, sous prétexte qu'ils auraient conservé leur nationalité d'origine. Enfin, en 1927, une politique de naturalisation massive est décidée : le législateur ne se préoccupe alors pas de savoir si le nouveau Français conserve ou pas sa nationalité d'origine. Tout juste prévoit-il de rendre permanente une procédure de déchéance qui avait été instituée durant la Première Guerre mondiale[68]. Depuis, la France accepte la double nationalité et n'a jamais exigé des nouveaux naturalisés la renonciation à leur nationalité d'origine. Dans la pratique, cette indifférence a probablement contribué à l'intégration sans heurts de nombreux immigrés, car la nationalité d'origine qui ne se pratique pas se perd rapidement avec la succession des générations. *A contrario*, l'exigence de renonciation pratiquée par l'Allemagne contribue à maintenir en alerte et en éveil des identifications souvent artificielles ou imaginaires.

Durant le dernier quart de siècle, la double nationalité s'est largement répandue — en France et dans l'ensemble des grands pays démocratiques — comme conséquence de l'égalité de la femme et de l'homme acquise en matière de nationalité en 1973[69]. La femme ne perd plus sa nationalité en se mariant avec un homme d'une autre nationalité ; elle la transmet à ses enfants en même temps que son mari transmet la sienne. Au total, par la naissance en France, par le mariage ou par la naturalisation, 128 000 étrangers sont devenus français en 2002[70].

CONCLUSION

La politique d'immigration semble aujourd'hui sortie du champ de la forte politisation qui était la sienne jusqu'en 1999. Gauche et droite divergent encore sur ses objectifs et ses moyens, et la législation continuera donc d'évoluer au gré des changements de majorité politique ou de la conjoncture économique et sociale, mais dans un cadre dorénavant très largement commun.

Un premier accord est intervenu en 1984 pour garantir un statut permanent aux immigrés déjà installés en France. Il a fallu ensuite quinze ans — après l'adoption de la loi de 1998 — pour que soit accepté le fait que la France reste un pays d'immigration. Les nouveaux immigrés faisaient l'objet, entre 1945 et 1974, d'une politique globale d'admission au séjour. Ils sont maintenant distingués. Pour certains, les travailleurs non qualifiés non citoyens de l'Union européenne, les possibilités d'émigrer en France sont très limitées. Les citoyens de l'Union européenne bénéficient à l'inverse de la liberté de circulation, avec cependant un délai d'attente pour les ressortissants des dix nouveaux pays membres. Enfin trois catégories d'étrangers se trouvent dans une situation intermédiaire : ils ont des droits sous conditions — réfugiés, familles de Français ou de résidents étrangers —, ou bien encore leur accueil sélectif peut correspondre aux intérêts de la France, aux besoins de son économie ou de ses entreprises — travailleurs qualifiés ou saisonniers. Ce cadre est devenu celui de l'Union européenne. Mais, en raison des fortes différences entre les situations des États membres, il ne s'agit — sauf en matière de visas et de droit d'asile — que d'un cadre lâche qui laisse la place à une diversité des législations et des objectifs.

Un consensus existe, mais pour combien de temps ? Des phénomènes présentés comme nouveaux (immigration temporaire, double nationalité, diasporas), qui se sont déjà produits dans le passé, se développent aujourd'hui dans une autre configuration : sur le plan économique, la globalisation-mondialisation, sur le plan des droits de l'homme, l'internationalisation, sur le plan des informations, une circulation mondiale. Ils attendent des réponses nouvelles.

L'immigration est pour l'État un des enjeux de l'avenir et non un problème du passé. Nous ne croyons, à l'instar de Saskia Sassen[1], ni au maintien de l'État ni à sa fin, mais à sa reconfiguration. L'État abandonne et abandonnera certains domaines pour en conquérir d'autres. L'immigration est l'une de ses terres de conquête future. Il devra y « investir » plus qu'il ne l'a fait dans le passé, afin de mieux coordonner la multiplicité des administrations concernées, de mieux prendre en considération les désirs des populations migrantes et d'apprendre non plus seulement à contrôler les flux d'entrées, mais à gérer des aller-retour sur de longues périodes, dans une perspective de co-développement. La facilitation des aller-retour — selon des régimes adaptés à chaque situation — est une tâche nouvelle des politiques d'immigration au XXIe siècle, qui demandera les plus radicales innovations[2]. L'État issu du XIXe siècle aimait les populations stables, à la limite qu'un immigré soit ici ou ailleurs, mais de façon durable. L'État du XXIe siècle devra s'habituer à gérer les droits et les statuts de nationaux à l'étranger et d'étrangers sur son territoire, bref de populations en mouvement.

Mais l'enjeu immédiat — en France — porte aujourd'hui sur les droits et le devenir des immigrés installés en France et de leurs enfants, l'intégration, les droits culturels et la lutte contre les discriminations. Dans ces domaines, l'affrontement et le débat ont d'abord porté en réalité sur le droit de la nationalité, un des aspects majeurs de toute politique d'intégration. Mis en cause à partir de 1984, le droit des enfants nés en France de parents étrangers n'est plus aujourd'hui contesté. Depuis 1998, ils deviennent français de plein droit entre 13 et 18 ans, sauf s'ils manifestent une volonté contraire.

Depuis 1989, ce sont des revendications d'ordre culturel, plus particulièrement religieux, qui ont fait l'objet de controverses. La plus marquante a porté sur le droit pour des jeunes filles musulmanes de porter le voile. Ces identités, ainsi que le montre Riva Kastoryano, « considérées jusquelà comme appartenant à la sphère privée, se trouvent débattues dans l'espace public, elles donnent lieu à des négociations avec les États afin d'aboutir à leur reconnaissance[3] ». En 1989, le Conseil d'État avait rappelé à ceux qui dans notre société s'indignaient de l'irruption dans nos écoles de jeunes filles vêtues d'un voile que la liberté de conscience était au fondement de la laïcité et qu'en l'occurrence ce droit ne pouvait leur être retiré. En 2003, dans le cadre de la commission indépendante sur l'application du principe de laïcité dans la République (commission Stasi), il est apparu que, si le voile restait pour certaines un signe individuel d'appartenance librement choisi, il était devenu pour d'autres un choix fait sous la contrainte, ou plus souvent un moyen de pression sur des jeunes filles qui ne souhaitent pas le porter et qui constituent une très large majorité[4].

La loi du 15 mars 2004 marque une limite, fixée à l'expression excessive, radicale et souvent politisée de l'identité religieuse. Avec la fonction publique, l'interdiction des signes religieux ostensibles est cependant limitée à l'espace scolaire public. Ce qui signifie que le port de ces signes est autorisé partout ailleurs.

Mais la laïcité française ne se réduit pas à des interdits. Un autre de ses piliers fondamentaux est le principe de l'égalité des options spirituelles et philosophiques. La diversité des croyances religieuses est plus grande aujourd'hui en métropole qu'au début du XXe siècle et les immigrations venues après la Seconde Guerre mondiale des anciennes colonies, des continents africains et asiatiques y ont beaucoup contribué. Il y avait alors 98 p. 100 de catholiques, 1 p. 100 de protestants et 0,2 p. 100 de juifs. Aujourd'hui, on compte aussi 1 p. 100 de juifs, 1 p. 100 de bouddhistes et 7 p. 100 de musulmans, un nombre plus grand d'athées ou d'agnostiques tandis que, chez les chrétiens, la diversité est plus grande depuis l'arrivée d'orthodoxes et de chrétiens d'Orient.

Cette plus grande diversité implique des adaptations réciproques qui viennent aussi de la société à la présence nouvelle et importante des musulmans en métropole, en quête d'intégration à la pleine citoyenneté française.

La commission Stasi proposait d'assurer, dans le cadre de la loi, par des accommodements raisonnables, un meilleur respect des coutumes alimentaires, des traditions funéraires ou des grandes fêtes religieuses avec la reconnaissance d'un jour férié par grande religion[5]. Elle proposait d'agir plus activement pour mieux assurer l'égalité des chances et combattre les phénomènes de discriminations directes et indirectes que subissent de nombreux jeunes d'origine africaine ou nord-africaine.

Si ces recommandations sont suivies d'effet, il apparaîtra que la loi de 2004 aura été pour les musulmans de France un moment de compromis et d'intégration dans la grande histoire de la laïcité française, après les juifs en 1806 sous Napoléon et les catholiques en 1905. L'inverse de ce qui s'est passé en Algérie, où la loi de 1905 s'appliquait à tous sauf aux musulmans maintenus dans la charia, considérée comme code religieux mais aussi civil. Ils ne pouvaient pas en sortir : au nom de leur prétendue appartenance à cette identité religieuse, la nationalité française pleine et entière et donc les droits civils et politiques leur étaient le plus souvent refusés.

Au-delà du religieux, ce qui est en cause, c'est une meilleure prise en compte de la diversité culturelle.

Connaître et enseigner, par exemple, à l'école l'histoire de la colonisation et de l'esclavage et plus généralement des traumatismes historiques, tenir compte des mémoires collectives particulières et différentes d'une mémoire métropolitaine et centrale, c'est aussi une façon de permettre qu'un lien se crée entre des enfants, futurs citoyens au passé et à la mémoire différents. Même s'il n'y a pas eu d'esclaves en Savoie et dans les Côtes-d'Armor, pour que des jeunes Français puissent se sentir appartenir à la même communauté de citoyens, chacun doit pouvoir comprendre et donc apprendre un peu de l'histoire des autres.

En fait, accepter avec confiance la diversité des appartenances culturelles, c'est faire dans le domaine de la politique générale de l'État ce qui a déjà été fait dans le domaine de la nationalité. Confronté en 1922 à la situation juridique d'Allemands installés en Alsace-Lorraine et désireux de devenir français tout en conservant leur nationalité d'origine, le Parlement français accepta le principe de la double nationalité : « On doit admettre, jusqu'à preuve contraire, qu'une personne ayant acquis la nationalité française n'est point suspecte et dangereuse par le seul fait qu'elle conserve des intérêts moraux et pécuniaires dans le pays qu'elle a quitté », concluait le rapporteur de cette proposition de loi.

La spécificité, ce qui a fait le succès du modèle français de *laïcité*, tient au fait qu'il a historiquement donné la priorité à la protection par l'État des individus contre toute pression des groupes religieux. Mais son futur repose sur sa capacité à s'adapter et à respecter la diversité culturelle et religieuse et, dans ce monde en pleine transformation, à la considérer non comme une charge lourde à porter, mais comme un challenge et une opportunité.

NOTES

INTRODUCTION

1. L'action publique a cette particularité par rapport aux autres actions sociales de disposer du bénéfice de la contrainte légitime qui rend les décisions publiques légalement applicables à des assujettis.

2. L'opinion publique n'est pas en elle-même une réalité ; mais son existence est perçue par les acteurs et influence leur action. Elle peut être perçue comme une totalité ou de façon fragmentée.

3. Le secteur, c'est selon B. Jobert et P. Muller — *L'État en action*, P.U.F., 1987, p. 55-58 — un assemblage de rôles sociaux structurés par une logique de fonctionnement professionnelle. L'État, par ses interventions, contribue à les structurer. Tout au long de l'ouvrage nous utiliserons couramment le mot État pour désigner plus aisément une ou plusieurs autorités étatiques, sans croire bien sûr au caractère homogène de ces autorités ; notre démonstration est au contraire tout entière inverse.

4. La politique au sens de *politics* traite de ce que M. Weber — *Le Savant et le Politique*, éd. U.G.E. 10/18, 1986, p. 101 — appelle les efforts que l'on fait pour participer à la répartition du pouvoir dans l'État ou l'influencer. Tout au long de l'ouvrage, nous emploierons le mot « politique » au sens de politique publique *(policy)* (*cf.* note 5) lorsque celui-ci sera nom féminin : par exemple, la politique de l'immigration, et

au sens de *politics* lorsque celui-ci sera adjectif, par exemple :
combat politique.

5. Les décideurs publics produisent dans le cadre d'une
politique publique *(policy)* des réponses plus ou moins insti-
tutionnalisées, des décisions qui modifient de façon plus ou
moins autoritaire la réalité sociale. *Cf.* J.-Cl. Thoenig, « L'analyse des politiques publiques », in *Traité de science politique*,
sous la direction de M. Grawitz et J. Leca, P.U.F., 1985,
tome 4, p. 79.

6. Sur la définition donnée actuellement par l'État français,
voir chapitre I, p. 79.

7. Il s'agira d'interaction entre ressources et production
des actions publiques d'une part, entre acteurs d'autre part.
Cf. M. Dobry, *Sociologie des crises politiques*, Presses de la
F.N.S.P., 1986, p. 114-115.

8. Cf. Y. Lequin (dir.), *Histoire des étrangers et de l'immigration en France*, Paris, Larousse, 1992. Sur le statut de
l'étranger à cette période, cf. B. d'Alteroche, *De l'étranger à la
seigneurie à l'étranger au royaume, XIe-XVe siècle*, L.G.D.J., 2002.

9. Voir G. Mauco, *Les Étrangers en France, leur rôle dans
l'activité économique*, Armand Colin, 1932, p. 1-14. C'est le
territoire national tel qu'il est en 1792 qui est pris comme
point de repère pour ces évaluations démographiques.

10. Parallèlement, sous l'Ancien Régime se développe une
émigration forcée, pour des raisons religieuses par exemple,
comme celle des protestants.

11. J.-Fr. Dubost et P. Sahlins, « *Et si l'on faisait payer les
étrangers* », *Louis XIV, les immigrés et quelques autres*, Flammarion, 1999.

12. Cf. P. Sahlins, *Unnaturally French, Foreigns Citizens in
the Old Regime and After*, Cornell University Press, 2004.

13. D. Lochak, *Étrangers, de quel droit ?*, P.U.F., 1985,
p. 80. Auparavant régie par l'article 7 de la loi du 28 vendé-
miaire an VI (sur ce point, *cf.* Ch. P. Gomès, *Les Limites de la
souveraineté, les juges dans le cadre de l'immigration en France
et aux États-Unis*, thèse de doctorat, Instituto Universitário
de Pesquisas do Rio do Janeiro, 2001), l'expulsion est régie
par la loi du 3 décembre 1849 (*cf.* J. Ponty, *L'Immigration
dans les textes*, Belin, 2004, p. 35).

14. Il y a problème(s), au sens où l'on perçoit, parfois où
l'on « invente », un écart entre ce qui est, ce qui pourrait être

et ce qui devrait être. Le terme « invention » est ici pris à son double sens de production réelle ou imaginaire.

15. *Cf.* G. Noiriel, *Le Creuset français,* Le Seuil, 1988, p. 78-80. C'est historiquement au moment où la révolution industrielle provoque une immigration de masse que les mots d'« immigration » et d'« immigré » apparaissent.

16. Ch. Mercier, *Les Déracinés du capital,* Presses universitaires de Lyon, 1977, p. 153-159. Jusqu'à la Seconde Guerre mondiale, la France connaîtra trois vagues de ce type : 1801-1836, 1851-1886 et 1901-1931.

17. *Cf.* par exemple, pour les premiers Polonais, J. Ponty, *Polonais méconnus, histoire des travailleurs immigrés en France dans l'entre-deux-guerres*, Paris, Publication de la Sorbonne, 1988, p. 7-31.

18. *Cf.* G. Noiriel, *Le Creuset français, op. cit.,* p. 21.

19. *Cf.* J. Ponty, « l'Immigration dans les textes », *ibid.,* document 72, p. 129-132, les statuts de la S.G.I.

20. Cette activité revêt un caractère particulièrement lucratif : le capital de la S.G.I. passe de 2 à 3 millions de francs, en 1924-1925, à 20 millions en 1930. Les sommes à répartir entre les actionnaires étant : 1925, 1 678 299 francs ; 1926, 4 280 473 francs ; 1927, 1 475 645 francs ; 1928, 3 341 123 francs ; 1929, 11 193 883 francs ; 1930, 7 404 091 francs. *Cf.* J.-Ch. Bonnet, *Les Pouvoirs publics français et l'immigration dans l'entre-deux-guerres,* Éd. de l'université de Lyon II, 1976, p. 91.

21. Le service des travailleurs coloniaux, créé au ministère de l'Armement, avait procédé au recrutement de 78 000 Algériens, 35 000 Marocains et 18 000 Tunisiens, 49 000 Indochinois et 37 000 Chinois qui, pendant trois ans, ont été affectés à ces travaux. *Cf.* A. Prost, « L'immigration en France depuis cent ans », in *Esprit,* avril 1966, p. 537. Selon G. Mauco *(ibid.,* p. 71-72), seuls les Marocains et les Indochinois avaient donné satisfaction. Cf. également L. Dornel, « les usages sociaux du racialisme », *Genèses,* n° 20, 1995, p. 48-72.

22. M. Lachaze, *Les Étrangers dans le droit public français,* Librairie Dalloz, p. 193. Pour un avis différent sur ces textes, voir G. Noiriel, *ibid.,* p. 111.

23. J.-Ch. Bonnet, *ibid.,* p. 145-150. Il s'agit alors de combattre un comportement de plus en plus courant des entreprises industrielles qui, désireuses d'éviter le passage obligatoire par

la S.G.I., débauchent des salariés étrangers déjà employés dans l'agriculture.

24. L'immigration algérienne apparaît en métropole à la fin du XIXᵉ siècle. À la veille de la Première Guerre mondiale, une enquête administrative révèle la présence de 4 000 à 5 000 Algériens (recensés pour la plupart à Marseille, dans le Pas-de-Calais et à Paris). Voir sur ces points P. Laroque et F. Ollive, *Le Problème de l'émigration des travailleurs nord-africains en France*, Rapport du Haut Comité méditerranéen et d'Afrique du Nord, document ronéoté, mars 1938.

25. R. Schor, *L'Opinion française et les Étrangers*, publications de la Sorbonne, 1985, p. 601-602.

26. R. Schor, *ibid.*, p. 592-593.

27. Il faut dire que la loi de 1932 avait eu parfois des effets non désirés : celui, par exemple, d'inciter les ouvriers étrangers licenciés au titre de cette loi à s'installer à leur propre compte et à concurrencer ainsi leur ancien patron... Archives nationales, cote MI 34 342. *Cf.* Cl. Zalc, *Immigrants et indépendants, parcours et contraintes. Les petits entrepreneurs étrangers dans le département de la Seine*, thèse d'histoire sous la direction de M. Lescure, Paris X, Nanterre, 2002.

28. R. Schor, *ibid.*, p. 284.

29. *Cf.* P. Milza, « L'immigration italienne en France d'une guerre à l'autre », in *Les Italiens en France de 1914 à 1940*, sous la direction de P. Milza, École française de Rome, 1986, p. 34 et p. 38-40 et M.-Cl. Blanc-Chaléard, *Les Italiens dans l'Est parisien, une histoire d'intégration, 1880-1960*, École française de Rome, 2000.

30. Voir M. Livian, *Le Régime juridique des étrangers en France*, L.G.D.J., 1931, p. 69-88.

31. J. Ponty, *op. cit.*, p. 309-318, et « Une intégration difficile : les Polonais en France dans le XXᵉ siècle », *in* revue *Vingtième Siècle*, juillet-septembre 1985, p. 51-70.

32. P. Weil, *Qu'est ce qu'un Français ?*, *op. cit.*, p. 79-80.

33. *Cf.* R. Harouni, « Le débat autour du statut des étrangers au cours des années 1930 », *Le Mouvement social*, n° 188, juillet-septembre 1999, p. 61-76.

34. L'ethnie se différencie de la race (distinction organique) en ce qu'il s'agit d'un groupement d'individus de même culture. Il y a ethnisme et ethnisme seulement lorsque la culture d'alter reste présentée comme un trait contingent, susceptible de modification, même dans le mépris, le déni-

grement, la mise à l'écart. L'ethnisme, en ce sens, est une forme active et projective d'ethnocentrisme et même, parfois, de classisme. On « passe » au racisme non seulement lorsqu'il est fait référence à la nature biologique d'alter, mais quand les traits culturels qui lui sont attribués sont essentialisés ou substantivés de telle sorte qu'ils forment « une seconde nature » et que leur transmission intergénérationnelle est plus conçue comme une hérédité que comme un héritage dont l'acquisition est subordonnée à la socialisation. V. De Rudder, C. Poiret , F. Vourc'h, *L'Inégalité raciste, L'universalité républicaine à l'épreuve*, P.U.F., 2000, pp. 34-35.

CHAPITRE I

L'ACCOUCHEMENT DOULOUREUX
DU MODÈLE RÉPUBLICAIN

1. *Cf.* R. Schor, *ibid.*, p. 643-645 et 653-658.

2. *Conférence permanente des Hautes Études internationales*, Xᵉ session, Paris, juin-juillet 1937, texte de la mission française, n° 3, portant sur l'assimilation des étrangers en France. Institut international de coopération intellectuelle, édité par la Société des Nations, 2, rue Montpensier, 75001 Paris ; avril 1937, 115 p.

3. P.-A. Taguieff, *La Force du préjugé*, La Découverte, 1988, p. 314.

4. P.-A. Taguieff, *ibid.*, p. 323 et 324.

5. P.-A. Taguieff, *ibid.*, p. 318.

6. *Cf.* S. Beaud et G. Noiriel, « Penser l'intégration des immigrés », *in* P.-A. Taguieff, *Face au racisme*, t. II, La Découverte, p. 271-274.

7. Les objectifs de cette politique sont décrits dans : P. Racine, « Une expérience à reprendre : le sous-secrétariat d'État à l'Immigration, et les projets de Philippe Serre », *in Esprit*, juillet 1939, n° 82, p. 609-619, et, sur ce point précis, p. 610-611.

8. Le projet d'implantation aurait, selon G. Mauco — *Vécu*, Émile-Paul, 1982, p. 97 et p. 219 —, recueilli l'assentiment des dirigeants de la communauté juive.

9. *Cf. Esprit*, juillet 1939, n° 82, « Sous la protection de la loi », p. 497.

10. A. Kœstler, *La Lie de la terre*, Calmann-Lévy, 1947, 435 p.

11. L. Stein, *Par-delà l'exil et la mort, les républicains espagnols en France*, Mazarine, 1981, p. 119.

12. *Cf.*, par exemple, la déclaration de Sarraut, ministre de l'Intérieur, le 14 mars 1939 à l'Assemblée nationale.

13. Pour les conditions de l'accueil de réfugiés espagnols, voir R. Schor, *ibid.*, p. 682-698.

14. J.-Ch. Bonnet, *ibid.*, p. 342.

15. *Cf.* C. Rosenberg, « Une police de "simple observation", le service actif des étrangers à Paris dans l'entre-deux-guerres », *Genèses 54*, mars 2004, p. 53-75.

16. *Cf.* J.-Ch. Bonnet, *ibid.*, p. 344-345.

17. J. Desmarest, *La Politique de la main-d'œuvre en France*, P.U.F., 1946, p. 109-120.

18. Au 1er janvier 1939, selon le ministère de l'Intérieur, 2 673 000 étrangers vivent en France, dont 918 000 Italiens, 510 000 Polonais, 421 000 Espagnols et 205 000 Belges. Ces statistiques paraissent, au regard du recensement de 1936 (*cf.* annexe VI), surévaluer la présence étrangère en France.

19. Décret-loi du 20 janvier 1939. Les administrations publiques furent alors également autorisées, sauf quelques restrictions concernant la défense nationale, à employer la main-d'œuvre de nationalité étrangère.

20. J. Desmarest, *ibid.*, p. 104.

21. *Cf.* J.-L. Crémieux-Brilhac, *Les Français de l'an 40*, I, Gallimard, 1990, p. 487-489.

22. J. Desmarest, *ibid.*, p. 121. Le traité avec le Portugal signé le 30 avril 1940 n'entra jamais en vigueur, faute de ratification (archives du ministère des Affaires étrangères).

23. J. Desmarest, *ibid.*, p. 122.

24. *Cf.* P. Weil, *Qu'est-ce qu'un Français ?*, chap. IV.

25. Il y eut au total 15 000 dénaturalisations, selon B. Laguerre, « Les dénaturalisés de Vichy, 1940-1944 », revue *Vingtième Siècle*, oct.-déc. 1988, n° 20, p. 3-15.

26. Archives nationales, CAC 770 623-68. *Cf.* également annexe IV.

27. *Cf.* Archives nationales, CAC 770 623-68.

28. *Cf.* J. Desmarest, *ibid.*, p. 138-158.

29. Note du 22 avril 1942 au directeur du Travail au sujet des introductions de main-d'œuvre belge à destination de la France. Archives du ministère des Affaires sociales.

30. *Cf.* Archives nationales, cote MI 34 378.

31. Selon J. Desmarest — *ibid.*, p. 153 —, les effectifs incorporés dans les groupes de main-d'œuvre étrangère avaient atteint près de 48 000 personnes en janvier 1941. Ils devaient se réduire progressivement à 39 000 vers la fin de l'année par suite du prélèvement par l'organisation Todt.

32. *Cf.* J. Desmarest, *ibid.*, p. 152, et A. Maux-Robert, *La Lutte contre le chômage à Vichy, Henri Maux le Juste oublié, 1939-1944*, Éditions Lavauzelle, Panazol, 2002, p. 132.

33. Témoignage d'Antoinette Maux-Robert.

34. Cf. A. Maux-Robert, *ibid.*, p. 187-202.

35. CAC 770 623-68.

36. *Cf.* M. R. Marrus et R. O. Paxton, *Vichy et les Juifs*, Le Livre de Poche, 1990, p. 416-417.

37. *Cf.* P. Weil, « Georges Mauco : un itinéraire camouflé, ethnoracisme pratique et antisémitisme fielleux », in *L'Antisémitisme de plume, 1940-1944, études et documents*, dir. P.-A. Taguieff, Paris, Berg International Éd., 1999, p. 267-276.

38. Georges Mauco s'est très tôt intéressé à la psychanalyse, et a été le disciple de René Laforgue. Dans *La Bataille de cent ans, Histoire de la psychanalyse en France*, t. II, Le Seuil, 1986, p. 275, Élisabeth Roudinesco évoque des « manifestations inconscientes de judéophobie et d'anti-internationalisme, notamment chez Berge, Mauco ou les Favez, qui incarnent l'esprit le plus français de la Société française de psychanalyse, mais [qui] n'a pas grand-chose à voir avec les conflits d'avant-guerre qui avaient l'antisémitisme et l'inégalitarisme pour enjeux véritables, sous la catégorie d'une opposition entre une psychanalyse dite française et une psychanalyse dite allemande ».

39. L. Stein, *ibid.*, p. 174. Une liste des 800 « délinquants » réfugiés politiques est livrée dès l'armistice aux autorités vichyssoises.

40. *Le premier statut des Juifs* du même jour donne la définition suivante du juif : « Est regardée comme juif toute personne issue de trois grands-parents de race juive ou de deux grands-parents de la même race si son conjoint lui-même est

juif. » Le statut prévoit un certain nombre d'exclusions de la fonction publique, de la presse, du cinéma, de la radio, du théâtre.

41. Témoignage de H. Maux. Archives privées.

42. Instituteur et militant socialiste, Adrien Tixier est directeur du Bureau international du travail avant la Seconde Guerre mondiale. Il rejoint la France libre dès 1940 ; il la représente à Washington entre 1941 et 1943. Commissaire national, puis ministre du Travail et de la Prévoyance sociale dans le gouvernement provisoire de la République française (7 juin 1943-9 sept. 1944), il devient ensuite ministre de l'Intérieur (9 sept. 1944-26 janv.1946).

43. Archives nationales, MI 34375.

44. Note de M. Pelabon pour M. le ministre de l'Intérieur, 21 décembre 1944. Archives nationales, F⁷ 16102.

45. Circulaire du 21 décembre 1944, F⁷ 16102.

46. Archives nationales, cote MI 34 355.

47. Cf. P. Weil, « Racisme et discriminations dans la politique française de l'immigration : 1938-1945/1974-1995 », *Vingtième Siècle*, juil.-sept. 1995, p. 74-99.

48. Charles de Gaulle, *Discours et messages*, Plon, 1970, p. 530.

49. Sur ce Haut-Comité, *cf.* P.-A. Rosental, *L'Intelligence démographique, sciences et politiques des populations en France (1930-1960)*, Paris, Odile Jacob, 2003, p. 95-100.

50. Trois structures sont plus ou moins en charge à ce moment-là des problèmes d'immigration : 1° le secrétariat général à la Famille et à la Population a été créé par une ordonnance du 4 avril 1945 et est rattaché au ministère de la Santé publique ; sa direction a été confiée à Alfred Sauvy ; il semble alors coordonner l'activité des ministères concernés ; 2° le comité interministériel de la Population et de la Famille, créé par un décret du 12 avril 1945, réunit sous la présidence du chef du gouvernement les ministres intéressés ; il est chargé d'orienter la politique de l'immigration ; 3° enfin, le haut comité consultatif de la Population et de la Famille, créé par le même décret, est rattaché au secrétariat général du gouvernement et est consulté notamment sur le problème de « l'établissement des étrangers sur le territoire et leur intégration dans la population française » ; son secrétaire général est Georges Mauco.

51. Le débat économistes-démographes et l'ensemble de la politique menée entre 1946 et 1973 sont fort bien décrits et analysés par G. Tapinos, « L'immigration étrangère en France », in *Cahier* n° 71, I.N.E.D., Presses universitaires de France, 1975.

52. Sur la création de l'I.N.E.D., *cf.* P.-A. Rosental, *ibid.*, p. 118-156.

53. CAC 770 623-68 ; projet d'instruction en date du 6 juin 1945 et instructions complémentaires destinées au ministère de la Justice en date du 18 juillet 1945.

54. CAC 860269, art.1. Au cours de la réunion du 18 avril 1945, le général de Gaulle précise les attributions du Haut Comité : « Il est appelé à fournir des conseils et des initiatives. Il pourra émettre des avis et des conseils sur les textes qui lui seront soumis par les ministres ou par le secrétariat général du gouvernement. Ces initiatives pourront s'exprimer sous forme de vœux ou de projets de textes. Chacun des membres peut suggérer l'étude de mesures d'intérêt démographique ou présenter des projets concrets. »

55. Archives nationales, n° 770 623-68.

56. Selon la formule employée dans une note adressée par Pierre Chatenet, conseiller technique au cabinet du ministre du Travail et de la Sécurité sociale, à son ministre, et reprise par celui-ci dans sa note au président du gouvernement, le texte initial ressemble à un « texte de police ».

57. CAC 860269 art.7

58. C'est Pierre Tissier, directeur de cabinet d'Adrien Tixier, qui rédige la note adressée au secrétariat général du gouvernement. Maître des requêtes au Conseil d'État, Pierre Tissier est membre de l'état-major du général de Gaulle dès juin 1940 (*cf.* Ch. de Gaulle, *Lettres, notes et carnets*, Plon, 1983, p. 26).

59. CAC 770 623-68.

60. Professeur de droit, René Cassin est représentant de la France à la S.D.N. de 1924 à 1938. Il rallie la France libre en juin 1940 et en devient le conseiller juridique puis le président du Comité juridique (août 1943-juil.1945). Il est vice-président du Conseil d'État de novembre 1944 à 1960.

61. Cette référence est transférée ou reprise dans le décret du 24 décembre 1945 relatif aux attributions du ministre de la Population. Il précise que ce ministère a notamment pour mission, parmi neuf autres : « d'appliquer, en ce qui concerne

L'accouchement douloureux...

l'immigration, le plan démographique, notamment en co-
ordonnant [...] l'action des départements ministériels qui
contrôlent l'admission et le séjour des étrangers, et en fixant
le nombre maximum d'étrangers à admettre par département
et par nationalité ; de faciliter leur établissement familial ».

62. Le pouvoir de contrôle du ministère du Travail apparaît d'autant plus important que, contre l'avis de Sauvy, l'article 2 de la loi du 10 août 1932, permettant au gouvernement
de fixer des quotas maximaux d'emploi d'étrangers dans certains secteurs professionnels ou géographique, reste en
vigueur. Il sera d'ailleurs remis en vigueur en 1950 dans cinq
départements du sud de la France. Archives nationales, CAC
770 623-49.

63. Mauco, largement désavoué dans la version définitive
de l'ordonnance, avait néanmoins poussé à sa promulgation
avant la prise de fonction de la nouvelle Assemblée constituante élue le 21 octobre 1945. Dans une réunion interministérielle tenue le 15 octobre 1945, il indique que le général de
Gaulle tient à ce que le texte soit rapidement adopté. « Ce
texte pourrait peut-être, en effet, permettre de faire échec au
projet élaboré par le parti socialiste et qui serait une véritable
catastrophe puisqu'il ôterait pratiquement au ministère du
Travail toute possibilité de contrôle des travailleurs étrangers. » CAC 19770623 art. 68. *Cf.* Patrick Weil, *Vingtième Siècle*, art. cit.

64. A. Spire, *Étrangers à la carte*, Grasset, 2005, chap. I.

65. *Cf.* Yvan Gastaut, « Recruter et examiner les migrants :
la mission de l'O.N.I. de Milan d'après le médecin-chef De-
berdt (1953-1963) », et A. Spire, « Un régime dérogatoire
pour une immigration convoitée, les politiques française et
italienne d'immigration/émigration », in *Les Italiens en
France depuis 1945*, dir. M.-Cl. Blanc-Chaléard, Presses universitaires de Rennes/Génériques, 2003, p. 55-64 et 41-53.

66. Les pouvoirs publics se plaindront de l'activité des
délégués syndicaux C.G.T. auprès de la mission de l'Office
national d'immigration en Italie, qui se livrèrent à une propa-
gande anti-immigration « relativement efficace » à l'égard des
candidats italiens provenant des régions du nord de l'Italie
prospectées par l'O.N.I. La C.G.T., appuyée par la C.G.I.L.,
prévenait les candidats sélectionnés qu'ils seraient mal payés,
mal nourris, maltraités, appuyant leurs déclarations sur des

témoignages d'ouvriers déclarant avoir travaillé en France...
(Archives nationales, cote MI 34 154.)

67. Compte rendu de la réunion interministérielle du
10 avril 1945. Archives nationales, cote MI 34 347.

68. *Cf.* G. Tapinos, *ibid.*, p. 126.

69. *Cf.* A. Spire, *op. cit.*, p. 108 et annexe X.

70. Cette garantie est obtenue par les négociateurs français
après qu'une autre proposition, celle d'autoriser les Français
d'Algérie à avoir une double nationalité, a été rejetée par les
négociateurs algériens. Cf. M. Connelly, *A Diplomatic Revolution, Algeria's Fight for Independence and the Origins of the Post-Cold War Era*, Oxford University Press, 2002, p. 244-248.

71. G. Tapinos, *ibid.*, p. 50. Le tournant se situe au moment
de la signature de l'accord germano-hispanique de 1959. À
partir de cette date, selon Georges Tapinos, la part de l'Espagne dans l'immigration vers la France reste conditionnée par
les besoins du marché allemand.

72. Archives du ministère des Affaires étrangères.

73. Accord du 18 décembre 1968. Il se produit sur un
modèle de tiers-payant décrit par F. Dupuy et J.-Cl. Thoenig,
L'Administration en miettes, Fayard, 1985, p. 219-228.

74. Archives du ministère des Affaires étrangères.

75. *Cf.* Archives du ministère des Affaires étrangères, et
R. Leveau, « Immigration et société civile », texte non publié,
écrit pour la conférence *Retreating States and Expanding
Societies*, *Social Science Research Council*, Aix-en-Provence,
25-27 mars 1987.

76. *Cf.* P. Peirot, « Le décret du 21 novembre 1975 et le droit
du travail des étrangers », in *Droit social*, n° 5, mai 1976.

77. Sur l'analyse de l'histoire de la politique du logement
des immigrés, voir J. Barou, « Immigration et enjeux urbains », in revue *Pluriel*, n° 24, 1980, p. 3-20.

78. *Cf.* J.-Cl. Toubon, « Politiques urbaines et logement des
immigrés », au colloque Gestion municipale, Immigration et
Formation des personnels communaux, organisé les 10-
11 décembre 1987 à Marseille par la ville de Marseille et
l'A.D.R.I.

79. Il le fait au cours d'une réunion du Haut Comité de la
population et de la famille (séance du 5 octobre 1967) dont le
procès-verbal est publié par G. Mauco dans *Vécu, ibid.*, p. 238.

80. Archives du ministère des Affaires étrangères.

81. Voir, sur cette mobilisation, l'analyse très pertinente de Juliette Minces, « Les soutiers entrent dans la Bastille », in *Politique Hebdo*, 25 octobre 1973. La mobilisation d'associations de soutien avait débuté dans le milieu des années 60. La Fédération des associations de soutien aux travailleurs immigrés (F.A.S.T.I.), qui regroupe 156 associations, avait par exemple été créée en 1966.

82. Cette analyse est reprise d'une note élaborée par J.-M. Belorgey pour une conférence de méthode de l'I.E.P. de Grenoble dispensée au cours de l'année 1974-1975.

83. *Cf.* J. Benoît, *E comme esclaves en France*, Éditions Alain Moreau, 1980, p. 223-224.

84. Marguerite Duras, *Rouge*, n° 48, 19 janvier 1970. J.-F. Kahn, « Des négriers dans la ville », *L'Express*, n° 966, 12-18 janvier 1970, p. 50. J.-F. Rey, « Les Parias », *Combat*, n° 7 932, 16 janvier 1970, p. 1.

85. Archives du ministère du Travail, TR. 20.161 : 22 janvier 1970, 30 janvier 1970, 6 et 12 mai 1970, 19 novembre 1970, 26 novembre 1970, sur les problèmes généraux de l'immigration, le statut social de l'immigré, le statut de l'immigration africaine, le logement et le statut social de l'étranger.

86. *Cf.* M.-Cl. Henneresse, *Le Patronat et la Politique française d'immigration, 1945-1975*, Institut d'études politiques de Paris, thèse de 3e cycle, 1979, à qui j'emprunte toutes les informations sur l'attitude du patronat dans les années 60-70.

87. Circulaires du 24 janvier et du 23 juin 1972. La compensation est nationale : l'Agence pour l'emploi doit assurer la compensation, non seulement à l'intérieur de ses bureaux, mais aux niveaux régional et national.

88. *Cf.* L. Israël, « Faire émerger le droit des étrangers en le contestant », *Politix*, n° 62, 2003.

89. *Le Monde* du 27 février 1973.

90. À l'issue de cette opération, la circulaire du 26 septembre 1973 fixe de nouvelles conditions à l'embauche de travailleurs étrangers plus rigoureuses encore que celles de la circulaire Fontanet. Les possibilités de régularisation sont désormais supprimées, sauf pour quelques catégories de travailleurs dont les Portugais, les cadres hautement qualifiés, les personnes ayant combattu pour la France, celles qui ont le statut de réfugié politique, les étrangers qui ont épousé un Français ou une Française, les israélites nord-africains. Les Portugais entrés en fraude bénéficieront encore d'un régime

de régularisations très libéral, en vertu d'instructions officieuses mais très fermes du gouvernement.

CHAPITRE II

LE TEST DE LA CRISE

1. *Le Monde* du 21 septembre 1973 dresse un bilan détaillé des événements de l'été.

2. Nous faisons référence à l'évolution des préjugés racistes décrite par P.-A. Taguieff dans *La Force du préjugé*, La Découverte, 1988.

3. Interview du président Boumediene, *Le Monde* du 5 septembre 1973.

4. « Peut-on se passer d'Ahmed », in *L'Expansion*, juin 1975, p. 78, cité dans M.-Cl. Henneresse, *ibid.*, p. 271.

5. Interview d'André Postel-Vinay.

6. *Ibid.*

7. *Cf.* le témoignage de M. Long, vice-président du Conseil d'État, à l'époque secrétaire général du gouvernement, dans *Libération* du 22 mai 1990 (interview accordée à J. Quatremer).

8. Sur la définition et la fonction du médiateur, voir B. Jobert et P. Muller, *ibid.*, p. 71-74. C'est sollicité par Georges Gorse qu'André Postel-Vinay s'est porté volontaire pour prendre cette responsabilité.

9. J.-M. Oury, *Économie de la vigilance*, Calmann-Lévy, p. 28-29.

10. Selon le relevé de décisions de ce conseil des ministres.

11. *Cf.* P. Anderson, « Decision Making by Objection and the Cuba Missile Crisis », in *Administrative Science Quarterly* n° 28, 1983, p. 211.

12. M. Bonnechère, *Le Droit ouvrier*, janvier 1979.

13. Cette décision sera effectivement annulée par le Conseil d'État le 24 novembre 1978, sur la requête du G.I.S.T.I.

CHAPITRE III

ENTRE INSERTION ET RÉPRESSION

1. *Cf.* annexe I. Ce sont, en effet, les crédits du Fonds d'action sociale pour les travailleurs migrants, établissement public dont le budget est de 215 millions de francs en 1974 et sur lequel l'État n'exerce qu'une tutelle administrative, qui sont les plus importants.

2. C'est à l'occasion de l'accueil de ces réfugiés que fut expérimenté pour la première fois le certificat d'hébergement, délivré par le maire de la commune. Par la suite, il fut utilisé pour le contrôle des visites familiales des étrangers. Il s'agissait de mieux contrôler les déclarations des compatriotes des réfugiés installés en France, qui s'étaient engagés à assurer leur logement, alors qu'ils ne disposaient souvent pas de capacités d'accueil suffisantes.

3. Archives publiques privées.

4. A. Le Pors, *Immigration et développement économique et social*, mai 1976, La Documentation française, et rapport n° 2685 de l'Assemblée nationale, mentionné au procès-verbal de la réunion du 10 décembre 1976.

5. *Cf.*, sur ce point, G. Kepel, *Les Banlieues de l'Islam*, Le Seuil, 1987, chap. III.

6. N° 75-1088, il entre en application à compter du 29 février 1976.

7. Une note interne d'analyse des pratiques de l'Administration permet de conclure en ce sens.

8. Interview de l'ancien ministre du Travail, Michel Durafour.

9. C'est, au vu des dossiers préparatoires au Conseil des ministres, la perception qu'en a le gouvernement français.

10. Le décret 75-1269 du 27 décembre 1975 d'application de la loi de finances pour 1975 fixe les modalités de l'affectation du 0,2 p. 100 au logement des immigrés.

11. Le directeur de la Population et des Migrations perd de ce fait ses attributions particulières dans le domaine du logement, ce qu'il perçoit comme une perte importante de pouvoir. Cette perte ne paraît pas compensée par la valorisation produite au cours de la période étudiée, du fait de la mise

sur agenda politique et décisionnel de la politique d'immigration.

12. Le contrat concerne aussi l'action sociale et culturelle, l'accueil, l'adaptation linguistique et la formation, l'aide aux nomades pour 27,5 millions de francs ; surtout l'aide au logement (foyer et H.L.M.) va représenter 295 millions de francs pour le logement. Neuf contrats d'agglomération de moindre ampleur vont être conclus entre le 20 novembre 1975 et le 23 juillet 1976 : outre la ville de Marseille, le Syndicat communautaire d'aménagement de l'agglomération nouvelle de Saint-Quentin-en-Yvelines (1976), la ville de Grenoble, le département des Alpes-Maritimes, le district urbain de Mantes, le Syndicat intercommunal à vocation multiple de l'agglomération d'Orléans, la ville de Bourgoin-Jallieu, le département de la Moselle furent concernés. *Cf.* « Les contrats d'agglomération », in *Revue française d'administration publique*, n° 47, 1988, p. 45.

13. *Cf.* R. Dhoquois, *Figures de l'exclusion de la désignation au rejet : étude sur le fonctionnement des normes sociales*, thèse de doctorat d'État, université Paris V, p. 145-146.

14. *Cf.* J. Benoît, *E comme esclaves en France*, Éditions Alain Moreau, 1980, p. 284-286.

15. *Cf.* J. Benoît, *ibid.*, p. 334.

16. *Le Monde* du 20 avril 1976.

CHAPITRE IV

LES LOIS DU RETOUR

1. *Le Monde*, 31 mars et 1er avril 1978, « Le redéploiement industriel ».

2. O. Duhamel et J. Jaffré, « L'opinion publique et le chômage, réflexions sur trois courbes », in *Les Temps modernes*, décembre 1987, p. 305-318.

3. *Cf.* chap. VIII et annexe VIII.

4. Voir sur ce point, J. Franceschi, Assemblée nationale, avis n° 3148, présenté au nom de la commission des affaires

culturelles, familiales sur le projet de loi de finances pour 1978.

5. La conduite de cette liquidation mériterait d'être analysée plus précisément. Selon les responsables C.F.D.T. qui ont conduit la négociation, devant la volonté de reprise en main par l'autorité publique, c'est leur propre attitude, une mauvaise évaluation des concessions possibles, qui a abouti à la dissolution de l'association ; au cours de la réunion de la dernière chance, la C.F.D.T. a refusé un compromis final proposé par la D.P.M., espérant ainsi obtenir des concessions supplémentaires qui ne vinrent pas.

6. L. Stoléru, *La France à deux vitesses*, Flammarion, 1982, p. 278-279.

7. Ainsi que l'écrit T.C. Schelling dans *Stratégie du conflit*, P.U.F., 1986, p. 38 : « Il y a un paradoxe suivant lequel la faculté de contraindre l'adversaire est liée au pouvoir de se contraindre soi-même. Brûler ses vaisseaux peut servir pour dominer l'adversaire, et en matière de négociation la faiblesse peut constituer une façon, et la liberté se réduire à la liberté de capituler. »

8. Archives publiques privées.

9. Archives publiques privées.

10. Archives du ministère des Affaires étrangères.

11. Voir sur ce point, par exemple, A. Gillette et A. Sayad, *L'Immigration algérienne en France*, Éditions Entente, 1984, chap. I : « Colonisation, dépression et immigration ».

12. Sur l'ensemble des processus d'élaboration et sur les projets législatifs de la période, voir J. Costa-Lascoux, « Une législation pour une nouvelle politique d'immigration ? », *in* revue *Pluriel*, n° 21, 1980. La description qui suit vient des archives privées publiques ; la préparation des textes donne souvent lieu dans l'Administration à deux présentations : l'une « en clair » ; l'autre « en formulation juridique ».

13. La direction de la Population et des Migrations avait retrouvé depuis le changement de secrétaire d'État une organisation administrative plus traditionnelle.

14. J. Mayer et A. Lebon, *Mesure de la présence étrangère en France*, La Documentation française, septembre 1979, 24 p.

15. Archives publiques privées pour les informations des pages suivantes.

16. *Cf.* A. Hirschmann, *Vers une économie politique élargie*, Éditions de Minuit, 1986, chap. III, p. 57-87.

17. Le 8 décembre 1978, le Conseil d'État avait annulé le décret du 10 novembre 1977 sur l'immigration familiale. Dans quatre arrêts rendus les 7 juillet et 24 novembre 1978, le Conseil d'État avait annulé plusieurs dispositions prises par circulaires, notamment la note d'information sur l'aide au retour.

18. Témoignages fondés sur le compte rendu de cette assemblée générale.

19. Selon cette variante, pouvaient obtenir la délivrance d'une autorisation de séjour valable dix ans, après trois ans de séjour régulier en France, les étrangers appartenant à l'une des catégories suivantes :

— étranger justifiant de la qualité de réfugié ou d'apatride ;

— conjoint étranger d'un ressortissant de nationalité française ;

— étranger père ou mère d'un enfant français ;

— conjoint étranger d'un ressortissant d'un État membre de la Communauté économique européenne exerçant en France une activité professionnelle et titulaire de la carte de séjour de résident de la C.E.E. ;

— jeune étranger dont l'un des parents au moins est titulaire d'une carte de séjour de résident privilégié ;

— étranger dont la famille en France comprend au moins trois enfants ou justifiant de vingt ans de séjour en France (archives publiques privées).

20. Témoignage de l'intéressé.

21. *Syndicalisme*, 29 mars 1979. L'opinion publique se montre, en effet, alors favorable dans les sondages à des mesures restrictives.

22. M. H. Bayard, rapport n° 1410 au nom de la commission des affaires culturelles familiales et sociales sur le projet de loi n° 1130 relatif aux conditions de séjour et de travail des étrangers en France. Annexé au procès-verbal de la séance du 21 novembre 1979.

23. *La Lettre de la nation*, 3 décembre 1979.

24. Archives du ministère des Affaires étrangères.

25. Archives du ministère des Affaires étrangères. Plus qu'à la situation familiale, les autorités publiques semblent alors attacher une grande importance à la durée de validité des titres. Le détenteur d'un titre de cinq ans aura plus à craindre un non-renouvellement que le titulaire d'un titre valable dix ans. La note adressée par le ministère du Travail au Quai

d'Orsay, que nous avons évoquée plus haut, indique sur ce sujet : « Il est important de noter à cet égard que le chiffre de 35 000 retours par an n'inclut que les adultes dont les titres ne sont pas renouvelés et que, par ailleurs, le projet de loi présenté par le ministère de l'Intérieur étant adopté, les pouvoirs publics auront la possibilité d'assurer le retour effectif des personnes auxquelles le renouvellement aura été refusé. »

26. *Cf.* l'éditorial du *Monde* daté du 22 janvier 1980.

27. Note du 24 janvier 1980, archives privées publiques.

28. Voir sur ce point J. Costa-Lascoux, « Le projet de traitement automatisé des titres de séjour d'étrangers », in *G.R.E.C.O. 13*, recherches sur les migrations internationales, année 1980, p. 1-17.

29. F. Lefort, *La Vie passionnément, entretiens avec Marie-Christine Ray*, Desclée de Brouwer, 1985.

30. Ils ont pratiqué l'inverse de ce que Ch. Lindblom dénomme « la science du *muddling-through* » in *Public Administration Review*, 19, printemps 1959, p. 79-88 ; au lieu d'adapter les objectifs choisis aux problèmes posés par la mise en œuvre, donc de les redéfinir, ils se sont fixé un objectif ayant, au regard de la théorie économique, un semblant de rationalité absolue, puis s'y sont obstinément tenus sans considération de la situation empirique.

31. Interview recueillie le 8 juillet 1987.

CHAPITRE V

LE CONTRE-PIED

1. Discours de Nicole Questiaux à l'assemblée générale du S.S.A.E., 17 juin 1981, *Bulletin du S.S.A.E.*, n° 81, juillet-août 1981.

2. Chap. III des 110 propositions. La liberté : des femmes et des hommes responsables. Par ailleurs, une nouvelle approche politique en direction des pays en voie de développement

est préconisée qui ferait de l'Algérie un interlocuteur privilégié du gouvernement français.

3. Proposition de loi garantissant les droits des travailleurs immigrés, *Assemblée nationale* n° 885, 20 décembre 1978.

4. Message au Parlement, séance du 8 juillet 1981. « Débats parlementaires », in *J.O.* du 9 juillet 1981, p. 46.

5. Témoignages recueillis auprès de plusieurs responsables ministériels.

6. Cette antenne comprenait des hauts fonctionnaires socialistes et était chargée de sélectionner les problèmes prioritaires, de préparer, en quelque sorte, le futur agenda décisionnel.

7. Circulaire du 25 novembre 1981. *J.O.* du 9 décembre 1981.

8. Cette guérilla prend des formes subtiles : le ministre de la Solidarité nationale donnera, dans le débat parlementaire, à la tribune de l'Assemblée nationale, à l'intention des jurisconsultes du Conseil d'État, une interprétation très restrictive du texte afin de les obliger à un contrôle sévère des décisions prises, plus tard, par le ministre de l'Intérieur.

9. *Le Monde*, 29 août 1981.

10. Ce développement est le fruit de plusieurs entretiens avec des responsables C.F.D.T. et de la consultation d'archives privées publiques.

11. Un représentant de la Confédération, un représentant de la Fédération habillement, cuir, textiles (Hacuitex), un représentant de l'union régionale et un représentant de l'union départementale de Paris.

12. *Cf.* P. Laroque et F. Ollive, *ibid.*, p. 11.

13. Une solution est proposée par certaines personnalités ou associations : régulariser les titulaires des autorisations provisoires de séjour délivrées par G. Defferre. L'inconvénient : contrevenir par l'injustice du critère, trop large par certains aspects — certains touristes présents en France depuis quelques jours pourraient être régularisés —, trop injuste par d'autres — certains étrangers travaillant depuis longtemps en France qui auraient craint ou négligé de se présenter aux guichets des préfectures pourraient ne pas l'être —, à l'objectif de rétablissement d'un État de droit juste et légitime.

14. Circulaire du 11 août 1981 et circulaires complémentaires. La date est choisie plus pour des raisons de clarté et de simplicité que par calcul d'un délai particulier.

15. Archives publiques privées.

16. Sur le rôle des *gate keepers*, voir W. Cobb et Ch. Elder, *Participation in American Politics, The Dynamics of Agenda Building*, Johns Hopkins University Press, 1983, p. 89-92. Ils traduisent des demandes en revendications recevables par l'autorité publique.

17. *Cf.*, selon Cl.-V. Marie, le rapport du commissariat général au Plan, septembre 1988, « Le devoir d'insertion ».

18. Les déclarations citées ci-après sont tirées de *Presse et immigrés en France*, juillet-août 1981.

19. Il s'agit là d'une terminologie interne à l'Administration, pour représenter le courrier adressé spontanément par des citoyens au ministre ou au ministère.

20. Enquête B.V.A. réalisée les 12 et 13 août auprès d'un échantillon national de 1 044 personnes représentatif de la population française âgée de dix-huit ans et plus, selon les critères habituels, publiée par *Paris-Match*, n° 1863.

21. Extraits de la lettre du secrétaire d'État au Premier ministre, 13 août 1981 (archives publiques privées).

22. Archives publiques privées.

23. Cette réforme a été ralentie pendant plusieurs semaines par le refus obstiné du ministre du Budget de parapher le décret tant que l'État y apparaîtrait comme à même de subvenir aux besoins financiers du F.A.S. L'arbitrage du Premier ministre imposera sa signature, moyennant une concession symbolique : l'État n'apparaît comme source de financement qu'en dernière position, après la Caisse nationale des allocations familiales notamment.

24. G. Kepel, *ibid.*, p. 253-254.

25. Archives publiques privées.

CHAPITRE VI

LE RECENTRAGE

1. D. Lochak, *ibid.*, p. 202.
2. P. Balta, « French Policy in North Africa », in *Middle East Journal*, vol. 40, 1986, p. 238-251.

3. *Le Monde* du 17 septembre 1983.

4. *Cf. Le Monde* des 19 et 25 novembre 1983.

5. Note adressée par le directeur de la Population et des Migrations au ministre.

6. Article R 341-4 du Code du travail.

7. *Cf.*, sur ce point, les observations sur l'arrêt G.I.S.T.I. du Conseil d'État, 8 décembre 1978, M. Long, P. Weil et G. Braibant, *Les Grands Arrêts de la jurisprudence administrative*, Dalloz, 8e édition, p. 588-596.

8. Archives publiques privées. La non-conformité des logements était le premier motif de refus ; en second lieu venait l'absence de ressources, souvent liée au chômage, alors en augmentation.

9. Déclaration de François Autain au Sénat le 9 décembre 1982.

10. Archives publiques privées.

11. Sur l'activité du F.A.S., *cf.* M. Yahiel, « Questions de principe », in *Revue européenne des migrations internationales*, vol. 4, nᵒˢ 1 et 2. Des commissions régionales pour l'insertion des populations immigrées sont également créées. Elles sont actuellement au nombre de dix.

12. Archives publiques privées.

13. En seraient en effet exclus les ressortissants algériens et de la C.E.E.

14. I.G.A. et I.G.A.S., *Rapport sur les procédures de délivrance des titres de travail et de séjour des étrangers*, 1984, ronéoté, non publié.

15. Cette interprétation des faits est confirmée par des entretiens réalisés, et par le compte rendu qu'en font A. Boubeker et N. Beau, in *Chroniques métissées*, Alain Moreau, 1986, p. 85.

16. Entretien avec des témoins de la scène.

17. Collectif regroupant plusieurs dizaines d'associations de soutien aux travailleurs immigrés.

18. Archives publiques privées.

19. Entretien avec Pierre Bérégovoy.

20. Entretiens avec des décideurs.

CHAPITRE VII

LES DEUX SYNTHÈSES RÉPUBLICAINES

1. Le Front national ne s'intéresse à l'immigration qu'à la fin des années 70. Il met jusque-là sur son agenda prioritaire la lutte contre le communisme. *Cf.* sur ce point P.A. Taguieff, « L'identité française et ses ennemis, le traitement de l'immigration dans le national-racisme français », in *L'Homme et la Société*, n° 77-78, juillet-décembre 1985, p. 167-200.

2. *Cf.* P. Martin, *Comprendre les évolutions électorales, la théorie des réalignements revisitée*, Presses de Sciences Po, 2000, p. 246.

3. Pour une claire explication du « type idéal » tel que l'entend Max Weber, voir J. Lagroye, *Sociologie politique*, Presses de la F.N.S.P. et Dalloz, 1991, p. 95-96.

4. Cf. V. Guiraudon, « Les politiques d'immigration en Europe », L'Harmattan, 2000, et Ch. P. Gomès, « Les limites de la souveraineté : les changements juridiques dans les cas d'immigration en France et aux États-Unis », *Revue française de science politique*, vol. 50, n° 3, juin 2000.

5. *Cf.* A. Sayad, *L'Immigration ou les paradoxes de l'altérité*, Éditions De Boeck, 1991.

6. *Cf.* A. Spire, *op. cit.*

7. *Cf.* F.G. Bailey, *Les Règles du jeu politique*, P.U.F., 1971, p. 149-159.

8. Le Seuil, 1985.

9. B. Stasi, *L'Immigration, une chance pour la France*, Laffont, 1984 ; A. Griotteray, *Les Immigrés : le choc*, Plon, 1984.

10. *Cf.* H. Désir, *Touche pas à mon pote*, Grasset, 1985, et entretiens.

11. *Cf.* J. Costa-Lascoux, « Nationaux seulement, ou vraiment citoyens », in *Projet*, n° 204, 1987, p. 51.

12. *Cf.* B. Genevois, *La Jurisprudence du Conseil constitutionnel*, Éditions S.T.H., p. 248-249.

13. *Cf.* J.-L. Missika et D. Bregmann, « La campagne : la sélection des controverses », in *La Drôle de défaite de la gauche*, sous la direction d'E. Dupoirier et de G. Grunberg, P.U.F., p. 97-116.

14. Sur ce projet de loi, le contexte politique et social du débat et le texte finalement adopté, voir la synthèse très complète de P. Farine, « La loi Pasqua-Pandraud », in *Presse et immigrés en France*, octobre 1986, p. 1-22.

15. Nouvel article 15 de l'ordonnance de 1945.

16. Projet de loi n° 444, Assemblée nationale, le 12 novembre 1986.

17. *Cf.* déclaration d'A. Finkielkraut devant la commission, rapport de la commission, *Être français aujourd'hui*, éd. U.G.E., 1988. Sur l'utilisation indue de la conférence faite par Ernest Renan en Sorbonne le 11 mars 1882, « Qu'est-ce qu'une nation ? », in *Œuvres complètes*, Calmann-Lévy, 1947, t. I, p. 887-907, *cf.* Patrick Weil, *Qu'est-ce qu'un Français ?*, p. 197-200.

18. *Cf.* P. Servent, « Devant les Jeunes Giscardiens à Saint-Georges-de-Didonne, M. Giscard d'Estaing préconise un "quota zéro" pour l'immigration », *Le Monde*, 9 juillet 1991.

19. Les demandeurs d'asile ne peuvent plus se voir accorder une autorisation de travail qu'à titre exceptionnel : si la situation de l'emploi ne peut leur être opposée. En ce cas, la durée de l'autorisation de travail est égale à celle de leur titre de séjour.

20. Les pouvoirs de l'autorité administrative sont par exemple accrus pour faciliter les reconduites à la frontière, le délai maximal de rétention d'étrangers en instance de reconduite passant par exemple de sept à dix jours.

21. *Le Monde*, entretien avec Philippe Bernard, Erich Inciyan, Edwy Plenel.

22. Cette proposition avait déjà été faite par Pierre Mazeaud le 2 décembre 986 lors d'un entretien avec Albin Chalandon. CAC 200 00145/23.

23. Le rapport Long proposait un an.

24. Cette disposition n'a d'ailleurs pas que des conséquences symboliques. Elle posera des problèmes de preuves à tous les enfants nés depuis le 1er janvier 1994 quand, parvenus à l'âge adulte, ils devront prouver leur nationalité. *Cf.* sur ce point *Le Monde*…

25. *Le Monde*, 23 juillet 1993.

26. « L'immigration n'est plus au centre du débat présidentiel », Philippe Bernard, *Le Monde*, 19 avril 1995.

27. Par exemple, selon un sondage B.V.A. effectué les 24 et 25 février 1995 pour *La Marche du siècle*, c'est dans le

domaine de l'immigration que les propositions de Le Pen apparaissent comme les plus crédibles, pour 44 % de l'ensemble des Français (pour 37 % des électeurs du parti socialiste, 46 % de ceux de l'U.D.F. et 50 % de ceux du R.P.R.).

28. Commission d'enquête de l'Assemblée nationale, « Immigration clandestine et séjour irrégulier d'étrangers en France », rapport n° 2699, de M. Jean-Pierre Philibert, président, et Mme Suzanne Sauvaigo, rapporteur ; 9 avril 1996. Au même moment est publié le « Rapport de mission parlementaire sur les fraudes et les pratiques abusives », rédigé par deux députés, MM. Gérard Léonard (R.P.R.) et Charles de Courson (U.D.F.) qui dénonce la pratique du travail au noir dont les étrangers seraient les premiers bénéficiaires. Enfin, c'est à la même période qu'un autre parlementaire de la majorité, M. Henri Cuq, député RPR, remettait au Premier ministre un rapport sur la situation des foyers de travailleurs immigrés.

29. D. Mouchard, « Les mobilisations des "sans" », *R.F.S.P.*, vol. 52, n° 4, août 2002, p. 425-447, 429.

30. *Cf.* Gregory Mann,

31. J. Siméant, *La Cause des sans-papiers*, Presses de Sciences Po, 1998, p. 228.

32. *Cf.* P. Bernard, *Immigration, le défi mondial*, Le Monde-Folio Actuel, 2002, p. 102-103.

33. Les parents d'enfants français, conjoints de Français mariés depuis plus d'un an, étrangers sans papiers présents en France depuis quinze ans, mineurs dont l'un des parents est régulier, mineurs entrés en France hors regroupement familial avant l'âge de dix ans, et justifiant ne pas pouvoir « poursuivre une vie familiale effective dans [leurs] pays ».

34. La majorité parlementaire écarte de la régularisation les étrangers en France depuis plus de quinze ans. Ils portent de un à deux ans la période probatoire de vie commune nécessaire pour la délivrance d'une carte de résident à un conjoint de Français. Ils autorisent le relevé et la « mémorisation » des empreintes des étrangers « qui demandent à séjourner en France ». Enfin, ils soumettent le renouvellement de la carte de résident de dix ans à l'absence de « trouble à l'ordre public ».

35. En cas d'omission, il ne pourra plus accueillir d'étranger pendant deux ans et risquera d'être poursuivi pour « aide au séjour irrégulier ».

36. La promulgation intervient après que le Conseil constitutionnel a, le 23 avril, censuré deux dispositions : la carte de résident de dix ans demeurera renouvelée « de plein droit ». La soumission du renouvellement à l'absence de « menace à l'ordre public » a en effet été jugée inconstitutionnelle. Les policiers ne pourront pas non plus consulter le fichier des demandeurs d'asile.

37. La circulaire du 24 juin 1997 précise les catégories d'étrangers concernés, principalement, les conjoints de Français, les conjoints d'étrangers en situation régulière, les conjoints de réfugiés statutaires, les familles étrangères constituées de longue date en France, les parents d'enfants de moins de seize ans nés en France, les enfants d'étrangers en situation régulière entrés hors regroupement familial, les mineurs étrangers de plus de seize ans ou majeurs entrés en France hors regroupement familial, les enfants mineurs de moins de seize ans entrés hors regroupement familial.

38. P. Weil, *Rapports au Premier ministre sur les législations de la nationalité et de l'immigration*, Paris, La Documentation française, 1997. La mission Weil annoncée le 18 juin 1997 est composée de Sandra Lagumina, Hélène Rauline, Michel Dejaegher, Laurent Dubois, Alexandre Gohier Del Re, Jérôme Guedj, Mattias Guyomar, Jean-Claude Monod, Thomas Piketty, Nicolas Revel et de Rémy Schwartz. Maryse Lescault, Ronny Abraham, Yves Carcenac, Bernard Hagelsteen, Stéphane Hessel et Gérard Moreau sont experts désignés par les ministères. Le rapport est remis au Premier ministre le 31 juillet 1997.

39. P. Weil, « Pour une nouvelle politique de l'immigration », Note de la fondation Saint-Simon, novembre 1995, 35 p. republiée par *Esprit*, avril 1996, p. 136-154, et dans *Les Notes de la fondation Saint-Simon, une expérience intellectuelle (1983-1999)*, Calmann-Lévy, 1999.

40. Les habitants de cités populaires qui entendent le discours officiel sur « l'arrêt de l'immigration », alors qu'ils voient arriver de nouveaux immigrés, peuvent donc légitimement penser : ils nous mentent, seul le F.N. dit la vérité.

41. P. Weil, *Rapports au Premier ministre sur les législations de la nationalité et de l'immigration*, *op. cit.*

42. P. Weil, *ibid*.

43. Sur la méthode de travail de la mission, *cf.* « Le chercheur et la décision politique », entretien de Patrick Weil

avec Christophe Jaffrelot et Rachel Bouyssou, *Critique internationale*, n° 1, automne 1998, p. 44-53.

44. *Cf.* T. Bréhier, « Les Français critiquent l'action du pouvoir dans l'affaire des sans-papiers », *Le Monde*, 27 août 1996, et P. Weil, « Politique de l'immigration et gouvernance de l'opinion publique », in *La Gouvernance de l'opinion publique*, Pierre Bréchon (dir.), L'Harmattan, 2003, p. 89-98.

45. L'asile constitutionnel pour les combattants de la liberté et l'asile territorial aux personnes qui, sans être reconnues comme réfugiés au titre de la Convention de Genève, risqueraient d'être persécutées en cas de retour dans leur pays d'origine.

46. Le « rapport Weil » proposait quinze jours.

47. Loi n° 98-349 du 11 mai 1998, relative à l'entrée et au séjour des étrangers en France et au droit d'asile.

48. Directement inspirée du rapport « des conditions d'application du principe du droit du sol pour l'attribution de la nationalité française », remis le 31 juillet 1997 au Premier ministre, la loi est promulguée le 16 mars 1998.

49. *Cf.* l'étude approfondie de X. Thierry, « Les entrées d'étrangers en France : évolutions statistiques et bilan de l'opération de régularisation exceptionnelle de 1997 », *Population*, n° 3, 2000, p. 567-619. *Cf.* également « Les régularisations d'étrangers en situation irrégulière », in *Regards sur l'immigration depuis 1945*, *Synthèses*, revue de l'I.N.S.E.E., n° 30, 1999, p. 29-32.

50. www.france.diplomatie.fr/actual/dossiers/conseil2.html

51. Z. Kedadouche et Fr. Salat-Baroux, *Analyse sur l'immigration*, Les Cahiers de France moderne, 1999.

52. Propos recueillis par Philippe Bernard, Jean-Louis Saux et Sylvia Zappi, pour le journal *Le Monde*, 1er octobre 1999.

53. V. Guiraudon, « Construire une politique européenne de lutte contre les discriminations : l'histoire de la directive "race" », *Sociétés contemporaines* (2004), n° 53, p. 11-32.

54. *Cf.* G. Calvès, « "Il n'y a pas de race ici" : le modèle français à l'épreuve de l'intégration européenne », *Critique internationale*, vol. 17, p. 173-186.

55. Après le *Rapport pour la création d'un centre national de l'histoire et des cultures de l'immigration*, Éditions Mémoire-Génériques, 4e trimestre 2001, remis à Lionel Jospin le 22 novembre 2001 par Driss El Yazami et Rémy Schwartz,

c'est finalement le rapport de Jacques Toubon qui aboutit à l'annonce du soutien du gouvernement à l'ouverture d'une telle cité, porte Dorée (Paris 12ᵉ).

56. D. Lochak, « La politique d'immigration en France », in *Les Nouvelles Migrations, un enjeu européen*, dir. Emmanuelle Bribosia et Andrea Rea, Éditions Complexe, 2002, p. 223.

57. Rapport Chanet, *Interdire l'I.T.F. pour les étrangers ayant suivi leur scolarité en France et y résidant habituellement depuis lors.*

58. Substitut de l'asile territorial.

59. *Cf.* O. Mongin, « La quadrature du cercle républicain et la vocation migratoire, l'asile, le contrôle des flux migratoires et la volonté d'intégration », *Esprit*, février 2004, p. 61-77.

60. *Cf.* V. Guiraudon, « Construire une politique européenne de lutte contre les discriminations : l'histoire de la directive "race" », *Sociétés contemporaines*, 2004, n° 53, p. 11-32.

61. Un exemple parmi d'autres de cette contradiction parfois ambiguë, les déclarations de M. Pasqua devant l'Assemblée nationale, le 15 juin 1993 : « La France est un pays qui entend garder la maîtrise de son identité. Elle entend définir par elle-même la situation, la qualité, l'origine de ceux qui sont ou qui seront associés à la communauté nationale, dans l'esprit des valeurs de la République, dans le cadre de sa propre Constitution et dans le respect du droit international auquel elle a librement consenti. » *Journal officiel, Compte rendu des débats parlementaires*, p. 1613.

CHAPITRE VIII

QUI ENTRE, QUI SORT ?

1. *Cf.* Cl.-V. Marie, « L'immigration clandestine et l'emploi des travailleurs étrangers en situation irrégulière », *in* Commissariat général du Plan, *Le Devoir d'insertion*, 1988, t. III, p. 29.

2. Cl.-V. Marie, *ibid.*, p. 47.

3. La règle obligeant l'étranger à être en mesure de présenter, à toute réquisition des autorités de police, les titres justifiant son droit de résidence n'a en revanche jamais été remise en cause.

4. Articles L 341-6 et 364-2-1 du Code du travail.

5. Article 21 de l'ordonnance de 1945 et articles L 341-9 et L 314-3 du Code du travail.

6. Introduites dans l'ordonnance de 1945 par la loi du 26 novembre 2003, ces dispositions mettent en conformité la législation française avec la convention de Palerme contre le trafic de migrants, signée par la France le 12 décembre 2000 et entrée en vigueur le 28 janvier 2004.

7. Article L 341-6 du Code du travail.

8. Ch. Nguyen Van Yen, *ibid.*, p. 219.

9. Décret du 8 novembre 1990. L'article L 341-7 précise toujours que « sans préjudice des poursuites judiciaires qui pourront être intentées à son encontre, l'employeur qui aura occupé un travailleur étranger en violation des dispositions de l'article L 341-6, premier alinéa, sera tenu d'acquitter une contribution spéciale au bénéfice de l'Office des migrations internationales ». Le montant de cette contribution spéciale ne saurait être inférieur à 500 fois le taux horaire du minimum garanti prévu à l'article L 141-8. Un décret en Conseil d'État fixe les modalités d'application de cet article.

10. Archives du ministère des Affaires étrangères.

11. *Cf.* chap. i, p. 87-89.

12. Les attestations d'accueil sont réservées aux ressortissants de l'Algérie, du Maroc et de la Tunisie. L'attestation est simplement *visée* par le maire, alors que le certificat d'hébergement est *délivré* par lui.

13. L'accord du Maroc, difficile à obtenir, l'est finalement par le ministre de l'Économie et des Finances, J. Delors, à l'occasion de la visite en France du Premier ministre marocain, venu négocier un prêt financier pour son pays.

14. Archives publiques privées.

15. Voir sur ce point la théorie de la décision développée par M.D. Cohen, J.G. March et J.P. Olsen, in « Garbage Can Model of Organizational Choice », in *Administrative Science Quarterly*, vol. 17, n° 1, mars 1972, p. 1-25.

16. La mise en œuvre de ce dispositif met d'ailleurs en valeur le rôle des ambassades et, en leur sein, celui des consuls, jusque-là souvent diminué.

17. D. Bigo, *Police en réseaux, l'expérience européenne*, Presses de Sciences Po, 1996.

18. D. Bigo, E. Guild, *La Mise à l'écart des étrangers, la logique du visa Schengen*. *Cultures et conflits*, L'Harmattan, 2003, p. 26.

19. Doivent faire l'objet depuis 1998 d'une motivation, les refus de visa qui concernent les membres de la famille de ressortissants communautaires ou des pays de l'Espace économique européen qui n'ont pas la nationalité d'un de ces États — les personnes qui bénéficient de plein droit de la carte de résident (enfants, conjoint depuis plus d'un an d'un ressortissant français, parent d'enfants français, anciens combattants au service de la France...), les bénéficiaires d'une autorisation de regroupement familial, les travailleurs autorisés à exercer une activité professionnelle salariée en France, enfin les personnes faisant l'objet d'un signalement aux fins de non-admission au Système d'information Schengen. La loi du 26 novembre 2003 a supprimé cette obligation pour les étudiants.

20. D. Bigo, E. Guild, *ibid.*, p. 23.

21. Les certificats d'hébergements remplacés par de simples attestations d'accueil dans la loi R.E.S.E.D.A. de 1998 ont été rétablis par la loi Sarkozy du 26 novembre 2003. En 1997, 160 000 certificats d'hébergement avaient été attribués ; en 2002, on dénombre 735 000 attestations d'accueil (rapport n° 949 de M. Thierry Mariani au nom de la commission des lois de l'Assemblée nationale, juin 2003).

22. Cette sélection sociale est accentuée depuis qu'est exigée la présentation d'une attestation d'assurances.

23. Ces deux pays non membres de l'Union européenne appartiennent avec la Finlande, la Suède et le Danemark à l'Union nordique.

24. *Cf.* P. Giraud, « L'expérience de la France dans la mise en œuvre de Schengen », *in* K. Hailbronner et P. Weil, *De Schengen à Amsterdam, vers une législation européenne en matière d'immigration et d'asile*, European Academy of Law, Bundesanzeiger Verlagsges, 1999, p. 31-42.

25. *Cf.* P. Klötgen, « Les accords de réadmission : une approche comparée franco-allemande », in Fr. Héran, *Immigration, marché du travail, intégration*, La Documentation française, 2004.

26. *Cf.* P. Hubert, « De Schengen à Amsterdam : Questions juridiques et solutions institutionnelles », *in* K. Haibronner et P. Weil, *op. cit.*, p. 65-73.

27. Rapport d'activité 1989 du S.S.A.E., extraits publiés dans *Actualités migrations*, n° 334, juillet 1990, p. 7.

28. Archives publiques privées.

29. *Source* : O.M.I.Stats, *Annuaire des migrations*, 2003.

30. Rapport d'activité du S.S.A.E., *ibid.*, p. 8.

31. *Source* : O.M.I.Stats, *Annuaire des migrations*, 2003.

32. Les époux de Français ont le droit d'obtenir un titre de séjour, qu'ils se soient mariés en France ou à l'étranger. Ils n'ont pas besoin de titre de séjour si, mariés à l'étranger, ils ont acquis la nationalité française avant d'immigrer en France. En 2002, selon le ministère de la Justice et le ministère de l'Emploi et de la Solidarité, 14,5 p. 100 des personnes acquérant la nationalité française à raison d'un mariage résident à l'étranger au moment de l'acquisition, soit 3 684 pour un total de 25 224 déclarations enregistrées (4 039 personnes en 2000, 3 045 en 1998 et 3 367 en 1999).

33. 34 908 unions ont été enregistrées en 2000 contre 20 607 en 1994, soit une hausse de près de 70 p. 100. Alger, Fès, Ankara, Casablanca et Oran sont les consulats qui enregistrent le plus grand nombre de mariages en 2000. Sur la période 1994-1999, les consulats de Tanger, Annaba (Algérie), La Havane et Ankara ont connu le plus fort accroissement de leur activité « mariage ».

34. Règlement CE n° 343/2003 établissant les critères et mécanismes de détermination de l'État responsable de l'examen d'une demande d'asile présentée dans l'un des États membres par le ressortissant d'un pays tiers (J.O.U.E. du 25 février 2003). Directive 2003/9/CE du Conseil du 27 janvier 2003 relative à des normes minimales pour l'accueil des demandeurs d'asile dans les États membres (J.O.U.E., L 31/18 du 6 février 2003). En outre, deux directives sur les normes minimales relatives aux conditions que doivent remplir les ressortissants des pays tiers pour prétendre au statut de réfugié et sur des normes minimales sur l'octroi et le retrait du statut de réfugié ont fait l'objet d'un accord au Conseil européen du 30 avril 2004.

35. Commission des recours des réfugiés, « Le droit des réfugiés en France », *Tables décennales de jurisprudence du Conseil d'État et de la Commission des recours des réfugiés, 1988-1997*, précédées d'une étude de Frédéric Tiberghien et d'un avant-propos de Michel Combarnous, Economica, 2000.

36. Article 2 alinéa 2 de la loi du 25 juillet 1952 modifiée dont la formulation est inspirée de l'alinéa 4 du préambule de la Constitution de 1946. Cette protection subsidiaire remplace l'asile territorial créé par la loi R.E.S.E.D.A. de 1998.

37. Art. 4 de la loi du 25 juillet 1952, modifiée par la loi du 10 décembre 2003.

38. Il peut l'être vers un autre pays après autorisation de la commission des recours.

39. Catégorie importante quantitativement selon les témoignages recueillis, dont celui de Mme H. Taviani, ancienne représentante en France du H.C.R. et présidente de France terre d'asile.

40. Dans ce cas, le poste diplomatique saisit la sous-direction des réfugiés et apatrides (S.D.R.A.), qui décide ou non d'accorder un visa à l'intéressé. Une fois obtenu ce « visa au titre de l'asile », le demandeur devra, dès son arrivée en France, retirer à la préfecture son dossier de demande du statut de réfugié auprès de l'O.F.P.R.A.

41. Décret n° 2003-841 du 2 septembre 2003 relatif aux modalités de désignation et d'indemnisation des administrateurs *ad hoc* institués par l'article 17 de la loi n° 2002-305 du 4 mars 2002.

42. *Cf.* G. Lahav, « Immigration and the State : the Devolution and Privatisation of Immigration Control in the E.U. », *Journal of Ethnic and Migration Studies*, vol. 24, n° 4, p. 675-694, octobre 1998.

43. Article 35 quater de l'ordonnance du 2 novembre 1945.

44. N. Herpin, *L'Application de la loi, deux poids, deux mesures*, Le Seuil, 1977, p. 20-21.

45. En application des dispositions du règlement (CE) n° 343/2003 du Conseil du 18 février 2003 établissant les critères et mécanismes de détermination de l'État membre responsable de l'examen d'une demande d'asile présentée dans l'un des États membres par un ressortissant d'un pays tiers, ou d'engagements identiques à ceux prévus par ledit règlement avec d'autres États.

46. *Cf.* Forumréfugiés, *L'Asile en France et en Europe*, État des lieux, 2004.

47. J.-Fr. Léger, « Les entrées d'étrangers sur le marché de l'emploi de 1990 à 2001 », R.E.M.I., vol. 20, n° 1, 2004, p. 7-30.

48. Ainsi, près de 14 p. 100 des bénéficiaires d'une A.P.T. en 1999 en sont à leur troisième renouvellement ou davan-

tage, et seraient de ce fait sur le territoire depuis plus de deux ans. Le caractère temporaire des séjours des personnes bénéficiant d'A.P.T. doit donc être relativisé. *Cf.* également A. Math et A. Spire, *Vers une immigration permanente de travailleurs temporaires, du mode de l'accord général sur les services aux différents régimes migratoires de travailleurs détachés*, Document n° 04.06 de l'I.R.E.S., juin 2004.

49. Cette politique est absurde : si un étudiant étranger diplômé de nos universités ne veut pas rentrer chez lui, il ne rentrera pas. Africain, Asiatique, Sud-Américain, il est dorénavant à l'équivalent d'un diplômé européen ou nord-américain sur un marché mondial. Et si la France le refuse, il recevra une offre d'embauche aux États-Unis, au Japon, au Canada, en Australie, en Allemagne ou au Royaume-Uni et sera « perdu » pour son pays d'origine, comme pour son pays de formation.

50. Circulaire D.P.M./D.M. 2-3 n° 98-429 du 16 juillet 1998, relative au recrutement d'ingénieurs informaticiens étrangers.

51. Circulaire D.P.M./D.M.I. 2 n° 2004-12 du 13 janvier 2004 relative au recrutement d'ingénieurs informaticiens étrangers et à la procédure d'introduction simplifiée de ces ingénieurs.

52. 4 179 ont obtenu une autorisation provisoire de travail.

53. 200 723 inscrits à l'Université en 2003-2004 contre 122 190 en 1998-1999, parmi lesquels 144 720 ne sont pas bacheliers de l'enseignement français. La catégorie statistique d'étudiants étrangers regroupant des étrangers venus en France pour effectuer des études et des enfants étrangers souvent de la seconde génération d'immigrés en France, l'étude de Claire Tessier, Maël Theulière et Magda Tomasi, « Les étudiants étrangers en France », *Les Dossiers* du ministère de l'Éducation nationale, n° 153, juin 2004, permet avec la catégorie des non-bacheliers d'approcher la catégorie « étrangers venus en France pour études ».

54. 5 851 étudiants étrangers ont obtenu en 2002 par un changement de statut un titre de séjour à vocation permanente (6 636 en 2001), dont pour 2 300 en tant que conjoint de Français. *Source :* ministère de l'Intérieur, A.G.D.R.E.F.

55. D. Lochak, « La politique d'immigration en France », in *Les Nouvelles Migrations, un enjeu européen*, dir. Emmanuelle Bribosia et Andrea Rea, Éditions Complexe, 2002, p. 223.

56. Au titre des catégories suivantes : plus de 10 ans de résidence : 3 846 (2 155 en 2002) ; 2. étrangers arrivés avant

l'âge de 10 ans : 1 763 (1770) ; 3. parents d'enfants français : 8 159 (7 087 en 2002) ; vie privée et familiale en France (art. 8 de la Convention européenne des droits de l'homme) : 10 643 (7123) ; étrangers malades (3 370 en 2002).

57. *Revue européenne des migrations internationales*, vol. 1, n° 1, septembre 1985, p. 67-80.

58. Ce chiffre s'explique par la diminution des entrées, qui a entraîné automatiquement une diminution des sorties rapides (1 100 000 entrées entre 1968 et 1975, moins de 280 000 entre 1975 et 1981).

59. *Synthèses*, « Regards sur l'immigration depuis 1945 », revue de l'I.N.S.E.E., n° 30, 1999, p. 61-64.

60. J.-L. Richard, *Partir ou rester ? Destinées des jeunes issus de l'immigration*, P.U.F., 2004, p. 59.

61. Il est possible d'estimer le nombre de bénéficiaires, sachant, par l'I.N.S.E.E. (*Synthèses* n° 20), qu'en moyenne, une personne reçoit 1,4 pension des régimes de base. Les données recueillies par le C.L.E.S.S. ne permettent pas de distinguer selon la nationalité, mais on peut émettre l'hypothèse que très peu de pensionnés français partent y résider, étant donné la situation intérieure du pays.

62. Pour les flux les plus récents, Xavier Thierry a étudié le phénomène de non-renouvellement des premiers titres de séjour. Son étude montre surtout le caractère particulier du séjour étudiant : 43 p. 100 des premiers titres étudiants accordés pour une durée minimale d'un an ne sont pas renouvelés tandis que plus de 90 p. 100 des autres titres sont renouvelés. X. Thierry, « La fréquence de renouvellement des premiers titres de séjour », *Population*, 56 (3), 2001.

63. Francs et marks de 1984.

64. Archives publiques privées.

65. Cette politique s'est trouvée censurée par une jurisprudence du 4 novembre 1982 de la Cour de cassation au terme de laquelle les dispositions du Code du travail relatives au licenciement économique ont, *a posteriori*, un caractère d'ordre public, et, par conséquent, les parties ne sauraient y déroger en qualifiant de leur initiative la rupture des contrats de travail résultant de la conjoncture économique. Lorsque ces opérations furent stoppées, à l'arrivée de la gauche au pouvoir, une dizaine d'autres étaient encore envisagées.

66. Celle-ci pouvait concerner des nationalités ibériques exclues de l'aide macro-économique. Lettre circulaire du 23 décembre 1980.

67. Interviews.

68. Complété par un arrêté du 17 décembre 1987 et la circulaire du 19 novembre 1987.

69. Rapport statistique du Haut Conseil à l'Intégration.

CHAPITRE IX

INSERTION, INTÉGRATION
OU LUTTE CONTRE LES DISCRIMINATIONS ?

1. À l'exclusion des droits politiques pléniers, c'est-à-dire la participation aux activités conduisant à la désignation formelle des représentants et à la formulation des lois, élections et référendums, *cf.* J. Leca, « Réflexions sur la participation politique des citoyens », in *Idéologies, partis politiques et groupes sociaux*, études réunies par Y. Mény pour Georges Lavau, Presses de la F.N.S.P., 1989, p. 54.

2. Ce n'est qu'à partir de seize ans que les élèves scolarisés doivent posséder une carte de séjour.

3. *Cf.* M.-Cl. Blanc-Chaléard, *ibid.*, p. 635-646.

4. La plupart des informations et données statistiques sur l'école ont pour origine S. Boulot et D. Boyzon-Fradet, *Les Immigrés et l'École : une course d'obstacles, lectures de chiffres (1973-1987)*, L'Harmattan-C.I.E.M.I., 1988.

5. Ces professions restent encore dans leur grande majorité interdites aux étrangers.

6. Elle permet d'incriminer les propos, les écrits racistes et les actes discriminatoires commis en raison de la race, couleur, religion, ascendance ou origine nationale ou ethnique, *cf.* l'ouvrage de référence d'Erik Bleich, *Race Politics in Britain and France, Ideas and Policymaking since the 1960s*, Cambridge University Press, 2003, particulièrement le chap. v : « The Origins of French Antiracism Institutions : 1945 to the 1972 Law ».

7. *Cf.* « Assimilation », *in* Bolafi Guido, Bracalenti Raffaele, Braham Peter et Gindro Sandro, *Dictionary of Race, Ethnicity & Culture*, Sage Publications, 2003, p. 19-22.

8. *Cf.* P.-A. Taguieff et P. Weil, « Immigration, fait national et citoyenneté », *Esprit*, mai 1990, p. 87-102.

9. G. Kepel, *Les Banlieues de l'Islam*, p. 281-282. *Cf.* également le premier rapport du Haut Conseil à l'intégration : *Pour un modèle d'intégration*, La Documentation française, 1991.

10. J. Costa-Lascoux, *De l'immigré au citoyen, op. cit.*, p. 10-11.

11. G. Kepel, *ibid.*, p. 281-282.

12. *Cf.* S. Courtois et G. Kepel, « Musulmans et prolétaires », in *Les Musulmans dans la société française*, sous la dir. de R. Leveau et G. Kepel, Presses de la F.N.S.P., 1988, p. 27-38.

13. *Cf.* Ch. Nguyen Van Yen, *ibid.*, p. 240-241.

14. Par une circulaire ministérielle datée du 29 décembre 1976, *cf.* G. Kepel, *ibid.*, p. 100, chap. III.

15. Et cela malgré le changement de priorité — l'action à dominante linguistique est réduite au profit de l'intégration des étrangers dans les actions de formation de droit commun —, malgré l'importance des moyens financiers consacrés par le F.A.S. à la formation — en 1984, 247 897 600 francs, soit un quart de son budget. Un rapport de l'E.N.A. évaluait à 935 millions de francs les dépenses au total effectuées en 1984 pour la formation des immigrés.

16. A. Lebon, « La main-d'œuvre en France à la fin de 1985 », in *Actualités migrations*, n° 219. L'augmentation du chômage s'explique par deux autres facteurs annexes : 1. les travailleurs étrangers n'ont pas accès à la fonction publique ; 2. leur ancienneté dans l'entreprise et leur charge de famille sont moindres que celles des travailleurs français et ils sont, de ce fait, plus souvent les victimes de licenciements.

17. *Cf.* D. Goux et E. Maurin, « The Effect of Overcrowed Housing on Children's Performance at School », à paraître dans *Journal of Public Economics* en 2005.

18. H. Burin des Roziers, « L'hébergement collectif, les mots et les faits. Un exemple de loi sociale non appliquée : la loi du 27 juin 1973 relative à l'hébergement collectif », in *Économie et humanisme*, janvier-février 1979, et revue *Actes*, n° 22, 1979.

19. Loi du 14 décembre 1964.

20. *Cf.* Cédric David, *La Résorption des bidonvilles de Saint-Denis, un nœud dans l'histoire d'une ville et de « ses » immigrés (de la fin des années 50 à la fin des années 70)*, mémoire de maîtrise d'histoire contemporaine, sous la dir. de Jean-Louis Robert et de Marie-Claude Blanc-Chaléard, université de Paris, octobre 1982.

21. *Cf.* J.-P. Tricart, « Genèse d'un dispositif d'assistance : les cités de transit », in *Revue française de sociologie*, n° 18, 1977, p. 601-624.

22. *Cf.* les deux circulaires du ministère de l'Aménagement du territoire, de l'équipement, du logement et des transports qui vont concerner les immigrés, l'une, du 26 août 1971, relative au relogement des personnes en provenance d'habitations insalubres ; l'autre, du 19 avril 1972, relative aux cités de transit.

23. Marc Bernardot, « Chronique d'une institution : La SO.NA.CO.TRA., 1956-1976 », in *Sociétés contemporaines*, n° 33-34, avril 1999, p. 39-58.

24. F. Zitouni, « Le mal-habiter : exclusion et précarisation par l'habitat », *Projet*, n° 182, février 1984, p. 203-213.

25. F. Zitouni, *ibid*.

26. Extraits d'une étude de la Direction régionale de l'équipement de l'Île-de-France, in *Actualités migrations*, n° 72, p. 2.

27. Interview de décideurs publics.

28. Cette alternative est relevée par A. Sayad dans « Le logement des familles immigrées », in *Le Groupe familial*, n° 114, janvier 987, p. 61. En France, l'idée de seuil apparaît sous forme de seuil de « tolérabilité », en 1964, dans une étude conduite sur une cité H.L.M. de Nanterre. Surtout, la notion est explicitement évoquée dans le rapport officiel de M. Doublet remis au président de la République en décembre 1967. « La libre circulation sécrète ses propres limites : c'est l'existence des seuils dans les pays d'accueil (exemple de la Grande-Bretagne et de la Confédération helvétique) », rapport remis au président de la République, La Documentation française, 1968.

29. V. De Rudder, « La tolérance s'arrête au seuil », in *Pluriel*, n° 21, 1980, p. 3-13.

30. P. Consigny, J. de Rango et M.-Th. Join-Lambert, *Mission sur l'intervention publique dans le domaine du logement des populations immigrées*, rapport de l'Inspection générale des fi-

nances, de l'Inspection générale de l'équipement et de l'Inspection générale des affaires sociales, 1989, document ronéoté.

31. *Cf.* chap. III.

32. Compte rendu d'activité confidentiel envoyé au maire de Marseille en décembre 1983.

33. I.N.S.E.E. et ministère des Affaires sociales et de la Solidarité nationale, *Recensement général de la population,* La Documentation française, 1982.

34. Ch. Bachmann, M. Herrou, N. Le Guennec, *Les Sursauts de l'équité,* rapport pour le plan urbain, document ronéoté, 1990, p. 48.

35. C. Bachmann *et alii, ibid.,* p. 128.

36. « L'école dans une dynamique de changement », présentation de C. Bachmann et N. Le Guennec, les zones d'éducation prioritaire, in *Actes de l'université d'été,* 4 au 20 juillet 1983, publication de l'université de Paris-Nord.

37. *Cf.* H. Deguine, « Un exemple d'élargissement des politiques sociales, les zones d'éducation prioritaire de 1981 à 1986. Réflexion technique et application pratique », mémoire de l'I.E.P. de Paris, janvier-février 1987, Paris.

38. La Documentation française, 1982.

39. F. Dubet, *La Galère,* Fayard, 1987, p. 340.

40. Entretien avec des témoins.

41. *Face à la délinquance : prévention, répression, solidarité,* rapport au Premier ministre, Paris, La Documentation française, 1982.

42. F. Dubet, A. Jazouli, D. Lapeyronnie, *L'État et les Jeunes,* Éditions Ouvrières, 1985, p. 175.

43. Selon J.-Cl. Toubon, « Les Opérations H.V.S. Véritable dynamique sociale ou nouvel interventionnisme administratif ? », in *Actions et recherches sociales,* « L'habitat social », n° 1, 1980, p. 34.

44. Le terme de ghetto est impropre. Le ghetto américain est homogène du point de vue ethnique, et la langue de communication est souvent la langue d'origine. Dans le ghetto français, la langue de communication est en général le français, du fait de l'hétérogénéité des nationalités ; *cf.* R. Kastoryano, « Relations interethniques et formes d'intégration », *in* P.-A. Taguieff, *Face au racisme, op. cit.,* p. 166-167.

45. *Cf.* J.-Cl. Toubon, « Politiques urbaines et logement des immigrés », décembre 1987, au colloque Gestion municipale, Immigration et Formation des personnels communaux,

organisé les 10-11 décembre 1987 à Marseille par la ville de Marseille et l'A.D.R.I., p. 9-16.

46. École en H.L.M., *H.L.M., aujourd'hui*, 1987, n° 7, p. 98-105.

47. J.-Cl. Toubon, *ibid.*, p. 54-68.

48. Ce que des sociologues américains ont dénommé *to gild the ghetto*, c'est-à-dire recouvrir de « dorures » le ghetto. J.-Cl. Toubon, *ibid.*, p. 54-58.

49. *Sources : Actualités migrations*, n° 221, du 28 mars au 1er avril 1988.

50. J. Costa-Lascoux a indiqué, devant la commission de la nationalité (audition du 16 septembre 1987), que dans une ville comme Trappes 1 500 enfants d'origine ou de nationalité étrangère disparaissaient, selon les statistiques, entre le primaire et le secondaire. *Être français aujourd'hui et demain*, rapport de la commission de la nationalité présenté par M. Long, Premier ministre, U.G.E. 10/18, t. I, 1988.

51. H. Deguine, *op. cit.*

52. Cl. Dannequin, « Les difficultés de décloisonnement des Z.E.P. », *Intervention*, n° 18, novembre 1986, p. 23-38.

53. F. Dubet, A. Jazouli, D. Lapeyronnie, *ibid.*, p. 125.

54. J.-Cl. Toubon, *ibid.*

55. *Les Politiques scolaires dans les quartiers sensibles*, G. Chauveau et E. Rogovas-Chauveau, C.R.S.A.S./I.N.R.P., C.I.S., université de Paris XIII.

56. Exemple cité par S. Micaire, mémoire de D.E.A., cycle supérieur de sociologie, I.E.P. de Paris, octobre 1984, « Démolir ou pas, analyse d'un processus décisionnel », 63 p., p. 39-40.

57. Mémoire de D.E.A. de sociologie, C. Bourgeois, *Le Système d'attribution des logements sociaux*, 139 p., Paris, octobre 1986, p. 20.

58. P. Consigny *et alii*, *ibid.*, p. 62-63.

59. Rapport Île-de-France, *ibid.*, p. 41.

60. P. Consigny, *ibid.*, p. 25.

61. P. Consigny, *ibid.*, p. 28.

62. J.-P. Fitoussi, E. Laurent et J. Maurice, *Ségrégation urbaine et intégration sociale, rapport pour le Conseil d'analyse économique*, La Documentation française, 2004, p. 15.

63. En 1999, 500 000 immigrés sont chômeurs, soit 15 p. 100 des chômeurs pour 8 p. 100 de la population active. *Cf.* M. Glaude et C. Borrel, « Immigrés et marché du travail :

regard statistique », in Fr. Héran (dir.), *Immigration, marché du travail, intégration*, La Documentation française, 2004, p. 105-119.

64. J. Faber, *Les Indésirables, l'intégration à la française*, Grasset, 2000.

65. Fitoussi *et alii, op. cit.*, p. 42.

66. Les élèves des Z.E.P. réussissent en moyenne moins bien, mais les écarts de résultats entre élèves des Z.E.P. et les autres se maintiennent alors que l'environnement social des premiers s'est souvent aggravé. Fr. Œuvrard et M. Cl. Rondeau, « Les inégalités de scolarisation : disparités sociales et/ou territoriales », in J.-P. Fitoussi, E. Laurent et J. Maurice, *Ségrégation urbaine et intégration sociale, rapport pour le Conseil d'analyse économique*, La Documentation française, 2004.

67. D. Fassin, « L'invention française de la discrimination », R.F.S.P, vol. 52, n° 4, août 2002, p. 403-423.

68. *Cf.* M. Bernardot, « Le vieux, le fou et l'Autre : qui habite encore dans les foyers ? », *Revue européenne des migrations internationales*, nov. 2001.

69. *Cf.* P. Simon, « Le logement social en France et la gestion des populations à risque », *Hommes et migrations*, n° 1246, nov.-déc. 2003, pp.76-91.

70. Fitoussi *et alii, op. cit.*, p. 54-56 et 255-276.

71. *Cf.* Rapport du C.E.R.C. Association, « Emplois fermés aux étrangers et discriminations », 29 août 2001.

72. J.-L. Richard, *op. cit.*, p. 184-185.

73. E. Santelli, *La Mobilité sociale dans l'immigration : itinéraires de réussite des enfants d'origine algérienne*, Presses universitaires du Mirail, 2001, p. 204-205.

74. J.-L. Richard, *op. cit.*, p. 184-185.

75. M. Viprey, *L'Insertion des jeunes d'origine étrangère*, rapport au Conseil économique et social, 2002, p. 65.

76. J.-L. Richard, *op. cit.*, p. 157.

77. Rapport n° 1827, fait au nom de la Commission des lois sur le projet de loi (n° 1732) portant création de la Haute Autorité de lutte contre les discriminations et pour l'égalité, par M. P. Clément, Assemblée nationale, 22 septembre 2004.

78. V. Guiraudon, « Construire une politique européenne de lutte contre les discriminations : l'histoire de la directive "race" », *Sociétés contemporaines*, 2004, n° 53 p. 11-32.

79. *Cf.* G. Calvès, « "Il n'y a pas de race ici" : le modèle français à l'épreuve de l'intégration européenne », *Critique internationale*, vol.17, p. 173-186.

80. *Cf.* G. Calvès, *op. cit.*, p. 46.

81. Directive 2000/43/CE du Conseil du 29 juin 2000 relative à la mise en œuvre du principe de l'égalité de traitement entre les personnes sans distinction de race ou d'origine ethnique.

CHAPITRE X

L'ACCÈS À LA NATIONALITÉ FRANÇAISE

1. *Cf.* P. Weil, *Qu'est ce qu'un Français ?*, *op. cit.*, p. 398-399.

2. *Cf.* P. Weil, « Access to Citizenship : A comparison of Twenty-Five Nationality Laws », *in* « Citizenship Today : Global Perspectives and Practices », *in* T. Alexander Aleinikoff et Douglas Klusmeyer (éd.), Carnegie Endowment for International Peace, Washington DC, 2001, p. 17-35.

3. À l'époque carolingienne (820), le mot aubain désigne l'étranger à l'Empire puis, jusqu'au milieu du XIIIe siècle, celui qui est né hors de la seigneurie. C'est alors le seigneur qui perçoit le droit d'aubaine. Progressivement le roi va se l'approprier. *Cf.* J.-Fr. Dubost, « Étrangers en France », *in* Lucien Bély (dir.), *Dictionnaire de l'Ancien Régime*, P.U.F., 1996, p. 518-522.

L'adéquation est loin d'être parfaite entre l'étranger résidant dans le royaume et l'aubain — certains étrangers étant dispensés du droit d'aubaine et certains Français étant aubains parce que nés hors mariage, ou nés hors du royaume : voir J.-Fr. Dubost et P. Sahlins, *Et si l'on faisait payer les étrangers : Louis XIV, les immigrés et quelques autres*, Flammarion, 1999, p. 65-66.

4. Sauf s'il est exempté du droit d'aubaine. Sur le droit d'aubaine à l'époque moderne, voir Dubost et Sahlins, *Et si l'on faisait payer les étrangers*, *op. cit.*, chap. III.

5. Sur la jurisprudence de la nationalité sous l'Ancien Régime et l'histoire du droit d'aubaine jusqu'à son abolition en 1819, voir P. Sahlins, *The Naturalization of Foreigners : France in the Old Regime and After*, à paraître.

6. Et non pas simplement être domicilié.

7. *Cf.* Marguerite Vanel, *Histoire de la nationalité française d'origine, évolution historique de la notion de Français d'origine du* XVI⁰ *siècle au Code civil*, préface de Jean-Pierre Niboyet, Paris, Ancienne imprimerie de la Cour d'appel, p. 38, et Dubost et Sahlins, *op. cit.*, p. 66.

8. Cette jurisprudence ne triomphe cependant que lentement. Par exemple, un arrêt du parlement de Rouen exige le 21 août 1670 que le mariage des parents ait été contracté en France. *Cf.* Vanel, *op. cit.*, p. 39.

9. Vanel, *op. cit.*, p. 50.

10. Au début du même siècle, les rois avaient accordé à des membres de leurs familles, mariés avec des princes ou des souverains étrangers, la faveur de considérer comme française leur descendance, voire celle des suites qui les accompagnaient à l'étranger. En mai 1576, le roi Henri III rend un édit par lequel sont considérés comme français, bien que nés à l'étranger, les enfants de ceux qui se sont expatriés à l'occasion des guerres de religion. Ces précédents avaient facilité l'évolution de la jurisprudence. Vanel, *op. cit.*, p. 50 et « Le Français d'origine dans l'ancien droit français (XVᵉ-XVIIIᵉ siècle) », *R.C.D.I.P.*, XXXV, 1940-1946, p. 220-231.

11. C'est également alors sous François 1ᵉʳ que le pouvoir de *naturaliser* revient exclusivement au roi. Acquis dans son principe depuis le XIVᵉ siècle, il restait encore contesté par des initiatives de princes, voire de gouverneurs ; il s'impose définitivement et se substitue à la lettre de bourgeoisie. *Cf.* J.-Fr. Dubost, « Étrangers en France », *in* Lucien Bély (dir.), *Dictionnaire de l'Ancien Régime*, P.U.F., 1996, p. 518-522.

12. Selon l'étude de Peter Sahlins, le roi en accorde en moyenne 45 par an, soit environ 6 000 entre 1660 et 1789. P. Sahlins, « La nationalité avant la lettre : les pratiques de naturalisation en France sous l'Ancien Régime », *Annales H.S.S.*, n° 5, sept.-oct. 2000, p. 1081-1108 ; et *The Naturalization of Foreigners*, à paraître.

13. Légalement, ces lettres de déclaration de naturalité n'étaient pas toujours nécessaires. Elles reconnaissaient une qualité de Français préexistante à leur établissement, ce qui

n'était pas le cas des lettres de naturalité qui transformaient en Français des étrangers. *Cf.* J.-Fr. Dubost, « Étrangers en France », *op. cit.* ; et Sahlins, « La nationalité avant la lettre », *op. cit.*

14. Il s'agit de l'article 2 du titre II. La présentation du projet de Constitution a lieu le 5 août 1791 et la discussion sur les articles 2, 3 et 4 se déroule les 9 et 10 août 1791 devant l'Assemblée nationale. *A.P.*, t. 29

15. La première discussion du livre premier, titre premier du Code civil avait eu lieu en assemblée générale du Conseil d'État le 25 juillet 1801 (6 thermidor an IX). Il fut définitivement adopté le 17 ventôse an IX (6 mars 1803).

16. *Cf.* P. Weil, *Qu'est-ce qu'un Français ?*, *op. cit.*

17. Art. 9 du Code civil.

18. Brubaker, *op. cit.*, p. 160-163.

19. *Cf.* P. Weil, chap. II.

20. L. Joly, *Darquier de Pellepoix*, 2002, Berg International, p. 74-75.

21. P. Weil, *op. cit.*, chap. IV.

22. François de Menthon (1900-1984), professeur agrégé des facultés de droit, est fait prisonnier en 1940. Après son évasion, il prend contact avec des professeurs de droit qui refusent la défaite, Teitgen, Coste-Floret, Capitant et René Courtin, et ensemble ils lancent, en novembre 1940, le journal clandestin *Liberté*. Menthon est à l'origine de la fondation du Comité général d'études qui cherche à réfléchir aux orientations générales que devrait prendre le pays après sa libération. Il est appelé à Alger pour remplacer le 7 septembre 1943 le docteur Abadie qui avait été nommé sur le contingent de Giraud commissaire à la Justice.

23. Créé par décret du 6 août 1943 sur le modèle du Conseil d'État, le Comité juridique avait pour fonction d'émettre un avis juridique sur les projets de textes d'ordonnances et plus généralement sur l'ensemble de la législation émanant du C.F.L.N.

24. Souligné par nous.

25. « Races at the Gate : Racial Distinctions in Immigration Policy (1898-1965) : A comparison between France and the United States », in *From Europe to North America, Migration Control in the Nineteenth Century* (codirection Fahrmeir Andreas, Faron Olivier et Weil Patrick), p. 368-402.

26. *Cf.* P. Weil, *op. cit.* chap. V.

27. *Cf.* également P. Weil, *Qu'est-ce qu'un Français ?*, *op. cit.*, chap. VI.

28. Ce chiffre est obtenu à partir des tableaux de Depoid, *Les Naturalisations en France (1870-1940)*, ministère des Finances, Service national des statistiques, Direction de la statistique générale, *Études démographiques*, n° 3, Paris, Imprimerie nationale, 1942, p. 59-61 : pour la période 1920-1926, un compte exact est effectué (81 619) ; pour la période 1914-1919, Depoid a effectué une estimation de 44 600. Pour la période 1907-1913, ne disposant que de statistiques sur le nombre d'époux étrangers, nous leur avons appliqué le taux de 61 p. 100 qui est le taux de mariage entre étrangers et Françaises entre 1888 et 1891 (Depoid, *op. cit.*, p. 59). Cette estimation minore probablement le nombre réel de ces mariages, le taux des mariages enregistrés pour 1914-1919 étant de 68 p. 100. Enfin, pour la période 1900-1906, on peut avancer le chiffre minimum de 4 300 par an, soit un minimum de 30 100. Nous arrivons à une estimation de 190 814 probablement inférieur à la réalité.

29. Cette exigence d'enregistrement ne date que d'après 1917, car la loi de 1893 ne s'appliquait pas à la femme française devenue étrangère par son mariage. F. Despagnet, *Précis de droit international privé*, Paris, Librairie de la Société du recueil général des lois et des arrêts, 4ᵉ éd., 1904, p. 93.

30. A. Bonnichon (*La Conversion au christianisme de l'indigène musulman algérien et ses effets juridiques (un cas de conflit colonial)*, thèse pour le doctorat en droit, Paris, Sirey, 1931, p. 12) les évalue à 700 en Kabylie et mentionne la présence d'un certain nombre d'entre eux en métropole. J. Bastier, *in* « Le droit colonial et la conversion au christianisme des Arabes d'Algérie (1830-1962) », *Annales de l'université des sciences sociales de Toulouse*, 1990, p. 33-104, cite le chiffre de 2000 en 1910.

31. Alger, 5 nov. 1903, *R.A.*, 1904.2.25.

32. Le naturalisé qui effectue son service militaire dans l'armée active bénéficie d'une exception générale.

33. Il semble cependant qu'une incapacité professionnelle existe alors depuis une loi du 18 germinal an X : selon son article 16, seul un Français d'origine peut être nommé évêque. *Cf.* Despagnet, *op. cit.*, p. 299.

34. Les étrangers naturalisés en vertu de l'article 64 du Code de la nationalité en sont cependant dispensés.

35. Stanley Hoffman, le célèbre professeur de science politique de l'université de Harvard aux États-Unis, est par exemple dans ce cas. Juif autrichien, arrivé avec sa mère en France en 1930, il effectue sa scolarité dans des établissements français, survit à la guerre et devient français en 1947. Ne pouvant passer le concours de l'E.N.A. avant 1952, il s'oriente vers une thèse de doctorat de droit, suit les cours de l'université de Harvard où il deviendra à la fin des années 1950 professeur. Cf. S. Hoffmann, « Être ou ne pas être Français (I et II) », *Commentaire*, n° 70, été 1995, p. 313-323, et n° 71, automne 1995, p. 571-581.

36. *Cf.* O. Beaud, « Le souverain », *Pouvoirs*, 67.

37.

Acquisitions par déclaration depuis 1995
au titre du mariage avec un conjoint français

	Hommes	Femmes	Total
1995			16 659
1996			19 127
1997			20 845
1998	11 842	10 271	22 113
1999	12 559	11 529	24 088
2000	12 925	13 131	26 056

Source : D.P.M.
Le délai moyen entre la date du mariage et la date de souscription de la déclaration était en 2000 de 5 ans et 2 mois, plus élevé pour les Européens (6 ans et 7 mois) que pour les Asiatiques (4 ans et 1 mois). *Source* : sous-direction des Naturalisations, *La Politique de la nationalité en 2000 : données chiffrées et commentaires*, ministère de l'Emploi et de la Solidarité, p. 55.

38. Sous-direction des Naturalisations, *La Politique de la nationalité en 2000 : données chiffrées et commentaires*, ministère de l'Emploi et de la Solidarité.

39. Il peut aussi devenir français avant cette date, si ses parents se font naturaliser. Il figurera alors au décret de naturalisation de ses parents.

40. Cette déclaration doit être effectuée entre l'âge de 17 ans et demi et 19 ans (article 3 de la loi du 16 mars 1998, article 21.8 du Code civil).

41.

Acquisitions anticipées de la nationalité en 1999-2000

Mode d'acquisition	1999	2000	2000/1999
De 13 à moins de 16 ans	19 399	17 593	– 9,3 %
De 16 à 18 ans	23 034	18 290	– 20,6 %
Total	42 433	35 883	– 15,4 %

Source : ministère de la Justice.

42. Les acquisitions à 18 ans, étant automatiques, ne peuvent faire l'objet d'un dénombrement direct. Une estimation peut cependant être réalisée à partir du dénombrement des certificats de nationalité délivrés à ces jeunes lorsqu'ils atteignent 18 ans (article 21.7 du Code civil).

43. *Cf.* ministère des Affaires sociales, *La Politique de la nationalité en 1993*, 1994, p. 55.

44. Il faut aussi que le français soit leur langue maternelle ou qu'ils aient été scolarisés au moins cinq ans dans un établissement enseignant en langue française : cette dernière formulation a été introduite par la loi de 1993.

45. J.O., Déb. Parl., Sénat, 2ᵉ séance du 20 juin 1961, p. 595.

46. Très exactement une partie de Saint Kitts Nevis, Grenade, Saint-Vincent, Dominique, Tobago, île Sainte-Lucie, Saint-Domingue.

47. Alabama, Arkansas, Illinois, Indiana, Iowa, Kansas, Kentucky, Michigan, Minnesota, Mississippi, Missouri, Montana, Nebraska, North et South Dakota, Ohio, Oklahoma, Tennessee, Wisconsin, Wyoming. Sur l'application de cet article à l'ancien président des États-Unis, Bill Clinton, comme ancien ressortissant de l'Arkansas, partie de l'ex-Louisiane française, *cf.* Patrick Weil, « Bill Clinton : the French Years », *New York Times*, January 10th, 2001.

48. Pour ce qui est de l'Italie, il s'agit en 1802 du Piémont, en 1805 de la Ligurie, en 1808 de Parme et de la Toscane, en 1810 de l'État de Rome.

49. Annexée par un décret du 26 janvier 1812, après que le ministère des Affaires sociales s'est vu confirmer la validité de cette liste par le ministère de la Justice (réponse du Garde des Sceaux, 29 novembre 1984).

50. 248 naturalisés sur 52 382 (non compris les enfants mineurs naturalisés par effet collectif) l'ont obtenue après

moins de 2 ans et 1 543 après un délai de 3 à 5 ans. *Cf.* sous-direction des Naturalisations, *La Politique de la nationalité en 2000 : données chiffrées et commentaires*, ministère de l'Emploi et de la Solidarité, 2001, p. 112-113.

51. *Cf.* Sous-direction des Naturalisations, *La Politique de la nationalité en 2000 : données chiffrées et commentaires, ibid*.

52. Dans le passé pour des cas particuliers — réfugiés du Sud-Est asiatique, Marocains ou Tunisiens de confession israélite. Ces derniers furent, semble-t-il, contraints entre 1978 et 1982 d'effectuer, en même temps que leur demande de titre de séjour et de travail, une demande de naturalisation, en vertu d'une convention secrète dénommée accords Stoléru, Archives publiques privées.

53. Tel est l'effet « pervers » d'une disposition de la circulaire DPM 2000-254 du 12 mai 2000 qui précise : « Une attention particulière doit être portée aux renseignements donnés lors de la venue des étrangers à la préfecture. Les agents chargés de l'accueil ne doivent pas se contenter de remettre le formulaire de demande accompagné de la notice d'information, mais doivent être en mesure d'apporter une aide pour la constitution du dossier. » L'objectif « éviter que le postulant n'ait à venir plusieurs fois en préfecture ou que son dossier ne lui soit renvoyé parce que incomplet » a ainsi été détourné.

54. Entretien avec M. Galard, sous-directeur des Naturalisations, 13 septembre 2001.

55. *Source :* recensement de la population de 1999, *Cf.* J. Boëldieu et C. Borrel, « La proportion d'immigrés est stable depuis 25 ans », *I.N.S.E.E. Première*, n° 748, novembre 2000. Il était de 31,4 p. 100 en 1990.

56. I. Bloemraad, « The North American Naturalization Gap : An Institutional Approach to Citizenship Acquisition in the United States and Canada », *International Migration Review*, 2002, 36 (1).

57. Entretiens avec M. Benoît Normand, conseiller au cabinet du ministre des Affaires sociales (1er juillet 2004) et avec M. François Galard, sous-directeur des Naturalisations (2 juillet 2004).

58. La dernière directive pour le traitement des naturalisations, réintégrations et pertes de la nationalité française par décision de l'autorité publique a été adressée le 28 février 2000 par Martine Aubry, ministre de l'Emploi et de la Solidarité.

59. Le Conseil d'État a été déclaré exclusivement compétent pour les recours contre les naturalisations par un arrêt de la Cour de cassation du 1ᵉʳ août 1836. *Cf.* Alauzet, *op. cit.*, p. 152.

60. G. Olekhnovitch (avec la collaboration de Christian Quaglia), *La Jurisprudence actuelle du Conseil d'État en matière d'acquisition, de retrait et de perte de la nationalité française*, ministère des Affaires sociales, de la Santé et de la Ville, direction de la Population et des Migrations, sous-direction des Naturalisations, février 1994.

61. Directive du 28 février 2000, *op. cit.*, p. 11.

62. Arrêt Ben Mansour, 5 mai 1999.

63. Directive du 28 février 2000, *op. cit.*, p. 9.

64. Voir, par exemple, « CE 30.03 ; 1984, ministre des Affaires sociales et de la Solidarité nationale c/M. Abecassis », n° 40735.

65. *Source :* sous-direction des Naturalisations.

66. B. Maresca, I. Van de Walle, *Les Caractéristiques socio-économiques des naturalisés*, Centre de recherche pour l'étude et l'observation des conditions de vie (C.R.E.D.O.C.), 1998, 101 pages.

67. *Cf.* Rapport du C.R.E.D.O.C., *op. cit.*, p. 43.

68. *Cf.* P. Weil, *Qu'est-ce qu'un Français ?*, p. 259-264.

69. *Cf.* Karen Knop, « Relational Nationality : On Gender and Nationality in International Law », in *Citizenship Today, Global Perspectives and Practices*, T. A. Aleinikoff, D. Klusmeyer ed., Carnegie Endowment for International Peace, Washington DC, 2001 p. 89-124.

70. *Source :* rapport statistique du Haut Conseil à l'intégration.

CONCLUSION

1. S. Sassen, *Losing Control, Sovereignty in an Age of Globalization*, New York, Columbia University Press, 1996.

2. *Cf.* sur ce sujet A. Tarrius, *La Mondialisation par le bas. Les nouveaux nomades de l'économie souterraine*, Balland, 2002, et D. Diminescu, *Visibles mais peu nombreux, les circulations migratoires*, Éditions de la M.S.H., 2003.

3. R. Kastoryano, *La France, l'Allemagne et leurs immigrés : négocier l'identité*, Armand Colin, 1996, p. 159.

4. *Cf.* M. Long et P. Weil, « Une laïcité en voie d'adaptation », *Libération*, 26 janvier 2004.

5. Cette reconnaissance permettrait aux adultes de chômer un de ces jours fériés au choix et non de les cumuler. *Cf.* Rapport au président de la République, *Laïcité et République*, commission présidée par Bernard Stasi, La Documentation française, 2004, p. 142.

ANNEXES

I

MÉTHODOLOGIE ET RÉSULTATS
DE LA RECHERCHE

Cet ouvrage est donc issu d'une recherche qui, pour être menée à bien, a présenté des difficultés particulières. L'objet même de la recherche, l'analyse d'une politique publique, la politique française de l'immigration, impliquait — ce que nous avons fait dans la première partie de l'ouvrage — la reconstitution des décisions prises à la tête de l'État, la détermination des objectifs réels des pouvoirs publics. Analyser et évaluer l'action de ces décideurs impliquait en effet le dépassement de deux *a priori* couramment partagés : celui qui consiste à négliger le rôle de l'État dans le développement des comportements sociaux et, au contraire, celui qui consiste à le surestimer, souvent en le diabolisant.

Pour reconstituer sous forme narrative* l'action de l'État dans le domaine de l'immigration, il nous a fallu trouver l'information, prouver que telle ou telle décision avait été envisagée ou prise. La période d'investigation choisie, celle du temps présent, rendait l'accès aux archives publiques particulièrement difficile. En outre, mon engagement dans l'action publique, comme chef du cabinet du secrétaire d'État chargé des immigrés, entre juin 1981 et octobre 1982, compliquait paradoxalement mon entreprise : il me fallait me dégager de la vision que j'avais du problème en tant qu'acteur pour devenir un chercheur aux méthodes scientifiques ; il me fallait recueillir des informations sur toutes les périodes objet de mon étude, et mon engagement dans l'action au cours d'un moment

---

* Sur l'importance de la reconstitution historique de l'action publique pour son évaluation, *cf.* D. T. Campbell, article cité en bibliographie.

très spécifique de l'histoire de la politique de l'immigration ne m'a pas toujours facilité la tâche.

Ces obstacles ont été levés grâce à l'aide inestimable que m'ont apportée de hauts fonctionnaires, des responsables ou des militants de syndicats ou d'associations, des responsables politiques. Je leur suis redevable de cet ouvrage et je les remercie de la confiance qu'ils ont bien voulu m'accorder. Ils ont non seulement accepté de me recevoir et de me communiquer les informations les plus précieuses, mais ils m'ont aussi aidé à obtenir les documents sans lesquels cette recherche n'aurait pas pu être menée à bien.

Pour éviter en effet la contestation des informations qui fondent ce travail, j'ai choisi de privilégier les sources écrites (archives) par rapport aux sources orales (entretiens).

Les archives

L'accès aux archives publiques est strictement réglementé ; j'ai cependant pu obtenir la consultation de différents types d'archives qui implique le non-respect des règles légales. Le travail du chercheur en science politique s'est alors apparenté à celui d'un détective collectant méthodiquement des preuves, en principe inaccessibles, les recoupant jusqu'à pouvoir reconstituer le cours de l'action.

Au total, les archives consultées peuvent être réparties en plusieurs catégories.

En premier lieu, les archives consultables et publiables, et notamment celles du ministère du Travail et du Haut Comité de la population sur la période 1932-1956.

Ensuite, des archives consultables et non publiables. Il s'agit des archives du ministère du Travail ayant trait à la période 1956-1974, donc non couverte par le délai de trente ans ; l'accord des directeurs concernés m'a permis de consulter ces archives. Il s'agit également des archives du ministère des Affaires étrangères, sous-direction des étrangers en France. Une autorisation ministérielle spéciale m'a permis d'avoir accès aux données de la période 1962-1985.

Enfin, les archives en principe non consultables et non publiables. Il s'agit là d'archives que nous dénommons « archives publiques privées » dans les notes. *Publiques*, parce que ce sont des documents publics, soit originaux, soit reproduits, le plus souvent emportés et déposés chez des particuliers, à l'occasion, par exemple, d'un changement de gouvernement.

Privées, car elles sont disponibles et consultables chez des particuliers, le plus souvent anciens décideurs de la politique publique. Ces derniers documents ont été particulièrement utiles pour reconstituer l'activité gouvernementale entre 1974 et 1988.

Les entretiens

Plus de cent vingt entretiens avec des décideurs publics, des acteurs, des organisateurs de la politique publique d'immigration ont en outre eu lieu entre 1985 et 1988. La liste des entretiens a été communiquée aux membres du jury de thèse et d'habilitation à diriger des recherches. Elle n'est pas publiée pour des raisons de confidentialité exigée par les interlocuteurs.

Le plus souvent, l'entretien s'est déroulé sans magnétophone. Lorsque mon interlocuteur m'a autorisé à faire part du contenu de l'entretien, son nom figure dans la note en bas de page.

En tout état de cause, les informations obtenues au cours des entretiens ont précisé des documents d'archives déjà consultés, ou bien m'ont poussé à rechercher des preuves écrites. Exceptionnellement, des informations ont été utilisées sans preuve écrite après avoir été recoupées une ou deux fois.

Pour analyser les décisions prises au niveau central, il nous a enfin fallu prendre en compte des modèles d'interprétation de la décision qui, quoique antagoniques, doivent être utilisés de façon complémentaire pour représenter l'action dans chacune des phases d'un processus de longue durée : par exemple, le modèle de la décision par objection d'Anderson[*] et le modèle incrémentaliste de Lindblom[*], pour la phase 1974-1977 ; celui de la rationalité absolue (1978-1980) ou relative (1981-1983). Cette recherche menée à son terme démontre que l'on trouve de tout dans le milieu des décideurs[**] : rationalistes, pragmatiques ou « anarchistes organisés décrits par Cohen, March et Olsen[***] ».

Le travail d'analyse des actions éclatées — dont les résultats constituent les trois derniers chapitres de l'ouvrage — n'a pu

[*] Référence de l'article en bibliographie.
[**] Ces modèles sont décrits par Y. Mény et J.-Cl. Thoenig dans *Politiques publiques*, P.U.F., 1990.
[***] Référence de l'article en bibliographie.

être conduit de la même manière : l'ampleur de la tâche nous a souvent contraints à ne rechercher au travers d'entretiens que la confirmation ou l'infirmation d'informations utiles à la problématique choisie, contenues dans des travaux de recherche ou des rapports d'inspections ministérielles. Mais la synthèse de ces travaux produit des découvertes souvent fort originales.

Du point de vue de l'analyse des politiques publiques en général, nous avons pu montrer le caractère trop flou du concept d'environnement parfois utilisé dans l'analyse des politiques publiques. Il nous aurait été difficile d'analyser la politique d'immigration sans mesurer l'effet précis de la politique économique sur l'émergence de la crise sectorielle en 1974, du combat politique sur les stratégies choisies, enfin des valeurs de la communauté politique sur la détermination des politiques faisables.

En travaillant sur les rapports entre champ politique et politiques publiques, en distinguant à l'intérieur du champ politique ce qui ressort au combat politique et l'activité politico-administrative des organismes d'arbitrage, en mettant en valeur le rôle du Conseil d'État dans l'élaboration des règles d'action de la politique d'immigration, nous n'avons pas voulu dire qu'un *deus ex machina* existait pour instituer des règles stables en elles-mêmes, comme par essence. Déjà, le simple fait que l'arbitre institué pour préserver une arène libérale-démocratique intervienne souvent, certes avec efficience, n'est pas que le signe de sa force symbolique et de sa légitimité ; c'est aussi le signe de la fragilité de la règle du jeu dans l'arène : des interventions répétées de l'arbitre signifient aussi que les joueurs n'intériorisent plus cette règle. Simplement, nous avons noté que cette institution « travaille » différemment du reste du champ politique : ses membres n'ont pas les mêmes enjeux professionnels ; surtout, elle agit en instituant de grands événements, de grandes décisions, comme déterminants de l'identité de la communauté politique et comme « référents » de son action sur la longue durée.

Nous avons pu noter également des différences entre plusieurs types d'« agenda » ou de décision. En adaptant légèrement les définitions de J. W. Kingdon*, nous avons par exemple distingué les agendas gouvernemental-administratif, décisionnel et politique.

* J. W. Kingdon, *Agendas Alternative and Public Policies*, Scott, Foresman and Company, Londres, 1984, particulièrement p. 173-204.

II

LISTE DES ADMINISTRATIONS CONCERNÉES

I. ADMINISTRATIONS CENTRALES

Les administrations spécialisées

Au sein des administrations des ministères des Affaires sociales et du travail, toutes les directions sont concernées par la politique d'immigration : certaines sont sectorielles, d'autres spécialisées.

La direction du travail a sur agenda gouvernemental* les relations du travail entre salariés étrangers et employeurs dans les entreprises : par exemple, élections aux comités d'entreprise ou conflits sociaux auxquels ils peuvent avoir une part déterminante. La direction de l'action sociale, outre les problèmes généraux d'action sociale, a sur agenda une part des crédits pour l'aide sociale aux réfugiés. La direction de la Sécurité sociale suit les conventions de sécurité sociale passées entre les autorités publiques françaises et les autorités publiques des États d'origine. Elle a la tutelle de l'organisation chargée de gérer les mécanismes de reversement des allocations familiales aux familles étrangères. La délégation à l'emploi a sur agenda les problèmes d'emploi et des opérations spécifiques en direction des demandeurs d'emploi étrangers.

La direction de la santé suit la politique de prise en charge des soins donnés aux malades de nationalité étrangère, qu'ils soient résidents ou non résidents.

---

* Tout au long de cette annexe nous parlerons d'agenda au sens d'agenda gouvernemental.

La direction de la population et des migrations est la seule administration décideur et metteur en œuvre général spécialisé. Elle joue un rôle moteur dans l'ensemble de la politique d'immigration. La D.P.M. a été créée en 1966, elle assure une fonction de suivi global, d'observatoire de l'ensemble des politiques menées en direction des assujettis à la politique d'immigration, soit en gérant directement la délivrance des titres de résident aujourd'hui conjointement avec le ministère de l'Intérieur, ou l'instruction des demandes de naturalisation. Elle exerce la tutelle sur des organismes ayant pour mission la mise en place de certaines politiques :

— le F.A.S., qui finance le logement, l'action sociale et culturelle et la formation des immigrés ;

— l'O.M.I. (anciennement O.N.I.) qui gère les flux d'introduction, de régularisation et de retour, assure des missions d'information ;

— le S.S.A.E., qui a charge de l'accueil des immigrés et en particulier des réfugiés ;

— la C.N.L.I., qui a eu, jusqu'en 1987, la mission de gérer le 0,1 p. 100 logement ;

— l'A.D.R.I., qui exerce une mission d'ordre culturel ;

— la mission interministérielle de lutte contre le travail clandestin.

Dans les autres domaines, la D.P.M. assure la gestion conjointe avec d'autres directions des autres problèmes.

Au ministère de l'Intérieur

C'est essentiellement la sous-direction des étrangers et de la circulation transfrontière, décideur sectoriel spécialisé au sein de la direction des libertés publiques et de la réglementation au ministère de l'Intérieur, qui joue un rôle dans la conduite de la politique d'immigration.

Elle a en charge, pour l'ensemble des étrangers, la délivrance des titres de séjour et des certificats de résidence pour les Algériens ; le suivi de la circulation transfrontière. Cependant, certains problèmes sont également sur l'agenda du service central de la police de l'air et des frontières (P.A.F.), décideur sectoriel spécialisé pour le contrôle des étrangers en France, et de la direction de la surveillance du territoire, pour la surveillance des activités des étrangers en France (l'avis de la D.S.T., décideur sectoriel, peut être demandé lors de l'instruction d'une partie des demandes de naturalisation).

Au ministère des Affaires étrangères

C'est la direction des Français à l'étranger, décideur sectoriel spécialisé, et particulièrement la sous-direction des étrangers en France, qui coordonnent les relations avec les États, la politique de circulation des visas, les accords de main-d'œuvre. Mais les directions politiques sectorielles chargées de suivre les rapports bilatéraux, notamment celle de l'Afrique du Nord, interviennent largement.

II. LES ADMINISTRATIONS SECTORIELLES

Dans tous les autres ministères, il y a des décideurs sectoriels qui consacrent une partie de leur agenda à certains aspects de la politique d'immigration.

Rôle du Premier ministre

Au cabinet du Premier ministre, centre traditionnel de coordination de l'activité gouvernementale, le Comité interministériel pour les questions de coopération économique européenne joue un rôle lorsqu'il s'agit de l'harmonisation de la réglementation française et par rapport à la réglementation européenne.

Par ailleurs, de 1984 à 1986, a existé, dépendant directement du Premier ministre, une délégation interministérielle aux réfugiés, chargée de coordonner la politique des différents services de l'État en direction des réfugiés.

Au ministère de l'Urbanisme et du Logement

La direction de la construction exerce la tutelle, conjointement avec le ministère chargé des immigrés, sur la commission nationale pour le logement des immigrés.

Au ministère de l'Agriculture

La direction des affaires sociales est un décideur sectoriel ; plus précisément la sous-direction du travail et de l'emploi a en charge, avec le ministère des Affaires sociales, des problèmes de main-d'œuvre étrangère agricole, en particulier les saisonniers, et de l'Inspection de la main-d'œuvre agricole, en charge notamment de la lutte contre la main-d'œuvre clandestine agricole.

Au ministère du Commerce et de l'Artisanat

La direction du commerce intérieur est aussi direction sectorielle ; plus particulièrement la sous-direction des activités commerciales — bureau de la législation commerciale et réglementation commerciale — prend en charge les problèmes des commerçants étrangers.

Au ministère de la Culture

Un service sectoriel s'occupe de l'action culturelle en direction des populations à culture minoritaire, notamment immigrées.

Au ministère de l'Éducation nationale

Ce sont des décideurs sectoriels qui suivent les problèmes spécifiques de la population étrangère. La délégation aux affaires internationales a en charge la gestion des étudiants étrangers.

La direction des lycées et des collèges suit la politique à l'égard des jeunes étrangers scolarisés dans les établissements français.

Au ministère de la Défense

Il s'agit d'un décideur sectoriel ayant vocation à intervenir par l'intermédiaire de la direction de la gendarmerie et de la justice militaire qui peuvent jouer un rôle dans la lutte contre le travail et le séjour irréguliers.

La direction du service national (armée de terre) gère le service national des jeunes binationaux.

Au ministère de l'Économie et des Finances

La direction du Trésor est un décideur sectoriel qui gère notamment la réglementation sur les transferts de fonds des travailleurs immigrés, a en charge la politique de réglementation des changes.

La direction du Budget contribue à déterminer les crédits publics affectés à la politique de l'immigration.

Au ministère des Postes et Télécommunications

La direction générale des Postes gère les envois de fonds par la poste.

Au ministère de la Justice

Au ministère de la Justice, plusieurs directions jouent un rôle dans certains problèmes de la politique de l'immigration.

À la direction des affaires civiles, le bureau a en charge les problèmes de nationalité.

La direction des affaires criminelles et des grâces traite des problèmes de l'action publique contre le travail ou le séjour clandestin.

Les directions de l'Administration pénitentiaire et de l'Éducation surveillée traitent des problèmes de délinquance étrangère.

Au ministère de la Santé et de la Sécurité sociale

Diverses directions sectorielles traitent de certains problèmes de l'immigration à la direction de la santé.

À la direction des hôpitaux, le problème de l'hospitalisation peut être traité. Le Centre de Sécurité sociale pour les travailleurs migrants traite et applique les accords pris entre la France et les États d'origine en matière de Sécurité sociale.

Au ministère de la Coopération

La direction suit particulièrement l'ensemble des problèmes : flux d'arrivées et de retours, et l'insertion des travailleurs étrangers originaires des pays d'Afrique du sud du Sahara.

Au ministère de l'Industrie

Le service des relations sociales a pu être amené à être un décideur sectoriel dans des directions sectorielles équipées au sein de la direction générale de l'industrie.

Au ministère de la Formation professionnelle

La délégation à la formation professionnelle participe à la mise en place des politiques spécialisées de formation conduite à tous les étrangers.

Au ministère des Anciens Combattants

Ce ministère joue un rôle pour certifier la qualité d'ancien combattant lorsque cette qualité peut avoir pour effet de faciliter l'accession à certains droits.

Au ministère de la Jeunesse et des Sports

La direction sectorielle des sports intervient dans la réglementation de l'accès des sportifs étrangers à l'exercice des sports en France.

Administrations centrales

Principales administrations centrales concernées

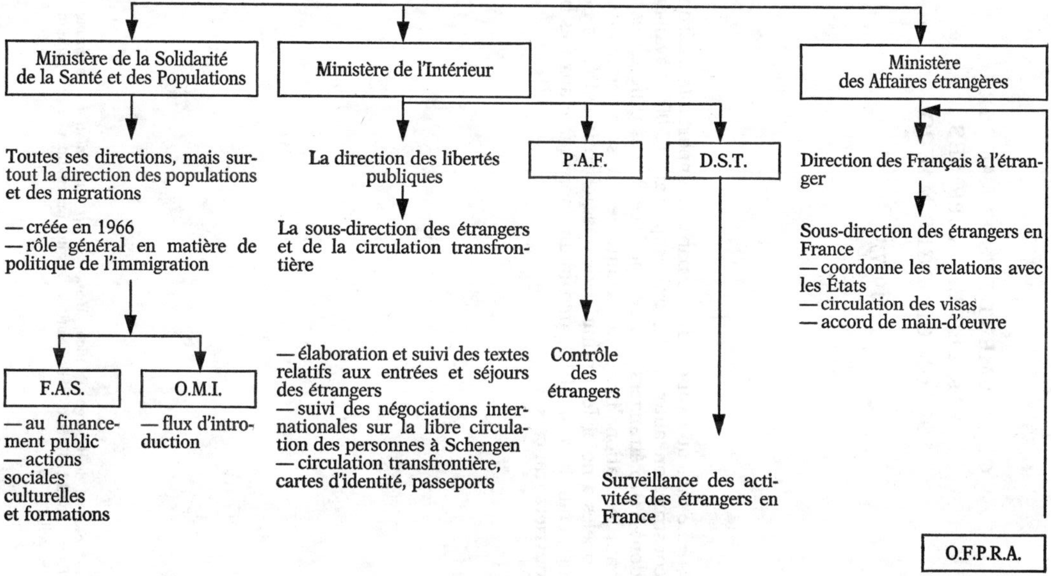

III

CLASSEMENT DES ÉTRANGERS
PAR LES ENTREPRISES
SELON GEORGES MAUCO

(1937)*

« Le tableau ci-après dressé par une importante maison de construction automobile, qui employait 17 000 travailleurs, dont 5 075 étrangers, donne une idée de ces différences suivant les nationalités. Une dizaine de chefs de service furent appelés à noter les aptitudes de chaque nationalité. La notation étant faite sur 10, le maximum s'appliquant aux très bons ouvriers français. »

* Extrait de Georges Mauco, *Mémoires sur l'assimilation des étrangers en France*, avril 1937, Société des Nations. Institut international de coopération intellectuelle, p. 49.

Valeur des ouvriers étrangers d'après leur nationalité*

Nationalités classées par ordre de valeur	Nombre d'étrangers	Aspect physique	Régularité au travail	Production à la journée	Production aux pièces	Mentalité, discipline	Est-on satisfait de cette main-d'œuvre ?	Facilité de compréhension de la langue française	Classement moyen	
									Total des points	Note générale
Belges et Luxembourgeois	297	10	8,1	8,1	10	6,8	10	10	63	9
Suisses	109	10	7,5	8,1	9,2	8,1	8,5	8,1	59,5	8,5
Italiens	427	7,5	7,5	6,2	7,8	5,3	8,5	8,7	51,5	7,3
Tchèques et Yougoslaves	162	8,1	6,2	6,8	7,1	6,2	8,5	4,3	47,2	6,7
Russes	994	8,7	7,5	4,3	7,8	6,8	8,5	3,1	46,7	6,6
Espagnols et Portugais	296	5,7	7,5	4,2	6,6	5,7	9,1	7,1	45,9	6,5
Polonais	295	8,7	6,8	6,2	8,5	6,5	5	3,1	44,8	6,4
Arméniens	411	6,2	6,8	2,8	6,6	7,8	8	5,6	43,8	6,3
Chinois	212	4,3	7,1	5	8	8	8	2,1	42,5	6,1
Grecs	141	5,6	5	3,7	5,8	6,4	5,7	4,3	36,5	5,2
Arabes	1 730	1,2	4,3	1,2	3,2	2,8	4,2	3,7	20,6	2,9
Total :	5 074									

* « Naturellement, nous citons ces appréciations parce qu'elles sont conformes à la plupart de celles enregistrées dans de nombreux autres établissements, et dans toutes les régions et dans toutes les professions. »

IV

LETTRES D'ALEXANDRE PARODI
DIRECTEUR GÉNÉRAL DE LA MAIN-D'ŒUVRE*

(1940)

1

*Le Directeur Général du Travail
et de la Main-d'Œuvre*

*À Monsieur le Secrétaire Général
du Travail et des Assurances
Sociales
(non daté)*

*Vous avez bien voulu me demander de faire traduire en alle-
mand, en vue de leur communication aux autorités occupan-
tes, deux circulaires relatives au régime des salariés étrangers.*

*Je vous demande de bien vouloir examiner à nouveau l'oppor-
tunité de cette communication. S'il me paraît admissible que
l'on fasse connaître aux autorités allemandes les textes de lois, de
décrets ou d'arrêtés qui posent des règles et donnent lieu à publication, il n'en est pas de même en ce qui concerne les circulaires
qui sont des actes d'ordre intérieur à l'administration ; leur
communication aux autorités allemandes fera pénétrer celles-ci à
l'intérieur même du fonctionnement des services publics.*

*D'autre part, la communication de règles intérieures est parti-
culièrement délicate lorsqu'il s'agit du régime des salariés étrangers. Vous savez, en effet, que les autorités allemandes prétendent
être tenues au courant des mouvements de chômeurs étrangers*

---

* Source : Archives nationales, n° 770 623-68.

en vue, vraisemblablement, d'envoyer ceux-ci en Allemagne. *Or,
il se trouve parmi eux, en dehors des éléments en voie d'assimilation, de nombreux réfugiés politiques à l'égard desquels nous
avons toujours considéré que nous avions des devoirs particuliers.*

A. PARODI

2

NOTE

pour Monsieur le Directeur du Cabinet du ministre
20 septembre 1940

*J'ai l'honneur de vous faire connaître que mon attention a
été appelée par des Inspecteurs du Travail sur l'attitude obser-
vée par certaines Feldkommandanturs qui imposent aux Offices
Départementaux de Placement et aux Inspections du Travail
des décisions d'ordre essentiellement administratif et prennent
des mesures qui ne paraissent pas entrer dans le cadre des
droits conférés à une puissance occupante.*

*Les mesures ainsi imposées sont nettement en contradiction
avec la réglementation en vigueur. C'est ainsi que les autorités
allemandes ont fait connaître à M. le Préfet du Doubs qu'elles
exigeaient, pour les différents travaux à ouvrir, la priorité d'emploi pour les travailleurs italiens, en violation formelle de la législation en vigueur en ce qui concerne le travail des étrangers et en
méconnaissance absolue des accords conclus par le gouvernement français avec d'autres États.*

*D'autre part, les mêmes autorités allemandes imposent, pour
ces travailleurs italiens, une durée hebdomadaire de travail de
48 heures, alors que la législation française a fixé, en principe,
cette durée à 40 heures.*

*Il est bien évident qu'un sort spécial ne peut pas être fait à
une catégorie de travailleurs et qu'il appartient au gouvernement français de fixer lui-même la réglementation applicable
en la matière.*

*D'autre part, M. le Directeur de l'Office Départemental de
Placement de la Seine m'a informé que les autorités allemandes*

lui avaient demandé de convoquer des travailleurs étrangers en chômage appartenant aux nationalités ci-après :

> *Slovaques*
> *Polonais*
> *Ukrainiens*
> *Yougoslaves*

et de les diriger sur leurs services.

D'après les renseignements qu'il a pu recueillir à cet égard, les autorités allemandes se proposeraient de procéder, parmi ces travailleurs, à une sélection, en vue de l'envoi en Allemagne d'un certain nombre d'entre eux appartenant notamment aux professions du bâtiment et du travail des métaux ; les familles resteraient en France.

Une mesure analogue a d'ailleurs été prise dans le département de l'Yonne où un train transportant 300 travailleurs étrangers en Allemagne a été formé récemment. En outre, la Préfecture de Police aurait été invitée à fournir une liste des Russes blancs réfugiés en France.

De telles mesures, décidées sans accord préalable avec le gouvernement français, paraissent contraires aux clauses de l'Armistice ; en effet, si un chômage intense sévit actuellement en France du fait des circonstances, il est certain que ce chômage ira en s'atténuant au fur et à mesure de la reprise économique ; il importe donc que nous soyons à même de retenir sur notre territoire les étrangers appartenant à des professions habituellement déficitaires.

Il n'est pas certain, en effet, que ces étrangers, dont l'introduction en France a entraîné des dépenses très importantes à la charge des employeurs, reviendront dans notre pays quand la reprise économique s'amorcera.

En outre, exception faite pour les Slovaques et les Polonais, les travailleurs étrangers ainsi sélectionnés ne sont pas des ressortissants allemands.

J'estime, dans ces conditions, que l'attention du Général Streccius devrait être appelée sans délai sur l'ingérence des autorités locales allemandes dans le fonctionnement des services administratifs français, afin qu'il soit mis fin d'urgence aux agissements signalés qui portent un très grave préjudice à notre économie.

Le Directeur Général du Travail
et de la Main-d'Œuvre

A. PARODI

V

EXTRAITS DE LA LETTRE DE DÉMISSION D'ANDRÉ POSTEL-VINAY SECRÉTAIRE D'ÉTAT AU PREMIER MINISTRE M. JACQUES CHIRAC

(en date du 22 juillet 1974)

Monsieur le Premier ministre,

J'ai l'honneur de vous confirmer que je démissionne de mon poste de secrétaire d'État. Cette démission m'est imposée par les décisions que vous avez prises, à l'occasion de « l'arbitrage budgétaire » du 12 juillet.

Non seulement cet arbitrage réduit fortement le programme complémentaire de logement et d'action sociale que j'ai présenté en faveur des immigrés, mais il le rend très aléatoire, en le subordonnant au vote incertain d'une taxe de 0,2 %, qui s'ajouterait au « 0,9 %-logement », préalablement ramené à 0,8...

Pour apprécier le système — un peu surprenant — que vous avez conçu, il faut remarquer que le 0,9 % actuel sert non seulement à loger des salariés français, mais, aussi, des salariés étrangers. Le montant prélevé, l'an dernier, sur ce 0,9 et affecté au logement d'immigrés peut être évalué à une somme de l'ordre de 200 millions. Ce prélèvement volontaire d'environ 200 millions cessera nécessairement si le 0,9 est effectivement réduit à 0,8 et complété par une taxe de 0,2 qui, elle, sera spécialement perçue en faveur des étrangers. Le nouveau 0,8 % sera forcément réservé aux Français.

En 1974, le produit de la future taxe de 0,2 % aurait été d'environ 440 millions. Le complément de ressources que la création de cette taxe aurait permis d'affecter au logement des immigrés se serait donc élevé à une somme de l'ordre de 240 millions (440–200). Ce chiffre de 240 millions n'atteint pas la moitié des crédits de paiement qui seraient nécessaires, l'an prochain, pour le programme complémentaire de logement et d'action sociale que j'ai présenté.

D'autre part, le système que vous avez prévu fonctionnerait hors budget, ce qui paraît exclure toute idée d'autorisation de programme. Or, les autorisations de programme que je demandais, pour 1975, atteignaient environ 900 millions. Cela revient à dire qu'avec les modalités que vous avez envisagées, le programme complémentaire, que je considère comme le minimum indispensable, se serait trouvé réduit de plus des deux tiers (approximativement de 900 à 240 millions) à supposer, bien entendu, que ces modalités reçoivent, à la fin de l'année, l'accord du Parlement, ce qui ne paraît pas sûr.

Cette réduction du 0,9 à 0,8, suivie de la création d'une taxe de 0,2, ne procurera donc que des ressources sans rapport avec mes demandes, en admettant qu'elle soit votée. En outre, ce système est mauvais, dans son principe même. Il est mauvais, parce qu'il risque de faire croire que le Gouvernement veut réduire l'effort destiné au logement des salariés français, pour mieux aider le logement des étrangers. Ce qui est surtout grave, c'est que ce système prétend subordonner un effort — qui est essentiel — au rendement incertain d'une taxe dont la création reste elle-même douteuse.

Ainsi que je l'ai demandé, il faudrait, au contraire, que l'État assume clairement et pleinement cet effort indispensable destiné au logement des immigrés, c'est-à-dire au logement des plus pauvres. Ce programme complémentaire que je réclame devrait être financé dans le cadre de la procédure H.L.M., avec des crédits budgétaires qu'implique cette procédure, de la même façon que le programme général de H.L.M. présenté par le ministère de l'Équipement.

Je vous rappelle que le programme complémentaire dont je demande le lancement, en 1975, pour les immigrés, comprendrait, au total, 15 000 logements sociaux locatifs. Ces 15 000 logements s'ajouteraient au programme général de 125 000 logements sociaux locatifs que le ministère de l'Équipement a présenté pour 1975, en reprenant simplement, pour l'an prochain, les chiffres de 1974. Suivant ma proposition, le programme de logements sociaux locatifs se trouverait donc porté,*

---

* Logements ou « équivalents-logements », représentant environ 11 000 appartements H.L.M. et 15 000 « lits » de foyers, ce qui permettrait de porter l'effort annuel destiné aux immigrés, d'environ 14 000 à 25 000 appartements H.L.M. et de 25 000 à 40 000 lits de foyers. Il faudrait d'ailleurs admettre des possibilités de virements d'un secteur à l'autre (par exemple, du secteur « foyers » au secteur « appartements H.L.M. ») si cela s'avérait nécessaire, d'ici la fin de 1975.

*en 1975, de 125 000 à 140 000 logements. Il augmenterait ainsi
de 12 %. Cette augmentation constitue le strict minimum nécessaire, même dans l'hypothèse d'une immigration très faible, si
l'on veut éviter que les taudis continuent de se peupler.*

*Vous avez dit, au « Comité restreint » du 12 juillet, que « la
question du logement social n'avait aucune importance à vos
yeux ». Vous avez dit aussi que « vous ne donneriez pas un sou
de plus pour le G.I.P. », c'est-à-dire pour la lutte contre l'habitat
insalubre. Je sais bien que vous vouliez affirmer ainsi que le redressement de notre situation monétaire vous paraît tellement
capital qu'il prime, selon vous, toute autre préoccupation.*

*Ce que vous avez dit n'en reste pas moins grave. C'est grave,
parce que cela montre une tendance vraiment étonnante à sous-
estimer les problèmes humains et sociaux de notre pays. Cela ne
paraît d'ailleurs pas défendable, même sur le plan financier, car
il n'est évidemment pas exact que les dépenses complémentaires
que je réclame, dans un secteur essentiel, ne pourraient pas être
compensées par la réduction de crédits bien moins urgents, par
l'arrêt de quelques gaspillages ou par des mesures fiscales. [...]*

*Les positions que vous avez adoptées, au Comité restreint du
12 juillet, me paraissent d'ailleurs en pleine contradiction avec
les assurances données par le président de la République pendant
la campagne présidentielle, au sujet de la disparition des taudis.
Si l'on veut que les taudis aient disparu en 1980, comme le président de la République l'a promis, il faut, certes, changer l'ordre
de grandeur de nos efforts, dès 1975. Je vous rappelle que le
VIᵉ Plan évalue à plus de 650 000 le nombre des étrangers vivant
dans des taudis et à plus d'un million le nombre total des personnes logées dans un habitat insalubre. Or, depuis la rédaction
du VIᵉ Plan, la situation n'a pas cessé d'empirer, malgré la disparition de quelques grands bidonvilles. Nos efforts sont restés
gravement insuffisants. D'autre part, le solde migratoire net
annuel a été, en moyenne, de l'ordre de 150 000 personnes, travailleurs étrangers et membres de leurs familles, pauvres ou très
pauvres. [...]*

*L'un des aspects les plus inquiétants de cet « arbitrage » du
12 juillet, c'est qu'il paraît s'expliquer par une méconnaissance
des problèmes de la société — instable et troublée — dans laquelle nous vivons. Le Gouvernement ne doit pas seulement
tâcher de redresser la situation monétaire, il doit également s'efforcer de transformer la situation sociale. S'il se borne à suivre
dans ce domaine les usages de ses prédécesseurs, s'il ne montre*

pas qu'il change résolument d'esprit et de méthode, s'il ne manifeste pas, d'une manière évidente, sa volonté de justice sociale, il
manquera un objectif qui paraît essentiel. Les conséquences d'un
tel échec pourraient être très graves. Lors du premier Conseil des
ministres auquel j'ai assisté, le président de la République a dit à
peu près : « Le "changement" est nécessaire. Les Français le veulent. Si nous ne parvenons pas à le réaliser, il se réalisera sans
nous et l'on peut craindre alors qu'il se fasse dans de très mau-
vaises conditions. » Cela me paraît remarquablement juste, mais
je me demande si c'est également votre avis.

J'ai cru devoir, dans cette lettre, vous dire très nettement ce
que je pense, sans atténuation d'aucune sorte. C'est le dernier
service que je puisse vous rendre, dans mes fonctions de secrétaire d'État.

J'adresse une copie de cette lettre au président de la République, ainsi qu'aux membres du Gouvernement qu'elle intéresse
directement.

Je vous prie de bien vouloir agréer, Monsieur le Premier ministre, l'assurance de ma haute considération.

ANDRÉ POSTEL-VINAY

VI

STATISTIQUES DES ÉTRANGERS
EN FRANCE

Les statistiques que nous présentons ici sont de deux ordres :

Le recensement est une « statistique d'état », une photographie qui permet à intervalles réguliers de dénombrer la population présente sur le territoire national — et notamment le nombre d'étrangers et d'immigrés résidant en France depuis six mois au moins. Est considérée comme étrangère la population ne possédant pas la nationalité française ; est considérée comme immigrée la population née étrangère à l'étranger, quelle que soit sa nationalité au moment du recensement (un(e) immigré(e) peut avoir acquis la nationalité française).

La comptabilité de la population étrangère ou immigrée ainsi réalisée ne tient compte que de la présence sur le territoire français et ne prend pas en compte le statut : les agents de l'I.N.S.E.E. recensent l'étranger, qu'il soit en situation régulière ou irrégulière, qu'il soit né en France ou entré par la voie du rapprochement familial, du travail, des études ou de l'asile.

À la fin de l'année 2000, l'I.N.S.E.E. a rendu publics les résultats du recensement de la population étrangère et immigrée en France réalisé en mars 1999[*]. Le nombre des étrangers s'établit en 1999 à 3,26 millions de personnes, en baisse de 9 p. 100 par rapport à 1990 : les acquisitions de la nationalité française, les décès et les départs de France ont été, additionnés, plus importants que les naissances en France d'enfants

* I.N.S.E.E. Première, n° 748 , novembre 2000.

étrangers* et les installations de nouveaux immigrants. Entre 1990 et 1999, la population immigrée a au contraire crû légèrement de 3,4 p. 100, passant de 4,17 millions à 4,31 millions de personnes. Parmi ces dernières, 1,56 million disposent de la nationalité française.

Les autres statistiques rassemblées dans les présentes annexes cherchent à approcher non pas l'état de la population étrangère ou immigrée en France mais les mouvements migratoires. Cependant, ces statistiques, fondées sur l'attribution et le renouvellement de titres et de statuts gérés par le ministère de l'Intérieur, l'Office des migrations internationales (O.M.I.) ou l'Office français de protection des réfugiés et apatrides (O.F.P.R.A.), ne donnent que des indications partielles de ces mouvements, qu'ils se produisent pour de courts séjours (moins d'un an) ou pour de longs séjours (un an ou plus)**.

À cela, plusieurs raisons :
— ces statistiques ne fournissent, en l'état actuel, que des informations très incomplètes sur les sorties d'étrangers ;
— le titre délivré n'est qu'un indicateur de la durée réelle du séjour, comme l'illustrent les deux exemples suivants : les demandeurs d'asile se voient délivrer une autorisation provisoire de séjour de trois mois, mais, celle-ci étant renouvelable jusqu'à l'issue de la procédure (recours inclus), nombreux sont ceux qui en fait restent plus d'un an sur le territoire ; une partie des étudiants se voient délivrer un titre d'un an, mais une fraction d'entre eux — venus pour un semestre ou une seule année universitaire — y restent effectivement moins d'un an ;
— si le titre de séjour a pu être attribué dans les semaines qui suivent l'entrée en France, il a pu aussi être attribué quelques années après cette entrée (c'est le cas d'une partie des titres Vie privée et familiale***, qui peuvent être attribués après 5, 10 ou 15 ans de séjour, par exemple).
— enfin, ces statistiques ne comptabilisent pas — par définition — les mouvements d'entrée, de séjour et de sortie des étrangers en situation irrégulière.

---

* Rappelons qu'à sa naissance un enfant né en France de parents non nés en France est étranger.
** Pour distinguer entre court et long séjour, nous reprenons ici la classification de l'O.N.U.
*** Attribués au titre des alinéas 3 et 7 de l'article 12 bis de l'ordonnance de 1945.

Ces statuts ou titres de séjour accordés sont donc le reflet de l'activité des administrations concernées pendant une année donnée. Ils ont — selon la volonté du législateur et indépendamment de la durée réelle du séjour — soit une vocation temporaire, c'est-à-dire selon la classification de l'O.C.D.E. une vocation à un *séjour limité*, soit une vocation permanente, c'est-à-dire (toujours selon la classification proposée par l'O.C.D.E.) une vocation à un *séjour illimité*.

Le *séjour à vocation temporaire* concerne des personnes dont la situation et les titres dont ils sont titulaires ne donnent pas vocation à s'établir durablement en France. Ce sont les travailleurs saisonniers, les détenteurs d'une autorisation provisoire de travail, les demandeurs d'asile, les étudiants, les titulaires des nouveaux titres « professions artistiques et culturelles » créés par la loi de 1998, ainsi que les travailleurs européens ayant un engagement de travail inférieur à un an.

Le *séjour à vocation permanente* concerne des personnes bénéficiant d'un titre d'une durée d'un an ou plus — réfugiés, familles, travailleurs — à l'exception des étudiants, des scientifiques et de leurs conjoints et des travailleurs européens disposant d'un titre d'un an.

Il arrive bien sûr que des personnes s'étant vu attribuer des titres à vocation temporaire et donc une *transformation de statut* obtiennent un titre à vocation permanente.

Aucune source comptabilisant l'immigration d'étrangers en France ne le fait de façon complète et satisfaisante :

— Les statistiques du ministère de l'Intérieur, provenant des délivrances des titres de séjour, dénombrent la totalité des étrangers majeurs obtenant un premier titre de séjour, mais ne restituent pas la réalité des entrées de mineurs accompagnant, par exemple, un parent dans le cadre du regroupement familial. En revanche, figurent dans ces statistiques les titres attribués à de jeunes majeurs généralement installés en France depuis plusieurs années et qui n'apparaissent qu'au moment où ils sont soumis à l'obligation de disposer d'un titre de séjour (16 ou 18 ans selon les cas).

— Les chiffres de l'O.M.I. qui comptabilise les visites médicales effectuées avant l'attribution d'un titre de séjour, ne prennent pas en compte les séjours des ressortissants de l'U.E. et de l'E.E.E., qui ne sont plus tenus depuis respectivement 1975 et 1995 de se présenter devant l'Office. Ils n'enregistrent pas non plus les catégories suivantes : étudiants boursiers du gouvernement français, titulaires des titres

V.P.F. de l'article 12 bis 11°[*], anciens combattants[**], membres des familles de ressortissants togolais pour le regroupement familial, enfants de réfugiés et demandeurs d'asile. En outre, le décret du 5 mai 1999[***] précise que les étrangers titulaires d'un visa d'une durée supérieure à trois mois et inférieure ou égale à six mois comportant la mention « Dispense temporaire de carte de séjour » sont dispensés de l'obligation de disposer d'un titre de séjour durant la durée de validité de leur visa. En revanche, l'O.M.I. enregistre les mineurs accompagnant un parent dans le cadre du regroupement familial, au moment de leur entrée en France.

— L'O.F.P.R.A. comptabilise de façon exhaustive les individus majeurs et les mineurs isolés ayant demandé l'asile ainsi que tous ceux qui ont obtenu le statut de réfugié, mais, comme le ministère de l'Intérieur, ne distinguait pas jusqu'à 2001 les réfugiés majeurs nouveaux entrants sur le territoire des mineurs entrés des années auparavant avec leur parents et qui obtiennent à leur tour la qualité de réfugié, une fois qu'ils sont âgés de dix-huit ans. L'O.F.P.R.A. n'enregistre pas non plus les enfants mineurs accompagnant leurs parents reconnus réfugiés.

Chacune de ces trois sources présente donc des faiblesses et le groupe Statistiques du Haut Conseil à l'intégration n'a pas eu recours à une source unique pour l'établissement de ses rapports annuels dont nous avons extrait les données ci-dessous.

Il a retenu celles des sources qui se rapprochent le plus, pour chaque catégorie, de la réalité des flux migratoires concernés :

— les chiffres de l'O.M.I. sont repris pour ce qui concerne les nouveaux séjours à vocation permanente des ressortissants étrangers hors U.E. et E.E.E. ;

— les chiffres concernant les réfugiés sont ceux de l'O.F.P.R.A., organisme qui gère ces dossiers, complétés par ceux de l'O.M.I. pour les membres de famille adultes de réfugiés ;

— le ministère de l'Intérieur est retenu comme source pour les statistiques des ressortissants des pays de l'U.E. et de l'E.E.E. et des étudiants de toutes nationalités.

---

[*] Étrangers résidant habituellement en France dont l'état de santé nécessite une prise en charge médicale dont le défaut pourrait entraîner pour eux des conséquences d'une exceptionnelle gravité, sous réserve qu'ils ne puissent effectivement bénéficier d'un traitement approprié dans les pays dont ils sont originaires.

[**] Art. 15 § 6 à 8 de l'ordonnance de 1945.

[***] Décret n° 99-352 du 5 mai 1999 modifiant le décret 46-1574 du 30 juin 1946 réglementant les conditions d'entrée et de séjour des étrangers en France.

Recensements de 1851 à 1936

Année	Total (en milliers)	Français de naissance	Français par acquis.	Étrangers Total	Allemand[b]	Belge	Espagnol	Italien	Polonais[a]	Portugais[a]	Suisse	Nat. Afrique	Autres nat.[b c]
								Territoire de 1815					
1851	35 783	35 389	13	381	–	128	30	63	–	–	25	–	135
								Territoire de 1860					
1861	37 386	36 865	15	506	–	205	35	77	–	–	35	–	154
1866	38 067	37 396	16	655	–	276	33	100	–	–	42	–	204
								Territoire de 1871					
1872	36 103	35 412[d]	15	676[d]	39	348	53	113	–	–	43	–	80
1876	36 906	36 069	35	802	59	374	62	165	–	–	50	–	92
1881	37 405	36 327	77	1 001	82	432	74	241	–	–	66	–	106
1886	37 931	36 700	104	1 127	100	482	80	265	–	–	79	–	121
1891	38 133	36 832	171	1 130	83	466	78	286	–	–	83	–	134
1896	38 269	37 014	203	1 052	91	395	77	292	–	–	75	–	122
1901	38 451	37 195	222	1 034	90	323	80	330	–	–	72	–	139
								Territoire actuel					
1906	38 845	37 576	222	1 047	88	310[c]	81	378	–	–	69	–	121
1911	39 192	37 779	253	1 160	102	287	106	419	–	–	73	–	173
1921	38 797	37 011	254	1 532	76	349	255	451	46	11	90	38	216
1926	40 228	37 570	249	2 409	69	327	323	760	309	29	123	72	397
1931	41 228	38 152	361	2 715	72	254	352	808	508	49	98	105	469
1936	41 183	36 468	517	2 198	58	195	254	721	423	28	79	87	353

Sources : Annuaire statistique de la France, résumé rétrospectif, 1966.

a. De 1851 à 1876 : population résidant en France au moment du recensement. De 1881 à 1936 : population présente en France au moment du recensement.
b. Avant 1872, les Allemands étant classés avec les Autrichiens et les Hongrois, ils ont été inclus dans la rubrique « Autres nationalités ».
c. Avant 1921, le nombre de Polonais, Portugais et Africains étant négligeable, ils ont été inclus dans la rubrique « Autres nationalités ».
d. 65 000 Alsaciens-Lorrains n'ayant pas encore opté pour la France à la suite du traité de Francfort (1871) sont comptés avec les Français de naissance.
e. Dont 20 000 Luxembourgeois environ qui n'ont pas été décomptés séparément.

Étrangers selon la région de résidence de 1946 à 1999

Région de résidence	1946		1954		1962		1968	
	Population totale	Étrangers	Population totale	Étrangers	Population totale	Étrangers	Population totale	Étrangers
Ensemble	**39 848 182**	**1 743 619**	**42 763 280**	**1 766 100**	**46 458 956**	**2 169 665**	**49 654 556**	**2 621 088**
Alsace	1 122 085	26 561	1 212 000	40 560	1 318 163	49 172	1 413 016	65 440
Aquitaine	2 151 620	102 279	2 192 140	88 840	2 313 613	89 386	2 455 708	102 052
Auvergne	1 246 637	27 324	1 248 160	23 740	1 272 783	30 232	1 309 188	44 976
Bourgogne	1 342 666	43 881	1 372 720	44 300	1 440 173	49 369	1 501 372	61 780
Bretagne	2 308 818	7 517	2 347 140	5 220	2 396 820	6 995	2 464 684	7 776
Centre	1 716 057	36 477	1 762 060	40 820	1 862 757	50 054	1 989 560	57 316
Champagne-Ardenne	1 043 224	45 564	1 134 880	41 980	1 206 818	44 413	1 279 376	50 528
Corse	233 232	8 950	246 120	8 560	176 140	6 840	209 780	17 760
Franche-Comté	794 319	25 926	851 760	28 340	928 608	33 690	991 396	43 776
Île-de-France	6 007 002	313 905	7 304 920	379 560	8 486 984	575 138	9 234 856	817 828
Languedoc-Roussillon	1 412 284	114 467	1 458 160	103 220	1 555 033	125 753	1 706 732	147 348
Limousin	768 865	10 619	744 880	7 840	734 508	9 818	734 524	12 876
Lorraine	1 661 311	121 365	1 971 720	156 940	2 195 756	202 700	2 269 760	175 348
Midi-Pyrénées	1 950 380	137 716	1 968 700	126 100	2 059 425	115 116	2 183 072	112 288
Nord-Pas-de-Calais	3 066 165	230 763	3 382 660	200 120	3 661 143	182 020	3 809 280	183 700
Basse-Normandie	1 090 643	18 142	1 161 900	14 440	1 209 594	11 502	1 257 396	11 120
Haute-Normandie	1 143 249	21 603	1 280 360	22 800	1 400 422	26 452	1 493 028	28 696
Pays de la Loire	2 205 822	13 264	2 326 100	12 020	2 462 272	11 858	2 574 004	13 868
Picardie	1 277 867	70 652	1 376 640	57 140	1 483 161	48 686	1 578 500	53 444
Poitou-Charentes	1 341 100	15 559	1 386 580	19 000	1 454 766	19 813	1 482 236	13 584
Provence-Alpes-Côte d'Azur	2 542 179	206 461	2 402 200	170 600	2 821 777	234 616	3 305 556	273 340
Rhône-Alpes	3 422 657	144 624	3 631 480	173 960	4 018 240	246 042	4 411 532	326 244

Région de résidence	1975 Population totale	1975 Étrangers	1982 Population totale	1982 Étrangers	1990 Population totale	1990 Étrangers	1999 Population totale	1999 Étrangers
Ensemble	**52 607 790**	**3 445 455**	**54 295 612**	**3 714 200**	**56 651 955**	**3 596 602**	**58 513 700**	**3 258 539**
Alsace	1 519 525	106 285	1 562 144	126 720	1 624 208	128 689	1 732 027	126 799
Aquitaine	2 547 645	114 080	2 657 084	117 748	2 798 192	114 950	2 908 738	106 699
Auvergne	1 333 285	63 365	1 332 848	61 944	1 322 995	53 703	1 308 854	42 904
Bourgogne	1 574 540	89 940	1 591 036	88 812	1 611 217	83 401	1 609 863	63 888
Bretagne	2 594 925	15 155	2 706 320	21 384	2 797 488	27 155	2 908 122	32 294
Centre	2 150 800	97 500	2 260 000	114 240	2 372 786	116 586	2 440 581	98 485
Champagne-Ardenne	1 337 460	71 080	1 344 284	72 532	1 349 920	64 741	1 341 863	50 394
Corse	227 425	30 090	240 012	25 880	250 035	24 847	260 149	25 673
Franche-Comté	1 060 850	73 980	1 082 068	80 608	1 098 942	68 177	1 117 560	54 615
Île-de-France	9 876 665	1 156 095	10 071 068	1 339 944	10 660 075	1 377 416	10 947 162	1 298 117
Languedoc-Roussillon	1 788 425	144 040	1 927 148	134 832	2 115 879	132 854	2 296 017	132 340
Limousin	741 285	19 530	736 576	20 368	723 398	20 076	711 221	19 865
Lorraine	2 325 435	191 215	2 319 364	179 888	2 307 725	154 910	2 309 717	128 142
Midi-Pyrénées	2 264 725	123 750	2 320 932	114 408	2 433 295	105 326	2 552 125	99 894
Nord-Pas-de-Calais	3 913 250	204 810	3 926 664	196 368	3 967 622	166 543	3 994 510	131 695
Basse-Normandie	1 305 885	16 640	1 349 824	22 212	1 394 185	22 152	1 423 565	20 463
Haute-Normandie	1 598 350	43 975	1 656 720	55 940	1 738 918	56 010	1 780 178	48 634
Pays de la Loire	2 768 185	29 080	2 931 456	42 188	3 060 340	45 286	3 221 903	42 812
Picardie	1 680 505	73 980	1 738 772	79 336	1 814 055	76 793	1 857 764	62 613
Poitou-Charentes	1 526 595	22 965	1 564 768	25 612	1 597 017	25 314	1 638 730	25 610
Provence-Alpes-Côte d'Azur	3 676 210	313 260	3 963 140	330 840	4 258 779	300 690	4 505 893	282 754
Rhône-Alpes	4 795 820	444 640	5 013 384	462 396	5 354 884	430 983	5 647 158	363 849

Sources : recensements de la population.
Pour 1946 et 1962, résultats du dépouillement exhaustif ; pour 1954, résultats du sondage au 1/20 ; pour 1968, résultats du sondage au 1/4 ; pour 1975, résultats du sondage au 1/5 ; pour 1982 et 1990, résultats du sondage au 1/4 ; pour 1999, résultats de l'exploitation complémentaire.

Répartition des étrangers selon la région de résidence de 1946 à 1999 (en %)

Région de résidence	1946 Part dans la population étrangère totale	1946 Part dans la population totale de la région	1954 Part dans la population étrangère totale	1954 Part dans la population totale de la région	1962 Part dans la population étrangère totale	1962 Part dans la population totale de la région	1968 Part dans la population étrangère totale	1968 Part dans la population totale de la région
Ensemble	**100,0**	**4,4**	**100,0**	**4,1**	**100,0**	**4,7**	**100,0**	**5,3**
Alsace	1,5	2,4	2,3	3,3	2,3	3,7	2,5	4,6
Aquitaine	5,9	4,8	5,0	4,1	4,1	3,9	3,9	4,2
Auvergne	1,6	2,2	1,3	1,9	1,4	2,4	1,7	3,4
Bourgogne	2,5	3,3	2,5	3,2	2,3	3,4	2,4	4,1
Bretagne	0,4	0,3	0,3	0,2	0,3	0,3	0,3	0,3
Centre	2,1	2,1	2,3	2,3	2,3	2,7	2,2	2,9
Champagne-Ardenne	2,6	4,4	2,4	3,7	2,0	3,7	1,9	3,9
Corse	0,5	3,8	0,5	3,5	0,3	3,9	0,7	8,5
Franche-Comté	1,5	3,3	1,6	3,3	1,6	3,6	1,7	4,4
Île-de-France	18,0	5,2	21,5	5,2	26,5	6,8	31,2	8,9
Languedoc-Roussillon	6,6	8,1	5,8	7,1	5,8	8,1	5,6	8,6
Limousin	0,6	1,4	0,4	1,1	0,5	1,3	0,5	1,8
Lorraine	7,0	7,3	8,9	8,0	9,3	9,2	6,7	7,7
Midi-Pyrénées	7,9	7,1	7,1	6,4	5,3	5,6	4,3	5,1
Nord-Pas-de-Calais	13,2	7,5	11,3	5,9	8,4	5,0	7,0	4,8
Basse-Normandie	1,0	1,7	0,8	1,2	0,5	1,0	0,4	0,9
Haute-Normandie	1,2	1,9	1,3	1,8	1,2	1,9	1,1	1,9
Pays de la Loire	0,8	0,6	0,7	0,5	0,5	0,5	0,5	0,5
Picardie	4,1	5,5	3,2	4,2	2,2	3,3	2,0	3,4
Poitou-Charentes	0,9	1,2	1,1	1,4	0,9	1,4	0,5	0,9
Provence-Alpes-Côte d'Azur	11,8	8,1	9,7	7,1	10,8	8,3	10,4	8,3
Rhône-Alpes	8,3	4,2	9,8	4,8	11,3	6,1	12,4	7,4

Région de résidence	1975 Part dans la population étrangère totale	1975 Part dans la population totale de la région	1982 Part dans la population étrangère totale	1982 Part dans la population totale de la région	1990 Part dans la population étrangère totale	1990 Part dans la population totale de la région	1999 Part dans la population étrangère totale	1999 Part dans la population totale de la région
Ensemble	**100,0**	**6,5**	**100,0**	**6,8**	**100,0**	**6,3**	**100,0**	**5,6**
Alsace	3,1	7,0	3,4	8,1	3,6	7,9	3,9	7,3
Aquitaine	3,3	4,5	3,2	4,4	3,2	4,1	3,3	3,7
Auvergne	1,8	4,8	1,7	4,6	1,5	4,1	1,3	3,3
Bourgogne	2,6	5,7	2,4	5,6	2,3	5,2	2,0	4,0
Bretagne	0,4	0,6	0,6	0,8	0,8	1,0	1,0	1,1
Centre	2,8	4,5	3,1	5,1	3,2	4,9	3,0	4,0
Champagne-Ardenne	2,1	5,3	2,0	5,4	1,8	4,8	1,5	3,8
Corse	0,9	13,2	0,7	10,8	0,7	9,9	0,8	9,9
Franche-Comté	2,1	7,0	2,2	7,4	1,9	6,2	1,7	4,9
Île-de-France	33,6	11,7	36,1	13,3	38,3	12,9	39,8	11,9
Languedoc-Roussillon	4,2	8,1	3,6	7,0	3,7	6,3	4,1	5,8
Limousin	0,6	2,6	0,5	2,8	0,6	2,8	0,6	2,8
Lorraine	5,5	8,2	4,8	7,8	4,3	6,7	3,9	5,5
Midi-Pyrénées	3,6	5,5	3,1	4,9	2,9	4,3	3,1	3,9
Nord-Pas-de-Calais	5,9	5,2	5,3	5,0	4,6	4,2	4,0	3,3
Basse-Normandie	0,5	1,3	0,6	1,6	0,6	1,6	0,6	1,4
Haute-Normandie	1,3	2,8	1,5	3,4	1,6	3,2	1,5	2,7
Pays de la Loire	0,8	1,1	1,1	1,4	1,3	1,5	1,3	1,3
Picardie	2,1	4,4	2,1	4,6	2,1	4,2	1,9	3,4
Poitou-Charentes	0,7	1,5	0,7	1,6	0,7	1,6	0,8	1,6
Provence-Alpes-Côte d'Azur	9,1	8,5	8,9	8,3	8,4	7,1	8,7	6,3
Rhône-Alpes	12,9	9,3	12,4	9,2	12,0	8,0	11,2	6,4

Sources : recensements de la population
Pour 1946 et 1962, résultats du dépouillement exhaustif ; pour 1954, résultats du sondage au 1/20 ; pour 1968, résultats du sondage au 1/4 ; pour 1975, résultats du sondage au 1/5 ; pour 1982 et 1990, résultats du sondage au 1/4 ; pour 1999, résultats de l'exploitation complémentaire.

Nouveaux travailleurs temporaires décomptés par l'O.M.I.
(hors U.E. et E.E.E.)

	1997	1998	1999	2000	2001	2002
Autorisations provisoires de travail*	4 674	4 295	5 791	7 502	9 628	9 822
Saisonniers	8 210	7 523	7 612	7 929	10 794	13 543

Source : O.M.I.

Nouvelles demandes d'asile

Premières demandes d'asile	1997	1998	1999	2000	2001	2002
	21 146	**22 375**	**30 907**	**38 747**	**47 291**	**51 087**
Turquie	1 367	1 621	2 219	3 597	5 347	6 582
R.D. Congo	1 187	1 778	2 272	2 901	3 781	5 260
Mauritanie	322	542	786	1 324	2 332	2 998
Chine	1 744	2 075	5 169	4 961	2 948	2 869
Algérie	876	920	1 306	1 802	2 933	2 865
R.F. de Yougoslavie	576	1 252	2 457	2 019	1 577	2 441
Mali	228	427	1 661	2 931	2 940	2 413
Congo	297	387	1 158	1 586	1 943	2 266
Sri Lanka	1 582	1 832	2 001	1 879	2 000	1 992
Haïti	108	357	503	1 873	2 713	1 904
Russie	215	220	464	755	1 755	1 741
Angola	197	263	538	601	993	1 590
Géorgie	101	127	184	362	1 067	1 554
Moldavie	104	213	917	975	808	1 033

Source : O.F.P.R.A.

* Cf. M. Long et P. Weil, « Une laïcité en voie d'adaptation », *Libération*, 26 janvier 2004.

Demandes d'asile territorial

	1998	1999	2000	2001
dont Algérie	*1 111*	*5 967*	*11 130*	*27 190*
dont Turquie	*29*	*413*	*427*	*520*
Total	**1 414**	**8 151**	**13 843**	**31 190**

Source : ministère de l'Intérieur.

Premiers titres de séjour délivrés à des étrangers
en qualité d'étudiants
Nombre d'étudiants

Nationalité	1999	2000	2001	2002
Union européenne	17 867	14 463	11 382	10 042
Norvège Islande Liechtenstein	491	437	329	350
ex-U.R.S.S.	1 108	1 405	1 471	1 609
Europe centrale	3 004	3 663	3 976	4 385
Autres pays d'Europe	497	536	652	624
Sous-total Europe	***22 967***	***20 504***	***17 810***	***17 010***
Maghreb	6 495	9 313	11 560	12 662
Afrique subsaharienne anciennement sous ad. Française	5 651	7 053	7 031	7 170
Autres pays d'Afrique	1 031	1 059	1 081	1 102
Sous-total Afrique	***13 177***	***17 425***	***19 672***	***20 534***
Amérique du Nord	2 756	3 034	2 955	3 169
Amérique centrale et du Sud	2 891	3 416	3 412	3 761
Caraïbes	208	159	161	156
Sous-total Amérique	***5 855***	***6 609***	***6 528***	***7 086***

Moyen-Orient	1 390	1 753	1 969	2 147
Cambodge+Laos+Vietnam	499	701	731	1 230
Asie méridionale	217	326	485	602
Autres pays d'Asie	6 180	7 403	8 537	10 532
Sous-total Asie	*8 286*	*10 183*	*11 542*	*14 511*
Sous-total Océanie	*197*	*182*	*200*	*217*
Nationalités indéterminées	93	107	51	11
TOTAL	**50 575**	**55 010**	**55 803**	**59 369**

Source : ministère de l'Intérieur.

Les nouveaux séjours permanents

Catégorie	Source	1999	2001	2002
Étrangers hors U.E./E.E.E.				
Réfugiés	*O.F.P.R.A.*	*4 659*	*7 323*	*8 495*
Familles de réfugiés et apatrides	O.M.I.	929	1 399	1 450
Regroupement familial	O.M.I.	19 213	23 001	27 267
Conjoints de Français	O.M.I.	23 070	35 632	43 988
Parents d'enfants français	O.M.I.	2 963	5 184	7 087
Autres bénéficiaires d'un titre à vocation permanente	O.M.I.	6 327	9 213	10 863
VPF art. 12 bis 3°	O.M.I.	2 326	2 699	2 155
Travailleurs salariés	O.M.I.	5 326	8 811	7 469
Actifs non salariés	O.M.I.	954	433	510
Visiteurs	O.M.I.	8 538	9 033	9 985
Rente accident du travail	O.M.I.	31	32	22

VPF 12 bis 10°	*O.M.I.*	14	23	25
Asile territorial	*O.M.I.*	292	322	195
Bénéficiaires du réexamen	*O.M.I.*	5 871	145	66
Total source O.M.I.		**75 854**	**95 927**	**111 082**
VPF 12 bis 11°*	*Intérieur*	1 413	2 891	3 370
Anciens combattants	*Intérieur*	513	496	422
Total source Intérieur		**1 926**	**3 387**	**3 792**
Immigration permanente hors U.E./E.E.E.		**82 439**	**106 637**	**123 369**

Ressortissants U.E. / E.E.E.

Membres de famille	*Intérieur*	6 160	6 079	5 783
Familles de Français	*Intérieur*	2 626	2 107	1 913
Salariés	*Intérieur*	11 812	12 633	12 052
Actifs non salariés	*Intérieur*	845	900	865
Visiteurs	*Intérieur*	5 649	6 076	5 467
Anciens combattants	*Intérieur*	30	30	
Retraités et pensionnés	*Intérieur*	2 562	2 946	3 450
Motif non déterminé	*Intérieur*	29	24	13
Immigration permanente U.E./E.E.E.		**29 713**	**30 795**	**26 984**

* Sont ici ajoutées les cartes de résident (article 15 alinéa 4 de l'ordonnance) et les C.S.T. (article 12 bis 9e).

VII
L'ACCÈS À LA NATIONALITÉ FRANÇAISE

	Total acquisitions	Manifestations de volonté	Acquisitions par décret				Acquisitions par déclaration			
			Total	Naturalisation	Réintégration	Effet collectif	Total	par mariage	durant la minorité	autres
1945	17 884		4 983	3 377	903	703	12 258	976	11 282	–
1946	38 869		18 114	14 154	744	3 216	20 275	5 187	15 088	–
1947	111 736		85 243	67 737	1 899	15 607	26 087	11 992	14 095	–
1948	70 925		60 009	48 955	1 186	9 868	10 694	3 269	7 422	3
1949	61 270		52 407	41 701	1 411	9 295	8 642	479	8 137	26
1950	43 790		35 964	27 912	977	7 075	7 654	270	7 255	129
1951	25 257		19 462	14 897	502	4 063	5 645	194	5 386	65
1952	28 139		20 998	15 707	493	4 798	6 765	211	6 534	20
1953	34 824		26 477	19 078	650	6 749	8 103	188	7 880	35
1954	39 308		27 886	20 410	593	6 883	11 172	164	10 992	16
1955	44 972		29 577	21 506	452	7 619	14 933	248	14 658	27
1956	38 040		24 704	17 263	350	7 091	13 088	233	12 726	129
1957	36 890		25 590	17 620	514	7 456	11 118	377	10 549	192
1958	34 452		24 452	17 205	458	6 789	9 823	702	8 904	217
1959	34 098		24 780	17 278	497	7 005	9 113	924	8 113	76
1960	29 683		19 208	13 192	253	5 763	10 342	2 035	8 184	123
1961	25 954		15 952	10 774	167	5 011	9 845	1 770	7 993	82
1962	28 149		16 894	11 120	157	5 617	11 155	1 234	9 686	235
1963	30 648		20 307	13 443	115	6 749	10 240	917	9 167	156
1964	27 289		17 810	11 890	147	5 773	9 403	764	8 479	160
1965	41 487		30 859	20 029	205	10 625	10 525	735	9 575	215
1966	30 488		22 874	15 652	204	7 018	7 522	635	6 707	180
1967	57 231		45 663	30 415	222	15 026	11 463	668	10 469	326
1968	38 287		29 935	19 876	520	9 539	8 273	520	7 299	454
1969	38 397		30 116	19 457	702	9 957	8 211	536	7 556	119

		Acquisitions par décret				Acquisitions par déclaration			
Total acquisitions	Manifestations de volonté	Total	Naturalisation	Réintégration	Effet collectif	Total	par mariage	durant la minorité	autres
35 000		27 986	18 002	784	9 200	6 962	372	6 498	92
39 989		32 554	20 531	952	11 071	7 381	363	6 916	102
35 254		27 851	17 235	823	9 793	7 321	282	6 945	94
33 662		26 651	17 434	761	8 456	6 965	464	6 175	326
36 050		24 028	16 241	711	7 076	11 955	5 984	5 226	745
41 388		26 674	18 006	1 021	7 647	14 664	8 394	5 348	922
45 131		30 667	20 140	1 538	8 989	14 421	9 181	4 107	1 133
48 135		32 906	21 610	1 676	9 620	15 176	9 885	4 198	1 093
50 977		34 105	22 439	1 670	9 996	16 833	10 849	4 623	1 361
46 810		30 982	20 164	1 562	9 256	15 808	10 044	4 245	1 519
52 129		31 504	20 203	1 977	9 324	20 599	13 767	4 836	1 996
54 030		34 400	21 541	2 811	10 048	19 611	13 209	4 600	1 802
48 835		28 459	18 073	2 349	8 037	20 368	14 227	4 473	1 668
39 714		19 990	13 213	1 557	5 220	19 705	13 213	4 793	1 699
35 575		20 056	13 635	1 599	4 822	15 517	10 279	4 201	1 037
60 688		41 588	26 902	2 708	11 978	19 089	12 634	5 088	1 367
55 975		33 402	21 072	1 986	10 344	22 566	15 190	6 312	1 064
41 758		25 702	16 205	1 649	7 848	16 052	9 788	5 486	778
54 313		26 961	16 762	2 251	7 948	27 338	16 592	9 937	809
59 528		33 040	19 901	2 961	10 178	26 468	15 489	9 711	1 268
64 991		34 889	20 827	3 462	10 610	30 077	15 627	12 041	2 406
72 242		39 445	23 177	3 710	12 558	32 768	16 333	13 551	2 884
71 601		39 346	22 792	4 205	12 349	32 249	15 601	14 383	2 265
73 170		40 739	23 283	4 299	13 157	32 425	15 246	15 476	1 703
126 341	33 255	49 449	28 936	4 946	15 567	43 633	19 493	21 750	2 390
92 412	30 526	40 867	24 718	4 108	12 041	21 017	16 659	1 492	2 866
109 940	29 845	58 098	34 650	6 525	16 923	21 880	19 127	156	2 597

(Années : 1970, 1971, 1972, 1973, 1974, 1975, 1976, 1977, 1978, 1979, 1980, 1981, 1982, 1983, 1984, 1985, 1986, 1987, 1988, 1989, 1990, 1991, 1992, 1993, 1994, 1995, 1996)

	Total acquisitions	Manifestations de volonté	Acquisitions par décret				Acquisitions par déclaration			
			Total	Naturalisation	Réintégration	Effet collectif	Total	par mariage	durant la minorité	autres
1997	116 286	32 518	60 485	35 703	6 311	18 471	23 191	20 845	81	2 265
1998	112 461	25 549	58 123	34 697	5 753	17 673	29 089	22 113	5 300*	1 676
1999	136 435		67 569	39 832	6 512	21 225	68 866	24 088	42 433	2 345
2000	141 455		77 478	45 485	7 340	24 653	63 977	26 056	35 883	2 038
2001	121 631		64 595	39 394	5 765	19 436	57 036	23 994	31 957	1 085
2002	122 234		64 081	38 440	5 712	19 229	58 753	26 350	31 636	767

Source : direction de la Population et des Migrations, sous-direction des Naturalisations et ministère de la Justice.
* Estimation.
1. En outre, **5 245** certificats de nationalité ont été délivrés en l'an 2002 à des jeunes nés en France de parents étrangers, atteignant l'âge de 18 ans. On peut donc considérer que 128 000 étrangers ont acquis la nationalité française au cours de l'année 2002.

BIBLIOGRAPHIE

Cette bibliographie est une sélection des ouvrages, revues et articles les plus importants sur l'histoire de la politique française de l'immigration. Elle n'a donc pas de prétention à l'exhaustivité.

Ouvrages

ALTEROCHE (d') Bernard, *De l'étranger à la seigneurie à l'étranger au royaume, XIe-XVe siècle*, Paris, L.G.D.J., 2002.

AMAR Marianne et MILZA Pierre, *L'Immigration en France au XXe siècle*, Paris, Armand Colin, 1990, 331 p.

ANDRÉANI Alphonse, *La Condition des étrangers en France et la législation sur la nationalité française*, Paris, F. Alcan, 1907.

ANSTETT Suzel, « Quarante ans de politique d'immigration vus au travers des articles parus dans la *Revue française des affaires sociales* », *Revue française des affaires sociales*, n° 4, 1986, p. 115-132.

BALTA Paul, « French Policy in North Africa », *Middle East Review*, vol. 40, printemps 1986, p. 238-251.

BEAUGÉ Albert et ORIOL Michel, « La crise de 1974 et la remise en question des migrations tournantes », in *G.R.E.C.O. 13*, recherche sur les migrations internationales, C.N.R.S., 1980, p. 29-42.

BELORGEY Jean-Michel, « La part des immigrés dans le budget de l'État », *Hommes et migrations*, n° 1022, Paris, p. 3-33.
Lutter contre les discriminations, Stratégies institutionnelles et normatives, Éditions de la M.S.H., Paris, 2001.

BENOÎT Jean, *Dossier E comme esclaves*, Paris, Alain Moreau, 1980.

BERNARD Philippe, *Immigration, le défi mondial*, Le Monde-Folio Actuel, Paris, 2002.

— *La Crème des Beurs, de l'immigration à l'intégration*, Paris, Le Seuil, 2004.

BERNARDOT Marc, « Chronique d'une institution : La SO.NA.CO.TRA., 1956-1976 », in *Sociétés contemporaines*, n° 33-34, avril 1999, p. 39-58.

BIGO Didier, *Police en réseaux, l'expérience européenne*, Paris, Presses de Sciences Po, 1996.

BIGO Didier, GUILD Elspeth, *La Mise à l'écart des étrangers, la logique du visa Schengen*, Paris, Cultures et conflits, L'Harmattan, 2003.

BLANC-CHALÉARD Marie-Claude, *Les Italiens dans l'Est parisien, une histoire d'intégration, 1880-1960*, Rome, École française de Rome, 2000.

— (sous la dir. de), *Les Italiens en France depuis 1945*, Presses universitaires de Rennes/Génériques, 2003

— Co-dir. avec Caroline DOUKI, Nicole DYONET et Vincent MILLIOT, *Police et migrants en France, 1667-1939*, Paris, Presses universitaires de Rennes, 2001.

BLATT (David S.), *Immigration Politics and Immigrant Collective Action in France*, 1968-1993, U.M.I., 1996.

BODY-GENDROT Sophie, *Ville et violence*, Paris, P.U.F., 1993.

BODY-GENDROT Sophie, D'HELLENCOURT Bernard, RANCOULE Michel, « Entrée interdite : la législation sur l'immigration en France, au Royaume-Uni et aux États-Unis », *Revue française de science politique*, février 1989, p. 50-74.

BOLAFI guido, BRACALENTI Raffaele, BRAHAM Peter et GINDRO Sandro, *Dictionary of Race, Ethnicity and Culture*, Londres, Sage Publications, 2003.

BONNAFOUS Simone, *L'Immigration prise aux mots*, Éditions Kimé, Paris, 1991.

BONNECHÈRE Michèle, « La politique actuelle de l'immigration condamnée dans ses modalités et ses principes par le Conseil d'État », *Droit ouvrier*, Paris, janvier 1979, p. 1-6.

BONNET Jean-Charles, *Les Pouvoirs publics français et l'Immigration dans l'entre-deux-guerres*, Lyon, Presses de l'université de Lyon II, 1976, 414 p.

BOUBEKER Ahmed et BEAU Nicolas, *Chroniques métissées*, Paris, Alain Moreau, 1986, 213 p.

BOULOT Serge et BOYZON-FRADET Danielle, *Les Immigrés et l'école : une course d'obstacles*, Paris, L'Harmattan-C.I.E.M.I., 1988.

BOURDIEU Pierre et SAYAD Abdelmalek, *Le Déracinement. La crise de l'agriculture traditionnelle en Algérie*, Paris, Éditions de Minuit, 1964.

BRIBOSIA Emmanuelle et REA Andrea, in *Les Nouvelles Migrations, un enjeu européen*, Éditions Complexe, Bruxelles, 2002.

BRUBAKER William Rogers, *Immigration and the Politics of Citizenship in Europe and America*, New York, London, University Press of America and German Marshall Found of the United States, 1989.

— *Citizenship and Nationhood in France and Germany*, Cambridge, Londres, Harvard University Press, 1992.

CALVÈS Gwénaële, « "Il n'y a pas de race ici" : le modèle français à l'épreuve de l'intégration européenne », *Critique internationale*, vol. 17, p. 173-186.

— *La Discrimination positive*, Paris, P.U.F., coll. Que sais-je ?, 2004.

CALVEZ Corentin, *Les Problèmes des travailleurs étrangers*, Paris, rapport présenté au nom du Conseil économique et social, 1969.

CASTELLS Manuel, « Travailleurs immigrés et luttes de classe », *Politique aujourd'hui*, mars-avril 1975, p. 5-27.

CHAUVEAU Gérard et ROGOVAS-CHAUVEAU Éliane, « Les Z.E.P. mode d'emploi », *Cahiers du G.R.E.S.A.S.*, Paris, 1986.

Commission des recours des réfugiés, *Le Droit des réfugiés en France, tables décennales de jurisprudence du Conseil d'État et de la Commission des recours des réfugiés, 1988-1997 ; précédées d'une étude de Frédéric Tiberghien et d'un avant-propos de Michel Combarnous*, Paris, Economica, 2000.

CORDEIRO Albano, *L'Immigration*, Paris, La Découverte, 1984.

COSTA-LASCOUX Jacqueline, « Les aspects juridiques de la politique française de l'immigration », in *Recherches sur les migrations*, n° 1, janvier-mars 1976, C.N.R.S., Paris, p. 1-11.

— « Le projet de traitement automatisé des titres de séjour d'étrangers », in *G.R.E.C.O. 13*, recherches sur les migrations internationales, n° 2, 1980, p. 1-15.

COSTA-LASCOUX Jacqueline et TEMINE Émile, *Les Algériens en France, genèse et devenir d'une migration*, Paris, Publisud, 1985.

CRÉPEAU François, *Droit d'asile, de l'hospitalité aux contrôles migratoires*, Éditions Bruylant, Éditions de l'université de Bruxelles, Bruxelles, 1995.

DEGUINE Hervé, « Un exemple d'élargissement des politiques sociales : les zones d'éducation prioritaires de 1981 à 1986 », mémoire I.E.P. de Paris, Paris, janvier-février 1987.

DELARUE Jean-marie, *Banlieues en difficultés, la relégation*, Syros Alternatives, 1991.

DE RUDDER Véronique, POIRET Christian, VOURC'H François, *L'Inégalité raciste, l'universalité républicaine à l'epreuve*, P.U.F., 2000.

DÉSIR Harlem, *Touche pas à mon pote*, Paris, Grasset, 1985.

Desmarest Jacques, *La Politique de la main-d'œuvre en France*, Paris, P.U.F., 1946.

DIMINESCU Dana, *Visibles mais peu nombreux, les circulations migratoires*, Éditions de la M.S.H., 2003.

DUBEDOUT Hubert, *Rapport de la commission nationale pour le développement social des quartiers*, Paris, La Documentation française, 1982.

DUBET François, *La Galère : jeunes en survie*, Fayard, Paris, 1987.

— *Immigrations, qu'en savons-nous ?*, Paris, La Documentation française, 1989.

DUBOST Jean-François et SAHLINS Peter, « *Et si l'on faisait payer les étrangers* », *Louis XIV, les Immigrés et quelques autres*, Paris, Flammarion, 1999.

DUFOIX Stéphane, *Politiques d'exil, Hongrois, Polonais et Tchécoslovaques en France après 1945*, Paris, P.U.F., 2002.

— *Les Diasporas*, Paris, P.U.F., coll. Que sais-je ? 2004.

DUHAMEL Olivier et JAFFRÉ Jérôme, « L'opinion publique et le chômage : réflexions sur trois courbes », *Les Temps modernes*, décembre 1987, p. 305-318.

E.N.A., *Séminaire consacré à l'immigration*, promotion Léonard de Vinci, juillet 1984.

FABER Jean, *Les Indésirables, l'intégration à la française*, Paris, Grasset, 2000.

FITOUSSI Jean-Paul, LAURENT Éloi et MAURICE Joël, *Ségrégation urbaine et intégration sociale, rapport pour le Conseil d'analyse économique*, La Documentation française, 2004.

Forumréfugiés, *L'Asile en France et en Europe*, État des lieux, 2004.

GARBAYE Romain, *A Comparison of the Strategies of Management of Ethnic Conflict of British and French Cities : the Cases of Birmingham, Lille and Roubaix, 1980-2000*, PhD Dissertation, University of Oxford, 2001.

GARNOT Xavier, *Condition de l'étranger*, éd. Arthur Rousseau, Paris.

GARSON Jean-Pierre, TAPINOS Georges (sous la dir. de), « L'argent des immigrés. Transferts de fonds de huit nationalités immigrées en France », Travaux et documents, in *Cahier*, n° 94, Paris, I.N.E.D., 1981.

GARSON Jean-Pierre, SILBERMAN Roxane et MOULIER-BOUTANG Yan, *Économie politique des migrations clandestines de main-d'œuvre*, Paris, Publisud, 1986.

GASTAUT Yvan, *L'Immigration et l'Opinion en France sous la Vᵉ République*, Paris, Le Seuil, 2000.

GEDDES Andrew, *Immigration and European Intégration, Towards Fortress Europe ?*, Manchester University Press, Manchester et New York, 2000.

GELLNER Ernest, *Nations et nationalisme*, Paris, Payot, 1990.

GEORGE Pierre, *Les Migrations internationales*, Paris, P.U.F., 1976.

GESSER Vincent (sous la dir. de), *Diplômés maghrébins d'ici et d'ailleurs, trajectoires sociales et itinéraires migratoires*, C.N.R.S. Éditions, Paris, 2000.

GILLETTE Alain et SAYAD Abdelmalek, *L'Immigration algérienne en France*, éd. Paris, Entente, 1985.

GRANOTIER Bernard, *Les Travailleurs immigrés en France*, Paris, Maspero, 1976.

GRIOTTERAY Alain, *Les Immigrés : le choc*, Paris, Plon, 1984.

GROSS Gary, *Immigrant Workers in Industrial France*, Philadelphie, Temple University Press, 1983.

GUIRAUDON Virginie, *Les politiques d'immigration en Europe, Allemagne, France, Pays-Bas*, L'Harmattan, Paris, 2000.

— « Construire une politique européenne de lutte contre les discriminations : l'histoire de la directive "race" », *Sociétés contemporaines*, 2004, n° 53, p. 11-32.

Haut Conseil à l'Intégration, *Pour un modèle français d'intégration*, Paris, La Documentation française, 1991.

Lutte contre les discriminations : faire respecter les principes d'égalité, Paris, La Documentation française, 1998.

HENNERESSE Marie-Claude, *Le Patronat et la politique française d'immigration, 1945-1975*, Institut d'études politiques de Paris, thèse de 3ᵉ cycle, science politique, 1979.

HÉRAN François, *Immigration, marché du travail, intégration*, La Documentation française, 2004.

HIRSCHMAN Albert O., *Face au déclin des entreprises et des institutions*, Paris, Éditions ouvrières, coll. « Économie et humanisme », 1972.

HOLLIFIELD James F., *Immigrants Markets and States. The Political Economy of Postwar Europe*, Cambridge, Harvard University Press, 1992.

HOLLIFIELD James F., *L'Immigration et l'État nation à la recherche d'un modèle national*, Paris, L'Harmattan, 1997.

HOROWITZ Donald L. et NOIRIEL Gérard (Éd.), *Immigrants in Two Democracies : French and American Experiences*, New York and London, New York University Press, 1992.

I.N.S.E.E. et ministère des Affaires sociales et de la Solidarité nationale, *Recensement général de la population en 1982 : les étrangers*, Paris, La Documentation française, 1982.

ISRAËL Liora, « Faire émerger le droit des étrangers en le contestant », *Politis*, n° 62, 2003.

JOBERT Bruno et MULLER Pierre, *L'État en action*, Paris, P.U.F., 1987.

KASTORYANO Riva, *La France, l'Allemagne et leurs immigrés : négocier l'identité*, Armand Colin, 1996.

KEPEL Gilles, *Les Banlieues de l'Islam*, Paris, Le Seuil, 1987.

KEPEL Gilles et LEVEAU Rémy, *Les Musulmans dans la société française*, Paris, Presses de la F.N.S.P., 1988.

LACHAZE Marcel, *Les Étrangers dans le droit public français*, Paris, librairie Dalloz, 1928.

LAGARDE Paul, *La Nationalité française*, Paris, librairie Dalloz, 1997, 3ᵉ éd.

LAGUERRE Bernard, « Les Dénaturalisés de Vichy, 1940-1944 », in *Vingtième Siècle*, n° 20, Paris, octobre-décembre 1988.

LAHAV Gallya, « Immigration and the State : the Devolution and Privatisation of Immigration Control in the E.U. », *Journal of Ethnic and Migration Studies*, vol. 24, n° 4, 675-694, october, 1998.

LAMBERT Charles, *La France et les étrangers (Dépopulation-Immigration-Naturalisation)*, Lettre-Préface d'Édouard Herriot, Paris, Delagrave, 1928.

LAROQUE Pierre et OLLIVE François, *Le Problème de l'émigration des travailleurs nord-africains en France*, Paris, rapport du Haut Comité méditerranéen et d'Afrique du Nord, mars 1938, 3 t.

LEBON André, ministère des Affaires sociales et de l'Emploi et direction de la Population et des Migrations, *Immigration et présence étrangère en France en 2002*, Paris, La Documentation française, 2004.

LECA Jean, « Question sur la citoyenneté », in *Projet*, Paris, 1983, p. 113-125.

— *L'Économie contre la culture dans l'explication des dynamiques politiques*, bulletin du C.E.D.E.J., n° 23, Le Caire, 1988, p. 15-59.

— « Réflexion sur la participation politique des citoyens en France », in *Idéologie, partis politiques et principes sociaux*, études réunies par Yves Mény pour Georges Lavau, Paris, Presses de la F.N.S.P., 1990, p. 43-69.

LECA Jean et PAPINO Roberto, *Les démocraties sont-elles gouvernables ?*, Paris, Economica.

LEFORT François, *Commission publique anti-expulsion Alger 80, principales interventions*, Paris, C.I.E.M.

LÉGER Jean-François, « Les entrées d'étrangers sur le marché de l'emploi de 1990 à 2001 », R.E.M.I., vol. 20, n° 1, 2004, p. 7-30.

LE GALLOU Jean-Yves et JALKH Jean-François, *Être français, cela se mérite*, Paris, Albatros, 1987.

LE MASNE Henri, *Le Retour des émigrés algériens. Projets et contradictions*, Alger, Office des publications universitaires ; Paris, Centre d'information et d'étude sur les migrations, 1982.

LE PORS Anicet, *Immigration et développement économique et social*, Paris, La Documentation française, 1977.

LEQUIN Yves (sous la dir. de), *Histoire des étrangers et de l'immigration en France*, Paris, Larousse, 1992.

LEVEAU Rémy, « Les partis politiques et l'intégration des beurs », in *Idéologie, partis politiques et principes sociaux*, études réunies par Yves Mény pour Georges Lavau, Paris, Presses de la F.N.S.P., 1990, p. 247-261.

LINHART Robert, *L'Établi*, Paris, Minuit, 1977.

LIVIAN Marcel, *Le Parti socialiste et l'Immigration*, 1920-1940, Paris, Anthropos, 1981.

— *Le Régime juridique des étrangers en France*, Paris, L.G.D.J., 1931.

LOCHAK Danièle, *Étrangers de quel droit ?*, Paris, P.U.F., coll. « Politique d'aujourd'hui », 1985.

LYON-CAEN Gérard, « Les Travailleurs étrangers, étude comparative », in *Droit social*, n° 1, Paris, janvier, 1975, p. 1-16.

MALAURIE Guillaume (sous la dir. de), « Toute la France a besoin de toutes ces idées que j'ai écrit », Paris, Robert Laffont, 1992.

MANGIN Stanislas, *Travailleurs immigrés : contribution au bilan de la situation de la France en mai 1981*, extrait du rapport Bloch-Lainé, Paris, C.I.E.M.I., 1981.

MARANGE James et LEBON André, *L'Insertion des jeunes d'origine étrangère dans la société française*, rapport au ministre du Travail, Paris, La Documentation française, 1982.

MARIE Claude-Valentin, « L'immigration clandestine et le travail clandestin des étrangers en France à travers la régularisation des "sans-papiers" de 1981-1982 » (résultats d'une enquête sur échantillon), rapport remis à M. Pierre Bérégovoy, ministre des Affaires sociales et de la Solidarité nationale, septembre 1983

MARIE Claude-Valentin et LACROIX Thierry, « 130 000 "sans-papiers" régularisés », *Bulletin mensuel de statistiques du travail* ; supplément n° 104, numéro spécial, 1983.

MARRUS Michaël R. et PAXTON Robert O., *Vichy et les Juifs*, Paris, Calmann-Lévy, 1981.

MASSARD-GUILBAUD Geneviève, *Des Algériens à Lyon de la Grande Guerre au Front populaire*, Paris, C.I.E.M.I.-L'Harmattan, 1995.

MAUCO Georges, *Les Étrangers en France. Leur rôle dans l'activité économique*, Paris, Armand Colin, 1932.

— *L'Assimilation des étrangers en France*, Paris, Société des Nations, 1937.

— *Les Étrangers en France et le problème du racisme*, Paris, La Pensée universelle, 1977.

— *Vécu, 1899-1982*, Paris, Éditions Émile-Paul, 1982.

MAYER Jacques et LEBON André, *Mesure de la présence étrangère en France*, mai 1979, Paris, La Documentation française.

MÉNY Yves et THOENIG Jean-Claude, *Politiques publiques*, Paris, P.U.F., 1990.

MERCIER Christian, *Les Déracinés du capital*, Lyon, Presses universitaires de Lyon, 1977

MILLER Mark J., *The Problem of Foreign Worker Participation and Representation*, Londres, University Microfilms International Ann Arbor, Michigan ; 1978, vol. 1 et 2.

MILZA Olivier, *Les Français devant l'immigration*, Bruxelles, Éditions Complexe, 1988.

MILZA Pierre, *Français et Italiens à la fin du XIXe siècle*, Rome, École française de Rome, palais Farnèse, 1981, 2 t.

MINCES Juliette, *Les Travailleurs étrangers en France*, Paris, Le Seuil, coll. « Combats », 1973.

MONGIN, Olivier, « La quadrature du cercle républicain et la vocation migratoire, l'asile, le contrôle des flux migratoires et la volonté d'intégration », *Esprit*, février 2004, p. 61-77.

MONNIER Éric, *Évaluations de l'action des pouvoirs publics . du projet au bilan*, Paris, Economica, 1987.

N'GUYEN VAN YEN Christian (en collaboration avec Weil Patrick), *Droit de l'immigration*, Paris, P.U.F., 1986.

NOIRIEL Gérard, *Longwy. Immigrés et prolétaires, 1880-1980*, Paris, P.U.F., 1984.

— *Le Creuset français, histoire de l'immigration XIXe, XXe siècle*, Paris, Le Seuil, 1988.

— *La Tyrannie du national*, Paris, Calmann-Lévy, 1991.

NOREK Claude et DOUMIC-DOUBLET Frédérique, *Le Droit d'asile en France*, Paris, P.U.F., 1989.

Ominor, *Le Logement des immigrés en France*, Actes des journées d'études des 13 et 14 mai 1982, Lille, 1982.

ORIOL Paul, *Les Immigrés : métèques ou citoyens ?*, Paris, Syros, 1985.

OUALID William, *Législation industrielle*, Paris, Les cours du Droit, 1936-1937

ANDRÉ Pairault, *L'Immigration organisée et l'emploi de la main-d'œuvre étrangère en France*, Paris, P.U.F., 1926.

PEROTTI Antonio, *L'Immigration en France. Éléments pour une analyse*, Paris, C.I.E.M., 1980.

PEROTTI Antonio, « Immigration ; un vocabulaire à revoir », *Presse et immigrés en France*, n° 142, Paris, juin 1986.

POINARD Michel, *Le Retour des travailleurs portugais*, Paris, La Documentation française, 1980.

PONTY Janine, *Polonais méconnus, histoire des travailleurs immigrés en France dans l'entre-deux-guerres*, Paris, Publication de la Sorbonne, 1988.

PROST Antoine, « L'immigration en France depuis cent ans », in *Esprit*, n° 348, Paris, avril 1966, p. 529-545.

RACINE Pierre, « Une expérience à reprendre : le sous-secrétariat d'État à l'Immigration et les projets de Philippe Serre », in *Esprit*, n° 82, Paris, juillet 1939, p. 609-619.

RENAN Ernest, *Qu'est-ce qu'une nation ?* (et autres textes choisis et présentés par Joël Roman), Paris, Presses Pocket, 1992.

RICHARD Jean-Luc, *Partir ou rester ? Destinées des jeunes issus de l'immigration*, Paris, P.U.F., 2004.

ROSANVALLON Pierre, *L'État en France de 1789 à nos jours*, Paris, Le Seuil, 1989.

ROSENTAL Paul-André, *L'Intelligence démographique, sciences et politiques des populations en France (1930-1960)*, Paris, Odile Jacob, 2003.

SAHLINS Peter, *Boundaries. The Making of France and Spain in the Pyrenees*, Berkeley (CA), California University Press, 1989.

— *Unnaturally French, Foreigns Citizens in the Old Regime and After*, Cornell University Press, Ithaca and London, 2004.

SAOUDI Messaoud, *La Police et les minorités : étude comparative France-Angleterre*, Thèse pour le doctorat de droit public, Université de Lyon 2, 1998.

SANTELLI Emmanuelle, *La Mobilité sociale dans l'immigration : itinéraires de réussite des enfants d'origine algérienne*, préface d'Yves Grafmeyer, Toulouse, Presses universitaires du Mirail, 2001.

SAYAD Abdelmalek, *L'Immigration et les paradoxes de l'altérité*, Bruxelles, Éditions De Boeck, 1991

— *La Double Absence. Des illusions de l'émigré aux souffrances de l'immigré*, préface de Pierre Bourdieu, Paris, Le Seuil, 1999.

SCHNAPPER Dominique, *La France de l'intégration*, Paris, Gallimard, 1991.

SCHOR Ralph, *L'Opinion publique et les Étrangers en France, 1919-1939*, Paris, Publications de la Sorbonne, 1985.

SCHUMANN Maurice, « La politique française d'immigration », in *Revue de Défense nationale*, juin 1969, p. 933-935.

SCHWARTZ Bertrand, *L'Insertion professionnelle et sociale des jeunes*, Paris, La Documentation française, 1981.

Secrétariat d'État chargé de la Famille, de la Population et des Travailleurs immigrés, *La Nouvelle Politique de l'immigration*, Paris, La Documentation française, 1977.

SILVERMAN Maxim, *Deconstructing the Nation, Immigration, Racism and Citizenship in Modern France*, London and New York, Routledge, 1992.

Société française de droit international, *Les Travailleurs étrangers et le Droit international*, éd. Paris, Pedore, colloque Clermont-Ferrand, 25-26-27 mai 1978, 1979.

SIMÉANT, Johanna, *La Cause des sans-papiers*, Presses de Sciences Po, Paris, 1998.

SIMON Patrick, « Le logement social en France et la gestion des populations à risque », *Hommes et migrations*, n° 1246, nov.-déc. 2003, p. 76-91.

SLAMA Serge, *Le Privilège du national. Étude historique de la condition civique des étrangers en France*, université Paris X-Nanterre, 2003.

SPIRE Alexis, *Étrangers à la carte*, Grasset, 2005.

STASI Bernard, *L'Immigration, une chance pour la France*, Paris, Robert Laffont, 1984.

STEIN Louis, *Par-delà l'exil et la mort, les républicains espagnols en France*, Paris, 1981.

« Synthèses, *Regards sur l'immigration depuis 1945* », revue de l'I.N.S.E.E., n° 30, 1999.

TAGUIEFF Pierre-André, *La Force du préjugé*, Paris, La Découverte, 1988, 645 p.

TAGUIEFF Pierre-André (sous la dir. de), *Face au racisme*, Paris, La Découverte, 1991, 2 vol.

TAPINOS Georges, *L'Économie des migrations internationales*, Paris, Presses de la F.N.S.P., 1974.

— *L'Immigration étrangère en France, 1946-1973*, Paris, P.U.F., 1975.

TARRIUS Alain, *La Mondialisation par le bas. Les nouveaux nomades de l'économie souterraine*, Balland, Paris, 2002.

THIERRY Xavier, « Les entrées d'étrangers en France : évolutions statistiques et bilan de l'opération de régularisation exceptionnelle de 1997 », *Population*, n° 3, 2000, p. 567-619.

TODD Emmanuel, *Le Destin des immigrés*, Paris, Le Seuil, 1994.

TRIBALAT Michèle (sous la dir.), *Cent ans d'immigration, étrangers d'hier, Français d'aujourd'hui*, Paris, I.N.E.D.-P.U.F., 1993.

— *Faire France*, Paris, La Découverte, 1995.

TRICART Jean-Paul, *Pauvreté et précarité : l'évolution des ensembles H.L.M. dans un contexte de crise*, Lille, Ominor, 1981.

TRIPIER Maryse, *L'Immigration dans la classe ouvrière en France*, Paris, C.I.E.M.I.-L'Harmattan, 1990.

VENEL, Nancy, *Musulmans et citoyens*, Paris, P.U.F., 2004.

VERHAEREN Raphaël et CORDEIRO Albano, *Les Travailleurs immigrés et la Sécurité sociale*, Grenoble, P.U.G., 1977.

VIET Vincent, *La France immigrée, Construction d'une politique, 1914-1997*, Paris, Fayard, 1998.

VIPREY, Mouna, *L'Insertion des jeunes d'origine étrangère*, rapport au Conseil économique et social, 2002.

VOISARD Jacques et DUCASTELLE Christiane, *La Question immigrée en France*, fondation Saint-Simon, Paris, Calmann-Lévy, 1988.

WAYLAND Sarah V., « Mobilising to Defend Nationality Law in France », *New Community*, 20 (1), octobre 1993, p. 93-110.

WEIL Patrick, « Racisme et discriminations dans la politique française de l'immigration : 1938-1945/1974-1995 », *Vingtième Siècle*, juillet-septembre 1995, p. 74-99.

— « Access to Citizenship : A comparison of Twenty-Five Nationality Laws », *in* « Citizenship Today : Global Perspectives and Practices », *in* T. Alexander Aleinikoff and Douglas Klusmeyer (éd.), Carnegie Endowment for International Peace, Washington DC, 2001, p. 17-35.

— *Qu'est-ce qu'un Français ? Histoire de la nationalité française depuis la Révolution*, Paris, Grasset, 2002.

— « Races at the Gate : Racial Distinctions in Immigration Policy (1898-1965) : A Comparison between France and the United States », in *From Europe to North America, Migration Control in the Nineteenth Century*, (co-dir. Fahrmeir Andreas, Faron Olivier et Weil Patrick), p. 368-402.

— « Histoire et mémoire des discriminations en matière de nationalité française », *Vingtième Siècle*, n° 84 octobre-décembre 2004, p. 5-22.

WIEVIORKA Michel, *La France raciste*, Paris, Le Seuil, 1992.

WIHTOL DE WENDEN Catherine, *Les Immigrés et la Politique*, Paris, Presses de la F.N.S.P., 1988.

INDEX

Table   577

II. LA DÉFAILLANCE DE L'ACTION

Table 579

DANS LA COLLECTION FOLIO / ESSAIS

Composition Nord Compo.
Impression Société Nouvelle Firmin-Didot
à Mesnil-sur-l'Estrée, le 31 janvier 2005.
Dépôt légal : février 2005.
Numéro d'imprimeur : 72166.

ISBN : 2-07-041195-8/Imprimé en France.